财政部规划教材
普通高等教育"十四五"本科系列教材

U0791522

金融科技学

FinTech Science

臧敦刚 主编

中国财经出版传媒集团
经济科学出版社
Economic Science Press

图书在版编目（CIP）数据

金融科技学 / 臧敦刚主编. —北京：经济科学出版社，2022.1

财政部规划教材 普通高等教育“十四五”本科系列教材

ISBN 978-7-5218-2647-0

Ⅰ. ①金… Ⅱ. ①臧… Ⅲ. ①金融－科学技术－高等学校－教材 Ⅳ. ①F830

中国版本图书馆CIP数据核字（2021）第124057号

责任编辑：孙怡虹 刘 博
责任校对：刘 昕
责任印制：王世伟

金融科技学
臧敦刚 主编
经济科学出版社出版、发行 新华书店经销
社址：北京市海淀区阜成路甲28号 邮编：100142
总编部电话：010-88191217 发行部电话：010-88191522
网址：www.esp.com.cn
电子邮件：esp@esp.com.cn
天猫网店：经济科学出版社旗舰店
网址：http：//jjkxcbs.tmall.com
北京季蜂印刷有限公司印装
787×1092 16开 25.5印张 576000字
2022年1月第1版 2022年1月第1次印刷
ISBN 978-7-5218-2647-0 定价：59.00元
（图书出现印装问题，本社负责调换。电话：010-88191510）

编委会成员

主　编　臧敦刚

副主编　蒋远胜　吴敬花　徐慧丹

编　委（按姓氏笔画顺序）

方　兴　王　蕊　刘全宝　许欣欣

何　婧　杜晓蓉　肖诗顺　沈倩岭

吴敬花　杨文华　徐慧丹　康明惠

黄洪桥　蒋远胜　臧敦刚

前　言

信息科技与金融的深度融合、协同发展形成了金融科技，推动了金融业突飞猛进的发展，在信息技术的支持下，金融业进入了金融演变和金融服务创新的高速发展时期，主要表现在：货币由现金进一步被央行数字货币替代，我国的央行数字货币称为DCEP(digital currency electronic payment)；支付由柜台转账变为ATM转账、POS机支付，继而演变为多种形式的移动支付，丰富完善了现代支付体系的内容；银行、证券和保险等行业中出现了供应链金融、数字资产和区块链保险等高效、便捷的金融模式或金融服务。金融科技以数据为基础，以技术为手段，核心在于通过各种前沿科技的应用，实现金融服务效率提升、交易成本降低、产品和服务形式创新以及客户体验改善。由于信息技术下金融服务成本更低、金融风险管理更高效，因此，金融的覆盖范围更广，金融对经济尤其农村经济的支撑作用更为明显。

金融科技下金融的快速演变和发展亟待与之相适应的新金融人才，在学科交叉点上掌握金融科技所要求的经济、金融和技术等方面的相关知识，而现有专门讲解金融科技的教材种类匮乏，根据“双一流”专业建设导向，针对应用型本科教学的教材阙如，我们撰写了这本《金融科技学》供教学之用，主要适用于金融学、计算机科学以及与之相关的经济类、管理类和信息类相关专业的本科教学使用，也适用于具有本科及以上学历的金融业从业人员提高业务知识和理论水平时使用。

本教材兼顾对学生的理论知识和技术能力的培养，采用从理论到技术应用构建课程知识体系。每一章都根据基于问题的学习教学理论，通过知识讲解、本章小结、重要概念和复习与思考让学生回顾知识并进行应用，最后，通过扩展阅读进行知识延展，实现立体教材建设。在金融科技方面，根据金融科技的时间轴由金融科技1.0到金融科技3.0构建课程知识体系；在涉及技术的章节，由技术原理到技术应用构建课程知识体系。通过课程知识体系的构建，由浅入深向学生讲述金融科技的相关知识，帮助学生在学科交叉点上全面把握金融科技相关知识。

本教材根据课程知识体系分为十三章，分别为引言、金融科技理论、电子银行体系、互联网银行与手机银行、互联网金融、大数据及其应用、云计算及其应用、人工智能及其应用、区块链及其应用、物联网技术及其应用场景、法定数字货币、数字普惠金融、金融科技风险与监管科技。主要涵盖6个知识板块：概述、理论、支付、互联网金融、新技术和新金融、风险管理。本教材采用2021年3月前的国内外参考资料，这些资料包括各类金融科技理论教材、专著和期刊论文，也包括一些国际权威机构的出版物与统计数据。

本教材编写人员均长期从事电子支付、互联网金融和金融科技相关研究，且在从事金融学、计算机科学教学中积累了丰富的经验，大部分具有教授、副教授高级职称。全书由臧敦刚、蒋远胜、肖诗顺总体设计。参加编写的人员为蒋远胜、肖诗顺（第一章）、臧敦刚、杜晓蓉（第二章）、臧敦刚、许欣欣（第三章）、徐慧丹（第四章、第五章）、黄洪桥、刘全宝（第六章）、黄洪桥、王蕊（第七章）、吴敬花、沈倩岭（第八章）、吴敬花、何婧（第九章）、杨文华（第十章）、蒋远胜、吴敬花（第十一章）、康明惠（第十二章）、方兴（第十三章）。成稿后，全书由臧敦刚和吴敬花统稿。此外，知链公司的专家和技术人员也参与了教材编写的指导工作，并为教材提供了大量的案例；硕士研究生柏青云和李方华等参与了文献收集等工作。

本教材编写过程中借鉴了国内外大量的研究文献、书籍和网络资料，由于编写限制未能一一注明，书中仅列出主要的参考文献。在此，谨向本教材引用资料的作者表示由衷的敬意和感谢。

由于金融科技仍在不断发展，本教材的不足与缺点在所难免，诚盼读者的批评与匡正。希望未来有更多的人才参与金融科技、发展金融科技。

编　者

2021年5月

目　录

第一章 引 言

➡学习目标

1. 熟悉信息与通信技术在银行业、证券业与保险业应用发展的概况。

2. 掌握金融科技的基本内涵与外延；了解金融科技与科技金融及互联网金融的区别与联系。

3. 掌握金融科技的本质属性；熟悉金融科技的主要业态。

4. 了解金融科技产生和发展的推动因素、金融科技对金融业的经济影响和金融科技带来的挑战。

5. 了解全球金融科技发展概况和金融科技的演变趋势；熟悉中国金融科技发展概况。

第一节 信息与通信技术在金融业的应用发展

一、信息与通信技术简史

信息与通信技术（information and communication technology，ICT）是信息技术与通信技术相融合而形成的一个新的概念和新的技术领域。通信技术着重于消息传播的传送技术，而信息技术着重于信息的编码或解码，以及通信载体的传输方式。随着技术的发展，这两种技术慢慢变得密不可分，从而渐渐融合成为一个范畴。

人类通信的历史源远流长，从古代的烽火台到现代的多媒体通信，至少有数千年的历史。人类通信的革命性变化是从把电作为信息载体后发生的，其显著性标志是1844年莫尔斯发明电报和1876年贝尔取得电话发明专利。电话、电报从其发明的时候起，就开始改变人类的经济和社会生活。但是，只有在以计算机为代表的信息技术进入商业化以后，特别是互联网技术进入商业化以后，才完成了近代通信技术向现代通信技术的转变，通信的重要性日益得到增强。1946年，世界上第一台通用电子计算机问世，计算机技术的发展经历了四个阶段，即从20世纪50年代到80年代的主机时代、80年代中期的小型机时代、90年的PC时代以及90年代中期开始的网络时代。正是计算机技术与通信技术的相互渗透和融合，使人类进入了一个全新的时代——ICT时代。

与此同时，信息与通信技术本身突飞猛进，其发展大致分为五个阶段：第一阶段（20世纪60~80年代早期）：从实验室全面走向工业化应用；第二阶段（20世纪90年代初期）：通信技术从起步到广泛应用；第三阶段（20世纪90年代中后期）：互联网技术开始兴起并走向日常经济生活；第四阶段（21世纪初期）：数据挖掘、决策支持技术开始广泛应用；第五阶段（2008年以后）：云计算、物联网、分子生物传感技术等广泛使用。信息与通信技术的发展，为金融的进一步发展提供了有效的数据支持，帮助金融更准确地进行资源配置。

苏联经济学家康德拉杰耶夫（Kondratieff，1925）提出，资本主义社会存在50~60年一次的经济周期。而每一次经济繁荣，都是由关键的技术革新推动的。依据康德拉杰耶夫的这一周期理论（Kondratieff cycle），工业革命开始以来的经济发展可以分成五个阶段：1800~1850年，蒸汽机和棉花阶段；1850~1900年，钢铁和铁路阶段；1900~1950年，电气工程和化工阶段；1950~1990年，石化和汽车阶段；1990年至今，ICT阶段。每一经济发展阶段的经济复苏和繁荣，都有关键的技术革新引领或推动经济的发展。在工业革命开始后的200多年里，蒸汽机和棉纺技术、钢铁和铁路技术、电气化和化工技术、石油化工和汽车技术以及信息和通信技术先后引领了各个时代的经济发展。

20世纪90年代以来，ICT是引领全球经济发展的主要力量。第一，ICT对经济增长的促进作用首先表现在ICT产业的自身发展，即ICT产品和服务部门的生产率首先增长；第二，表现在ICT产品在各个行业的应用，促进了国民经济各个部门中企业的ICT投资；第三，ICT产业的发展和ICT技术的广泛应用，改进了国民经济各部门的结构；第四，ICT技术的广泛应用促进了社会劳动生产率的提高，例如，作为互联网应用的电子商务，改进了市场交易的效率；信息化程度的提高，降低了组织监督与管理成本。这些都提高了企业和社会的劳动生产率。

随着ICT技术的发展和普及，ICT产业正不断渗透到其他领域，成为促进工业、农业、服务业和公共事务发展的重要力量。2018年，我国数字经济[①]总量超过31万亿元，占GDP的比重达到34.8%[②]，成为经济高质量发展的重要支撑。这表明以数字经济为代表的新经济蓬勃发展，成为壮大各个新兴产业，提升传统产业，实现传统性增长和可持续增长的重要系统。2018年数字经济发展战略上升为我国的国家战略，国

① 二十国集团（G20）杭州峰会发布的《二十国集团数字经济发展与合作倡议》对数字经济的定义是：以使用数字化的知识和信息作为关键生产要素、以现代信息网络作为重要载体、以信息通信技术的有效使用作为效率提升和经济结构优化的重要推动力的一系列经济活动。

② 国家互联网信息办公室，《数字中国建设发展报告（2018年）》。

家层面、省级层面、市级层面积极推动政策制定。党的十九届四中全会提出“健全劳动、资本、土地、知识、技术、管理、数据等生产要素由市场评价贡献、按贡献决定报酬的机制”，首次明确“数据”可作为生产要素之一、参与分配，将数字经济的作用推广到经济社会各领域。

二、信息与通信技术在金融业中的应用

金融活动表现出对信息与通信技术很强的依赖性，而信息与通信技术又一直驱动着金融业不断发展和金融行业格局的改变，信息与通信技术不仅能够引起金融创新，产生新的金融工具和交易方式，而且还可能影响现有的金融模式，比如互联网的发展引致的金融业去中心化，引发的市场对金融机构的替代以及无形市场对有形市场的替代。随着信息与通信技术和金融业的发展，二者逐渐融为一体，可以说，没有信息与通信技术，就没有现代金融业。近几十年的金融创新，均不与信息与通信技术有关，它对于金融业具有举足轻重的作用。

（一）信息与通信技术在银行业中的应用

金融业的几次信息化革命，一开始主要运用到银行业，表现在银行内部的账务处理、银行间的互联、银行与客户之间的交互等方面，与此同时，促进了银行业新产品的出现，比如信用卡、自动柜员机（ATM）、电话银行、网上银行、手机银行等。后来，随着金融业内部的专业化分工，信息与通信技术又逐渐运用到保险、证券、基金、支付等领域，而金融业的支付清算与信息和通信技术的联系最为紧密，支付清算先后经历了电报、计算机与互联网等阶段，支付清算的演变过程本身就是一部信息与通信技术史，这主要源于人们对支付清算效率的要求。

对于金融体系的主要组成部分商业银行来说，其信息化整体上经历了四个阶段：20世纪60~80年代中后期的脱机业务处理；20世纪80~90年代中后期的联机业务处理；20世纪90年代~21世纪前期的综合业务系统；21世纪开始至今的集中化、虚拟化、数据挖掘、决策支持阶段（如图1-1所示）。

近年来，随着大数据的兴起，云计算、量子计算、数据挖掘、人工智能等技术在金融业中得到广泛应用，使得银行业具备了数据的储存、搜集以及分析处理能力，出现了完全基于“互联网基因”的直销银行、网络银行等。

总之，信息与通信技术逐渐运用到商业银行的各个领域，如支付清算产品设计、自动柜员机、零售终端、银行卡、智能卡、业务办理、网络银行、手机银行、直销银行、智慧银行等。商业银行利用计算机提高业务处理效率、改善服务水平，并由此引致许多新型金融产品的出现。如今，信息与通信技术已贯穿于商业银行的各个环节，并表现出强烈的移动化趋势。

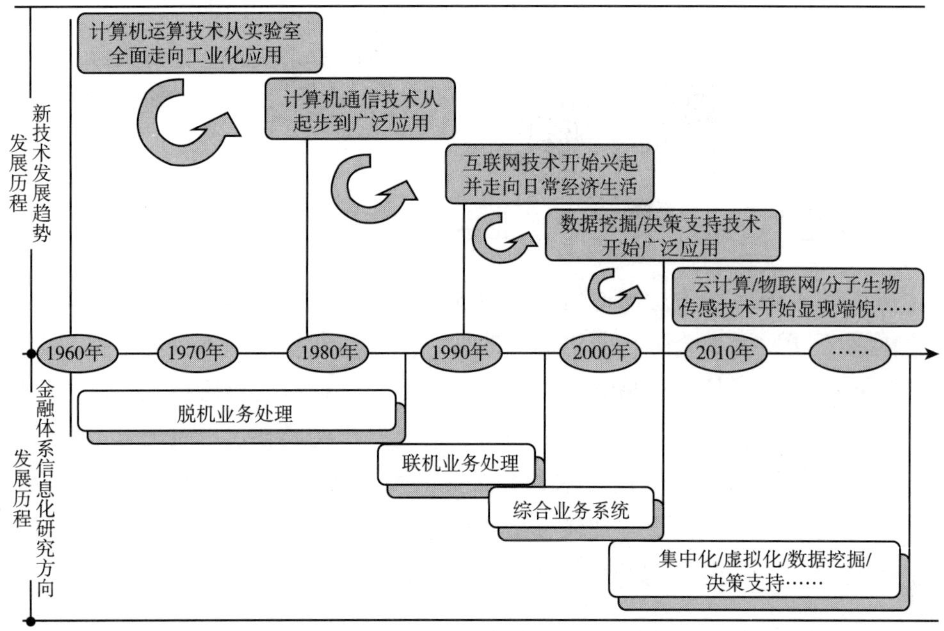

图1-1　银行业信息与通信技术采用的时间轴

（二）信息与通信技术在证券与期货业中的应用

在过去的证券交易过程中，穿着红马甲的交易员，做着各种手势，争分夺秒地打电话和下订单，成了证券交易所里的一道风景线。信息与通信技术的发展使得这一切成为历史，以前通过电话和传真委托的交易，现在都可以通过网上交易系统来完成。证券公司的交易大厅也逐渐被网上交易所取代。1992年，美国E-Trade公司推出了网上证券交易，这是一家纯粹的网络证券经纪公司，之后，网上证券交易业务蓬勃发展。

中国证券市场起步较晚，但信息技术和信息化应用的起点很高，二十余年时间，实现了电子化、无纸化、网络化的交易结算体系，有力地推动了多层次资本市场的快速发展，也迅速推动了市场各参与主体的信息化建设。我国证券业信息化建设大致经历了三个阶段：

第一个阶段，交易电子化阶段（2000年之前）。在证券和期货市场建立初期，证券公司和期货公司积极引入计算机、通信网络等信息技术替代人工交易模式，实现了交易结算等核心业务的信息化。信息化建设的投入主要集中在基础交易平台及内部数据传输网络上。

第二个阶段，交易大集中到网上交易阶段（2000~2008年）。这一阶段证券公司和期货公司围绕集中交易系统（区域集中和大集中）和网上交易大规模系统进行信息化投资和建设，实现了作业（即交易）过程的自动化。在集中交易方面，证券公司的集中交易系统从最初的区域集中到现在的全国大集中经历了一个从尝试到大规模发展的过程。2001年，部分中小规模证券公司开始尝试集中交易，2004年，招商证券等完成全国性集中交易系统建设。2006年8月证券业协会发布《证券公司集中交易安全管理技术指引》，集中交易系统在技术性能和业务创新上得到了快速提高。2008年，全国绝大部分证券公司已基本实现全国性的集中交易。期货公司因为规模小和营业网点少等原因，集中交易系统的建设相对容易，实施周期较短。在网上交易方面，2000年3月，中国证券监督管理委员会颁布了《网上证券委托暂行管理办法》。根据该管理办法，证券公司开始尝试建设网上交易系统，至2000年底共有70多家证券公司开通了此项业务。随着网络在国内的普及，网上交易开始在全国市场蓬勃发展。2008年，网上交易已成为市场投资者主要的委托方式，占整个市场交易的65%以上[①]。相对证券公司来说，期货公司的客户主要是机构投资者和少量资金实力较强的个人投资者，网上交易的普及程度更高。

第三个阶段，数字化发展阶段（2017年之后）。2017年开始，以大数据、云计算、人工智能和区块链为代表的现代科技蓬勃发展，广泛渗透到各个领域。证券行业积极推动这些新技术在金融服务、渠道、产品、投资、信用、风控、合规等领域的全面应用，保障资本市场健康、稳定、可持续发展。我国资本市场信息化建设近30年来的发展过程中，行业机构一直紧跟数字化浪潮，砥砺前行，信息化水平不断攀升，信息安全保障能力不断夯实，投资者服务体验不断改善。由点及面，深圳证券交易所、上海证券交易所、各期货交易所等市场核心机构在行业技术发展中起到了排头兵和奠基石作用。同时，行业经营机构也不断加大人才和经费投入，不断探索利用信息技术实现促创新、控风险的持续健康发展目标。

2016年6月6日，深圳证券交易所、市场参与机构及结算公司等历时4年研发的新一代交易系统正式上线。该系统是深圳证券交易所针对中国发展多层次资本市场的战略目标，结合当今全球交易所技术最新发展趋势，由深圳证券交易所完全自主设计、自主研发，掌握完全知识产权的世界级核心交易系统。该系统攻克了多项关键技术，相比上一代系统更安全、更高效、更公平、更便捷、更灵活、更经济，打造了国际一流的交易系统，推动国内证券交易进入了一个新的时代。

（三）信息与通信技术在保险业中的应用

信息与通信技术最初在保险领域的应用主要是保险产品电子化，即电子保单。同时，保险销售也部分电子化，主要是网络营销和电话销售等。如英国10家最大的车险公司都有自己的电话销售系统，三分之一的私人汽车保险业务是通过电话系统完成的。随着信息与通信技术的发展，保险产品的电子商务平台也被逐渐开发出来，

① 韩维蜜：《中国证券业信息化发展之路》，载于《金融电子化》2019年第12期。

提高了客户的自助能力，同时也加强了保险公司和客户之间的联系，如在线交易、金融规划、在线报价和信息共享等。

一些保险公司网上保险的业务量已经发展到一定规模，出现了一些纯粹的互联网保险公司。1999年7月，日本出现首家完全通过互联网推销保险业务的保险公司。这家保险公司由总部位于美国的艾夫莱克（Aflac）公司和日本电信共同投资设立和管理，服务对象定位于40岁以下的客户。

美国Ins Web公司是目前全球最大的保险电子商务站点，在业界有着非常高的声誉，被福布斯称为网上最优秀站点，该网站涵盖了从汽车、房屋、医疗、人寿甚至宠物保险在内非常广泛的保险业务范围，是名副其实的网络保险超市。

我国网上保险仍处于初级阶段。大多数保险公司只是建立了自己的门户网站，而网上销售和网上交易基本还不够普遍，但近年发展迅速。2000年中国平安推出了货运险网上交易系统，但我国保险业的信息化水平还远远不够。2012年6月19日“放心保”成功上线，兼具B2B和B2C[①]交易模式，属于网上保险的一类，同时也是保险产品的第三方销售平台。2013年，阿里巴巴、中国平安和腾讯联合设立的众安在线财产保险股份有限公司，突破国内现有保险营销模式，以互联网销售和理赔取代实体分支机构，这是中国保险业在金融创新上的一次破冰，出现了完全意义上的互联网保险。此外，我国还出现了网络保险支持平台，如中国保险网、易宝网等。

第二节　金融科技及其业态

一、金融科技的基本内涵与外延

（一）金融科技的基本内涵

金融科技（FinTech），为英文合成词的中文翻译，字面意思就是金融（finance）加科技（technology），指消费金融和贸易金融机构的后台程序技术，最初见于20世纪90年代，只是在最近几年才成为热词。自2010年以来，这一术语已扩展至金融领域的任何科技创新，包括金融知识和教育、零售银行、投资甚至比特币等加密货币领域。由于金融科技仍处于发展初期，涉及的业务模式尚不稳定，各类业务形态存在不同程度的差异，各方所讨论的金融科技涵盖范围并不完全相同，目前尚无国际统一定义。

金融稳定理事会（Financial Stability Board，FSB）对金融科技给出工作定义（working definition）：“金融科技（FinTech），指技术带来的金融创新，它能创造新

① B2B是指企业与企业之间通过专用网络或Internet，进行数据信息的交换、传递，开展交易活动的商业模式。B2C是指电子商务的一种模式，也是直接面向消费者销售产品和服务商业零售模式。

的业务模式、应用、流程或产品，从而对金融市场、金融机构或金融服务的提供方式造成重大影响。”而世界经济论坛（World Economic Forum，WEF）报告则把金融科技解释为新入行者：“在本文档中，我们将FinTech定义为一个中小型、技术能力强的金融服务新进入者。这一定义不包括进入金融服务的大型技术公司（如苹果与ApplePay），或者是现有将重点放在技术上的金融机构。”国际货币基金组织（International Monetary Fund，IMF）和世界银行（World Bank，WB）对金融科技采用了一种较为宽泛的阐释：“金融科技用来描述有可能促进金融服务提供方式转变并促进新商业模式、应用、程序和产品出现的技术进步。”国际证监会组织（International Organization of Securities Commissions，IOSCO）认为，金融科技是有潜力改变金融服务行业的各种创新的商业模式和新兴技术。国家层面上，爱尔兰都柏林国家数字研究中心（National Digital Research Center，NRDC）把金融科技定义为金融服务创新，同时认可这个名词也可以用于指称那些广泛应用科技的领域。美国国家经济委员会（National Economic Council，NEC）的定义为“金融科技是指不同种类的技术创新，这些技术创新影响各种各样的金融活动，包括支付、投资管理、资本筹集、存款和贷款、保险、监管合规以及金融服务领域里的其他金融活动。”英国金融行为监管局（Financial Conduct Authority，FCA）指出，金融科技是创新公司利用新技术对现有金融服务公司进行去中介化。新加坡金融管理局（Monetary Authority of Singapore，MAS）指出，金融科技是通过使用科技设计新的金融服务和产品。2017年5月，中国人民银行成立金融科技委员会，认为金融科技是技术驱动的金融创新。

在行业实践中，金融科技这一术语在不同使用场合更具有不同的含义：有时是指对现行金融业务的数字化或电子化，如网上银行、手机银行等；有时是指可以应用于金融领域的各类新技术，如分布式账本、云计算、大数据等；有时则指希望涉足金融领域、与现有金融机构形成合作或竞争关系的科技企业或电信运营商；有时则指采用新技术进行业务创新的金融机构本身。例如，国际咨询机构麦肯锡把金融科技定义为推动新型科技公司并使银行、支付和保险发生革命性变化的颠覆性技术。特许金融分析师协会定义金融科技为金融领域的新技术，主要是指区块链、智能投顾、移动支付与点对点网络贷款（P2P），包括“金融”与“科技”的多个方面。而第一财经研究院和埃森哲则把金融科技定义为一种金融新范式：金融科技是先进技术应用到金融体系的期限转换、信用转换、收益转换以及风险转换中，延展、升级并创新了金融服务理念、思维、流程及业务，并逐步呈现要素整合功能的金融新范式。安永国际会计师事务所的定义是：“把创新商业模型与新科技相结合，从而实现、增强并颠覆金融服务。”京东金融提出：“金融科技是遵循金融本质，以数据为基础，以技术为手段，为金融行业服务，帮助金融行业提升效率、降低成本。”

目前各界对金融科技尚未形成统一规范定义，不同主体出于不同立场视角对金融科技有着不同的理解。概括起来，这些看法大体可分为三类：第一类观点认为金融科技就是金融，是新技术条件下金融的一种类型，这种观点以金融稳定理事会为代表，新加坡金融管理局的看法也属此类；第二类观点认为金融科技是一种新产业，包括但不限于金融服务业，例如，维基百科与国际证监会组织的定义就既包含了商业模式也包含了技术因素；第三类观点认为金融科技就是指以新技术应用为核心的技术创新，这种观点的代表有美国金融科技监管框架等。

综合来看，尽管不同主体定义的关注点与诉求不尽相同，定义的内涵与外延也不一致，但科技和创新的内涵却基本成为各方共识，因此，对金融科技的内涵可以做下述理解：金融科技，是创新金融实现形式，以数据为基础、以技术为手段，核心在于通过各种前沿科技的应用，实现金融服务效率提升、交易成本降低、产品和服务形式创新以及客户体验改善。随着理论和实践的进一步发展，相信金融科技的内涵还将不断充实和完善。

（二）金融科技的外延

在外延上，根据金融稳定理事会等国际经济组织的定义与金融科技行业实践上的丰富性，可以认为，金融科技既包括前端产业也包含后台技术。具体有以下三方面含义：（1）当金融科技是指前端产业时，其实质含义是指大数据、云计算、人工智能、分布式账本（区块链）等新兴信息与通信技术在金融活动中的应用。（2）当金融科技是指后台技术时，则是指大数据、人工智能等新兴信息与通信技术本身，其实质含义是科技，是金融业务中所使用的新技术。（3）当金融科技是指技术带来的金融创新载体时，其一，它所指的是金融科技企业，金融科技企业指本身不提供金融服务，却能为金融机构提供技术服务；其二，它所指的是采用新技术进行金融业务创新的持牌金融机构；其三，它所指的是金融科技企业与持牌金融机构的合作联盟，也包括发于科技企业的利用科技力量进军传统金融市场竞争者。

显然，不同内容上的金融科技，分别对应着不同的研究对象。本书讨论的金融科技包括以下几方面内容：（1）金融科技的前端产业，包含金融模式、金融产品与金融服务等；（2）金融科技的后台技术，包含大数据、人工智能等新兴信息与通信技术等；（3）金融科技的行为主体，包含从事金融科技技术与金融创新活动的科技公司与金融机构等；（4）基于不同金融科技主体功能的金融科技风险监管。

（三）金融科技、科技金融与互联网金融

为进一步阐明金融科技的概念，还有必要对金融科技与科技金融及互联网金融之间的异同进行辨析。首先，金融科技并非科技金融，二者不是相同的概念。如前所述，金融科技既可指金融，又可指技术，也可指它的行为主体，具体含义要视特定语境而定，一般情况下主要是一个技术为金融赋能的概念；而科技金融是一个在我国国家政策以及制度层面的特定概念，指的是金融支持科技产业、科技企业、科

技事业的发展，也由此衍生出科技保险、科技信贷、科技信托等约定俗成的国家政策层面的概念。其次，金融科技与国内的互联网金融概念既有联系又有重大区别。前者是指金融的科技化，后者是指金融的互联网渠道化。二者之间的关系不宜混淆，也不宜以互联网金融的讨论来替代金融科技。

虽然互联网金融和金融科技都是信息科技和金融服务彼此融合的结果，但互联网金融主要是利用互联网把金融业务从线下搬到线上，属于业务渠道创新，通过互联网，可以拓展金融机构接触和服务客户的渠道和方式，为客户提供更及时、更方便的服务；而金融科技的核心是科技，更强调新技术对金融业务的辅助、支持和优化作用，重点在于技术变革，是用大数据、人工智能、区块链等技术去为金融机构服务。可以说，金融科技对包含互联网在内的新技术要求更高、变革更深，科技逐渐由渠道拓展者演变成金融发展的核心。因此，虽然互联网金融和金融科技都是信息与通信技术和金融服务彼此融合的结果，但互联网金融更加强调金融行业对于互联网这一新渠道的应用；而金融科技则强调科技对金融服务的颠覆与赋能，以提升金融服务效率，创新服务业态。

互联网金融可视为金融科技的早期业态。我国互联网金融的提法，由于把金融与技术相混淆，导致实践中出现了为数不少的脱离和违背金融行业规则的所谓创新，甚至在监管和经营理念上也出现了偏差，出现了许多风险事件和群体性事件，增加了金融系统风险。随着国内互联网金融专项整治的深入，粗放经营的互联网金融时代已经成为过去。互联网金融阶段的技术和资本沉淀促使新技术与金融深度结合，并对金融行业深度改造，目前正在朝着移动化、数字化和智能化的金融科技阶段发展。从未来发展看，国内的互联网金融概念将逐步为金融科技的概念所融合，最终与国际通行概念保持一致。

二、金融科技的本质属性

理解金融科技的概念需要把握以下三个方面：金融科技的本质属性；金融科技与传统金融的关系；金融科技与传统金融共同面对的信息不对称问题。

（一）金融科技的本质仍属金融

新兴信息与通信技术与金融的结合所构成的金融科技，仍然具有金融本身所固有的全部属性。新兴信息与通信技术作为一种信息处理和传输手段，对金融的介入可以极大地改变金融信息采集、处理和传输的效率，但其本身无法构成金融的本质内涵。

首先，无论金融科技的形式如何发展，金融的本质永远都是一种信用关系，互联网、移动通信等技术可以改变人们的沟通方式和效率，但改变不了经济活动中经济行为人之间最基本的信任关系。其次，金融科技仍然是以货币信用工具为载体，并通过货币信用工具的交易，在金融市场中发挥作用来实现货币资金使用权的转移，因此，必须接受国家金融制度和货币调控机制的监管和调控。最后，商业银行的信用创造机制作为现代金融的核心这一客观事实也不会因新信息与通信技术的介入而被改变，因为商业银行的信用创造机制不属于金融的技术层面，而是一个金融的基本制度安排，作为一种制度设定，商业银行获得了现代金融体系中创造信用货币这样一个独特的功能，这一功能显然无法由信息与通信技术手段本身自动衍生获得。因此，理解金融科技，需要突出强调金融科技首先是金融的属性，它所改变的仅仅是金融活动实现的技术形式，但其本质内涵并未因此而发生改变，这意味着金融这一经济学概念的特殊规定性和相关范畴仍然适用于金融科技的分析。

（二）金融科技与传统金融的关系

广义上，无论是非金融机构的科技企业涉足的金融业务，还是金融机构通过新兴信息与通信技术开展的业务同属金融科技。狭义上，金融科技是科技企业依托于云计算、大数据、电商平台和搜索引擎等互联网工具而产生的一种新兴金融模式，具有融资、支付和交易中介等功能。金融科技与传统金融不是相互替代而是相互补充、相互促进的关系：金融科技的发展，是对传统金融行业的有益补充和延伸，有助于解决中小企业融资难问题，促进民间融资阳光化、规范化，更好地支持实体经济发展；而传统金融发展金融科技则是对金融科技的肯定和吸纳，传统金融利用新兴信息与通信技术来达到机构网点空间布局优化、降低经营成本、提高金融服务整体效益的目标。

（三）金融的核心是处理信息不对称

金融交易的前提是信用，信用的前提是市场参与者具有相对完备的信息。一般而言，金融机构所拥有的信息优势是金融消费者无法比拟的，金融消费者很难获得金融机构在产品创新、产品定价和风险控制等方面的完全信息，尤其是当金融机构为了自身利益，延迟或拒绝披露相关信息时。因此，对信息不对称及其相关问题的处理，便构成现代金融学的核心问题。

互联网等新兴信息与通信技术赋予了现代金融前所未有的便利和迅捷，但科技本身并不会自动带来信息不对称问题的消除或消减，反而在一定条件下还会加剧信息不对称问题。诚然，借助互联网技术可以拓展交易的可能性边界，使很多原来不可能的交易变成了交易，使很多资源交换行为得以跨时空配置，故可以提高金融资源的配置效率。

但金融科技在带给人们便利和快捷的同时，也隐藏着风险。这里的重要原因就是信息不对称，表现为：无论是技术还是金融，都具有各自的专业复杂性，从而具有模糊性，部分金融科技产品又刻意加重了这种信息的模糊性，再加上网络交易的分散性和虚拟性使得信息不对称问题更加严重。以信息与通信技术为基础的新金融应用，将成为未来推动经济社会发展的重要动力。新兴信息与通信技术创新为高频次、大范围的交易提供了更多的资源与手段，可以使发现价格和甄别风险更加快捷和高效。但交易透明化是这一模式有效运行的前提条件，换言之，金融科技发展成败的关键在于信息不对称问题的改进。

迄今为止，以互联网为代表的新兴信息与通信技术成功地解决了信息不充分问题，但没有很好地解决信息不对称问题。因此，学习和研究金融科技需要明确：无论是金融科技或传统金融，从现代金融的视角看，都需要切实解决信息不对称、逆向选择与道德风险的基本问题，在实现储蓄向投资的转化过程中，科技未能将上述问题自动消除，如果该问题被忽视，则科技对金融的无限制渗透将会失控，而网络效应将会对任何金融模式所必需的稳健性安排框架带来不可预估的系统性风险隐患。

综上所述，对金融科技概念的理解应当明确，金融科技的本质仍属金融，同样具有金融风险的隐蔽性、传染性、广泛性和突发性；金融科技与传统金融不是替代关系甚或颠覆性关系，而是相互补充、相互促进的关系；金融科技与传统金融同样面临信息不对称及其与之相伴而来的逆向选择、道德风险等问题，这些问题不会因为新兴技术的普及运用而自动消失，反而会因为互联网强大的网络效应而变形扩大。

三、金融科技的主要业态

（一）国际组织的分类

金融科技是传统金融机构与金融科技企业利用新兴信息与通信技术实现资金融通、支付、投资和信息中介服务的新型金融业务模式。国际货币基金组织（IMF）、金融稳定理事会（FSB）与巴塞尔银行监管委员会（Basel Committee on Banking Supervision，BCBS）对其当前业务类型均有界定。IMF把金融科技活动分为支付、存款、贷款、风险管理与理财咨询五类。FSB也将金融科技活动分为五类：支付、清算和结算，存款、贷款和融资，保险，投资管理以及市场服务支持，其中，既包括零售（家庭和中小企业）也包括批发（公司、非银行金融机构和银行间）服务活动。BCBS则把金融科技活动分为支付结算、存贷款与资本筹集、投资管理、市场设施等不同类型。三大组织的分类范围不尽相同；IMF的分类不仅包括前台业务，也包括后台业务、监管科技反欺诈、数字货币等内容；而FSB与BCBS对金融活动的分类大致相同，只不过前者业务范围较宽包含了保险，而后者不含保险，原因可能是BCBS更侧重于对银行类金融功能的关注，而FSB则是关注金融全口径。

（二）国内分类

我国金融科技体系主要由监管机构、金融机构、科技企业、行业组织和研究机构组成。其中，监管机构主要是依据国家相关政策法规，对提供金融科技服务的企业进行合规监管。金融机构主要是运用云计算、大数据、人工智能和区块链等先进技术提供新金融服务。科技企业主要是为监管机构和金融机构在客户服务、风险控制、营销、投资顾问和征信等领域提供新技术服务。行业协会和研究机构主要是进行金融科技产业研究，推动行业交流和标准制定，促进金融科技应用成果的经验分享和互动交流。

根据我国金融科技产业主体的发展特点，从“新金融”和“新技术”两个不同角度，可将金融科技企业分为两大主要类型：科技金融类和金融科技类。科技金融类主要是利用互联网、云计算、大数据、人工智能和区块链等新兴技术，变革金融业务模式，提供创新型的金融服务。科技金融类企业可以从原生背景和业务领域两个方面进行划分。其中，原生背景是指企业最初的行业属性，业务领域是指企业主要提供的业务类型。金融科技类主要是为金融机构在客户服务、风险控制、营销、投资顾问和征信等服务领域，提供云计算、大数据、人工智能和区块链等新兴技术支撑服务。金融科技类企业可以从技术领域和服务领域两个方面进行划分。其中，技术领域是指支撑服务能力聚焦在云计算、大数据等不同技术领域，服务领域是指支撑服务领域分布在客服、风控等不同服务环节。

1. 按原生背景划分

根据科技金融企业的原生背景，可将其主要分为五大类：互联网背景、金融互联网技术（IT）背景、传统金融背景、其他传统行业背景和初创背景。互联网背景的科技金融企业具有技术、数据、平台和人才优势，正在迅速成长为国内金融科技的核心力量，例如蚂蚁金服、京东金融等均是典型代表。金融IT背景的科技金融企业拥有深厚的金融行业科技服务经验，积极进行战略转型开展金融科技服务，典型企业包括金蝶、用友等。传统金融背景的科技金融企业主要是利用新兴科技革新金融服务模式，提供新金融服务，推动自身发展转型，比较典型的包括民生银行、招商银行等。其他传统行业背景的科技金融企业，则是利用自有渠道和用户规模优势，提供跨界金融科技服务，代表性的企业如万达。初创背景的科技金融企业是指以金融科技为核心业务的初创型企业，企业在创立初期就以金融科技领域的技术和商业模式创新为核心竞争力，代表性企业如陆金所、51信用卡等。

2. 按业务领域划分

对于科技金融企业，按其主要提供的业务类型可分为两类：一是提供传统金融业务类，包括银行、保险、证券和基金等。开展传统金融业务的企业，转型需求相对迫切，需要利用科技手段提升业务发展能力，发现新需求，降低成本，优化流程，完成转型升级。二是提供互联网金融业务类，包括消费金融、小额信贷、征信、第三方支付等。这类科技金融企业利用新兴技术，大力发展创新型金融服务，在促进普惠金融、小微金融和智能金融方面具有重要作用。

3. 按技术领域划分

对于金融科技企业，按照其为金融行业提供支撑服务的技术领域可分为四大类：云计算、大数据、人工智能和区块链。其中，云计算已经成为金融IT架构转型的主流方向，金融云部署较快，企业发展较为成熟。大数据是金融业创新发展的基础资源，提供金融大数据服务的企业数量众多，互联网巨头优势明显。人工智能是金融服务迈向智能化的关键，人工智能应用发展迅速，正在成为金融科技应用的热点方向。区块链是实现金融价值传递的重要支撑技术，金融区块链应用仍处于起步阶段，企业数量相对较少，但发展迅速。

4. 按服务领域划分

金融科技企业按照为金融行业提供支撑服务的具体领域可分为五大类：客户服务、风险控制、营销、投资顾问和支付等。客户服务领域企业主要是利用大数据和人工智能技术，通过自动化和智能化客户服务，实现客户服务效率和质量的双提升，并实现与精准营销的有机结合，助力客户服务从成本中心向营销中心转变。风险控制领域企业主要是运用大数据、机器学习和人工智能等技术，实现智能风控，降低业务坏账率，提高放贷效率。营销领域企业主要是利用大数据和人工智能进行智能营销，建立个性化的顾客沟通服务体系，实现精准营销。投资顾问领域企业主要是基于算法和模型，实现智能投资顾问，规避市场风险，获得最大化收益。支付领域企业主要是基于大数据和人工智能技术，将人脸识别、指纹识别等智能识别技术应用于支付领域，实现支付技术的创新发展。

第三节 金融科技的发展：推动因素、经济影响与挑战

一、金融科技产生和发展的推动因素

金融科技的产生和发展是信息与通信技术与经济社会深度融合的产物。在技术进步与金融发展的双重驱动下，金融科技正在快速创新、应用和推广，对金融业的发展带来了日益深刻的变化；同时，也为金融监管带来潜在风险与挑战。推动金融科技产生和发展的主要因素有三个：技术进步（供给因素）、需求因素、金融体系与政策环境因素。

（一）技术进步

技术进步是金融创新的基础。长期以来，技术创新始终与金融发展相辅相成。

从19世纪60年代的电报到20世纪的分类账数字化等一系列的技术创新，造就了全球金融机构和跨境市场所涉及的现代支付、清算和结算基础设施。随着20世纪60年代自动柜员机（ATM）的问世、80年代网上银行的出现以及2000年前后移动银行的迅速崛起，客户办理金融业务更加开放和便捷。21世纪，以信息网络技术为核心的第三次科技革命，正在颠覆性地改变工业革命所形成的经济形态和增长模式。移动电话、互联网、高速运算、加密技术和机器学习被糅合在一起，推动金融快速进步变化。网络环境的开放性、虚拟性、交互性、平等性与共享性等特征使得人们能够通过互联网与身处不同地域范围的人随时随地进行双向或多向信息交流，由此产生的时空距离的缩短和交易成本的降低使得商业环境发生了基础性改变，企业面临许多前所未有的挑战。随着移动互联网、云计算、大数据以及区块链等技术的不断发展，应用成本逐步降低，在金融领域中的应用潜力开始逐步凸显。在效率改进与未来市场占有率激励下，传统金融机构纷纷进行金融科技改造，而金融科技企业则正以非常规的策略获取市场话语权和市场份额。

技术进步打破了传统金融的疆域。初创类公司和金融行业新进入者依托各类金融创新技术对传统金融行业的产品及服务进行变革，拓宽传统金融机构的获客渠道，提高金融服务提供商的运作效率，并提高其风险管理能力。传统金融机构不便于、不愿意、不屑于服务的群体，在移动互联网技术的撬动下，成为新金融企业服务的主要客群。技术进步也打破了社交软件和传统金融的界限，给金融创新提供了催化剂。

（二）需求因素

互联网、移动通信的普及、电子商务与普惠金融的发展提供了对新金融产品和服务的庞大需求，为金融科技发展和创新奠定了坚实基础。互联网、智能手机的普及拉近了金融服务提供商与用户之间的联系，并带来广泛的信息分享，使得用户群特别是年轻化群体的金融消费心理发生了变化，更偏好于提供更多便利、更多选择、随时随地的金融科技产品与服务。移动互联用户对交易的需求，对金融服务的需求变得更加个性化，体验要求也变得更高了。这创造出了对新金融产品和服务的需求，推动了移动支付、网上银行等产品相继问世。电子商务规模急剧扩大，催生了大量线上金融的需求和服务，网络与移动支付比传统支付方式更能契合电子商务发展与消费者需求。电子商务最早产生于20世纪60年代末期的美国。20世纪90年代中期后，伴随着国际互联网迅速普及化，电子商务逐步成为互联网应用的最大热点。电子商务不但影响着商业企业和购买者的沟通与商务方式，也拓展了金融中介机构所提供产品和服务的范围，这直接导致了网上支付的产生。网民数量的增长、电商的促销优惠活动以及网络购物方便等特点都对网上支付的发展起到了促进作用。总之，电子商务快速发展派生出对互联网金融的强大需求，从简单货物贸易支付到为企业发展提供贷款，再到支持企业转型升级提供全方位便捷的金融服务。普惠金融是指立足机会平等要求和商业可持续原则，以可负担的成本为有金融服务需求的社会各阶层和群体提供适当、有效的金融服务。金融科技与传统金融最大的区别在于其独特的信息处理优势，这种模式可以利用网络覆盖惠及边远地区和小微贷款对象，借助大数据构建风险控制模型，根据大数据分析让用户短时间内实现借款等金融服务需求。总体上，实现普惠金融的途径是进行金融体系创新，包括制度创新、机构创新、产品创新和科技创新，而金融科技创新正是产品创新与科技创新的天然结合，普惠金融的全面构建需要金融科技的发展。借助互联网技术发展普惠金融对发展中国家及新兴市场具有特别重要的意义。对新兴市场，典型的如中国而言，由于金融发展与改革滞后，金融服务覆盖率比较低，在普惠金融的探索和实践过程中，都会面临传统金融机构网点覆盖率低、专业人手不足、作业成本高、信用信息采集难等问题。这些问题的存在直接导致了小微企业和无信用记录或信用记录不足的个人难以从银行等传统金融机构获得相应的金融服务。互联网及移动支付使偏远地区和贫穷的这些过去被忽视的人群成为金融业务的真实用户，保证了充足的用户数量，为金融科技发展留出了巨大的业务拓展空间。

（三）金融体系与政策环境因素

除上述供求驱动的因素外，金融与监管政策环境也是金融科技发展的重要推动因素。2008年国际金融危机之后，全球金融格局发生了相当大的变化。银行风险偏好大幅降低，减少了放贷活动，社会大量的金融服务需求无法满足。这为金融科技创新产品提供了市场进入机会。举例来说，网络借贷的拓展是因为可以为那些得不到银行贷款的小企业或高风险消费者提供资金。从大环境来看，宏观经济条件与监管合规提升了成本压力；危机后全球长期的低利率环境给金融机构利润带来了下行压力；全球金融合规程度的要求普遍提高，也导致金融业监管合规成本大幅上升。运营与合规成本的上升加大了金融机构削减成本的积极性。因而金融科技企业通过提供廉价的支付清算解决方案、采用新技术可以帮助金融机构有效降低成本。

此外，政策支持与相对包容的监管政策环境也是促进金融科技发展的重要条件。为促进金融科技的发展，各国在政策上提供了更多鼓励和支持。例如，英国、新加坡、澳大利亚等国家近年相继推出创新中心、创新加速器，鼓励在本国发展金融科技。在监管上，监管当局同样对金融科技采取了监管创新，以包容支持其发展。如英国采纳“沙箱计划”、项目创新等监管创新方式，配合减税方案，推进英国金融科技的竞争和创新。此外，监管当局对金融科技初创企业的监管也不像对传统金融机构那么严格，给暂时未被纳入监管框架的金融科技企业以及一些创新的业务模式，提供了极为有利的发展机遇。总之，在技术进步外部驱动和转型发展内生需求的共同作用下，大数据、人工智能、区块链等技术与金融的结合，催生了金融科技的产生和发展。

二、金融科技对金融服务业的影响

金融科技将对金融服务的提供方式产生重大影响，颠覆金融行业的发展格局，创造出高效率、社会覆盖面最广的全新金融模式，实现更高效的金融服务。金融科技的快速发展既带来了新的机遇，但也存在潜在风险和监管挑战。金融科技对金融服务业的主要影响包括：去中心化，增加非金融机构中介，提升金融体系的效率、透明度、竞争性和韧性，促进普惠金融和经济增长。

第一，作为信息与通信技术带来的创新，金融科技突出的是前沿信息与通信技术对金融业务的辅助、支持和改进作用，其核心功能是降低信息不对称。金融作为现代经济中资源配置的核心和枢纽，在促进储蓄向投资转换这一过程中，所要解决的核心问题是信息不对称。在互联网出现前的传统信息处理技术条件下，金融信息的采集、整理、加工和利用，整体处于分散的、条块分割的状态：储贷双方的信息是分散的、不对称的；投融资双方的信息、股东对金融机构与上市公司的信息是不对称的；直接金融机构和间接金融机构对资金需求方的信息处于无法实现共享的分散不对称状态；政府监管机构对金融市场行为人的信息是不对称、不完善的。这种信息不对称不完善状态，极大地阻碍了传统金融模式资源配置效率的提高和完善，亟须改进与变革。而金融科技可以针对传统金融这一重大缺陷，参与"搅局"。金融科技的去中心化、大数据、区块链和分布式账本技术等新兴信息与通信技术将显著影响金融活动中的基础设施"货币"和"分类账"，赋能传统金融行业，为产品本身注入区别于传统金融产品的能力，如远程核实身份能力、数据存储及运算能力、自动化与智能化服务能力、多机构对等合作及共享资源的能力、降低成本能力、安全加固能力、精准营销能力、精细化风险管理能力、防欺诈及风险定价能力等，以科技带动金融业务的革新，提高金融体系透明度，降低信息不对称，改进金融服务效率，促进普惠金融和经济增长。

第二，降低金融服务成本。信息与通信技术的进步使得物理基础设施（如建筑物、分支机构和ATM）不再是提供金融服务的先决条件。移动设备几乎让一切都变得实时透明，人们只需将适当应用程序下载到自己的智能手机上即可。随着移动设备的普及和不同人群偏好的不断变化，客户对实时跨渠道服务较以往有了更多的期待。金融服务要提供无缝对接的全新客户体验，满足客户不断变化的需求。从技术层面上看，人们完全可以建立不具备有形基础设施的"虚拟银行"，通过互联网、智能手机、云计算、人工智能和分布式账本技术来提供金融服务、做出投资决策和管理风险。金融科技使金融服务虚拟化，将极大地降低金融服务提供的成本。金融科技还可以使金融服务与电子商务、共享经济和大数据分析相结合，从而实现规模经济，创造出新的附加值。

第三，金融科技发展带来的众多非金融机构中介，深刻地改变了现存金融服务格局，提升了金融体系的竞争性和韧性。金融科技的发展包括借贷、支付、监管科技、数字货币、数据分析、保险、资本市场、财富管理、股权众筹、会计核算等内容，基本涵盖了金融科技所涉及的全部领域，其中，既包括金融的前台领域，也包括金融的后台领域。理论上，商业银行的主要功能为吸收存款、支付清算及发放贷款，都可能被不吸纳存款、仅提供支付服务的第三方支付公司或与无须动用自己资产负债的网络借贷等资金中介服务所取代。非金融机构中介的进入将打破传统金融的固有疆域，提高金融服务业竞争性，刺激商业银行等金融机构借助新兴科技，改造传统业务，探索新一代金融服务模式，提供基于价格实时发现、资源精准匹配、产品按需提供、服务随时响应和风险智能经营的高价值综合金融服务。

第四，全面实现金融服务个性化。金融科技运用大数据来分析私人客户，促进个性化的金融服务，帮助金融业更便捷地提供定制化服务。此外，金融科技的新技术也可动态定制，不断拓展金融服务的前沿。例如，当投保人购买了保单后，可能无意再采取足够谨慎的防护措施。对于道德风险这一保险业的固有问题，区块链技术有望构造适用于各种目的的“智能合同”，如根据每个投保人的驾驶行为不断调整保险费。新兴信息与通信技术创造出的“智能合同”有助于防范道德风险。

三、金融科技带来的挑战

金融科技通过多元化的有效竞争，可以降低信息不对称、改进金融服务效率，但也带来了隐私保护与信息安全、支付、结算和金融稳定等方面的诸多挑战。

（一）消费者隐私保护与信息安全

金融科技呈两大趋势，一是技术、大数据分析、机器学习和人工智能的商品化；二是大量不同背景企业进军金融行业，包括已有的技术与电子商务企业。大数据是金融科技与传统金融机构竞争的一大优势，而如何收集、处理和使用消费者的个人数据仍然是富有争议性的话题，也是金融监管机构最关心的问题。对于金融科技应用而言，用户的关键信息很可能在使用金融科技应用程序的过程中丢失或被盗，移动设备的安全性也可能通过支付程序受到损害。此外，由于信任在采用新技术方面发挥着重要作用，如何进行安全和隐私保护也是个难题。尽管许多国家对个人信息的保护都有严格规定，但由于在线信息的流动性，对信息获取、处理和使用的监管难以实施。

随着信息与通信技术的不断发展，人们在享受互联网、手机通信、移动互联带来的各种便捷的同时，也经受着网络安全方面的严峻考验。网络犯罪活动日益猖獗，并逐步演化成目前全球性的挑战。网络攻击由过去黑客“炫技”的个人行为，发展成有组织的犯罪或者攻击行为，呈现手段专业化、目的商业化、源头国际化及载体移动化的趋势。随着万物互联趋势不断加强，传统互联网筑墙式的安全边界防护方式已经难以应对，如何加强对数据本身的保护已经成为网络安全的首要问题。对于金融行业而言，如何加强网络安全与数据保护更是必须应对的紧迫挑战。

（二）金融体系稳定性的挑战

金融科技公司可能部分或全部取代传统金融公司的中介职能。例如，以前客户需要到银行才能办理存贷等业务，现在只要通过金融科技平台或者第三方支付渠道就可以办理。这种影响将威胁关键金融服务的提供，而相关金融服务中断或提供这些服务的被监管机构遭遇“脱媒”，可能对实体经济产生严重的潜在负面影响。当代金融体系均是以中心化模式为基础的，货币发行、支付结算、信贷提供都是中心化的，全部都由中央银行统一管理、统一规范、统一调控。同样，与传统金融模式相对应的监管形式也是中心化的监管框架。而金融科技则颠覆了这种中心化。之前集中的、中心化的和针对单一机构的监管框架，面对当前分布式、去中心化和针对平台的金融科技创新，存在极大的挑战。例如，传统上，监管当局的监管信息主要来自被监管机构的资产负债表，并据此设立资本充足率、杠杆率和流动性标准等监管指标对金融机构资产负债活动加以约束，以实现并维护金融稳定。但对于网络借贷公司这类机构，监管部门很难从中获得关于此类金融中介的充足信息，也无法有效地影响其资产负债活动。在货币政策工具方面，第三方支付、网络借贷、互联网基金销售等金融科技业务，降低了各类金融资产之间的转换成本和时间成本，使得金融市场对利率变得更敏感，有助于提高价格型货币政策工具的有效性。同时，部分金融科技业务具有一定的货币创造功能，使得传统货币层次边界变得模糊，盯住广义货币供应量的货币政策效果会降低。在货币政策传导机制方面，金融科技增加了金融市场流动性需求的不确定性，可能导致市场波动性加剧，增加中央银行公开市场操作的难度和成本。而在货币政策的中介目标方面，伴随着互联网支付等电子化货币规模的快速扩张，将会减少流通中的现金数量，使得货币乘数、流通速度以及需求函数的估算，面临更多不确定性，从而降低传统货币政策中介目标的有效性。

总之，金融科技通过多元化的有效竞争，可以降低信息不对称，改进金融服务效率；与此同时，也对支付、结算和金融体系的稳定性带来新的挑战。金融科技的发展需要政策当局权衡创新、发展、金融稳定和消费者保护等多方利益出台监管与金融稳定政策。

第四节 金融科技的发展及其趋势

金融科技萌生于20世纪80年代，经历了起步期和成长期，目前仍在快速发展；作为先进信息与通信技术与创新商业模式的有机融合，金融科技代表着全球金融发展的潮流和趋势，具有广阔的未来发展空间。

一、全球金融科技发展概况

经过近几十年的发展，金融科技已经成为席卷全球金融的一种潮流和趋势，以新兴科技和创新商业模式演进两方面内容为依据，金融科技发展历程可分为三个阶段。

第一阶段：金融科技1.0阶段（1980~1989年）。这一阶段的主要特征是金融服务数字化程度不断提高，金融行业通过信息与通信技术的软硬件应用来实现办公和业务的电子化、自动化，从而压缩营运成本，提高服务效率。其标志性事件是直销银行的出现：1989年10月，英国米特兰银行创办了全球第一家直销银行First Direct并取得了成功。之后，欧美其他金融业发达国家也相继出现了自己的直销银行。直销银行的出现，标志着金融科技时代的开启。

第二阶段：金融科技2.0阶段（1990~2010年）。在金融科技2.0阶段，科技与金融的合作更加深入，以互联网金融为典型。这一时期的标志性事件主要有：1990年移动支付出现；1992年，美国第一家互联网经纪商Etrade成立；1995年，全球第一家互联网银行（Security First Network Bank，SFNB）成立；20世纪90年代末期，电子货币与货币基金的对接、保险公司网络直销和第三方比价等平台出现；2003年，互联网股权众筹问世，金融科技引起各国普遍关注；2005年，第一家网络贷款平台（P2P）Zopa上线。这个阶段的主力军是非金融机构的互联网企业，跟进者是传统金融机构。前者依托互联网技术与信息通信技术独立提供金融服务或者与金融机构合作推出金融服务；而后者则通过搭建在线业务平台，利用互联网或者移动终端的渠道来汇集海量的用户和信息，实现金融业务中的资产端、交易端、支付端、资金端组合的互联互通。这一阶段的本质是对传统金融渠道的变革，实现信息共享和业务融合。

第三阶段：金融科技3.0阶段（2011年至今）。这一阶段，互联网不再是推动金融科技发展的最主要动力，而是作为金融科技的基础继续存在，以大数据、云计算、人工智能、区块链为代表的新兴信息与通信技术上升为推动金融科技发展的新兴动力。在互联网的基础上，这些新兴科技全面与金融融合，改变着传统的金融信息采集、风险定价模型、投资决策过程、信用中介角色，可以解决传统金融的痛点，全面提升传统金融的效率。这一时期的标志性事件主要有：2015年10月，美国纳斯达克证券交易所发布全球首个区块链平台Ling；2016年9月，英国巴克莱银行完成首个基于区块链技术的交易。

从金融科技的发展历程来看，其初衷是通过技术创新降低获客成本，提供营销获客、身份认证、风险定价及资金流转等环节的技术支持，快速介入金融市场。伴随着网络的普及、大数据和人工智能的应用，尤其是区块链的研发，信息与通信技术和金融的融合不断突破现有金融的边界，深刻改变着金融服务的运作方式。金融科技正从根本上改变着金融服务，并为各国经济增长创造新的发展机遇。伴随着金融科技的迅猛发展，各国政府开始意识到金融科技创新的价值，同时也发现提升银行系统的效率有利于推动经济的全面发展。由于金融科技的发展与政府的目标不谋而合，因此政府机构和金融管理机构愿意大力支持金融科技巨头的发展，加快完善新技术冲击下的监管规定。例如，英国、澳大利亚、新加坡、马来西亚和泰国都于2016年推出了针对金融科技监管的“沙盒机制”。还有一些政府协调消除金融科技公司发展的监管障碍。2016年，英国政府分别与澳大利亚、新加坡、中国共建了金融科技桥。英国金融行为监管局与中国人民银行签署的一项合作协议为此提供了支撑，该协议允许两国共享创新服务和市场发展方面的信息，探讨新兴发展趋势和监管议题。

在中国，监管科技在2017年进入顶层设计。2017年6月，中国人民银行印发《中国金融业信息技术“十三五”发展规划》，提出要加强金融科技和监管科技的研究与应用。2017年8月，原中国银行业监督管理委员会（后并入中国银行保险监督管理委员会，以下简称“原银监会”）有关负责人表示，要用科技的手段去监管金融科技。2017年底，中国证券监督管理委员会（以下简称“中国证监会”）负责人提出，2018年要大力推进科技监管，提升监管智能化科技化水平，运用大数据、云计算、人工智能等新技术，着力提升监管本领。

二、中国金融科技发展概况

中国是高速成长的金融科技市场之一，并拥有着全球最大的消费者群体，为日益活跃的金融科技市场提供了坚实基础。在政策鼓励下，近年来我国金融科技取得了较快发展。从广义金融与科技相结合的角度，中国金融科技的发展可以划分为三个阶段：政府主导科技和金融结合试点、技术驱动金融模式创新、金融科技规模化创新升级。

（一）政府主导科技和金融结合试点

1993年，《中华人民共和国科学技术进步法》颁布，“中国科技金融促进会”宣布成立。2001年，中华人民共和国科学技术部、中国人民银行等部门确定16个地区为首批促进科技和金融结合试点地区。互联网及数字技术的出现，使一些基础的金融业务得以升级，传统金融机构开始构建信息系统，成为中国金融科技的原始起点。2004年，支付业务的出现使金融科技从后台支撑开始走向前端。这一阶段仍以政策主导、产业基金扶持技术发展为主要特征。

（二）技术驱动金融模式创新

2007年，拍拍贷的成立标志着金融科技真正深入到金融核心业务中，并结合互联网特征衍生出一系列风险评估的新模式。2013年，随着支付宝等新模式的出现，逐渐衍生出网络信贷、股权众筹等新金融服务，传统金融纷纷展开互联网化战略布局。2014年底至2016年初，网络信贷成为创业和投资风口。以“e租宝案”为节点，多家网络信贷平台纷纷倒闭，中国人民银行、中国证监会、原银监会等部门介入互联网金融行业监管。这一阶段，人工智能、大数据、区块链等技术逐渐渗透金融行业，驱动了金融服务模式的不断创新。

（三）金融科技规模化创新升级

2016年以来，以大数据、云计算、区块链、人工智能等为代表的金融科技逐渐成为金融行业的热门话题。2016年至今，金融科技成为投资热点，出现了互联网银行、供应链金融、智能投资顾问、互联网保险等数十种新金融业态。金融业不再只专注于金融业务本身，金融业与科技产业资源要素将进一步融合。这一阶段，金融科技回归金融与科技本身，基于战略性新兴技术融合创新，推动新金融合规化、高效化、个性化等。目前，中国已经是全球金融科技领域的主导者，中国的电子支付规模远远领先于其他国家，占全球总体规模的近一半；在互联网金融领域，中国市场规模占据全球市场规模的75%。①

三、金融科技的演变趋势

2019年，全球金融科技活动继续保持较快发展，大数据、人工智能、分布式记账等技术在金融领域的应用愈加成熟，催生出一批新的金融科技业务模式、产品和服务。其中，数字货币、开放银行和数字银行等应用领域发展较快，不少经济体已开展相关实践。

未来，金融科技会进一步发挥自身优势，为解决金融发展不平衡不充分问题提供更多新手段。在整体发展趋势上，金融科技行业进入结构优化期，数字经济引擎功能将持续显现。未来数字化的知识和信息作为关键生产要素，数字技术创新为核心驱动力的时代特征不断显现。金融科技的发展会加速数字技术与实体经济深度融

① 2017年2月25日，英国《经济学人》杂志发表题为《金融科技，中国成为领导者》一文。

合，提高传统产业数字化、智能化水平，数字经济引擎功能将持续显现。在商业模式方面，金融科技企业赋能B端、服务C端将成为未来主流商业模式。随着人口红利不断丧失、产品需求不断升级和竞争逐渐白热化，C端获客成本攀升，企业盈利能力和市场拓展空间不断下降，而以B端为目标客户的企业因为客源稳定等原因逐渐脱颖而出，金融科技赋能B端带来的收益和未来成长性高于C端。金融科技企业赋能B端将成为未来主流商业模式。在监管方面，金融科技“强监管”迈入常态化，监管科技等新型监管模式将成主流。随着金融科技的不断发展，金融科技的监管将更加严格。在新的技术环境下，金融机构面临的七大金融风险——信用风险、操作风险、市场风险、流动性风险、合规风险、声誉风险和系统性风险，会以更具隐蔽性、波动性和挑战性的形式展现。因此，加强金融监管，促进金融脱虚向实是未来金融科技发展的主要方向。监管科技等作为新型监管方式有了更大的发挥空间和发挥余地。总体来看，各经济体金融管理部门对金融科技活动的监管日趋完善，在明确技术指引、提高监管标准、完善监管手段等方面进行了积极探索。为鼓励创新并防控风险，金融管理部门支持金融科技公司进入市场以弥补当前金融服务的薄弱环节，同时对从事金融活动仍然设置较高的门槛。

在技术方面，核心技术“ABCDT”（人工智能、大数据、区块链、云计算、物联网）将进一步引领金融科技纵深发展，人工智能和大数据技术赋能属性将进一步增强。根据全球咨询机构Gartner的全球新兴技术成熟度曲线，以及对金融科技技术的系统分析，以人工智能、区块链、云计算和大数据为核心的“ABCD”将进一步引领金融科技纵深发展，并在此基础上产生“ABCD+”技术生态圈，整个格局更加清晰。

央行数字货币（central bank digital currencies，CBDC）研究和试点加快。根据国际清算银行2020年初发布的《关于央行数字货币的后续调查》，全球参与调查的中央银行约80%已开展了CBDC相关工作，其中40%已从概念研究转向试验阶段，另有10%已经开展试点。例如，瑞典央行为顺应非现金支付趋势、降低发钞成本研发的电子克朗（e-Krona）已于2020年2月开始试点；日本央行和欧洲央行为提高跨境大额支付和证券结算系统效率，联合研发批发型CBDC（Stella项目），目前正在开展分阶段测试；中国人民银行为提高零售支付的便捷性、安全性和防伪水平，开展了数字人民币体系（digital currency/electronic payment，DC/EP）项目，目前DC/EP的封闭试点测试正在有序推进。

全球私人部门稳定币发行活跃。自2015年美国私人部门首次推出采用稳定币理念设计的“泰达币”以来，全球稳定币发行日趋活跃。截至2019年6月，市场上流通的稳定币共有66种，另有134个稳定币项目计划推出，[①]其中，美国脸书公司

① 中国人民银行金融稳定分析小组：《中国金融稳定报告（2020）》，中国金融出版社2020年版。

（Facebook）计划推出“天秤币”，为全球数十亿潜在用户提供跨境数字支付服务，引发广泛关注。美国、欧洲等金融管理部门对“天秤币”提出严重关切，指出其可能对反洗钱和反恐怖融资、消费者数据保护、网络安全等方面带来重大挑战。2020年4月，脸书公司又提出进一步改进“天秤币”支付体系安全性和合规性的计划，并尝试获得支付牌照。尽管如此，部分国家仍担心“天秤币”将威胁本国法定货币的地位。

在行业发展方面，转型开放银行将成为银行业未来发展的必经阶段。开放银行是指经客户授权，银行通过应用程序接口（application programming interface，API）向第三方机构共享客户银行账户、交易数据的一种业务模式，旨在围绕第三方应用场景，实现金融服务的全覆盖。西班牙对外银行、美国花旗银行等率先打造各自的开放银行平台，中国工商银行、浦发银行等也开展了开放银行相关实践。为提升金融业国际竞争力和创新力，部分经济体开始在行业范围内推广开放银行应用。例如，英国推动全国最大的九家银行业机构成立开放银行实施组织（Open Banking Implementation Entity，OBIE），制定API规范、数据规范等开放银行标准；截至2020年4月，有74家银行业金融机构和134家第三方服务商加入该组织。[①]此外，欧盟国家、日本、韩国、新加坡等也相继组织实施开放银行计划。

数字银行数量增多。数字银行（也称虚拟银行或直销银行）不设立实体网点，主要采用纯线上运营模式，通过移动客户端远程开展业务。区别于传统银行以实体网点为主的经营方式，数字银行以互联网科技为支撑，提供与应用场景深度结合的存贷款、支付、转账等金融服务，主要面向传统金融服务不足的群体。2019年，香港金融管理局批准设立了8家虚拟银行；在其他经济体，数字银行多以传统银行牌照或业务许可的形式从事线上银行业务，如英国的Monzo银行、N26银行；中国的中信百信银行、微众银行、网商银行等。

在人才方面，金融科技人才紧缺，人才培养建设将走向专业化、体系化道路。金融科技的快速发展和专业人才供给不足导致金融科技人才缺口巨大，人力资本成为金融科技企业获得竞争优势的重要因素。未来金融科技进入结构优化期，对人才的专业性、复合性、实战性要求会更高，市场对适应金融科技行业发展的专业人才需求更加旺盛。目前，我国金融科技发达城市的政府和相关企业采用各类措施培养金融科技人才，例如，北京市在《北京市促进金融科技发展规划（2018年–2022年）》中明确提出通过建立金融科技研究基地，组建金融科技院系或设立专业方向，培养一批金融科技拔尖人才。深圳市福田区于2018年3月为首批金融科技青年人才培训基地授牌。随着金融科技的不断发展和对专业人才需求量的进一步扩大，人才培养建设将走向专业化、体系化道路。

---

① 中国人民银行金融稳定分析小组：《中国金融稳定报告（2020）》，中国金融出版社2020年版。

本章小结

1. 金融活动表现出对信息与通信技术很强的依赖性，而信息与通信技术又一直驱动着金融业不断发展和金融行业格局的改变，信息与通信技术不仅能够引起金融创新，产生新的金融工具和交易方式，而且还可能影响现有的金融模式。

2. 信息与通信技术在金融业中无处不在，已经广泛渗透到金融业的各个领域。对于商业银行来说，其信息化整体上经历了四个阶段：20世纪60~80年代中后期的脱机业务处理；20世纪80~90年代中后期的联机业务处理；20世纪90年代~21世纪前期的综合业务系统；21世纪开始至今的集中化、虚拟化、数据挖掘、决策支持阶段。

3. 金融科技从内涵上讲是创新金融实现形式，以数据为基础、以技术为手段，核心在于通过各种前沿科技的应用，实现金融服务效率提升、交易成本降低、产品和服务形式创新以及客户体验改善。从外延上，金融科技有以下三方面含义：（1）当金融科技是指前端产业时，其实质含义是指大数据、云计算、人工智能、分布式账本（区块链）等新兴信息与通信技术在金融活动中的应用。（2）当金融科技是指后台技术时，则是指大数据、人工智能等新兴信息与通信技术本身，其实质含义是科技，是金融业务中所使用的新技术。（3）当金融科技是指技术带来的金融创新载体时，它所指的是金融科技企业、是采用新技术进行金融业务创新的持牌金融机构或金融科技企业与持牌金融机构的合作联盟。

4. 科技金融是一个在我国国家政策以及制度层面的特定概念，指的是金融支持科技产业、科技企业、科技事业的发展，也由此衍生出科技保险、科技信贷、科技信托等约定俗成的国家政策层面的概念。

5. 金融科技与互联网金融概念既有联系又有重大区别。前者是指金融的科技化，后者是指金融的互联网渠道化。互联网金融主要是利用互联网把金融业务从线下搬到线上，属于业务渠道创新，金融科技的核心是科技，更强调新技术对金融业务的辅助、支持和优化作用，重点在于技术变革，是用大数据、人工智能、区块链等技术，去为金融机构服务。互联网金融和金融科技都是信息与通信技术和金融服务彼此融合的结果，但互联网金融更加强调金融行业对于互联网这一新渠道的应用；而金融科技则强调科技对金融服务的颠覆与赋能，以提升金融服务效率，创新服务业态。互联网金融可视为金融科技的早期业态。互联网金融概念将逐步为金融科技的概念所融合。

6. 金融科技的本质属于金融，新兴信息与通信技术作为一种信息处理和传输手段，对金融的介入可以极大地改变金融信息采集、处理和传输的效率，但其本身无法构成金融的本质内涵。

7. 学习和研究金融科技需要明确，无论是金融科技或传统金融，从现代金融的视角看，都需要切实解决信息不对称、逆向选择与道德风险的基本问题，在实现储蓄向投资的转化过程中，不能以为有了科技这些问题就可以自动消除。

8.我国金融科技体系主要由监管机构、金融机构、科技企业、行业组织和研究机构组成。其中，监管机构主要是依据国家相关政策法规，对提供金融科技服务的企业进行合规监管。金融机构主要是运用云计算、大数据、人工智能和区块链等先进技术提供新金融服务。科技企业主要是为监管机构和金融机构在客服、风控、营销、投顾和征信等领域提供新技术服务。行业协会和研究机构主要是进行金融科技产业研究，推动行业交流和标准制定，促进金融科技应用成果的经验分享和互动交流。

9.推动金融科技产生和发展的主要因素有三个：技术进步（供给因素）、需求因素、金融体系与政策环境因素。

10.金融科技通过多元化的有效竞争，可以降低信息不对称、改进金融服务效率，但也带来了隐私保护与信息安全、支付、结算和金融稳定等方面的诸多挑战。

11.金融科技发展历程可分为三个阶段：金融科技1.0阶段（1980~1989年）；金融科技2.0阶段（1990~2010年）；金融科技3.0阶段（2011年至今）。

12.从广义金融与科技相结合的角度，中国金融科技的发展可以划分为三个阶段：政府主导科技和金融结合试点、技术驱动金融模式创新、金融科技规模化创新升级。

13.未来，核心技术“ABCDT”（人工智能、大数据、区块链、云计算、物联网）将进一步引领金融科技纵深发展，人工智能和大数据技术赋能属性将进一步增强。金融科技人才培养建设将走向专业化、体系化道路。

重要概念

信息和通信技术；金融科技；科技金融；互联网金融；金融科技公司；数字银行；开放银行；ABCDT

复习与思考

1. ICT对经济增长的促进作用表现在哪些方面？
2. 简要叙述信息与通信技术在传统银行、证券、保险等金融行业应用的发展。
3. 如何理解金融科技的内涵与外延？
4. 如何理解金融科技本质属性？
5. 如何对金融科技的业态进行分类？
6. 金融科技产生和发展的推动因素有哪些？
7. 你认为金融科技对金融业产生了什么影响？
8. 你认为金融科技带来了什么挑战？
9. 如何划分全球金融科技发展的阶段？各阶段有何特征？其标志性事件有哪些？

10. 简述中国金融科技发展。

11. 请说明你如何理解金融科技的演变趋势。

扩展阅读

1. 中国人民银行金融稳定分析小组：《中国金融稳定报告（2020）》，中国金融出版社2020年版。

2. 深入浅出FISCO BCOS，https：//fisco-bcosdocumentation.readthedocs.io/zh_CN/latest/docs/articles/index.html。

第二章　金融科技理论

➡学习目标

1. 了解和掌握金融科技发展演变的基本理论架构。

2. 理解和掌握消费者主权理论、马克思消费者理论、金融创新理论、金融中介理论、信息不对称理论、长尾理论和普惠金融理论等。

3. 理解和运用相关理论分析现实生活中有关金融科技的案例。

第一节　基于消费者视角的金融科技理论

金融科技是技术进步推动的金融创新，其本质并非技术，而是金融。因此，金融科技与传统金融业态至少具有三点相同之处：其一是参与主体相同，即包括资金需求方、资金供给方和监管方，通俗而言即消费者、金融组织和监管机构；其二是基本模式相同，即金融组织根据客户的需求提供储蓄、理财、投资、融资等服务，而监管机构从第三方角度对金融供需双方的行为进行监督、识别和预防风险；其三是部分理论基础相同，如均可运用金融发展理论解释金融科技和传统金融业态的演进等。然而，随着技术驱动的影响，与传统金融业态相比，金融科技的理论基础更为复杂和丰富。

按照西方经济学的观点，供给和需求的影响是双向的，这里暂且讨论需求对供给的影响，即需求行为的产生引起了供给行为的出现。消费者是金融市场中的金融服务的需求方，如个人的存贷款及其他理财需求、企业的投融资需求等。消费者赋予金融科技充足的需求空间和信任资源，被普遍认为是催生金融科技市场并推动其发展的根本要素。因此，本节基于消费者视角，运用消费者主权理论、马克思消费者理论分析金融科技发展。

一、消费者主权理论

20世纪~21世纪初，强调消费者在市场经济中具有重要地位的“消费者中心”

理论已经得到发展。然而，彼时西方世界以实现金融市场效率和国家利益最大化为目标，消费者长期处于金融体系边缘地带，相关理论并未受到重视。当前，以消费者为重要元素的金融科技市场正在形成，促使消费者中心理论重回研究视野。其中“消费者主权论”解释了消费者对市场的作用机理，认为消费者能够通过“货币选票”影响市场供需关系，这在新市场条件下得到了印证和发展。

“消费者主权”源于西方经济学中的经济民主主义思想，意指消费者在市场经济活动中拥有主导力量，滥觞于《国富论》的经典论述“生产的唯一目的是满足消费需求，而生产者利益，只有在有效维护消费者利益时才变得重要”。其后，哈耶克（F.A. Hayek）和哈特（W.H. Hutt）先后使用了“消费者主权”一词，哈耶克对消费者主权的社会价值加以论证，认为忽视消费者需求必然导致资源配置失调。霍顿则进一步将“消费者主权”定义为作为公民的消费者拥有至高无上的主权，包括对社会生产提出需求（或拒绝接受）的权利。消费者主权理论以消费自由为逻辑起点对市场关系进行了诠释，认为个人消费决策应基于完全自由，消费者对市场上的稀缺资源拥有优先于社会资源托管人的控制式权力，他们通过手中的“货币选票”，将自己的意愿和偏好诉诸经济体系。在彼时的社会环境下，这种提法具有重要的进步意义。

20世纪后期，西方世界为应对“滞胀”导致的经济停摆，错误地理解和应用消费者主权理念，过度提倡市场自由竞争，高估消费者在经济活动中决策的理性程度，反对国家适当干预。误解甚至滥用“理性人”及其“主权”违背客观规律，导致广大消费者并不能掌握真正意义上的“主权”，沦为了资本的附庸，最终招致了更为严重的经济危机。尽管消费者主权论被认为是根植于自由主义土壤，但并非以“绝对理性人”为基础。哈耶克认为生活环境、教育背景等差异使消费者偏好大相径庭，而社会分工也使每个消费者的知识具有片面性和有限性，这决定了他们不可能成为绝对理性人，他们对自身福利缺乏整体认知，因而不能采取有效措施保证个人利益最大化。

消费者主权论提出至今已近百年，但因其所强调的消费者作为个体的能动作用的观点，能够契合工业4.0时代的社会扁平化、去中心化发展趋势，因而再次获得了研究者的关注。信息化时代的社群结构正在发生转变，互联网和移动设备使消费者能够从多种渠道获取金融产品和服务，并通过社交媒体及时表达诉求，对相关活动产生广泛影响，以提高自身福利水平，从这一意义上说社交平台使消费者聚合了巨大的权力。根据消费者主权论，消费者是决定金融科技市场中存在和发展何种金融产品和服务的最高权威，在互联网的作用下，他们手中的“货币选票”能力进一步强化，而“数据选票”也直接决定金融科技创新活动能否成功。保障金融科技消费者自由选择权顺利实现是消费者主权理念的应有之义。这首先要求金融科技市场能够充分竞争，从而提供更符合消费者需求的产品和服务；其次，技术黑箱不仅会建立信息壁垒，还可能利用消费者的片面理性使其作出错误金融决策，因此在帮助消费者了解必要金融知识的同时，监管者还要积极消除信息壁垒，使消费者能够真正自由独立地做出切合自身需求的决策。

二、马克思消费者理论

马克思的消费者理论始于对消费活动的讨论：一经完成的产品回到主体取决于主体相对于其他个人的关系，意即消费不仅是一种行为和过程，更是人的内在规定性的最终表现形式，它贯穿于社会生产的全过程之中，体现社会生产的目的和生产关系的性质。在资本主义国家，工人的个人消费从属于资本家榨取剩余价值的需要，是资本生产和再生产的一个要素，消费需求被限制在仅能够提供再生产劳动力的极窄的范围之内。而在建立公有制的社会主义国家，满足人们日益增长的物质文化生活需要，实现人的全面自由发展，才是消费需求的最终目的。马克思认为，消费者在社会生产中具有重要的地位和作用，这体现在其需求对生产的推动力上，"消费创造出新的生产需要，因而创造出观念上的内在动机，后者是生产的前提"。

这一思想源于马克思关于主体性概念，其中既涉及人与自然之间的关系，也涉及人与人之间的关系，分别对应认识论和本体论两个维度。中国市场经济构造和运行的特殊性，一定程度上减弱了个人意志和个体偏好对生产行为的影响，导致生产与需求不相匹配。因此，在生产的全过程中，重视马克思消费者理论中的本体论维度具有现实意义。对于个体福利及其实现途径，马克思具体提出了消费者在交换中应享有的平等、自由和受益的权利，即以"各尽所能"为前提，消费资料在共产主义社会初级阶段"按劳分配"，在高级阶段"按需分配"。按需分配集中体现了共产主义社会的生产目的，它以劳动者免于劳动异化、个性与潜能的发展平等为宗旨，这种平等并非形式上的平等，而是实质上的平等，体现了亚里士多德的分配正义观。

基于马克思的消费者理论，在信息化时代的社会主义市场经济条件下，发展金融科技的终极目标是保障消费者的金融需求得到合理满足。其内在逻辑在于，金融科技的本质仍是金融，但区别于传统金融。虽然金融科技能够极大地解放生产力，但经济的增长并非最终目的。传统金融制度发源于20世纪中后期的西方国家，其体系主要服务于大型企业以及高收入人群，以使资金流通所能产生的利益最大化为宗旨。信息化时代的金融科技仍带有逐利性质，但其成长的土壤发生了根本性的改变：金融科技的消费群体主要为发展中国家的中低收入人群和小微企业。充分应用现代科技介入金融领域的根本宗旨应当是为了更好地实现金融普惠，使人民群众能够共享现代经济发展带来的各种福利和机遇。当前，金融科技仍处于发展初期，释放其创新红利需要监管者以社会生产的终极目的为导向，对创新活动加以正确引导，加强金融科技对实体经济的支撑作用，倡导绿色金融和金融普惠，提高普通金融消费者抗风险能力，强化金融消费者教育，以确保其平等权、自由权和受益权，防范滥用科技导致劳动的异化。

第二节 基于金融组织视角的金融科技理论

传统金融业态中的金融组织主要包括银行（中央银行、政策性银行、商业银行）、证券公司、保险公司、信托投资公司和基金管理公司等，属于金融服务的供给方。根据业务供给划分，为不同的消费者提供对应的金融产品或服务。金融科技的出现，从数量维度扩展了金融组织的内涵，互联网银行、保险、证券、网络众筹、第三方网络支付平台等都纳为金融科技组织。金融组织是金融科技出现和发展的源动力之一。因此，本节基于金融组织角度，运用金融创新理论和金融中介理论分析金融科技的发展。

一、金融创新理论

西伯尔（W.L.Silber，1983）指出，金融创新是为了抵御抑制企业实现利润最大化和效用最大化的外部因素而产生的。本书更为赞同李建军和彭俞超（2021）关于金融创新的定义，即金融创新是指金融领域内部通过各种要素的重新组合和创造性变革所创造或引进的新事物，一般分为三类：金融制度创新、金融业务创新和金融组织创新。在诸多对金融创新产生与发展有所建树的金融经济学家中，大致可以分为两派：一派是注重分析推动金融创新进程的制约因素，而不是研究金融创新的经济学原理。其主要代表人物和论述有：凯恩（Kane，1984）对管制与技术的论述、米勒（Miller，1986）对税收与技术的论述以及格林鲍姆和希金斯（Greenbaum & Higgins，1983）对提高实际收入与周期利率的论述等。另一学派则侧重对金融创新过程决定因素及发展动力的研究，主要代表人物和论述有：贝霍尔曼（Behorman）和西伯尔（1977）、萨姆兹（Samz，1986）对创新的产生的原因及结果的分析，西伯尔（1983）、克罗斯（Kross，1986）和芬纳蒂（Fennati，1988）对新金融工具、市场和技术的分类研究及其产生渊源、目的、意义等方面的分析。以上这些分析研究表明，尽管金融管制在金融创新的初始阶段至关重要，但技术进步对金融创新起到了决定性的作用，其重要性贯穿金融创新的全过程。

技术进步对金融创新的影响表现为三个方面：其一是技术变革推动了银行、证券、保险等金融机构产品和服务方式创新，以商业银行为例，1950年以来，电子计算机、通信和互联网等技术出现使银行的存、贷、汇等业务发生了显著的变化。从20世纪中叶银行采用磁条技术开发信用卡到21世纪的纯网络银行业务，银行采用新技术极大程度上提升了信息传输效率和处理能力，同时降低了交易成本和帮助银行扩大了市场规模，更为重要的是方便了银行客户；其二是技术进步改变了货币形式，通信技术、计算机技术、互联网技术等发展促使了电子货币的出现，大数据、云计算、人工智能、区块链及数字加密等技术催生了数字货币；其三是技术金融进步推动了金融科技的发展。金融科技借助互联网、大数据、云计算、人工智能等技术重构了金融业态，创造了新的业务模式、应用、流程和产品，从而对金融市场、金融机构和金融服务的提供方式产生了重大影响。

金融科技推动了支付方式的变革和创新，第三方支付和移动支付迅速兴起，改变了金融发展模式；金融科技拓展了金融服务对象的范围，网络借贷、众筹和平台金融等金融模式为中小微企业和中低收入者等客户提供了金融服务；第三方资讯平台、垂直搜索平台以及在线金融超市等互联网金融门户为金融产品的销售提供了便利；传统金融机构加快技术变革，纯网络银行、智能银行、智能投资顾问、互联网保险等业务方兴未艾。

二、金融中介理论

讨论金融中介理论，应对金融中介的内涵有所了解。格林和肖（Gurley & Shaw，1956，1960）、本斯顿·乔治（Benston George，1976）、法玛（Fama，1980）指出金融中介（银行、共同基金、保险公司等）是对金融契约和证券进行转化的机构；约翰·钱特（John Chant，1990）认为金融中介的本质就是在储蓄—投资转化过程中，在最终借款人和最终贷款人之间插入一个第三方，也就是说，金融中介既从最终贷款人手中借钱，又贷放给最终借款人，既拥有对借款人的债权，也向贷款人发行债权，从而成为金融活动的一方当事人；弗雷克萨斯和罗切特（Freixas & Rochet，1997）认为金融中介是从事金融合同和证券买卖活动的专业经济部门；格林和肖（1993）把金融中介机构分为两大类：货币和非货币的中介机构。结合市场经济的实际来看，金融中介具体包括商业银行、证券公司、保险公司以及信息咨询服务机构等。在现代市场经济中，金融活动与经济运行关系密切，金融活动的范围、质量直接影响到经济活动的绩效，几乎所有金融活动都是以金融中介机构为中心展开的，因此，金融中介在经济活动中占据着十分重要的位置。

众多学者对金融中介理论的关注和深入研究，形成了大量的成果。信用媒介论和信用创造论是古典金融中介理论中相互对立的两种观点。亚当·斯密（Adam Smith）、大卫·李嘉图（David Ricardo）和约翰·穆勒（John Muller）等的信用媒介论认为银行必须在首先接受存款的基础上才能实施放款。但随着资本主义的发展，这种观点的局限性逐渐显露。随之产生了信用创造论，代表人物有约翰·劳（John Law）、麦克鲁德（McCluder）、熊彼特（J.A. Schumpeter）和哈恩（Hahn）等，信用创造论的基本观点是：银行的功能在于为社会创造信用，银行能够超过它吸收的存款额进行放款，而且能够用放款的办法创造存款，银行通过信用创造，能为社会创造出新的资本，推动国民经济的发展。信用创造论从技术上描述了银行信用对货币流通的经济过程的影响，这对中央银行制度的完善和对货币量的调控提供了理论依据，但信用创造论的“信用即财富、货币即资本”“银行无限创造信用”的观点是错误的。

本书赞同约翰·钱特（1990）将金融中介理论分为新论与旧论的观点。“新论”主要是对信息经济学和交易成本经济学的平行发展做出的回应。也就是说金融中介理论的研究以信息经济学和交易成本经济学作为分析工具。格林和肖（1960）认为，金融中介利用了借贷中规模经济的好处，他们以远低于大多数个人贷款者的单位成本进行初级证券投资和管理。本斯顿·乔治（1976）认为存在交易成本、信息成本和不可分割性等摩擦的市场，是金融中介产生和存在的理由。博伊德和史密斯（Boyd & Smith，1992）认为信息获取和交易监督上的比较优势使金融中介得以形成。杜塔和卡普尔（Dutta & Kapur，1998）认为当事人的流动性偏好和流动性约束导致了金融中介的形成。“旧论”将金融中介提供的服务等同于资产的转型，金融中介向客户发行债权，而这些债权与其自身持有的资产具有不同的特点。把金融中介视为被动的资产组合管理者，只能根据他们在市场上所面对的风险与收益情况完成组合的选择。事实上，新论与旧论的区分不是很明确，因为任何一种理论的形成与发展都是在以前理论的基础上发展起来的，而当下的新理论又将成为未来理论更新的旧论，新旧之间很难截然分开。

那么，该理解金融中介理论是金融科技理论基础吗？其一，金融科技依然以中介平台为核心，只不过在传统的金融中介基础上，增加了新型金融中介，如第三方支付平台等；其二，科技的进步，促使传统金融中介的服务质量和效率不断提升，产品种类和设计更为人性化，如从纯手工的业务办理到电子银行的转变等；其三，基于技术发展和成本集约的需求，虚拟金融中介出现，传统金融中介以实体形式存在，这使得其服务辐射空间范围有限、服务时间长度有限，若想打破时空限制就必然增加成本，互联网和大数据等技术帮助金融中介破除时空局限，如消费者使用网上银行几乎能够随时随地获得金融服务；其四，金融中介机构的信息成本和搜寻成本极大降低，大数据技术能够高效合法地储存和调用客户信息，为消费者提供个性化的金融服务，在下文中会再次论述这一观点。总之，金融中介理论支撑了金融科技的发展，金融科技也将使得金融中介理论内涵更为丰富。

第三节　基于监管主体视角的金融科技理论

金融监管包括金融监督和金融管理，是指一个国家和地区的金融监督管理当局依据法律法规的授权对金融业实施监督管理的总称。它的对象是一个国家和地区的金融体系，内容是依法对金融机构及其活动实施领导、组织、协调和控制等活动。金融监管有狭义和广义之分。狭义的金融监管是指中央银行或其他金融监管当局依据国家法律规定对整个金融业（包括金融机构和金融业务）实施的监督管理。广义的金融监管在上述含义之外，还包括了金融机构的内部控制和稽核、同业自律性组织的监管、社会中介组织的监管等内容。本节基于金融监管理论和原则性监管理念分析金融科技发展。

一、金融监管理论

迄今为止，金融监管理论主要有三个观点。其一是梅尔泽（Meltzer，1967）提出的公共利益论，他认为，金融部门的垄断会对社会产生负面影响，降低了金融业的服务质量和有效产出，造成社会福利的损失，所以应该通过监管消除垄断，该理论是在20世纪30年代大危机后出现的，是最早用于解释政府监管合理性的监管理论，奠定了金融监管的理论基础；其二是施蒂格勒（Stigler，1971）提出，后经波斯纳（Posner，1974）和佩尔特兹曼（Peltzman，1976）补充形成的监管经济论，该理论侧重研究金融机构与金融监管当局的关系，政府之所以进行金融监管，其直接目标不是公共利益理论所称的要控制市场失灵、控制资金价格、防止各种金融风险的传染，以及为保证金融体系的健康和最优化的资源配置效率等，而是为了某些利益集团的政治收益和经济收益的最大化；其三是凯恩（Kane，1981）提出的一种新的分析框架——管制的“辩证法”，即监管辩证论，凯恩认为，金融创新主要是金融机构为了获得利润而回避政府管制所引起的，政府管制性质上等于隐含的税收，阻碍了金融机构从事已有的营利性活动和利用管制以外的利润机会，限制了金融机构的竞争能力和获利能力，而金融机构在自身利益的驱动下，会进行一些创新活动以规避监管当局寻求新的盈利机会。当金融机构的创新出现以后，监管当局可能适应形势的变化而放松原有的监管政策，或者当创新危及金融稳定与货币政策执行时又进行新的监管，从而形成了金融机构与监管当局之间的管制—创新—放松管制或再管制再创新的动态博弈过程。

金融科技加深了金融业、科技行业以及提供市场基础设施的企业之间的融合，在增加整个系统的复杂性的同时，也创造了更多的风险因素，主要表现为：（1）金融的隐蔽性、匿名性，加之风险传导速度快、范围广，可能引发系统性风险；（2）数据风险和信息安全风险交织概率增大；（3）监管套利风险存在。再者，金融科技强调金融与科技的结合，核心是大数据、区块链、云计算和人工智能等科学技术的应用，而在互联网时代，技术本身就蕴含着巨大的风险，具体表现在四个方面：（1）在大数据方面，容易导致非法用户的入侵，窃取重要信息，从而可能对金融机构以及个人甚至政府的决策造成严重干扰，更进一步，个人信息的泄露，可能会给消费者造成财产损失甚至生命危险；（2）在区块链方面，对共有网络而言，所有加入网络的节点可以无障碍地链接其他节点和受到其他节点的链接，可能导致信息源复杂且不可控制；（3）在云计算方面，由于多个系统共享云端的硬件，可能导致黑客针对安全漏洞乘虚而入，连带损坏其他云客户的系统，如果云计算服务的提供商提供的接口不安全，客户会面临各种数据的完整性和可用性的风险；（4）在人工智能方面，如果网络受到攻击，网络设施受损、运转不正常等都可能造成系统故障，一旦应用环境和数据脱离用户的可控范围，将带来巨大的系统性混乱和不可预估的风险。因此，金融科技带来的风险可能给金融参与各方带来巨大的损失，这无疑给监管机构造成极大的风险预防压力。

二、原则性监管理念

“原则性监管”是指监管行为并非依据详细、具体的规则，而是依据高位阶、概括性的监管原则。这种监管方式能够与监管目标保持高度一致，增加金融监管弹性，其隶属于适应性监管范畴。适应性监管是指给予金融监管者更大程度的自由裁量权，以及包括技术手段在内与复杂金融活动相匹配的更多的监管资源，以使其适应变动的金融市场。原则性监管还与监管科技相联系，如朱娟（2018）认为对区块链金融展开智慧监管需构建以原则性规范为主的规制体系。多数学者呼吁，在金融科技领域，监管机构应当适用原则导向监管，而非规则导向的监管。“监管沙箱”制度旨在为金融科技创新开辟“安全空间”，对监管存疑的创新项目进行测试，而不会立即引起常规监管全部后果发生，是具有普遍适用性的新型金融监管模式。

监管沙箱搭建的多利益攸关方共商平台能为金融科技消费者充分获益提供有效制度保障，体现了原则性监管适应快速变化的新兴科技市场环境的优越性。但这并不意味着原则性监管理念完美地解决了金融科技的监管难题。由于同时肩负两大监管目标，基于原则性监管理念的沙箱解决方案在金融消费者保护问题上可以说是一把“双刃剑”，在具体实行过程中仍然面临诸多困境。例如，客户获取和流程管理不完善，部分小规模公司难以满足初始授权监管条件；监管机构过于强调基于原则进行监管，为创新松绑的同时放松对消费者保护规则的执行，使传统金融消费者保护制度面临瓦解的风险等。进一步，监管俘获论认为，监管机构在监管过程中，出于自身利益的理性考量，倾向于收受被监管者的贿赂或屈服于利益集团的政治压力，使得监管效果偏离公共利益最大化目标。在科技发展迅速的情况下，监管俘获还表现出一种新的形态，即监管认知俘获，它对以原则为基础的制度会产生较大影响。

当监管沙箱目标倾向于促进创新时，即使完全排除监管机构出于私利的考量，其在与受测试主体的密切接触中，也容易受到后者诉求的干扰，导致认知偏差，下意识地将创新机构需求置于消费者保护和金融稳定之上；甚至是由于共享社交网络或纯粹出于个人偏好，这种类型的监管俘获也难以避免。由于以原则性监管理念为基础的金融监管制度在执行中存在此种弊端，有必要设定一系列明确具体的监管标准以保护金融科技消费者，防止创新与消费者保护两大目标之间的失衡。

第四节　基于三个主体共同的金融科技理论

实际上，消费者、金融组织和监管机构在某种程度上是无法独立运转的，消费者与金融组织之间会产生金融服务的供需活动，而一旦有金融活动发生，就无法绕开金融监管。因此，存在部分理论，如信息不对称理论、长尾理论与普惠金融理论等能够对本章中提出的三个金融科技主体行为进行解释。

一、信息不对称理论

信息不对称理论是指在市场经济活动中，各类人员对有关信息的了解是有差异的；掌握信息比较充分的人员，往往处于比较有利的地位，而信息贫乏的人员，则处于比较不利的地位。该理论认为：市场中卖方比买方更了解有关商品的各种信息，掌握更多信息的一方可以通过向信息贫乏的一方传递可靠信息而在市场中获益，买卖双方中拥有信息较少的一方会努力从另一方获取信息。最早对信息不对称现象展开研究的是乔治·阿克罗夫（G. Akerlof）、迈克尔·斯彭斯（M. Spence）和约瑟夫·斯蒂格利茨（J.E. Stigliz），三位经济学家从商品交易、劳动力和金融市场三个不同领域研究了这个现象，最后殊途同归，形成信息不对称理论。

信息不对称理论对经济具有重要的作用。第一，信息不对称理论指出了信息对市场经济的重要影响，在互联网技术发展迅猛的今天，信息在市场经济中所发挥的作用比过去任何时候都更加突出，并将发挥更加不可估量的作用；第二，信息不对称理论揭示了市场体系中的缺陷，指出完全的市场经济并不是天然合理的，完全靠自由市场机制不一定会给市场经济带来最佳效果；第三，信息不对称理论强调了政府在经济运行中的重要性，呼吁政府加大对经济运行的监督力度，使信息尽量由不对称到对称，更正由市场机制所造成的一些不良影响。

在传统的金融业态中，消费者、金融组织和监管机构都不同程度上受到信息不对称带来的消极影响。于消费者而言，个人消费者具有理财欲望和能力时，往往受限于信息获取途径时效，无法参与更具价值的理财机会和错过理财收益的最佳时期，按照成本是放弃的最大的代价的观点，这种情景下的个人消费者已经产生了损失。同理，当企业消费者具有投融资需求时，缺少更为准确和及时的信息以供决策，最终提高了融资成本或错失投资机会。于金融组织而言，尽管拥有较多的客户信息，但客户的需求不是一成不变的，由于缺乏动态的信息跟踪，使得产品和服务可能不具备市场需求，抑或是需求量较小，这无疑增加了金融组织的经营成本。于监管机构而言，金融组织可能出于逐利性本质，刻意钻监管漏洞，如为获得更多贷款利息收入，违法降低贷款门槛等，最终可能引发信用风险，监管机构往往无法掌握此类灰色信息，给监管行为造成巨大压力。

科技进步缩短了金融参与主体之间信息获取能力的差距，智能手机及互联网的出现，消费者可以从不同渠道获得最新的金融服务信息，能够随时随地根据自身的需求参与金融活动。金融组织能够利用大数据等技术储存消费者信息，再利用云计算等技术为不同的消费者提供个性化服务。由于互联网具有多重记忆，因此监管机构能够实时跟踪金融供需双方的活动，触及和填补以往的监管漏洞。综上所述，金融科技在一定程度上克服了信息不对称带来的不利影响。但是，由于信息大爆炸，这给消费者、金融组织和监管机构在识别和判断信息方面也带来极大的挑战。

二、长尾理论与普惠金融理论

长尾理论兴起于互联网时代，商品的存储成本、流通成本急剧降低，那些基数庞大但是有限的产品共同占据的市场份额完全可以和少数需求旺盛的热卖产品市场份额相匹敌。发展中国家中小微企业及中低收入者的金融服务需求长期被忽略，虽然他们的金融服务需求规模有限、种类繁多，但数量众多，是典型的金融长尾市场。从企业层面来看，大量的中小企业因处于长尾而不能获得融资，这是因为部分国家的银行在资金融通中扮演着非常重要的角色，银行更愿意把资金贷给财务报表规范透明且具有抵押资产的大企业或是国有企业来降低坏账率。从个人层面来看，我国数量众多的低收入人群的融资需求很难得到满足，主要原因有三个：一是我国征信体系不健全，低收入人群没有信用记录或者信用记录较短；二是低收入人群缺乏抵押品；三是许多低收入人群没有固定的工作和收入，因此低收入人群的信用风险较高，在银行风险定价体系仍不完善的情况下，银行不愿意为这些客户提供融资服务。从投资理财的层面来看，金融投资工具的不足和高门槛抑制了中低收入家庭的投资理财需求，以国内为例，普通散户很难通过买卖股票获得投资收益，房价的快速上涨让许多家庭意识到可以通过购买房产实现投资收益，但是由于房价较高，中低收入家庭购房满足刚需尚未满足，而信托产品和私募产品虽然收益较高但门槛也较高，众多的中低收入家庭只能望而却步。

普惠金融这一概念最早出现于联合国2005年“国际小额信贷年”的宣传中。联合国把普惠金融定义为能有效、全方位地为社会所有阶层和群体提供服务的金融体系。一般而言，普惠金融包含四方面内容：一是家庭和企业以合理的成本获取较广泛的金融服务；二是金融机构稳健，要求内控严密、接受市场监督以及健全的审慎监管；三是金融业实现可持续性发展，确保长期提供金融服务；四是增强金融服务的竞争性，为消费者提供多样化的选择。可以看出，普惠金融建立的是一种包容性的金融体系，这个体系服务的对象包括所有地区、所有行业的企业和家庭，特别是中低收入家庭、中小微企业、个体经营者及农户。

从提供金融服务的内容来看，普惠金融不但涵盖存取款、支付等基本的金融服务，还包括信贷、证券、保险、理财、金融衍生产品等。这需要改善金融基础设施，提高金融服务的可得性，还需要制度创新、机构创新和产品创新革除传统金融体系的弊端：一是制度创新，如利率市场化改革、扩大金融市场对内对外开放等，会提高金融市场的竞争性，市场的力量会迫使金融机构增加对中小微企业和低收入家庭提供服务的比重；二是机构创新，如政策性银行、小额贷款公司等机构的设立会改善中小微企业和低收入家庭获得金融服务不足的状况；三是产品创新，如支付宝可以为普通老百姓提供低成本、便捷的支付服务。普惠金融要求家庭和企业以合理的成本获取较广泛的金融服务，这要求打破金融市场的垄断性，增强其竞争性和开放性。因此，普惠金融较好地契合了金融长尾客户的需求，构建普惠金融体系，对于完善现代金融体系运用金融的手段满足金融长尾客户需求，促进经济社会实现共同繁荣和谐发展，具有重要的意义。

从前面的分析可知，传统正规金融体系很难以合理的成本为这些长尾客户提供长期金融服务。传统正规金融体系对数量众多的长尾客户金融服务供给不足，为金融科技发展留下了巨大的空间。金融科技通过科技手段推动金融业务模式、流程和产品创新对金融市场、机构及金融服务产生了重大影响，在为长尾客户提供金融服务实现普惠金融方面具备以下一些优势：一是进入成本低；二是服务成本低；三是减少了信息不对称；四是服务便捷；五是可提供个性化服务。此外，金融科技的发展还产生了“鲶鱼效应”，倒逼传统正规金融体系增加对中小微企业及中低收入者的服务比重。在宏观层面，金融科技推动了金融改革进程，进一步推动了普惠金融的发展。

三、机制设计理论

机制设计理论是指对于任意一个给定的经济和社会目标，在个体理性、信息不完全、自由选择和分散决策的条件下，设计出一套机制，使得经济活动参与者的个人利益和机制设计者的目标一致。根据福利经济学第一定理，瓦尔拉斯均衡是帕累托有效的，这意味着自由竞争的市场机制会导致资源有效配置，从而严谨地论证了亚当·斯密的“看不见的手”原理。同时经济学家还证明了自由竞争市场机制有效配置资源的唯一性，公正性和有利于社会的稳定性。但是这些结论是基于一些前提条件的，包括经济信息完全且对称、交易成本为零、消费偏好是凸的等。然而现实经济中存在垄断、外部性、公共产品、信息不对称等市场机制失灵的情形，也就意味着市场机制不能导致帕累托有效配置。在存在信息不对称的情况下，会产生激励相容问题。在这些因素的共同作用下，催生机制设计理论的产生。从研究方法来看，机制设计理论先给定社会目标，然后设计实现既定社会目标的经济机制，即博弈的具体形式，在满足参与者各自约束条件下，让参与者在个体理性下的选择所带来的配置和社会目标相一致。利奥·赫尔维茨（Leonid Hureivz）是最早研究机制设计问题的经济学家，最先提出了激励相容的概念。在赫尔维茨之后，罗格·迈尔森（Roger Myerson）和埃瑞克·马斯金（Eric Maskin）等学者进一步丰富并发展了机制设计理论。

需要进行机制设计的主要原因是在个体理性信息不完全自由选择与分散决策的条件下，经济活动参与者的个人利益和机制设计者的目标并不一致。如果经济活动参与者和机制设计者之间的信息不对称程度能够缓解，机制设计问题就会简单许多。缓解信息不对称首先需要获得数据，互联网“开放、平等协作、分享”的精神为数据的获得提供了天然的平台，大大降低了数据获取成本。此外，云计算、人工智能等技术的发展也极大地释放了数据的流动性，大数据日益成为重要的资源。通过采集大量化、多元化、多层化、非结构化、多样化的实时动态数据，特别是交易行为数据和社交网络数据，整理分析和挖掘这些数据，并运用机器学习等大数据技术重新设计征信评价模型算法，大数据征信可以为数据信息使用者提供信用信息服务。融资市场的资金供给者或者保险机构均可以利用大数据分析、判断资金需求者或者投保客户的类型，缓解事前逆向选择问题。此外，还可以利用实时动态大数据来实现监控和预警，如果资金需求者或者投保客户出现道德风险问题，大数据征信的失信惩罚机制会使失信者在一定期限内付出惨重代价，极大地缓解了道德风险问题。

在分析金融机制设计时，无论是直接融资模式还是间接融资模式，为保证融资者和资金供给者的利益一致，资金供给者在设计机制时都会要求融资者的资本较多或者资产负债表较好。这虽然能保证资金供给者的利益，但是大量中小微企业及中低收入者由于企业财务报表不规范或缺乏抵押品而很难获得融资支持。而这些长尾客户对社会的发展非常重要，是普惠金融重点关注的对象。所以，从社会的角度来看，还需要设计新的机制，使得资金供给者和长尾融资者的利益保持一致。利用互联网、大数据、云计算等技术手段，金融科技的网络借贷模式和平台金融模式可以有效降低长尾客户的信息不对称程度。这些金融模式所采用的机制不但推动了普惠金融的发展，也提高了社会资源配置效率。利用互联网、大数据、云计算等技术手段，网络保险可以在保险标的、责任范围、保费费率等方面实现个性化定制，还可以综合利用消费数据、行为习惯数据、家庭背景数据、工作和生活环境数据等评定客户等级，实现差异化定价。利用这些新的技术手段，网络保险有效降低了信息不对称，使投保客户和保险机构之间利益更趋一致。

互联网的发展促进了电子商务的发展，而电子商务在发展的初期，信息不对称问题往往导致电子商务平台上的买家和卖家利益并不一致，这严重限制了电子商务的发展。电子商务中的逆向选择问题主要源于买家和卖家关于商品质量的信息不对称，这会导致劣质卖家驱除优质卖家。当电子商务交易发生后，有可能出现卖家收到货款不发货，或者买家收到货物不付款，而先行动的一方由于无法监督对方的行为而处于信息劣势，就出现了道德风险而损害先行动方的利益。电子商务的发展需要机制设计使买家和卖家的利益和机制设计者的目标一致。第三方支付的出现为电子商务平台上买家和卖家的交易提供了信用保障，消除了买家和卖家之间的信息不对称，促进了电子商务的发展。当买家和卖家在电子商务平台上达成交易以后，买家先把购物款付给第三方支付平台；第三方支付平台在收到货款后通知卖家发货；买家收到货物并验收合格后，通知第三方支付平台付款给卖家。如果买家收到货物以后发现质量有问题就会退货给卖家，而卖家收到退货以后会通知第三方支付平台把货款退给买家。第三方支付平台介入电子商务后设计的质量有问题就退货机制，以及给买家和卖家制定退货合约并监督双方的交易和退货过程，避免了逆向选择问题。同时，由于买家订货后先把货款打到第三方支付平台，在收到货物并验收合格以后才通知第三方支付平台付款给卖家，杜绝了“先付款后发货”及“先发货后付款”模式下的道德风险行为。

概而言之，金融科技既是基于机制设计理论而发展，也在消费者、金融组织和监管之间搭建起了多维的目标实现机制。一方面，消费者通过现代科技能够通过不同的途径、方式和场景获得金融机构提供的产品和服务，即实现金融参与目标的路径不再单一；另一方面，无论是传统的金融机构，还是新型金融组织，产品和服务的销售渠道得到了拓宽，金融供给的效率和质量明显提升；另外，尽管给监管机构带来新的监管难度，但实际上，通过数字化技术，监管机构对金融市场的把控更为全面和及时，方法更为多元。机制设计理论自诞生以来，在微观经济学领域得到快速的运用和发展，金融科技作为金融发展到一定阶段的业态，无法脱离机制设计理论的基本思想。

本章小结

1.消费者主权理论是指生产什么、生产多少，最终取决于消费者的意愿和偏好。企业、市场和消费者这三者间的关系是：消费者借助于消费品市场上生产者之间的竞争，行使主权，向生产者“发布命令”。

2.马克思的消费者理论始于对消费活动的讨论，它贯穿于社会生产的全过程之中，体现社会生产的目的和生产关系的性质。

3.金融创新一般分为三类：金融制度创新、金融业务创新和金融组织创新。

4. 金融中介具体包括商业银行、证券公司、保险公司以及信息咨询服务机构等。

5. 金融监管包括金融监督和金融管理，是指一个国家和地区的金融监督管理当局依据法律法规的授权对金融业实施监督管理的总称。

6. “原则性监管”是指监管行为并非依据详细、具体的规则，而是依据高位阶、概括性的监管原则。

7. 信息不对称理论是指在市场经济活动中，各类人员对信息的了解是有差异的；掌握信息比较充分的人员，往往处于比较有利的地位，而信息贫乏的人员，则处于比较不利的地位。

8. 联合国把普惠金融定义为能有效、全方位地为社会所有阶层和群体提供服务的金融体系。

9. 机制设计理论是指对于任意一个给定的经济和社会目标，在个体理性、信息不完全、自由选择和分散决策的条件下，设计出一套机制，使得经济活动参与者的个人利益和机制设计者的目标一致。

重要概念

消费者主权理论；马克思消费者理论；金融创新理论；金融中介理论；金融监管理论；原则性监管理念；长尾理论；普惠金融理论；机制设计理论

复习与思考

1. 消费者主权理论的代表人物和观点有哪些？
2. 马克思消费者理论与西方消费者需求理论的区别和联系？
3. 金融创新的内容与实现路径？
4. 金融中介的内涵、代表人物及观点有哪些？
5. 金融监管的对象、内容、方式和要求分别是什么？
6. 总结普惠金融理论内涵及我国普惠金融发展现状分别是什么？
7. 机制设计理论如何在消费者、金融组织和监管机构三者之间产生联系和作用？

扩展阅读

1. 中国人民银行：《金融科技（FinTech）发展规划（2019-2021年）》，2019年。
2. 李建军，彭俞超：《金融科技学》，高等教育出版社2021年版。

第二章　电子银行体系

➡ **学习目标**

1.掌握电子银行体系含义，了解电子银行的产生及发展过程。
2.掌握电子银行基本体系架构，了解不同电子银行体系的特点。
3.掌握电子汇兑系统基本运行逻辑，了解国内外主要的汇兑系统。
4.掌握不同银行机具的功能，了解银行机具存在的不足及应对措施。

第一节　电子银行的产生

一、电子计算机发展与银行业变革

（一）电子计算机发展

1946年，世界上第一台电子数字计算机埃尼阿克（Electronic Numerical Integrator and Computer，ENIAC）在美国诞生。它的出现，不仅是第三次产业革命的标志，更使得众多传统业态发生翻天覆地的变化。

1946~1958年，是第一代计算机，即电子管数字机发展的阶段。其主要应用于军事和科学计算领域，在航空航天等重工业领域应用也逐渐普遍化，在社会科学领域，特别是经济领域也开始电子计算机的应用。

1959~1964年，是第二代计算机，即晶体管数字机发展阶段。经过第一代计算机的应用升级，尤其是硬件的升级，使得电子计算机的计算速度达到每秒10万次，在科学计算领域发挥着更大的作用。同时，它的体积不断缩小，使得它的场景适应能力不断提升，应用领域不断拓宽，应用深度不断延伸。

1965~1970年，是第三代计算机，即集成电路数字机发展阶段。分时操作系统的出现，使得它的计算速度可以达到每秒100万次，最重要的价格却在下降，也就是说普通企业甚至是中产家庭也有能力购买计算机，产品走向通用化、标准化。

1971年至今，是第四代计算机，即大规模集成电路机发展阶段。尤其是1971年世界上第一台微处理器在美国硅谷诞生，开创了微型计算机的新时代。电子计算机正式完成了农业、工业、新兴产业三大领域的普遍应用，大规模走入家庭中。

电子计算机的发展和普及主要有几个方面的原因：其一，运算速度快，能够提高工作效率；其二，记忆能力强，能够储存历史数据和信息，节省了成本；其三，更新换代快，从出现到大规模应用不到50年时间，硬软件不断升级，体积不断缩小，越来越实用；其四，价格大众化，需求总量最大的是普通企业和家庭，价格的持续走低正好满足了客户的预期，让普通家庭和企业都能够负担。

（二）银行业发展

时至今日，全球银行业可以按其职能划分为：中央银行、商业银行、投资银行、储蓄银行和各类专业银行机构，并已经形成了以中央银行为中心，以股份商业银行为主体、各类银行并存的现代银行体系。

现代公认的早期银行起源于文艺复兴时期的意大利。这一时期成立的银行，主要从事存、放款业务，大多具有高利贷性质。1694年在英国成立的英格兰银行是世界上第一个资本主义股份银行，由此掀开了资本主义国家建立银行的浪潮，主要模式是以建立中央银行为基点，较大规模地建立其他商业银行，其职能是经营货币资本、发行信用流通工具，充当资本家之间的信用中介和支付中介。

我国银行业起步比较晚，1845年由英国人在广州设立的丽如银行（又称“东方银行”），是中国最早的银行；1897年成立的中国通商银行，是中国自办的第一家银行。中华人民共和国成立后，尤其是改革开放以来，我国银行业发展非常迅速，截至2019年6月，我国银行类金融机构数量达到了4597家，这与我国经济高速发展是密不可分的。[①]

长期以来，无论是银行的存贷业务，还是其他金融服务，基本都是纯人为手工完成，效率低、易出错、成本高，极大地禁锢了银行规模的扩张。20世纪中叶，电子计算机的出现，极大程度地改变了传统银行的状况，电子银行概念在这一时期出现。随着计算机的不断升级发展，电子银行不再是概念，而是一种全新的业务模式和发展路径。

在电子计算机基础上出现的互联网是第三次科技革命的核心成果，它的出现极大地助推了经济全球化的进程，在银行业领域，互联网使得跨地域，尤其是跨国业务办理效率更高，成本更低。同时“互联网+”模式的出现，使得电子银行进一步发展成为如今的“网上银行”“互联网银行”等业态。随着科学技术的加快发展和客户知识文化程度的提升，越来越多的线下银行业务逐渐被线上操作所取代，银行业将

---

① 笔者根据新浪财经报道《银行保险机构最新数量出炉：银行业金融机构达4597家》整理所得，https://finance.sina.com.cn/roll/2019-10-15/doc-iicezzrr2337645.shtml。

走上去实体化的发展道路。

二、三大技术推动与现代化电子银行

电子银行（E-banking）起步于20世纪50年代，而后经过30余年的发展，到80年代，世界才算真正进入电子银行时代。

从古至今，人与人之间、国家与国家之间的贸易往来从来没有停止，由最早的以物易物，到后来商品等价物（货币）的产生，商品生产和货币积累一直都是人类社会经济发展中两个同时行进的过程。商品生产得以持续发展的条件是产品能够流向人们所需要的地方，通过交易实现价值货币化，同时，货币得以流通的条件也是不断的商品交易。因此商品流和货币流是经济生活中的共生流，相互诱导。商品交易越发达，货币的流通量也就越大，若货币流通不畅，则商品生产会受阻，若货币流通效率过低，商品生产的速度也会大大降低。

对于西方国家而言，大规模的跨区域交易始于新航路开辟之后，贸易范围拓宽，货币加速流通，作为商品交易中介的银行业应运而生并蓬勃发展，随着贸易行为越来越频繁，银行这种介体作用愈加重要。

（一）三大技术：C&C、IT、Web

第二次世界大战以来，由于科学技术发展促进了生产效率的提高，流入市场的产品量急剧增加，商品生产的规模和交换方式都发生了翻天覆地的变化。彼时，对于货币的要求，除了效率，还需要量，银行为企业贸易提供的转账等还是由人工完成，金融纸票（现金、支票和各种凭证）储存在银行，堆积如山，世界银行业迫切需要寻找新的方法解决这一困境。

有眼光的银行家认识到，仅仅靠增加人工，增加银行存储仓库面积不能从根本上解决问题，甚至会使银行业陷入泥潭。最好的出路是与电子计算机结合，引进计算机与通信技术（computer & communication，C&C）来改造传统的银行业，建立各种电子资金转账系统（electronic funds transfer，EFT）。

C&C系统的引进，开启了银行电子化的发展进程，用计算机来处理业务，在网络上以电子的形式传输数据，从而使银行业发生了革命性的变化，银行业也因此破除困境，获得新生。将C&C引入银行业，不仅使传统的银行业务迅速电子化，还开辟出一系列新的自助银行服务。在银行业务处理实现电子化的基础上，信息技术（IT）的引进，使银行不仅提供支付服务，还能提供金融信息增值服务。

电子化和信息化的发展，使银行从手工操作，演变为自动化和现代化的电子银行。它通过电子传输的方法，向客户提供全方位、全天候、高品质、安全性的银行服务，从根本上改变了传统银行的业务模式和管理体制，建立了以信息为基础的自动化业务处理模式和以客户关系管理（customer relationship management，CRM）为核心的科学管理模式。电子银行用电子货币支付方式，取代传统的现金交易和手工凭证的传递与交换，大大加快了资金的周转速度。以银行为主的金融业，从单一的信用中介部门，发展为集金融交易服务和金融增值服务为一身的金融“超级市场”。银行的收入结构也将因此发生根本性的改变，即以传统存贷款利息差为主要收入来源的局面，将被提供金融劳务服务和金融信息服务为主要收益来源所代替。

进入20世纪90年代后，随着电子商务的兴起，万维网（World Wide Web，WWW）技术被引入银行，银行开始通过开放性的互联网提供网上银行服务，电子银行又进入一个新的发展阶段，从实体银行向虚拟银行发展。

“C&C+IT+Web”的基础结构，同银行的核心业务（支付服务和信息增值服务）处理以及银行监控体系结合在一起，产生了现代化的电子银行。银行现代化的发展，推动了全球金融和经济一体化的进程。而全球金融和经济一体化的发展，又大大促进了商品经济的蓬勃发展，加剧了金融业的生存竞争，从而反过来又促使银行不断以更新的技术武装自己，进一步开发新的银行服务品种，提高银行的管理水平和服务水平，进一步促进社会经济的发展。

（二）现代电子银行

广义的现代电子银行主要分为传统银行的电子业务和第三方支付平台两个方面，线上商品交易出现和蓬勃发展直接催生了现代电子银行。2003年，电商平台淘宝上线，给传统零售业带来了颠覆性的改变。网上购物行为的发生需要支付才能实现，起初，淘宝与国内众多银行合作，网民开立银行卡账户并开通网上银行，就可以在淘宝上实现购物，银行从淘宝方收取一定的手续费用，传统银行的网络化是现代电子银行的重要标志。

随着淘宝交易量不断增加，尤其是阿里巴巴旗下的批发市场交易量空前，银行收取的手续费用也越来越高，另外，由于银行技术等问题，也为淘宝带来了不少的交易“麻烦”，在这样的背景下，阿里巴巴加快了自主第三方支付平台的开发，支付宝正式通过测试走进网民生活，网民无须再通过网上银行支付购物费用，通过支付宝就能实现购物需求。随着支付宝的逐渐成熟，它不仅具备支付功能，还具备储蓄、理财等实用功能，能够在很大程度上替代银行的功能。随着京东、微信等互联网产品出现，第三方支付平台的规模越发壮大。第三方支付平台是现代电子银行的重要代表。

三、电子银行的发展历程

电子银行建设经历了将手工操作转为计算机处理、开发自助银行服务、提供金融信息增值服务和成熟开展网上银行服务四个阶段。

（一）银行的传统业务处理实现电子化

日常性的银行交易包括对个人业务、对公业务和同行间业务。这些传统业务主要包括吸收存款、发放贷款和办理汇款结算等。这些都是银行里最平常也最量大面广的业务操作，也是主要的票据源、费用源和错误源。

在银行电子化过程中，这些交易领域最早采用C&C技术实现数据通信，从而建立了联机柜员系统。联机柜员系统是最早建立的EFT系统，它的推广应用，大量减少了手工操作，大幅度提高了工作效率，有效改善了服务水平，明显降低了银行的运行成本。具体来说，联机柜员系统实现了如下三个主要需求：（1）提高了银行业务操作效率。通过采用联机柜员终端和管理终端，把数据直接输入到计算机系统处理，不仅可以获得快速的联机响应，还可简化交易处理，一次输入的数据可以供多次使用，从而免除手工操作时的一些重复操作，减少差错。（2）方便客户，增加市场占有率。通过增加联机柜员终端的地理分布领域，允许交易源分散分布，扩大电子化网点覆盖面。而所有的金融交易信息都送到银行计算中心进行集中处理，就可扩大银行服务的地理领域，以方便客户。（3）有效地降低运行成本。通过采用高性能的计算机系统通信网络和用户接口，使交易处理既方便又经济。当今的银行联机柜员系统，多采用客户机—服务器结构。联机柜员通过PC机和局域网实现对数据库数据的存取，再将局域网连到远程网，以实现远程数据通信。工作站是联机柜员系统的终端，包括一个小键盘（客户用以输入密码）的台式微机、显示器和收据打印机，每个柜员都有一个完整的工作站，不能同其他柜员共享同一工作站。每个工作站的各个部分，包括键盘、显示器主机、验钞机和打印机等，都要加软件锁，以确保工作站的安全。

早期的联机柜员系统，是简单地将传统的银行业务由手工操作转为电子化处理。因此，业务流程、规范和组织结构等，基本都沿用手工的做法，如对公业务和储蓄业务由不同的分支机构完成，各个柜台只能办理单一品种的业务等。随着社会的进步，这种模式已经不能满足激烈的市场竞争环境下的业务发展需要，于是早期的联机柜员系统逐步向综合柜台业务系统发展。综合柜台业务系统是以客户为中心、能向客户提供综合服务的电子银行系统。在该系统内，同一个业务经办人能处理客户所需的各种不同品种的金融业务。这种综合柜台业务处理系统，为业务人员提供了一个集成的业务处理环境，使得银行柜员能根据客户的需求，为客户提供全面、快速和高质量的银行业务服务，大大方便了客户。

（二）开发出大量新的自助银行服务项目

自助银行服务项目是以银行卡为介质，包括自动柜员机（ATM）服务、存取款一体机（CRS）服务、销售点（POS）服务和家庭银行（HB）服务。自助银行交易一般无须银行柜员干预，是完全依赖于计算机、网络通信和信息技术等现代科技发展起来的服务项目。它能处理大量的日常金融交易，相当于一个小银行办事处。它由客户启动交易，而后数据流通过电子传输和计算机处理，产生适当的借贷和控制信息，以完成对客户的服务。自助银行终端机可以安放于购物中心、商店、旅馆、酒吧、工厂等场所。客户可利用这些终端机，查询账户余额，进行存取款、付款和转账交易或持卡消费等。如果系统中含有信息技术、专家系统等资源支持，自助银行还能为客户提供各种金融信息服务。通常，自助银行可提供24小时服务。

同联机柜员系统一样，自助银行服务不仅要能改善对客户服务的质量，还要能降低银行的运行成本。随着金融电子化的发展，商业银行逐步将银行柜面业务银行卡业务、ATM服务、POS服务、HB服务和企业银行服务等整合建立更高集成度的综合业务处理系统。它是新一代的业务处理应用系统，按照以客户为中心的原则，从客户的需求出发，按照业务集成的思路进行设计，对金融企业业务过程进行重组，建立新的账务处理系统和业务信息环境。新的综合业务处理系统的推广应用，为银行提供金融信息增值服务创造了必要的条件。

（三）提供金融信息增值服务

银行除了向客户提供传统的金融交易（吸收存款、发放贷款、办理汇款结算等）服务和前述的自助银行服务外，电子化的银行还能依靠自身在信息、人才、信誉等方面的优势，借助IT技术从各种金融交易数据中提取有用的信息，将信息转化成知识，再将知识转化为竞争优势，使银行走向信息化。信息化的银行能向各类客户提供包括理财服务在内的具有高附加值的金融信息增值服务，也促进了银行自身的管理信息化，有效地提高了银行的经营管理效率和防范风险的能力。金融信息增值服务的出现，是传统银行向电子银行发展的实质性的飞跃，使银行真正进入电子银行时代。

需要注意的是，20世纪90年代以前的金融信息服务，主要是面向工商业客户和政府部门，而不是个人消费者。因为在这一时期工商业客户愿以很高的代价购买能使公司提升市场竞争力的信息，因此它们需要购买金融信息产品。个人消费者也需要金融信息，但并不想为之付费。在20世纪80年代的美国，有几家不大的服务机构致力于面向消费者的信息市场，这个市场每年的营业额在当时仅为0.6亿美元。如果有更多的企业要进入这个市场，就会面临亏本的境地。但从20世纪90年代中期开始，情况发生了变化，随着网上银行的发展和家庭银行的日益普及，个人理财业务在银行零售业务中的地位日显重要。

另一个值得引起重视的问题是在早期的金融信息市场上，靠提供金融信息服务挣钱的企业并不全是金融机构。例如，世界上最早提供信息服务的三家大企业路透社（Reuters）、德励财经（Telerate）和美林证券（Merrill Lynch），其中只有美林证券是金融机构，前两者都不是。出现这种情况，与银行战略家在信息服务领域缺乏战略意识有较大的关系。

路透社是家老牌的、很有声誉的新闻社。由于提供金融信息服务，使它获得了新的活力，路透社集团已成为最大的国际金融信息服务机构之一。其产品包括财经信息系统、外汇交易系统专业数据库服务系统和大众传媒服务系统等。路透社金融信息系统通过国际专用卫星和有线通信网络，每天用25种语言，以每秒发送2000项信息的速度，把货币、股票、债券、期货等金融市场的价格和分析信息，传送到全球163个国家的5万多个机构。路透社信息应用网络通过全球400多个点采集各类信息，其中，实时信息主要从证券交易所采集、外汇牌价从世界各国银行采集、外汇交易和国债交易信息由各类经纪人提供。

主要业务包括：（1）向200多个交易所提供金融独家实时新闻，并通过数字模型，向用户提供长期（10年）、中期（2年）和短期（1月、1天和每分钟）的信息分析；（2）向全球提供数据库汇总的文字、图像信息；（3）向用户提供贸易商务信息；（4）为证券、外汇买卖提供自动报核等。该系统地面采用光纤和电缆，天上用卫星，其用户通过PC机在两三秒钟内就可与世界各地的经纪人对话做交易，路透社对每笔交易都做拷贝保存。如伦敦外汇交易市场每天成交8000亿~10000亿美元，有50%是通过路透社系统完成的。路透社信息应用系统给用户带来了巨大的效益，也给自己带来了非常可观的利润。

德励财经和Quotron的模式和路透社相似，但在1986年，花旗公司（Citicorp）用6.2亿美元收购了Quotron系统。之后，花旗公司对该系统进行了技术改造，增加了它所能提供的金融信息产品，并将其推向国际市场。

上述提供金融信息的三大公司中，只有花旗公司是金融机构。因此非金融机构掌管着金融信息市场，对银行来说是一种巨大的挑战，也使银行面临巨大的风险。并且这些非金融机构的信息公司建立起自己的全球性联机交换网，它们能同银行一样处理金融交易，并可以从金融信息领域进入金融交易领域，同银行进行直接的竞争。

面临着业外的激烈竞争，金融系统要站稳脚跟，就必须加快开发信息产品。利用好自己原始的数据资源和客户资源，建立起完备的信息产品系列。

进入21世纪后，银行向智能化发展。打造智能型银行是21世纪金融信息化的发展方向和焦点。智能化银行能向客户提供随需应变的个性化的金融信息增值服务。发展智能型银行的核心技术是商业智能（business intelligence，BI）。

BI是20世纪90年代开始发展起来的一种新技术，它建立在包括数据仓库在内的各类数据库和信息提炼技术基础上，能实时地对各种金融交易信息和企业资源规划（enterprise resource planning，ERP）、CRM、供货渠道管理（supply chain management，SCM）等管理工具生成的企业数据进行分析，并将各种数据及时地转换为企业管理者和客户感兴趣的信息或知识。知识管理借助数据技术（关系数据库、数据仓库、数据挖掘技术）提供了信息储存和知识发现的功能。网络技术（局域网、移动网、互联网）提供了从企业直至全球范围内实时、自由交换信息的巨大平台。运用知识发现技术，并与金融学和管理学模型有机结合，可以提供金融商务智能和支持一对一的客户关系管理，极大地推动知识管理的应用。

（四）网上银行服务成熟

从20世纪90年代开始，随着互联网和其他数据网络的快速增长，引发了全球性的商务革命和经营革命。电子商务是信息时代的必然趋势，电子商务涵盖企业商户、金融和政府有关部门和网络服务商，涉及面非常广。每个电子交易都要经过资金的支付与结算才能完成，因此，作为资金流负载者的银行的参与是至关重要的，网上支付服务也因此蓬勃发展起来。

网上支付服务的出现，促进了网上银行（internet banking）服务的发展。网上银行不仅为电子商务的参与者提供网上支付服务，还为银行客户提供广泛的金融服务。网上银行服务成为商业银行竞争的新热点。电子商务的发展为金融业的发展提供了一次新的大好时机。银行因此需要建立银行产品内容和销售渠道的新概念，开发新市场和争取新客户，以使银行能获得新的收入源。为此，银行需要在“C&C+IT+Web”的基础结构上，并同银行的核心业务融合在一起，形成崭新的业务模式和管理模式。网上银行服务有两种发展模式，一是建立完全依赖于互联网（Internet）的虚拟网上银行，虚拟银行是一种全新的电子银行，其所有的银行业务服务都是通过互联网进行的；二是传统银行通过互联网开展原有的银行业务服务，特别是通过互联网发展家庭银行服务和企业银行服务。

网上银行是一种虚拟银行，它允许客户通过互联网访问其网址，查看自己的账户信息，开展网上支付、转账结算等各种银行业务。它无须设立分支机构就能将银行业务铺向全国以至世界各地，因而能极大地减少管理费用。网上银行问世后，世界上的大银行都迅速把目光转向发展网上银行服务。

除了开办全新的网上银行之外，电话银行呼叫中心、移动银行等其他虚拟银行服务也得到了蓬勃的发展，使传统银行固定销售点的交易方式转向随时随地交易方式，银行也从传统的物理银行向虚拟银行发展。银行的虚拟化发展进一步加剧了银行间的竞争。银行的竞争力不再以分行数、网点数和人员数来衡量，而是以银行的信息化、智能化和虚拟化的广度与深度来衡量。

截至2019年11月，国内共计有4597家银行类金融机构，其中88%的银行机构已经建立起自己的网上银行网站。[①]客户可以通过浏览器进入网上银行首页，登录后即可完成查询、转账、理财等业务。

总之，电子银行的发展，促使银行实现电子化、信息化、虚拟化和智能化。电

① 笔者根据新浪财经报道《银行保险机构最新数量出炉：银行业金融机构达4597家》整理所得，https://finance.sina.com.cn/roll/2019-10-15/doc-iicezzrr2337645.shtml。

子银行的联机系统从柜员机开始，再到分行办事处，最终联机到商业、企事业单位和家庭。现今成功的电子银行系统，不管是银行的批发业务系统还是零售业务系统，都以带有决策支持系统和“3A”（Anytime，Anywhere，Anyhow）服务为特色，并以最佳的方式推销给用户。同时，电子银行不仅提供电子支付服务，还能提供各种信息增值服务。因此，银行不仅需要大量投资于计算机和通信系统建设，包括购买设备和系统软件，还要在IT应用系统开发、维护管理上进行大量投资。

四、“互联网金融”下电子银行的发展

美国学者史密斯（2003）提出了两类电子银行服务模式：一种是原有的传统银行服务模式，分布密集，人员众多，在为客户提供存取款、转账、支票等传统银行服务和产品的同时推出电子银行系统，形成了包括营业网点、ATM机、POS机、电话银行、电子银行等多种终端服务方式的综合性服务体系；另一种是信息时代崛起的银行，这种银行以机构少，人员精为特点，与客户联系是通过电话、互联网等高科技服务手段，能为客户提供全方位多样化的金融服务。第二种便是今天我们所熟知的互联网金融。

长期以来，我国商业银行的电子银行处于内部闭环状态，无论在形式上如何创新，始终都是商业银行内部产品和结构分支。但随着“互联网+”的出现和发展，很快便有了包括支付宝在内的“互联网+金融”产品。支付宝的出现，起初是为了降低成本，因为在早期淘宝用户需要开通网上银行才能实现付费，商业银行在这个过程中扮演着中介的作用，要收取一定的手续费用，对于阿里巴巴这样的平台而言，交易量大，手续费成本昂贵。在这样的情况下，阿里巴巴着手开发自己的支付平台，可在开发过程中发现，仅仅作为支付工具并不能达到节约成本的效果，因此最终形成了集支付、存款、理财、信息增值为一体的支付宝。

支付宝的出现让众多企业看到了方向，纷纷进入到互联网金融领域，它们可以直接绕开商业银行的电子银行。这样的现实极大地影响了传统电子银行的发展，也为金融风险监管制造了新的难题。

互联网金融给各大商业银行初具规模的电子银行带来了巨大的挑战，短时间内，客户交易量减少，客户量减少，尽管新办银行卡时，银行工作人员往往会捆绑消费手机银行等产品，但是，这样的方式并没有为商业银行电子银行带来多大的有利改变。

2014年，时任中国人民银行行长的周小川提出要鼓励互联网金融的发展，更要加大对其监管，同时，要平衡好互联网金融与传统金融的关系，在互联网高速发展的情况下，对于如何继续推进电子银行，各商业银行要找出一条适合自己的道路。

本书认为，互联网浪潮绝不可逆，传统电子银行和互联网金融也并非水火不

容，两种金融业态必定存在交集，在互联网金融的影响下，商业银行可以采取如下策略：

（一）转变观念，换位思考，搭建互联网金融平台

在互联网金融的大背景下，电子银行的发展首先要打破过去落后思想，及时更新转变经营观念，站在“大数据”“一体化”的角度来开展电子银行业务。互联网代表先进的生产力、优秀的客户运营能力以及开放、分享和创新的精神。互联网金融的本质是一种“平台战略”，规模、黏性和合作共赢是其特点，对银行而言，在应对互联网金融冲击的过程中首先要稳固已有的客户资源，这就需要通过搭建互联网金融平台来留住已有客户、吸引潜在客户，进而运营客户，最后把有交易需求的客户引导至银行交易系统完成交易实现，只有通过转变观念、站在客户的角度思考，搭建一个能够满足广大客户互联网金融需求的金融平台，才能真正实现平台的价值，若仅有平台而没有客户量，电子银行互联网金融平台战略只能是一种资源的浪费。总之，在互联网背景下，银行要转化视角、转变观念，体现客户的价值，才能获得自己的价值。

（二）加强信息安全建设，防控风险

互联网改变了我们的生活，但同时也带来了巨大的信息安全风险。在大数据时代，用户数据信息很容易被泄露。电子银行是基于信息通信技术和互联网访问技术而建立的，呈现在用户面前的是一张网页，虽然各金融机构在进行电子银行建设时把系统安全当成重中之重，但并不能保证客户用来访问电子银行网页时有一个安全的网络环境，互联网的开放性使客户的一些重要的数据信息存在被窃取、利用和篡改的风险。

移动支付同样也面临着一定的信息安全风险，随着智能手机的普及，一些不法分子利用手机网络安全发展滞后的弱点，通过钓鱼网站、Wi-Fi陷阱等手段窃取手机用户各种账户密码信息，倘若用户的手机银行信息被窃取，不法分子可轻松截获银行发送的短信校验码，随意盗取用户资金，造成财产损失。所以，移动网络的开放性同样使移动支付面临着信息安全风险。加强银行信息安全建设，特别是电子银行安全方面的建设尤为重要。同时，作为电子银行管理部门，要积极协助、配合相关监管部门，与互联网信息安全公司以及移动运营商开展合作，为广大电子银行用户构建一个全方位、多角度的信息安全防护网，减少电子银行用户的操作风险。

（三）加大电子银行营销，提高知名度

在落实电子银行发展的政策制度和风险防范的前提下，商业银行需要努力打造一支专业的电子银行营销团队，加大电子银行宣传力度，提高知名度。商业银行应建立统一规划、分层营销、上下联动、协同发展的市场营销体系。首先，要对市场

进行细分，要根据客户的不同对网络市场进行划分，例如按照客户的分布状况细分，对社区与专业市场等客户集中的区域采取直接营销策略。其次，要有一个合理的定价，电子银行的营销要结合客户的个性化需求实施个性化定价策略，该策略是当前互联网金融当中一个重要的策略，同时要通过折扣定价和差别定价的合理选择提升竞争力。最后，要通过与互联网企业的合作，搭建电商平台，借助互联网金融创新营销模式，更新营销理念，挖掘营销潜能，从而实现银行、商家、客户三方互利共赢的新局面。

（四）加强合作，寻求共赢

加强沟通，共同构建更加全面的信用评价体系。目前，互联网金融当中的第三方支付平台交易记录积累了大量用户数据，商业银行应将其与自身的客户信用记录数据库有效地结合起来，作为衡量优质客户、授信放款的重要依据。商业银行可以通过对信用记录和实时交易动态信息数据深入挖掘，将信息流和资金流加以匹配和管理，降低交易成本，实现对信用风险的有效控制。

（五）重视客户体验，创新产品，提升服务质量

在互联网金融的背景下，商业银行电子银行业务面临着客户资源大量流失的威胁，互联网金融企业功能全面的金融平台，个性鲜明的金融产品服务、更加智能的人机交互操作系统等，都不断地从中小银行吸引年轻客户群体。商业银行只有依托自身优势，转变经营理念，换位思考，从客户的角度创新产品和服务，把客户体验作为发展电子银行业务的关键要素，才能在与互联网金融的竞争中赢得主动。

五、我国电子银行的发展与现状

银行业在现代社会生活中的作用越来越重要。金融现代化对于实现国民经济信息化，加强银行在国民经济中的宏观调控作用，防范金融风险，有着重要的影响。我国的金融电子化建设始于20世纪80年代初，经过“第六个五年计划”做准备、“第七个五年计划”打基础、“第八个五年计划”上规模、“第九个五年计划”电子化的发展阶段，银行电子化建设从无到有、从小到大，从应用于单项业务到开展综合业务，从单一网点到全国联网，逐步形成了我国银行电子化的基本框架，逐步建立了方便、安全、高效、规范的银行电子化服务体系，取得了显著的社会和经济效益，为中国银行业全面实现信息化打下了坚实的基础。

（一）建成了规模化的金融数据通信网络

到20世纪末，我国建成了金融数据通信网的基本框架。中国工商银行、中国农业银行、中国银行和中国建设银行四大国有商业银行，采用专线或公共电话网为传

输介质，建立了各自的具有相当规模的全国通信网。其他商业银行也建立了规模不等的全国性或地区性数据通信网。在商业银行的数据通信网内，运行着各种零售的和批发的应用系统，为客户提供电子支付服务，支持银行的经营管理。中国人民银行围绕货币政策、金融监管、支付结算等主要职能，进行全方位的电子化建设，建成了连接全部地市以上中心支行的内联网，并建设金融数据通信网、现代化支付系统和金融管理信息系统。中国人民银行的数据通信网将各个商业银行的数据通信网互联在一起，组成了我国统一的金融数据通信网的基本框架。

中国人民银行于1989年开始建设金融卫星通信网。截至2010年，该金融卫星通信网覆盖全国所有县城，成为我国最大的卫星数据通信网之一。1996年，由各金融机构和中国电信共同投资，组建中元金融数据通信网络有限责任公司，负责建设中国金融数据地面通信骨干网。该网由设置在全国300多个大中城市的帧中继交换机、网管中心和租用中国电信部门长途数字中继电路组成，已覆盖全国所有县城，支持语音、数据、图像等多种信息传输和多种通信协议，通信业务量迅速增加。中国金融卫星通信网和中国金融数据地面通信骨干网，组成了天地互为备份、互为补充的中国金融数据信息网。它们将我国商业银行和其他金融机构的数据通信网互联在一起，为客户提供异地和跨行的金融服务并为中国国家金融通信网（China National Financial Network，CNFN）的建设打下坚实的基础。

“九五”期间，由中国人民银行牵头，各商业银行和保险公司参与，共同建设CNFN国家级主干网，采用共建的卫星通信网和利用电信部门公用数据网建立的虚拟专用网，互为补充、互为备份。以城市为中心的区域网，则以电信部门的公用数据网为基础，共建金融专用虚拟网。CNFN支持语音、数据、图像等多媒体信息传输和多种通信协议，骨干网的加密、监控措施有效地提高了网络系统的安全性和可靠性，为银行业提供了统一安全的通信服务。

在CNFN的基础上，截至2003年，我国完成了中国现代化支付系统（China National Advanced Payment System，CNAPS）的主体工程建设，建成了上海、天津、广州等20个城市中心及所辖18个县级处理中心，实现网络到县，天地对接。建成的1400多个电子联行收发报站，覆盖了人民银行所有的一级、二级分行和1000多个经济比较发达的县支行，联接商业银行1.4万多个通汇网点，全国许多城市实现了以网络传输为基础的同城清算系统。全国16个经济比较发达的大中型城市还建立了同城票据自动清分系统。[①]

为加快我国银行卡业务的发展步伐，2002年，中国银联股份有限公司成立，合并了全国银行卡信息交换总中心和18个城市银行卡信息交换中心，[②]统一负责建设、

① 笔者根据中国金融网资料整理所得，http：//www.financeun.com/index/Index/index.shtml。

② 笔者根据中国银联股份有限公司官网资料整理所得，http：//cn.unionpay.com/upowhtml/cn/templates/index/index.html。

管理和运行大型全国银行卡跨行交易处理系统。随着全国银行卡跨行交易网络的建立、银行卡的统一技术标准与业务规范体系的日益完善，有力地促进了银行卡联网通用的发展，并推动ATM和POS两个自助银行系统实现联动处理。

（二）银行业务电子化基本实现

基于上述金融通信网，我国的商业银行开发运行了一系列的应用软件和应用系统，电子化营业网点覆盖全国，银行的业务处理实现了电子化。通过我国各商业银行的通信网，可实现电子汇兑系统内联行对账、信用卡授权、网上银行服务及各种报表的传输。各商业银行不断扩大和加强自己的电子支付系统，在建设全国批量电子汇兑系统的基础上，各行还开发了实时电子汇兑系统，逐步实现全国企业和个人在这些银行办理汇兑业务可实现即收即发。商业银行的实时电子汇兑和批量电子汇兑两大系统的配合作用，可为客户提供两种汇兑方式选择，从而可使客户得到全面、快速和高效的服务。

中国人民银行还推广应用了一批中央银行的业务处理系统，其中包括货币发行信息处理系统、金融纪检监察业务管理系统、总行管理信息系统和办公自动化系统等。从1997年开始启动的中国现代化支付系统试点工程建设，也取得重大成功。上述一系列应用系统的开发和应用，实现了城市范围直至全国范围对公、存储业务的通存通兑，方便了广大客户，提高了银行的工作效率和服务质量，减轻了银行工作人员的劳动强度，增加了金融交易的安全可靠性，使我国传统的金融业务处理方式发生了根本性的变化，而且取得了显著的社会经济效益。

（三）新型金融项目稳步推进

自从1985年中国银行率先推出长城卡至今，我国的银行卡产业取得了可喜的成绩。银行卡的发卡量逐年快速增长。除了发卡量和交易额快速增长外，银行卡还在向多品牌和多功能方向发展。银行卡具有储蓄一卡通、ATM取现、现金存款、购物消费、电子汇兑、代发工资、代收代交费用、买电、小额贷款、证券资金转账、网上支付、理财服务、计点积分优惠、紧急援助服务、医疗保险、社会保险等功能。还可将人民币、外币、定期存款、活期存款及其他家庭金融资产等信息存在一张卡中，免去需要保管多张存单、多个存折和其他金融资产凭证的麻烦。随着国内信用制度的不断完善，控制恶性透支等信用风险能力的增强，加上外资银行获准从2003年起在国内发行国际卡，中资银行在信用卡市场上面临着外资银行的直接竞争，为防止高端优质客户流向外资银行，中资银行从2002年开始推出信用卡产品，经过近20年的信用卡发行，目前国内发行信用卡数量超过7亿张。[①]

---

① 笔者根据中国产业信息官网资料《2019年中国信用卡行业在用发卡量达到7.46亿张》整理所得，https：//www.chyxx.com/industry/202010/899514.html。

我国经济进入从高速增长向高质量增长过渡的关键时期，银行改革措施将加快推进，金融服务对外开放水平将继续提高，银行卡产业与各领域的合作更为密切，将能够在稳增长、促改革、调结构、惠民生、防风险等方面发挥更大作用。

在严监管常态化环境中，消费信贷和资产管理市场将进一步规范，一些高风险互联网金融服务将逐步退出，伴随其成长的长尾客户消费金融需求依然存在，商业银行等传统金融机构由此获得更多的市场机遇。2019年，商业银行将更加需要支付业务发挥用户入口、引流工具和数据来源的作用，通过支付与贷款业务联动实现面向个人和小微企业客户的更广泛渗透，服务更多长尾客户。同时，支付市场参与各方将秉持普惠便民的理念，继续推出更加丰富多样的支付产品，使电子支付服务成为交通、教育、医疗、通信、水电、社会保障、政务等民生领域的标配。在支付服务发展相对不平衡的农村市场，支付服务提供方将因地制宜地推进县乡银行卡受理环境建设，以多种支付技术降低金融服务门槛，有针对性地设计多元化支付产品，更高效地推进支付便民、金融惠民。

（四）建立起完善的管理信息系统

在业务服务电子化的基础上，各银行推进金融管理信息系统和客户信息管理系统建设，提高经营管理水平，强化以金融监管预警为中心的综合分析能力，提高以考察银行资产负债比例管理、风险管理为核心的指挥调度和决策支持水平，以实现决策的科学化和现代化。

为提高银行的监管水平，中国人民银行建立了金融机构监管系统、银行信贷登记咨询系统、农村信用社非现场监管系统等。各商业银行则相继推出了行长查询系统、人力资源管理系统、公文传输系统、统计分析系统、电子邮件系统和办公自动化系统，提高了办公效率、经营管理水平和防范金融风险的能力。

（五）建立起普惠性电子银行

2008年全球经济危机，彼时中国的金融业发展状况相对还比较粗糙，抵御风险的能力还比较小，因此2008年也受到了不小的消极影响。我国人口众多，东中西部经济发展不平衡，百姓对于金融的认知和利用存在很大的差异。同时，我国商业银行的企业金融服务更多偏向于具有规模的公司，而小微企业或初创企业，往往无法得到较好的金融服务。因此，长期以来，我国金融在地域、人口和范围上都存在比较大的空白。

2005年，联合国提出了“普惠金融”，它是指以可负担的成本为有金融服务需求的社会各阶层和群体提供适当、有效的金融服务，小微企业、农民、城镇低收入人群等弱势群体是其重点服务对象。普惠金融的作用是双向的，一方面，能够满足特殊群体的金融需求；另一方面，可以增加金融行业客户量，抢占市场。电子银行以其特殊的载体形式，可以帮助特殊群体更快地获取金融服务，部分商业银行瞄准广袤的农村地区，着手开拓农村金融市场，如ATM进村组，手机银行走进千家万户等形式。而后证明，这样的选择是正确的，因为随着精准扶贫的开始和推进，金融扶贫成为重要举措，那么早期就开始进入农村市场的商业银行无疑是金融扶贫中的主力军，也是受益者。

此外，2009年3月31日，中国证监会正式发布《首次公开发行股票并在创业板上市管理暂行办法》。2009年10月23日，中国创业板举行开板启动仪式。值得注意的是，早期在创业板块上市的公司大多都是得到了民营商业银行的贷款扶持，在上市后，部分商业银行将贷款转换为股权，获得了可观的收益。此后，越来越多的商业银行开始为有前景的小微企业提供金融服务，当然，电子银行产业也列于服务产品之中。2014年，在中国大地上迅速掀起了创业浪潮，彼时的商业银行已经从前几年的实践中获益，加大对于创业型企业扶持力度。近十年来，随着普惠金融的发展，我国商业银行从中获得的利益不断扩大，电子银行的规模也呈几何级数增长。

总之，中国的金融电子化建设已经获得了突飞猛进的发展，建成和完善了我国的银行电子化框架，基本形成了安全、高效、规范的电子银行服务体系，并取得了显著的社会效益和经济效益，为全面实现我国银行的数字化和信息化，奠定了坚实的基础。

六、电子银行建设的困境

电子银行建设对于商业银行发展有诸多好处，如能提高商业银行运营效率，节省时间成本；能够增加商业银行的经营收益，电子银行产品与服务具有十分明显的边际收益递增的特征，潜在收益巨大；有利于弥补商业银行网点不足的问题，实现跨地域经营；有利于提高商业银行的客户满意度，电子银行可以突破传统银行时空的限制，满足客户在不同时间和不同地点的金融需求等。但近80年的发展历程中，在不同的时期也遭遇过不同的困境。

（一）法律法规与实际发展错位

以前传统的有关银行的法律和法规，基本上是基于手工对有价证券的操作制定的。实现电子转账后，有价证券和相关的各种凭证已不复存在，网络中的数据传输直接反映着资金的转移。同传统银行相比，电子银行的职能扩大了，电子银行系统中的数据库，存放着所有客户的敏感经济信息和商业秘密。此外，银行系统的数据存取伴随着资金的转移，这就使电子银行系统成为计算机犯罪分子重要的攻击目标，而所有的电子银行系统又都是十分庞大复杂的开放性系统，存在着各种安全脆弱性。各种新情况的出现，迫切要求制定有关电子资金转账的法律和法规，以保护电子银行系统本身，保护银行及系统中所有客户的合法权益。

自从1933年美国通过《格拉斯—斯蒂格尔法案》(Glass-Steagall Act)以来，国际金融分业经营模式持续了60多年，直至1999年底美国国会通过《金融服务现代化法案》(Financial Services Modernization Act)，允许银行业、保险业、证券业等互相渗透、同场竞技后，混业经营才成为全球金融经营的主导模式。建立电子银行后，随着金融信息增值服务的发展，发达国家的银行除了提供传统的存贷和结算业务外，还可从事投资、证券、融资、租赁等中间业务。由于历史的原因，也出于风险控管考虑，我国目前仍然坚持金融分业经营，证券和投资业务由投资银行经营，商业银行只能从事存贷和结算等传统业务。这使得外资银行即将全面进入我国放手一搏时，原本弱小的中资银行由于受政策约束而面临更大的压力。如果我国的《中华人民共和国商业银行法》(以下简称《商业银行法》)不适时地做相应的修改，将不利于我国金融电子化向信息化方向发展，这会使我国的商业银行在同外资银行的激烈竞争中处于不利的态势。

除了系统安全问题外，实现金融现代化，特别是开展电子商务和网上银行服务后，还会面临一系列其他问题，如全球化问题、合同与金融问题、知识产权问题、个人隐私问题等。上述各种问题都必须通过制定相应的法律来加以解决，才能建立电子银行的良好运营和管理环境。发达国家在电子银行的各个发展阶段中，及时制定了有关电子银行的法律和法规，以法律形式确保了电子银行的健康发展，这值得我国在推进金融现代化的进程中研究借鉴。

我国于2004年8月颁布的《中华人民共和国电子签名法》(以下简称《电子签名法》，赋予电子签名与手写签名或盖章、电子文件与书面文书同等法律效力，明确了电子认证服务市场准入制度，明确了合同双方和认证机构在电子签名活动中的权利和义务，从法律上保障了电子交易安全。《电子签名法》的颁布，将加快我国有关电子交易法律法规的制定。

2005年颁布了《电子银行业务管理办法》后，电子银行业务有了更加明确的法律条文，但迅速发展起来的互联网金融又让其很快失去时效性。十多年来，国家针对互联网金融颁布了相对较多的法律法规，但却几乎没有对电子银行业务再制定和修改法律法规，从而导致直到今天，还有众多商业银行的电子银行业务参照的是十多年前的办法，完全无法适应电子银行发展的需求。

(二)中小型银行资金不足

由于每一个电子银行系统都是一个庞大的社会系统，它的覆盖面广，网点很多，需要非常大的资金(投资)购买硬件；研制开发应用软件系统则需要更多的投资；系统建成后，系统的维护和运行管理也需要大量投资。电子银行系统都是基于C&C和IT基础之上的，而这些技术都在日新月异地发展着。银行要在激烈的竞争中取得主动，就必须不断以最新的技术武装自己。所以，这些都需要银行有能力在高科技上持续进行大量的投资。

大型商业银行以其规模优势，在资金方面没有太大的问题，对电子银行建设的推进速度也比较快。但如此巨大的资金投入，对于起步晚、规模小、区域性的银行而言无疑是巨大的压力。因此，中小型银行在电子银行建设方面更是举步维艰。但是，发展电子银行不只是一个银行或者一个地方的需求，而是整个国家经济发展过程中的重要环节。如果仅仅依靠若干大型商业银行的电子银行建设，势必会造成垄断的局面，这对国家推进金融事业的发展是极为不利的。

（三）缺乏复合型人才

电子银行可以是一种新的金融模式，也可以是一种新的管理模式，或者是被称为一种全新的技术。因此，它所需要的不再是单方面的人才，而是需要既懂得金融，又懂得管理和技术的复合型人才。

我国银行业十分缺乏既掌握现代科学技术又掌握现代金融管理知识的复合型科技和管理人才。科技的竞争归根到底是人才的竞争，特别是顶尖人才的竞争。现代银行必须以人为本，重视人才发展战略。拥有高水平的人才才能抢占制高点，掌握发展的主动权。人才资源已经成为比资金更重要的资本，成为事关国家和企业在国际竞争中兴衰成败的战略问题。

为适应金融现代化的发展需要，银行既要高度重视高科技人才培育，也要高度重视在职教育与培训，不断用现代科学技术和现代管理理论来武装自己的职工队伍以提高技术水平和管理水平。

（四）部分客户金融习惯落后

商品交易由现金和支票支付转向电子转账，必然要深刻地改变人们传统的金融习惯和管理习惯。传统习惯是影响电子银行服务产品推广应用的主要障碍之一。改变传统习惯，需要改变人们的思想观念，而这绝不是轻而易举的事。改变传统习惯，需要靠科学技术的进步，更需要做深入的市场调查、大量细致的产品营销工作。对于像我国这样的发展中国家，要改变人们的金融习惯，是相当困难的。这种国情加大了电子银行服务产品的营销困难。我国电子银行服务的主要对象，首先是收入较丰厚、文化程度较高的那一部分人，特别是其中的年轻人。他们容易接受新事物，也有条件接受电子银行服务。如果连这部分人的金融习惯也不能改变，传统的金融习惯必将继续主宰着持卡人的消费行为，从而严重阻碍电子银行的发展。

我国的自助银行系统建设长期存在一种误区：重视硬件建设，而不太重视自助银行服务产品的营销；重视银行卡发行量的增长，而不太重视持卡人是否使用和如何使用银行卡。现有持卡人中，主动申领的少，积极用卡的少，持卡消费的更少。因而我国长期缺乏能给银行带来经济效益的积极持卡人，自助银行系统服务成本高，存在严重的成本压力。积极持卡人少的情况，既同资源不能共享、自助终端机和特约商店少有关，也同银行卡和自助银行服务产品的营销力度不够有关。银行产品的宣传推广活动，对于提高消费者的刷卡消费意识，促进银行、商户共同为持卡人提供优质服务和建设良好的银行卡受理环境，推动电子银行产品的推广和普及等，都是至关重要的。

第二节　电子银行的体系结构

一、电子银行体系建设的目标和原则

商业银行作为社会服务型营利单位，面对社会发展和客户的需求，总是需要因时制宜地推出新的产品，不断地提高自身服务水平、盈利水平和现代化水平。推出一个新的系统和产品并不是银行目标，而是达成目标的载体。银行推出产品的终极目标一定是营利，但实现这一终极目标前，还有众多的过程目标或阶段性目标。总体而言，银行建立电子银行系统的目标有以下两点：

（一）提高效率，降低成本

这是电子银行系统建设的首要目标。新的系统建设完成后，如果不能提高银行的业务处理效率和降低银行的运行成本，那么这样的系统在根本上是失败的。发达国家建立的第一批EFT系统和第一批家庭银行系统，都是因为没有足够的用户，导致投入成本无法在预计时间内收回，加之运行过程中还需要投入成本，给银行的运行造成了巨大的负担，最终不得不宣告失败。

随着我国经济的整体快速发展，尤其是精准扶贫以来贫困地区的经济起步，银行业在这一过程中必将扮演重要角色。我国人口众多，对金融产品的需求量很大，这为电子银行系统建设提供了广阔的市场前景。因此，就我国目前的情况而言，在其他因素不变的前提下，建立完整的电子银行体系，能够达到进一步提高效率和降低成本的目标。

（二）提供优质服务，抢占市场

第二个重要目标是能够为客户提供更加优质的服务，让客户花更少的时间获得更大的收获。随着居民收入水平的提高，越来越多的人开始参与到金融行为当中。在如今信息爆炸的时代，如果能够帮助客户从海量的信息中挑选出有用信息，必将受到客户的青睐和信任。现代人的生活节奏快，如果让客户在信息搜集和信息判断上投入太多的时间成本，必然会让客户放弃。因此，建立新的电子银行系统，既能够留住原有客户，还能够更快地开发新用户，占领电子银行市场。

二、电子银行体系建设的影响因素

电子银行系统的规划与设计有技术的问题，也有商业的问题。国外早期建立的一些电子资金转账系统之所以都失败了，除了历史条件外，一个重要原因就是负责开发这些系统的技术专家不懂银行业务，他们只把银行电子化作为一种技术问题来处理，不了解实现电子化后的社会意义和社会影响，因而开发出的专有EFT系统，虽然技术上可行，但由于没有充分考虑到系统中各参与者的利益，得不到社会的承认和支持。

成功推出一个电子银行系统的先决条件是这一系统具有服务性、安全性和经济性。而要实现上述要求，电子银行系统的规划与设计已经超出单纯的技术问题的范畴，它必须涉及三个层次的因素：即由最高领导层作战略规划；由市场销售人员作市场响应预测研究；由银行的技术人员作技术开发研究。才能建成符合国情、行情和客户需求的电子银行系统。

要制定系统的目标，要能回答“这个系统应能为我们银行做些什么？”。这个问题必须由最高领导层作战略研究。要制定出符合国情和行情的切实可行的目标，高层管理决策者需在专家的辅助下，经过多次认真的调查研究，才能形成清晰的概念。此外，形成决策后，还必须靠最高管理决策层从上至下地推动、检查，才能使决策得以正确地贯彻执行。

要达到上述既定战略决策，市场销售管理人员必须作市场响应和预测研究。其目标就是要回答“我们的市场是如何评价本系统所推出的银行服务的？”。这一研究十分重要，因为准备推出的系统必须要有足够的用户才能具有生命力和吸引力。因此，在研制开发一个电子银行系统前，应先研究在现有的制约条件下要建成什么样的系统，才有可能吸引客户；在什么条件下，该系统才能有足够的用户；此外，在此基础上要进一步研究如何才能实现决策层预定的目标。

在完成上述研究后，则由技术人员作技术研究，完成系统的开发与设计。另外，在规划设计一个新系统时，应该考虑在未来十年里可能发生的事情，留下必要的发展空间。此外，在可能的条件下，应尽量采用先进的技术和设备，为新的发展创造较好的软硬件环境。

三、电子银行体系的构成

（一）体系概况

电子银行里运行的各种电子银行系统，都是庞大复杂的社会系统。每个国家根据自己的国情和需要建立各种电子银行系统。所有这些电子银行系统集成在一起，构成了这个国家的电子银行体系。不同国家有着不同的电子银行体系结构。

全球正处于数字经济新时代。数字经济蕴藏着惊人的机会，同时也伴随着巨大的挑战。特别是在全球金融一体化的环境里，银行业内的竞争，银行业与其他行业的竞争是非常激烈的。一个银行要想生存并且有活力，应该建立如图3-1中所示的电子银行的信息和交易体系。

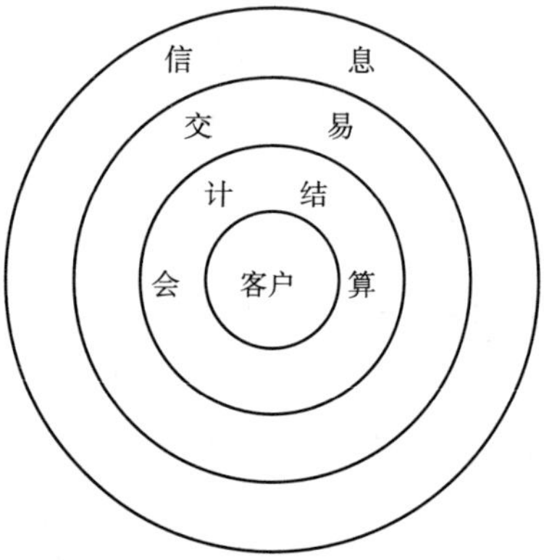

图3-1　电子银行信息和交易体系

资料来源：张卓其：《电子金融》，高等教育出版社2005年版，第33页。

该体系的核心是客户，第二层是会计核算，第三层是交易，最外层是信息。所有这些信息全部保存于关系数据库和数据仓库里。电子银行数据库中的数据，可由所有经过授权的各方进行存取，这些数据库都必须有负责安全管理的软硬件保护。因此，在电子银行体系里必须包含如下三类系统：（1）建立在关系数据库上的、为客户提供支付服务的金融综合业务服务系统；（2）建立在数据库仓库上的，以IT为核心技术的金融信息增值服务系统；（3）金融安全监控和预警系统。

上述三类系统中的金融综合业务服务系统，是金融业对客户提供各类支付服务的系统，是其他两类系统的基础。该系统除了向客户提供传统的金融服务外，还提供新的自助银行和网上银行服务。金融综合业务服务系统的推广应用，强化了银行的信用中介作用。

金融信息增值服务系统是在金融综合业务服务系统基础上建立起来的信息服务系统。它采用IT和数据挖掘技术，对各种金融交易产生的数据进行归并、统计和分析，并从金融交易数据中提取各种有用的信息，为银行的经营管理提供决策支持服务，向客户提供各种帮助他们理财的信息增值服务。发展金融信息增值服务是银行提升核心竞争力，提高经营管理水平，实现以客户为中心的重要手段。金融信息增值服务系统的推广应用，使银行成为社会金融信息搜集、加工处理和服务中心。

金融安全监控和预警系统是前述两个系统安全、正常运行的保障系统。电子银行系统中的信息传输和处理过程，伴随着资金转移，因而数据处理必须保证正确、完整和可靠，整个操作和处理过程必须在严格的监控下进行。因此，在电子银行体系中，除了包含各种支付系统、信息增值服务系统外，还应包括安全监控系统，以预防和化解金融风险。

（二）电子银行综合业务服务体系

在不同国家，电子银行采用不同的综合服务体系，图3-2中是被普遍采用的一种解决方案。在该方案里，电子银行的综合业务服务体系被分成面向客户、往来银行、网上银行和银行内部管理四大系统。

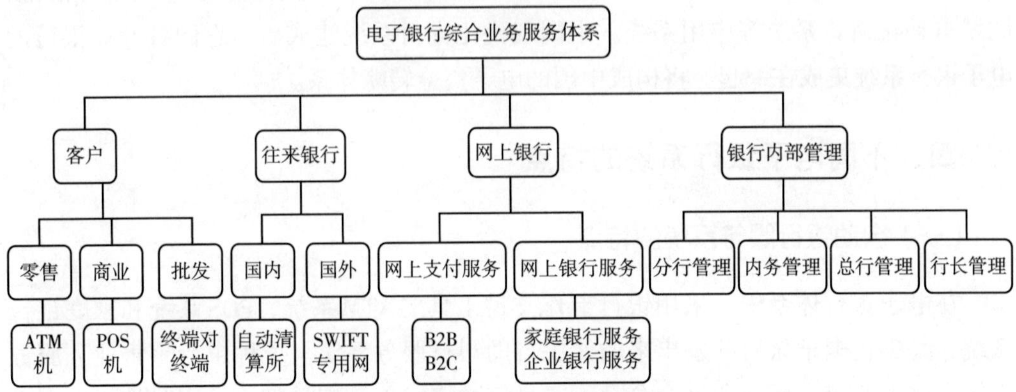

图3-2　电子银行的综合业务服务体系结构

资料来源：笔者根据《电子银行体系》相关资料整理所得。

在面向客户的系统中，包括零售银行业务系统、面向商业的银行业务系统和批发银行业务系统。其中：（1）零售银行业务系统包括联机柜员系统、ATM系统和家庭银行系统。大众可到银行柜台通过联机柜员系统进行金融交易，可通过ATM机进行存取款和转账交易，也可用电话和微机通过家庭银行系统进行金融交易。（2）面向商业的银行业务系统是销售点电子资金转账（EFT/POS）系统。消费者在商店和其他消费处所进行消费和购物时，通过系统中的POS终端数据终端或微机等设备，在销售点处可实现电子转账。（3）批发银行业务系统，主要是指企事业单位与银行联机的企业银行系统。企事业单位可通过终端对终端方式（T2T）或企业的服务器，与银行主机联机的方式进行金融交易。通过上述各种面向客户的电子银行系统，银行可把对客户的服务，包括支付服务和金融信息增值服务，从银行柜台延伸到各个企事业单位、商店、消费处所和家庭。

在面向往来银行的系统中，国内银行之间的金融交易，通过自动清算所（Automated Clearning House，ACH）系统和各种国内电子汇兑系统完成，同国外往来银行的金融交易则通过国际环球同业财务电信系统（Society for Worldwide Interbank Financial Telecommunication，SWIFT）网络和其他专用金融网络进行。

网上银行系统包括为电子商务提供网上支付服务和网上银行服务。其中，网上支付服务含企业对消费者（B2C）和企业对企业（B2B）两类支付服务，网上银行服务主要是通过互联网为客户提供家庭银行服务和企业银行服务。

银行内部管理系统包括行长管理系统、总行管理系统、内务管理系统和分行管理系统等。银行业务处理的电子化，必须以高效、科学、现代化的银行内部管理作为保证，因此，银行内部管理系统是电子银行的重要组成部分。

在中国人民银行的全国电子联行系统的基础上，建立中国现代化支付系统，它是中央银行为各金融机构提供支付服务并完成最终结算的系统。该系统在中国国家金融网络上运行，包括大额实时支付、批量电子支付、银行卡授权、政府证券簿记、同城自动化清算系统等应用系统。中国现代化支付系统建成后，它同各商业银行的电子银行系统集成在一起，将构成中国的电子资金转账体系。

四、不同电子银行系统的特点

（一）自助银行服务系统的特点

在电子银行体系中，采用银行卡作支付工具的ATM系统、POS系统和家庭银行系统，是银行电子化后开发出来的便民自助银行服务系统，统称银行零售业务服务系统。这些系统主要面向社会公众，交易笔数多，单笔交易额小，实时性（也即系统的响应速度）要求非常高，通常每半分钟、至多1~2分钟内就必须完成一笔金融交易。

（二）企业银行系统和电子汇兑系统的特点

与自助银行服务系统成为对照的是面向企业用户和政府机构。电子汇兑系统的主要顾客是企业，其次是政府机构，社会大众较少使用。企业银行系统和电子汇兑系统统称银行批发业务服务系统。这类系统同自助银行服务系统相比，具有如下显著的特点：（1）交易额大，风险性大；（2）对安全性要求很高；（3）跨行和跨国交易所占比例大。

（三）网上银行系统的特点

网上银行系统是一种全新的银行电子商务系统。自助银行服务系统和电子汇兑系统都是银行专用系统，是在严格监控下运行的，使用系统的客户需要事先注册，因此身份检验和电文检验都相对简单可靠。而网上银行服务的所有信息，是在完全公开的互联网上传送，服务的对象也不确定，身份检验和电文检验都很复杂。

第三节　电子汇兑系统

一、电子汇兑系统的含义

广义的电子汇兑系统泛指行际间各种资金调拨作业系统。包括一般的资金调拨业务系统和清算作业系统。资金调拨业务系统用于行内或行际之间的资金调拨；清算作业系统用于行际间的资金清算。

任何一笔汇兑交易，均由汇出行发出，至汇入行（解汇行）收到为止。其间的数据通信转接过程的繁简视汇出行与汇入行两者之间的关系而定。根据汇出行与汇入行间的不同关系，可把汇兑作业分成联行往来汇兑业务和通汇业务两类。联行往来汇兑是指汇出行与汇入行隶属同一个银行的汇兑，它属于银行内部账务调拨，按照联行往来约定办理各项汇入和汇出事宜。通汇业务是一种行际间的资金调拨业务，需经过同业多重转手处理才能完成。

通汇业务又可分为本国通汇业务和国际通汇业务。汇出行与汇入行隶属同一个国家的，属本国通汇业务；隶属不同国家的，则属国际通汇业务。跨行或跨国通汇业务因涉及不同银行间的资金调拨，参与通汇的成员必须签署通汇协定，才能保证作业系统的正常运行。

二、电子汇兑系统的特点

电子汇兑系统的主要客户是企业单位，其次是政府机构，社会大众使用较少。这种系统同自助银行系统相比，前者额大量小，主要面对企业单位和政府部门；后者额小量大，主要面对社会公众。国外把前者划归为批发银行系统，把后者划归为零售银行系统；我国则把前者划分为大额支付系统，把后者划分为小额支付系统。综合而言，电子汇兑系统具有如下显著的特点：

（一）交易额大，风险性大

电子汇兑系统处理的交易金额较大，因而风险性也大。在银行系统的案例中，犯罪分子在电子汇兑系统里的作案比例大，作案金额是各类案例之首。

（二）对系统的安全性要求高于时效性要求

通过电子汇兑系统的汇兑金额大，客户汇款时最关心的是安全，其次才是及时送到。因此，要特别重视系统的安全性，而对系统在响应时间方面的要求则不必像零售银行系统那样严格。为了电子汇兑系统的安全，信息传输应采用先存后送的方式，确保信息在传输过程中所通过的每个站点都有确切的记录，以便汇兑业务出现问题时，也能迅速找出出事点。

（三）跨行和跨国交易所占比例较大

汇兑的业务处理有巨额的国际支付，有行际间的资金调拨，有企业间的贸易往来，有个人的小额汇兑，还有各种托收和代付。这些业务中，随着国际贸易的发展、跨国公司的壮大和全球经济一体化进程的加速，跨行和跨国交易所占的比重在增大。因此，设计电子汇兑系统时，应适应国际上通行的各种标准、规格和要求。

三、电子汇兑系统的类型

为适应国际贸易和国际金融交易快速发展的需要，国际上建立了许多著名的电子汇兑系统。这些系统所提供的功能不尽相同。依其作业性质，可把电子汇兑系统分成三大类：通信系统、支付系统和清算系统。

（一）通信系统

这类系统主要提供通信服务，专为成员金融机构传送同汇兑有关的各种信息。成员行接收到这种信息后，若同意处理，则将其转送到相应的资金调拨系统或清算系统，再由后者进行各种必要的资金转账处理。著名的SWIFT系统就属于这类系统，通过该系统可把原本互不往来的金融机构全部串联起来。

（二）支付系统

支付系统也称资金调拨系统，是典型的汇兑作业系统，它们的功能较齐全。这类系统有的只提供资金调拨处理，有的还具有清算功能。美国的纽约清算所银行同业支付系统（Clearing House Interbank Payment System，CHIPS）、美国联邦储备系统（Federal Reserve Communication System）、日本的全银系统、我国各商业银行的电子汇兑系统、中国人民银行的全国电子联行系统都属于这类系统。

（三）清算系统

这类系统主要提供清算处理。当汇入行接受汇出行委托，执行资金调拨处理，导致行际间发生借差或贷差时，若汇入行与汇出行之间无直接清算能力，则需委托清算系统进行处理。美国的CHIPS除可做资金调拨外，还可兼做清算，但对象仅限于纽约地区的银行；纽约以外的银行清算则要交由具有清算能力的Fedwire处理。我国的异地跨行转汇，必须经过中国人民银行的全国电子联行系统才能最终得以清算。

四、电子汇兑系统的作业流程

电子汇兑系统运作是一个复杂的模式，尽管电子汇兑系统的种类很多，功能也不尽相同，但是汇出行和解汇行的基本作业流程及账务处理逻辑相似。

由汇出行启动至解汇行收到为止，不论是点对点传送，还是通过交换中心传送，汇出行/解汇行都要经过以下基本作业处理流程，如图3–3所示：

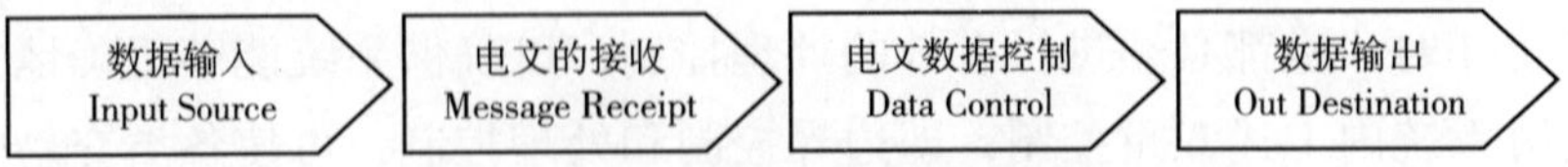

图3–3　电子汇兑系统基本作业流程

简易电子汇兑系统运作模式如图3–4所示：

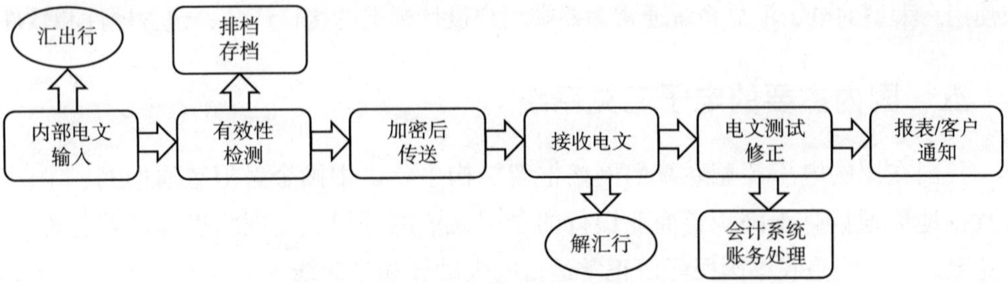

图3–4　电子汇兑系统处理流程

加密是为了保证电文的真实性和不可伪造性。一般采用数字签名和信息识别码控制。在电子汇兑系统中，汇出行/解汇行的作业处理流程如图3–5所示（Xn是边界控制，Yn是处理控制）：

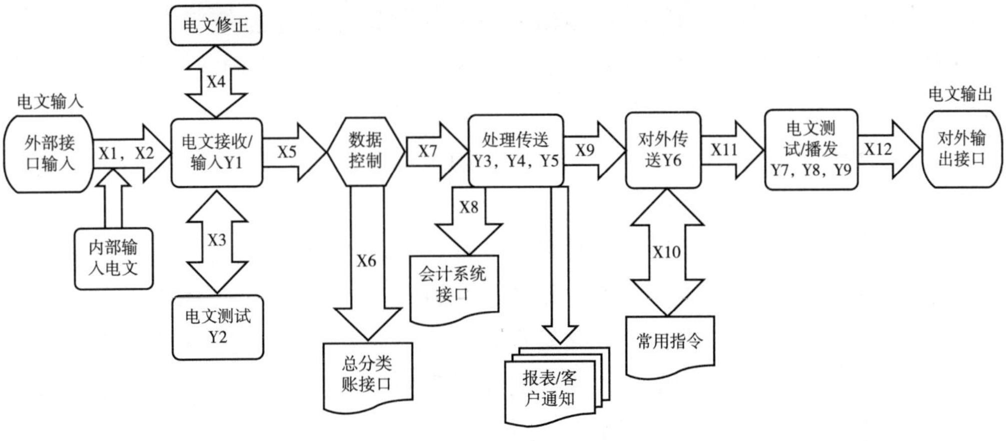

图3–5　电子汇兑系统中汇出行至解汇行基本业务处理流程

资料来源：同图3–1。

如图3–5所示，作为汇出行时，由内部输入电文，经有效性检测无误后就可以做出必要的处理，如分配输入顺序号、存档，必要时还要做账务处理等操作，最后经对外输出接口发送出去。作为解汇行时，经过外部输入接口接收电文，对接收的电文做必要的检测，证明无误后，对接收的电文添加必要的信息和相应处理，将数据送会计系统进行账务处理，并通知客户做相应的账务处理。

在整个处理流程中每个边界点都要做相应的检查和边界控制，防止错误的信息进入。当信息通过边界检查进入各子系统后，子系统要根据相应的指令执行工作。在做处理工作时，也都必须进行有效的处理控制，以确保系统能够正确地执行处理操作。通过系统内上述双重控制，即边界控制和处理控制，可使各类交易电文能正确无误地从一个端点传送到另一个端点。

为确保交易电文的真实性和不可伪造性，同时为防止电文在数据传输过程中被截取和篡改，应采用密文传送，并加以数字签名或信息识别码（MAC）控制。为方便客户使用，大型的电子汇兑系统通常为终端用户设计标准的接口产品，包含硬件和软件。

五、国内主要的电子汇兑系统

我国在用的电子汇兑系统的网络框架结构主要由中国金融卫星通信网、中国金融数据地面通信骨干网、各商业银行的全国通信网等组成。网络里运行着各种电子汇兑系统，它们是我国国民经济正常运行的大动脉和生命线。

（一）中国人民银行的中国金融卫星通信网

中国人民银行（以下简称“人民银行”）1989年开始筹建中国金融卫星通信专用网，1991年投入运行。该网络采用星形结构，在北京建立卫星通信主站，在江苏无锡建立备份主站，在全国一二级分行所在的大中型城市和部分经济发达的县，已设立600多个卫星通信小站，是我国目前最大的卫星数据通信网之一。[①]

为充分发挥金融卫星通信网的效益，从1996年开始建设中国金融数据地面通信骨干网，使各级商业银行能通过该地面通信骨干网，直接进入金融卫星通信网，进行异地资金调拨。中国金融卫星通信网和中国金融数据地面通信骨干网一起，组成了我国电子汇兑系统的主动脉。

卫星通信是以卫星信道传输各种信号（数据信息）的一种通信方式，是将具有通信功能的地球同步通信卫星放置在距地面数万公里的上空，作为传输地面信号的中转站，接收、放大和转发由地面站发送来的信号。卫星通信是一种理想的长途通信，它可以克服地理条件的限制，提供稳定可靠的信道。其缺点是信息传送延时时间比有线网长，且易受微波信号和天气变化等的干扰。

① 笔者根据《中国人民银行的中国金融卫星通信网络系统》相关资料整理所得。

金融卫星通信网主要由卫星通信主站、地面卫星小站、空间段和网络管理系统四部分组成，整个网络采用星形结构，其示意图如图3–6所示：

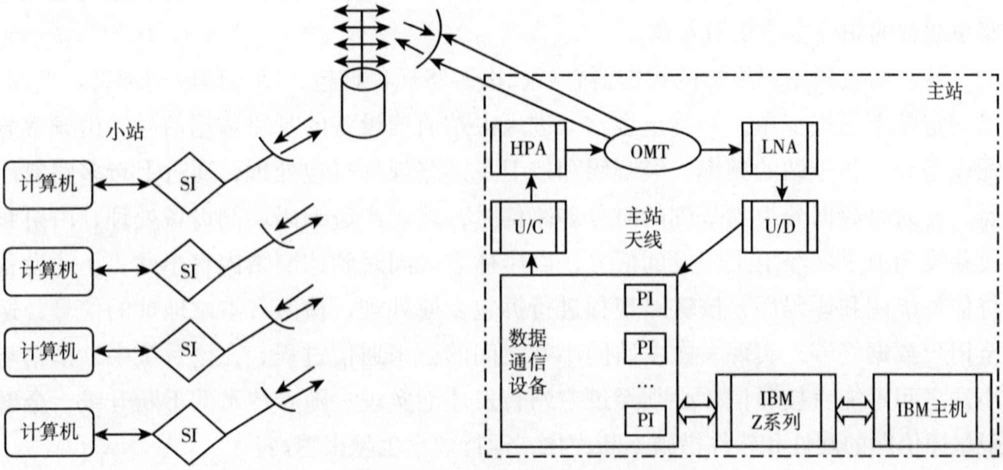

图3–6 金融卫星系统示意

注：SI（次组接口）；PI（初级接口）；IBM（电脑主机）；OMT（接收板）；HPA（出境转波）；LNA（转发器）；U/C（出境多路复用器）；U/D（接收多路复用器）。

资料来源：笔者根据《中国人民银行的中国金融卫星通信网络系统》相关资料整理所得。

如图3–6示，卫星主站是星形网的主节点，集中进行网络的控制和管理。主站包括主机、数据通信设备和射频设备。主站使用13m天线，有自动跟踪功能，发射功率可达400W；主站输出24个出境载波，转发器低端12个、高端12个，速率为57.6kbps；卫星通信设备同主机的通信接口是初级接口PI，每个PI能带动若干小站。PI的数目可随小站数目的增多而增加，中频部分对应每个小站有一个接收板。主站机柜做成积木式，可随需扩展。主站主机通过这些通信接口板，与小站进行数据通信。[①]

卫星通信主站使用的卫星通信设备，原来是美国AVS公司系统。该系统是集通信和计算机技术于一体的、固态化、小型化和智能化的无人值守的地面站。其功耗小、成本低，安装方便，但占用频率资源多，频率固定，维护比较麻烦。后改用美国休斯网络系统（Hughes Network Systems，HNS）公司生产的PES系统。该系统用时分多址通信体系，节省空间资源，每个小站使用频率可变，硬件设备通用，维护不必对号入座，软件由主站向下装载，网络管理能力强、组网灵活、维护方便。

地面卫星小站设备分室内单元和室外单元两部分。室外单元由收、发兼用的3m天线发射装置和接收装置组成。室内单元的数据通信控制系统同小站计算机相连，其接口称为次组接口SI。一个SI可以接两台计算机，一台做电子联行，一台做证券报价交易。

① 笔者根据《中国人民银行的中国金融卫星通信网络系统》相关资料整理所得。

网络管理系统与主站直接连接在一起，负责监测、控制网络中的硬件和软件，以及验证网络结构、记录网络事件、启动链路测试控制小站发射机的关启等任务。

主站从地面到卫星的上行线路，采用时分多址通信方式，而下行线路则采用单路单载波的频分多路复用方式。

各小站收到用户终端的数据信息后，按链路规程打包，经过编码调制设备处理，以固定频率发往卫星，并传至主站。进入主站通信设备的各路数据信号，由频率分配设备分出各小站的频率，经解码和按卫星链路规程打包处理，通过上行多路复用器，变为以数据分组为基础的时分多路信号，然后经过编码调制设备处理，由射频设备发到卫星。经卫星转发的信号，以广播方式同时到达网络内各小站。小站设备将信号解调和译码后，按链路规程进行拆包复原处理，检出有本站地址的信号，送至用户数据终端，实现一次主站同小站之间的往来通信过程。在该系统中，小站与小站之间不能直接通信，必须经过主站转发才能实现。随着技术的不断升级，金融卫星通信网的硬件和软件措施不断优化，运行效率也越来越高。

（二）全国电子联行系统

全国电子联行系统（electronic inter-bank system，EIS）用于异地（包括跨行和行内）资金划拨和资金清算。目前的电子联行系统只办理贷记业务。北京卫星通信主站为清算总中心，在全国大、中城市和经济发达县设立的卫星通信小站为清算分中心。总中心负责处理各清算分中心业务的转收转发，分中心负责所在地城市的同城票据交换及异地支付业务的转划。当地各商业银行的分支机构，都要在人民银行开立账户，用于资金清算。电子联行系统已有上千家人民银行城市分行和县支行入网，覆盖了所有的一、二级分行和部分县支行，连接着商业银行上万个通汇网点。系统运行后，资金的在途时间由7~10天缩短至1~2天，大大减少了每天的在途资金额，取得了显著的经济效益。电子联行业务的处理流程如图3-7所示：

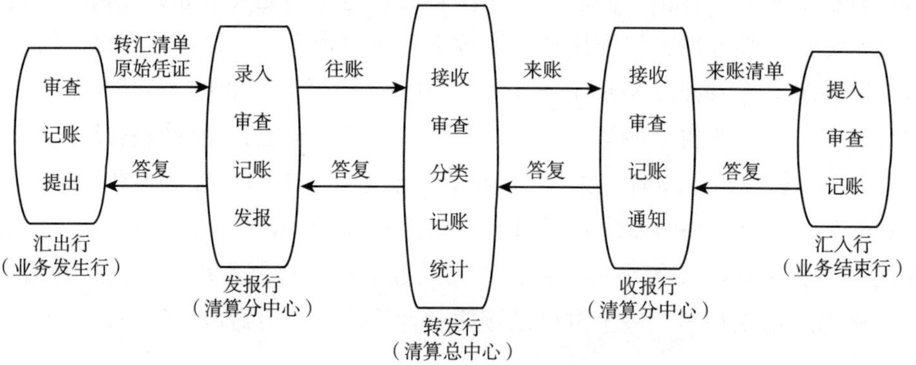

图3-7　电子联行系统业务处理流程

资料来源：张卓其：《电子银行》，高等教育出版社2002年版。

电子联行系统的客户，是各商业银行和其他能办理联行业务的金融机构，通常是指其基层单位，如分理处和营业部等。电子联行系统的这些客户中，办理异地汇划业务（汇出款项）的金融机构，称为汇出行，也即业务发生行；收到划汇业务（接收汇款）的金融机构称为汇入行或解汇行，也即业务结束行。由人民银行总行清算总中心给出汇出（入）行行号标识，其联行划汇业务交所在清算分中心办理入网，办理的划汇款项当即在人民银行清算。

电子联行往来中，各清算分中心将受理的联行划汇业务直接发送到清算总中心，由总中心进行转发并记录各行资金存欠。发生联行往来的行称为发报行，受理联行往来的行称为收报行，而清算总中心则是转发行。

电子联行往来中设电子联行往来科目和电子资金清算科目，用于记录电子联行往账和来账科目余额、清算分中心和总中心之间清算资金存欠及计息。对全系统运行的基本要求是纵向往来、随发随收、当时核对、每日轧平、存欠反映。具体做法是:（1）商业银行（汇出行）接收其客户的汇款请求后，向人民银行当地分行（发报行）提交支付指令（转汇清单）。支付指令可以是纸凭证、磁介质信息或联机电子报文。（2）发报行（清算分中心）借记汇出行账户后，按收报行将支付信息分类打包，经卫星地面小站即时发往清算总中心。若汇出行账户余额不足，则该支付指令必须排队等待。（3）清算总中心收到转汇电文，经记账并按人民银行收报行将支付指令清分后，通过卫星链路即时发送到相应的收报行。（4）收报行（清算分中心）对汇入行账户贷记后，以生成的纸凭证或电子报文方式通知汇入行。（5）汇入行做账务处理后，以来账的反方向，向汇出行发送确认的答复信息，完成一笔汇兑过程。总中心和分中心核对无误后，轧平当日的电子联行账务，以存、借反映资金关系。各地的资金存欠差额，均纳入人民银行系统内反映。

世界银行和英国博安咨询集团（PA Consulting Group）（以下简称“PA咨询公司”）于1991年10月17日正式签约，由世界银行贷款，PA咨询公司承担中国新支付系统的设计研究咨询工作。我国银行界从此开始建设中国国家金融通信网和中国支付系统，EIS将逐步向CNAPS过渡。过渡期间，EIS要和全面展开的CNAPS系统平行发展，在发展中还要充分考虑到两个系统的衔接。

（三）中国证券交易系统

中国证券交易系统（以下简称“中证交系统”）是在金融卫星通信网上运行的另一个重要的应用系统。中证交系统建成的小站中有不少是与EIS共用的。金融卫星通信网除提供通信服务外，EIS清算总中心还参与开发全国证券报价交易系统。利用该系统可以解决除上海、深圳以外各省市股票上市问题。该系统具有资金开户、委托买入、委托卖出、交割、记账、自动定时、机器自动配对或人为控制配对、账户管理、资金管理、冻结、挂失和恢复等处理功能。此外，用户能根据事先规定的权限，查询有关数据，配对成交价格、数量、最高价、最低价、平均价、成交量等信息。

（四）金融信息传输系统

各种旬报从1993年开始通过金融卫星通信网传递，为加强金融管理和宏观调控提供了丰富的信息。在这基础上，同年开通了“金融信息传输系统快通工程”（以下简称“快通工程”）。“快通工程”已覆盖人民银行系统内的所有分支机构，并与主要商业银行和外汇交易中心开通了通信信道。它的开通，使货币发行、国库收支、计划资金、会计报表、机构管理、企业资金运行等重要金融信息的采集、传输、分析处理等工作初步实现电子化，为人民银行及时掌握全国经济、金融运行情况，加强金融监管，提供了重要手段。

（五）各商业银行电子汇兑系统

1996年起，中国四大国有商业银行都用电子汇兑系统取代原来的手工联行系统。各大银行的电子汇兑系统框架结构大致相同，业务处理也基本相同，但是，它们在内部网络结构、系统结构方面存在较大的差异。

中国工商银行电子汇兑系统是以工商银行全国计算机网络为依托开发的采用小额批量传送银行汇兑数据的方式和分级处理的系统。该系统可处理包括全国和省辖汇兑在内的国内全部异地结算业务，实现了全行系统范围内汇兑资金24小时到达并完成入账处理功能。同时，工商银行还在各级分行开通了电子实时汇兑系统，保证了资金及时到达。

中国银行（以下简称“中行”）的电信网络系统以总行为中心，内连中行系统内的三级网，外连海外分支机构。自从1983年加入SWIFT组织以来，一直采用SWIFT方式推进全行业务的标准化、规范化和自动化进程。通过总行的SWIFT标准接口，同SWIFT网络相连，参加纽约、东京、伦敦和香港的外汇清算。在该系统上主要运行电子汇兑、国际结算、外汇买卖、平仓业务等。目前，中行已经完成了华北、华东、西北和华南四大信息中心的建设。将国内分散的小信息单元整合到四大中心信息和数据库中。四大信息中心的建成，直接提高了中行的电子化水平、信息处理速度、信息资源共享能力和国际竞争能力。

中国农业银行（以下简称“农行”）的电子银行平台始于建成从县支行、中心支行、省市支行到总行的四级微机远程数据通信网。从1995~1998年，农行从开始建设到投入使用，再到升级改造，电子化程度不断提高。进入21世纪后，尤其是2006年以来，农行实施全国数据大集中战略，建成以全国三大中心为基础的三阶系统架构。三大中心分别是：北京的全行决策分析中心、上海的全行生产数据中心、广东的全行生产数据中心的异地灾难备份中心。建成了数据和决策中心、前置系统和业务前端的三级系统架构。农行电子银行系统可以实现账户集中管理、自助金融服务、经营管理决策等。

中国建设银行（以下简称“建行”）的资金清算系统开通于1996年，在全国的各级支行和办事处运行进行全行结算资金联行汇划。该系统具有汇划、对账、清算、查询和监督等功能，实现汇划、对账和清算三位一体“一日清”，大大提高了资金的使用效率。经过不断地升级改造，建行目前基于原IBM大型主机的应用系统采用耦合系统（SYSPLEX）技术，以将网络体系结构（SNA）限制在数据中心，中心向外的连接全部采用IP的方式，用于全行处理核心业务。行内的网上银行、客户服务中心、手机银行、家庭银行和重要客户系统等业务分别接入不同的端口，大大提高了处理业务的效率。

六、国外主要的电子汇兑系统

随着全球经济一体化发展，金融一体化成为趋势。应密切注视国际金融现代化的发展情况，研究并了解与国际贸易、国际金融密切相关的国际金融网络和国际金融应用系统的应用情况。一方面，了解金融现代化的新进展、新技术和发展趋势，吸取它们在金融现代化建设中的经验教训，以便把我国的金融现代化建设工作做得更好；另一方面，要研究如何更好地使我国的金融现代化建设与国际接轨，为我国的国际贸易和国际汇兑提供更好的服务。目前，国外较为成熟的电子汇兑系统包括：国际环球银行间金融通信系统（SWIFT）、国际银行间支付结算系统（CHIPS）、美国联邦储蓄局清算系统（Fedwire）、日本全银系统和日银系统。下面重点介绍两个应用最为广泛的系统。

（一）SWIFT系统

SWIFT是一个国际银行间非营利性的国际合作组织，成立于1973年。它依据全世界各成员银行金融机构相互之间的共同利益，按照工作关系将其所有成员组织起来，按比利时的法律制度登记注册，总部设在比利时的布鲁塞尔。目前全球大多数国家大多数银行已使用SWIFT系统。SWIFT的使用，给银行的结算提供了安全、可靠、快捷、标准化、自动化的通信业务，从而大大提高了银行的结算速度。由于SWIFT的格式具有标准化，目前信用证的格式主要都是用SWIFT电文。

该系统主要提供通信服务，专为其成员金融机构传送同汇兑有关的各种信息，不直接参与资金的转移处理服务。成员行接收到这种信息后将其转送到相应的资金调拨系统或清算系统内，再由后者进行资金转账处理。

1. SWIFT的历史和组织

第二次世界大战后，国际贸易急剧增加，电信和计算机的应用日益广泛。由于各个方面发来的电文格式不同，需经过人工转换后才能输入计算机进行处理，既不方便，传递速度也慢，还容易出错。为适应国际贸易发展的需要，需要建立一个国际化的金融通信系统，该系统要能正确、安全、低成本和快速地传递标准的国际资金调拨信息。于是，美国、加拿大和欧洲的一些大银行于1973年5月正式成立SWIFT组织，负责设计、建立和管理SWIFT国际网络，以便在该组织成员间进行国际金融信息的传输和确定路由。1977年，SWIFT网络正式投入运营（有时应把它理解为SWIFT组织，有时则应理解为SWIFT网络）。

它分配给每个成员银行的份额是由该成员实际使用SWIFT网的通信量来决定的。占系统总交易量1.5%以上的国家或国家集团才有资格被任命为董事会成员。其创始会员为欧洲和北美洲15个国家的239家大银行。[①] 自1987年开始，非银行的金融机构，包括经纪人、投资公司、证券公司和证券交易所等，开始使用SWIFT。截至2015年底，全球已有210个国家和地区的12000多个金融机构连接使用SWIFT。我国中国银行于1983年加入SWIFT，成为它的第1034个成员。[②]

2. SWIFT提供的服务

SWIFT的服务包括：（1）全球性通信服务；（2）接口服务；（3）存储和转发电文服务；（4）交互信息传送服务；（5）文件传送服务，用于传送处理批量支付和重复交易的电文；（6）电文路由服务，通过SWIFT传输的电文可同时拷贝给第三方，由第三方进行电子资金转账处理，或转道另一网络完成支付结算、证券交易结算或外汇交易结算处理；（7）具有冗余的通信能力，为客户提供可靠的通信服务。

3. SWIFT的特性

SWIFT的特性包括：（1）格式标准化，电文可实现自动化处理。财务电文的标准化减少了成员行之间由于对电文含义的理解不同而引起的纠纷，还可实现端对端自动处理，中间不必经过转换和重新输入，提高了处理效率，简化了处理程序。（2）高度的安全性，财务电文传输时均加密并加信息识别码，系统有自动核算密码功能，可防止电文泄密或被篡改。SWIFT还有严格的规章管理制度和先进的风险管理机制。（3）多功能性，SWIFT提供统一的平台，提供多功能服务和定制服务。（4）单一窗口联接，通过SWIFT可将电文发往一个或多个金融机构，还可转发到其他网络。（5）全天候服务，系统提供每天24小时、每周7天的通信服务。SWIFT还在荷兰、中国、英国和美国建立了用户服务中心（customer service center，CSC），向全球提供超过10种语言的全天候的用户支援服务。（6）传送速度快，费用低。每条电文传送时间仅2~3秒。传送325个字的电文，仅收费15比利时法郎，是比利时寄往瑞典明信片价格的一半。对发展中国家则减半收费。SWIFT通信费是基于路由和通信量定价的，对通信量多的大户可打折扣，最高可折让50%。SWIFT每年底还根据经营情况

---

①② 笔者根据SWIFT官网资料整理所得，https：//www.swift.com/。

向成员行返还部分收费，并根据其业绩向成员行发放红利。SWIFT基本每年下调收费单价。在过去的十年中，SWIFT的收费下降了70%。（7）核查和控制管理方便。来电和去电等的交换电文，SWIFT都有详细的记录，以便核查。每日午夜截止时，SWIFT会列出当日收发电的数量，以及有关已存储但尚未发出的电文的信息送每家银行核对。

4. SWIFT系统的安全控制

SWIFT系统的安全控制包括：（1）实体的安全控制。SWIFT系统的O.C和R.P都有严格的门卫管理制度，属于限制出入区；有周全的灾害复原准备，以应付各种可能的突发事故。（2）硬件的备援。SWIFT系统的所有硬件系统都是双套设备，相互备援。（3）软件的安全控制设计。电文从发报者发出，到收报者收到为止，在软件上有一连串的控制设计。其中与安全有关的有采用智能卡技术鉴别每个网络用户，以保证安全存取；用注册授权码（login authorization code）确定电文输入者的合法性；端对端的电文由每条电文的保密密钥核实；输入电文序号（input serial number，ISN）由发报者确定；输出电文序号（output serial number，OSN）由SWIFT系统编定；每条电文都以密文传送和存储；所有的电文，传输时都加电文识别码（authenticator），以防电文被篡改。（4）稽核控制。系统中运行敏感程序，要经过安全官员同意；程序或作业程序变动时，要经稽核验证；未得发信行或收信行的同意，不得联机查询任何电文内容。所有由SWIFT转发的电文都被存储，以备日后稽核时随时调用。（5）明确的责任划分。发报者、收报者和SWIFT三者的职责都有明确的定义。在SWIFT控制的领域里所发生的过失，由SWIFT承担责任。

（二）CHIPS系统

CHIPS系统是国际银行间支付结算系统，也称为“纽约清算所银行同业支付系统”。

它是一个带有电子数据交换（electronic data interchange，EDI）功能的实时的、大额电子支付系统。纽约是世界上最大的金融中心，国际贸易的支付活动多在此地完成，CHIPS也就成为以美元结算的世界性资金调拨系统。全球每天95%的美元跨国支付是通过CHIPS完成的。可以说，CHIPS是国际贸易资金清算的桥梁，也是欧洲美元供应者进行交易的通道。CHIPS处理的业务类型包括：大额支付交易、美元外汇清算、债券清算、贸易支付、离岸投资等。

1. CHIPS系统的发展历程

纽约清算所于1966年研究建立CHIPS系统，1970年正式创立。当时采用联机作业方式，通过清算所的交换中心同9家银行的42台终端相连。1982年时，成员行共有位于纽约地区的银行100家，包括：（1）纽约当地银行，其中，纽约交换所的会员银行12家，这些银行在纽约联邦储备银行有存款准备金，具有清算能力；非上述会员银行5家，这类银行称为参加银行，参加银行需经过会员银行才能清算；（2）美国其他地区的银行及外国银行，其中，美国其他地区设于纽约地区的分支机构22家，它们具有经营外汇业务的能力；外国银行设于纽约地区的分支机构或代理行61家。20世纪90年代初，由12家核心货币银行组成、有140家金融机构加入的资金调拨系统，用以处理电子资金转账和清算业务。此后，机构开始缩减成员。2003年时CHIPS的成员降为54个，都是遍布全球22个国家和地区的最大银行，包括我国的中国银行和交通银行。2007年，成为全球最大的私营支付清算系统之一。①

2. CHIP系统的特点

CHIPS系统的特点包括：（1）允许事先存入付款指示。参加银行除了可在当日调拨资金外。CHIPS还允许参加银行事先将付款指示存入中央计算机系统，然后等到解付日当日才将此付款通知传送到收款银行。任何资金调拨需经拨款银行下达“解付”命令后，CHIPS的中央计算机系统才会于解付日将此付款通知传送给收款银行。在未下达解付命令前，拨款银行有权取消该笔付款指示。（2）较完善的查询服务功能。由于中央计算机系统能即时将每笔资金调拨情况存入文件，因此各参加行的账务管理员，可随时查询自己银行的每笔提出或存入的金额，并及时调整自己的头寸。（3）自动化程度高。CHIPS设计了一个灵活的记录格式，以方便发报行和收报行能进行高效的计算机自动处理。这样，参与行的支付信息可在不同系统之间流动，而无须人工干预。例如，CHIPS接受SWIFT的标识码，并可自动地与CHIPS的通用标识码相互参照。（4）安全性好。CHIPS将四台大型计算机组成两套系统，实行两套系统互为备份，每套系统又是双机互为备份。两套系统分别安装在不同的地方，并用高速线路连接。为保证不断的电源供应，由蓄电池储备，并以双内燃发电机系统保证。CHIPS于2004年6月建成了第三个数据中心，作为第三个热备份站点。一旦主站点和次站点出问题，第三站点就接替它们的交易处理工作，直至它们复原为止。CHIPS的保密性是通过保密模块（ISM）、保密设备和一系列规定来实现的。每个成员行均有一台专门设计的保密机，该保密机遵守美国国家标准协会（American National Standards Institute，ANSI）金融机构保密检测标准。付款电文都经保密机加密并加MAC传送，以保证电文的传输安全。

3. CHIPS系统处理资金调拨的过程

CHIPS系统的资金调拨处理过程并不复杂。例如，纽约的A行经国际线路，如SWIFT网（CHIPS交易量的80%靠SWIFT进入和发出）②，接收到某国甲行的电报付款指示，要求A行于某日扣其往来账，并将此款拨付给在纽约B行设有往来账户的他国某乙银行。若A行和B行均为CHIPS的成员行，则这笔资金调拨可通过以下流程

①② 笔者根据CHIPS官网资料整理所得，https：//chips.nyc/。

实现，如图3–8所示：

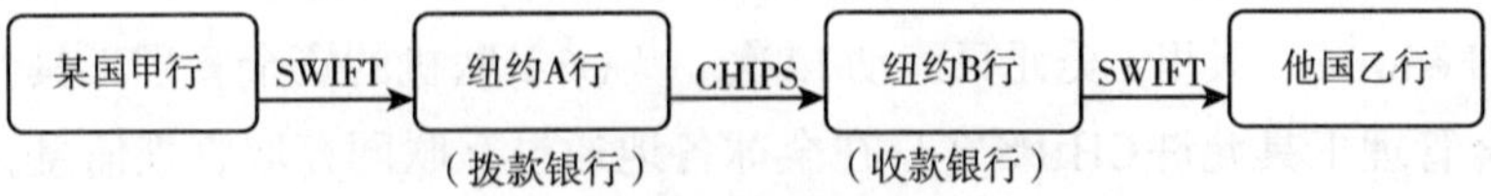

图3–8　CHIPS系统资金调拨流程

资料来源：张卓其：《世界性的资金调拨系统—CHIPS》，载于《信息系统工程》1997年第3期，第16页。

A行从SWIFT网接到甲行的上述付款通知后，核对电文的信息识别码，无误后即交与终端操作员处理。操作员根据电文，依据纽约清算所规定的标准格式，将有关数据（包括：A行、B行、甲行和乙行的编号、付款金额、生效日等）录入计算机终端。该电文经CHIPS网，传送到CHIPS中央计算机系统中存储起来。该中央计算机系统必须接到A行稍后下达的解付命令后，才会将此付款通知传送到B行（即收款银行）的计算机终端上。

每个营业日结束，中央计算机系统对各参加银行（如上述的A行和B行）当日的每笔交易进行统计，统计出各参加银行应借或应贷的净金额。中央计算机系统除了要给各参加银行传送当日交易的摘要报告外，并需于当日下午4：30后，通过Fedwire网，将各参加银行应借或应贷的净金额通知纽约区联邦储备银行。纽约区联邦储备银行利用其会员银行的存款准备金账户完成清算。清算完成后，通知CHIPS，CHIPS则于下午5：30~6：30，用1小时的时间轧平账务。

从上述处理过程可看出，利用CHIPS进行国际的资金转账是很方便的。各国银行在纽约设有分行者，都想加入CHIPS系统。为了清算能快速完成，纽约清算所决定，由该所会员银行利用其在纽约区联邦储备银行的存款准备金账户，代理各参加银行清算。在CHIPS清算体制下，非参加银行可由参加银行代理清算，参加银行又由会员银行代理清算，层层代理，构成了庞大复杂的国际清算网。

4. 利用CHIPS系统的优势

CHIPS系统的优势包括：（1）是实时的多边网络系统，可实现最终支付。CHIPS的管理创新一直在寻求增强系统流动性和高效率的方法，这个目标已于2003年实现。在当年，该系统只要预先注资28亿美元，每天就可完成价值超过1.37万亿美元的26.7万笔交易。[①]资金的高流动性可以保证立即解付（这对特别高优先权的支付是重要的）、没有透支费用和清算风险。（2）全球处理及时。为促进全球电子商务，CHIPS扩充了系统处理时间，从晚上9时至下个交易日都可以处理交易，以保证整个亚洲在交易日期间都能实时、最终处理美元支付。（3）支付直接进行处理，无须人工干预，提高了自动化程度和处理效率。（4）排除日间透支费用。与Fedwire不同，CHIPS没有透支费用。日间透支是由于银行没有足够的资金（或余额不足）结算一

① 笔者根据CHIPS官网资料整理所得，https：//chips.nyc/。

笔特定支付所产生的。CHIPS是一个不允许透支的支付系统，也就没有透支费用。（5）流动性最大。CHIPS的流动比率是无可匹敌的，1美元在一天里可以使用500次，相比之下，Fedwire一天里1美元只流动12次。[①]（6）联机的资金管理工具。基于Web的联机资金管理工具允许CHIPS客户在全球各地通过互联网存取管理信息，查询实时财务状况信息、支付电文的当前状态和未支付电文的情况。

第四节　银行的主要机具

一、银行机具简介

银行机具又可以称为“金融机具”，是指银行等金融机构日常用到的机具产品，能够为银行等金融机构在日常现钞处理中提供服务的专用设备。如防伪点钞机、验钞机、复点机、POS机、智能终端机、硬币清分机、纸币清分机、捆钞机、碎纸机、身份证鉴别仪等产品。本书将重点介绍常用的三种主要机具，即POS机、ATM机和点钞机。

（一）POS机

POS机全称为销售点情报管理系统，是一种配有条码或光学字符识别码（optical character recognition，OCR）技术的终端阅读器，有现金或易货额度出纳功能。其主要任务是对商品与媒体交易提供数据服务和管理功能，并进行非现金结算。POS机是一种多功能终端，把它安装在信用卡的特约商户和受理网点中与计算机联成网络，就能实现电子资金自动转账，它具有支持消费、预授权、余额查询和转账等功能，使用起来安全、快捷、可靠。大宗交易中基本经营情报难以获取，导入POS系统主要是解决零售业信息管理盲点。

1. POS机的应用原理

将商品资料创建于计算机文件内，通过计算机与收银机联机架构，商品上的条码通过收银设备上光学读取设备直接读入以后（或由键盘直接输入代号），可以显示商品信息（单价、部门、折扣等），加速收银速度与正确性。每笔商品销售明细资料（售价、部门、时段、客层）自动记录下来，再由联机架构传回计算机，最终将这些信息处理，生成各种销售统计分析信息，转换为经营管理依据。POS机通过读卡器读取银行卡上的持卡人磁条信息，由POS操作人员输入交易金额，持卡人输入个人识别信息（即密码），POS机把这些信息通过银联中心，上送发卡银行系统，完成联机交

① 笔者根据CHIPS官网资料整理所得，https：//chips.nyc/。

易，给出成功与否的信息，并打印相应的票据。

2. POS机的分类及应用场景

金融类POS机主要用于银联商务体系、各商业银行、各地信用合作社等银行系统；非金融类POS机可广泛适用于各种规模、各种类型的会员、连锁、加盟店，餐饮娱乐企业，汽车养护中心，化妆品专卖店，旅游景点等领域。POS机的应用实现了信用卡、借记卡等银行卡的联机消费，保证了交易的安全、快捷和准确，避免了手工查询黑名单和压单等繁杂劳动，提高了工作效率。

（二）ATM机

ATM即自动柜员机，是指银行在不同地点设置一种小型机器，利用银行卡上的磁带记录客户的基本户头资料，让客户可以通过机器进行提款、存款、转账等银行柜台服务，大多数客户都把这种自助机器称为自动提款机。

1. ATM机的发展历程

20世纪80年代中期，中国银行为了提升银行现代化形象，开始引进ATM机。自20世纪90年代末以来，中国开始投入大量人力、物力，进行ATM机的研制和生产。经过多年的培育，中国ATM机市场得到了长足发展。自2000年以来，中国的ATM机总保有量便以24.62%的年均复合增长率高速增长。截至2010年底，中国联网ATM机保有量已经达到27.10万台，同比增长26.11%。中国已经取代日本成为全球第二大ATM机市场，排在美国之后。从每百万人口拥有ATM机的数量上看，截至2010年底中国平均每百万人拥有ATM机约220台，且ATM机分布状况极不均匀，低于世界平均百万人拥有315台ATM机的水平，更远远低于美国和日本等发达国家与地区每百万人拥有超过1250台ATM机的水平，市场空间巨大。①

中国银联2015年6月8日宣布，ATM机跨行转账业务已在全国所有银行开通，持卡人可在任意银行ATM机上，用任何一张银联卡向其他银联卡跨行转账，限额是每天5万元，大部分银行ATM机跨行转账收费标准，比柜台转账略低，但比网上银行、手机银行转账收费高。2017年8月1日起，取消个人异地本行柜台取现手续费，暂停收取本票、汇票的手续费、挂失费、工本费等6项收费，各商业银行应主动对客户在本行开立的唯一账户免收账户管理费和年费等。由于芯片金融卡的推出，许多银行结合网络功能，让用户借由自行安装的芯片卡读卡机，在自己的电脑上通过网络进行“转账”“查询余额”等非存或提领现金的交易动作。随着移动互联网的发展，大多数银行都推出手机终端应用，通过手机应用进行银行转账，ATM机逐渐退居二线。一般中国ATM机只能存取整百的人民币，据报道，银行拟新增自助设备上可取多面额钞票功能。

---

① 笔者根据产业信息网:《我国ATM机发展》整理所得，https：//www.chyxx.com/industry/202104/944765.html。

2. ATM机的构成

ATM机的构成可以分两个部分：即硬件系统和软件系统。硬件系统由下半部分的保险柜和上半部分的电子柜构成主体框架；保险柜中包含现金处理模块——机芯，电子柜中包含PC读卡器、流水打印机、凭条打印机、通信控制板或者输入输出控制板；机器外部为面板部分，面板部分按照人体工程学原理设计，考虑了读卡口位置、键盘位置、闸门位置、显示器位置及用户使用的高度和角度等。软件系统一般分三级：第一级为介质程序级，是各个模块的底层驱动；第二级为动态库级，负责封装介质程序并向上给控制软件提供接口；第三级为控制软件，向下负责调度各个模块，向上负责与银行系统通信，完成整个服务控制过程。

3. ATM机和CRS机

CRS机称为存取款一体机，是在ATM机基础上升级改造而成的一种银行机具，属于自动柜员机的一种类型。但它和ATM机也存在诸多不同：一是CRS机的存取款现金自动循环功能可以最大限度地提高ATM机的使用效率。过去，正常的上班时间内由于操作员过于忙碌而不能及时地对ATM机进行加钞或对已存满的所有存款箱进行及时清空，往往会造成ATM机不必要地停止正常的存取款功能，而这种现象在周末以及长假期间更为突出。ATM机不必要的"罢工"，不仅影响到了银行的经济收益，也给客户带来了不便从而引起不满，可以说，这样的结果将会直接影响到银行的经济效益和社会效益。二是能够减少分行分配给每台能开通循环功能的柜员机的现金箱库数，减少了对ATM机因库存过大造成的经营风险。三是极大地减少了ATM机操作员的工作量，能使操作员腾出大部分的时间用于其他工作，从而间接地节省人工成本。四是可以适当减少预装每个网点ATM机的经营台数，缓解了部分网点没有空间再增装ATM机的困惑，把要购买的柜员机安装到离行式的地方以获取更大的利润。在开通现金循环功能后，柜员机可以一天几乎24小时全功能满负荷地正常工作，尽管如此，随着银行交易量的增长和顾客的增多，当柜台和ATM机前仍然现出排长队的情况时，还是需要适当增加机器。

（三）点钞机

点钞机是一种自动清点钞票数目的机电一体化装置，一般带有伪钞识别功能，是集计数和辨伪钞票为一体的机器。由于国内现金流通规模庞大，各单位及金融机构现金处理工作繁重，点钞机已成为不可缺少的设备。

1. 点钞机的结构

点钞机由捻钞轮、压钞轮、接钞轮、机架、电机、变压器、电子电路等多部分组成。（1）捻钞部分主要由滑钞板、送钞舌、阻力橡皮、落钞板、调节螺丝、捻钞胶圈等组成，将要清点的钞票逐张捻出是保证计数准确的前提；（2）出钞部分主要由出钞胶轮和出钞对转轮组成，其作用是出钞胶圈以捻钞胶圈两倍的线速度把连续送过来先到的钞票与后面的钞票有效地分开，送往计数器与检测传感器进行计数和辨伪；（3）接钞部分主要由接钞爪轮、托钞板、挡钞板等组成；（4）电子电路部分由主控部分、传感器部件、驱灯组件、电源板等组成的一个单片机控制的系统，通过多个接口把紫光、磁性、红外穿透、计数信号引入主控器；（5）传动部分可采用单电机或双电机驱动，由电动机通过传动带、传动轮，将动力输送给各传动轴，采用双电机驱动易于实现预置数功能。

2.点钞机的机型及适用场景

点钞机的机型分为三种：（1）全智能型点钞机：功能最为齐全，适合现金流量大的场所，平均每天可点10万元以上，要求能够区分出第四套人民币真伪；（2）半智能型点钞机：功能比较齐全，适合现金流量一般的场所，平均每天可点约10万元，一般情况下不要求区分出第四套人民币真伪；（3）普通型点钞机：功能少，质量相对较差，适用于现金流量较少的零售店。

3.点钞机的工作原理

点钞机的工作原理为：（1）荧光检测：工作原理是针对人民币的纸质进行检测。人民币采用专用纸张制造（含85%以上的优质棉花），假钞通常采用经漂白处理后的普通纸进行制造，经漂白处理后的纸张在紫外线（波长为365nm的蓝光）的照射下会出现荧光反应（在紫外线的激发下衍射出波长为420~460nm的蓝光），人民币则没有荧光反应。所以，用紫外光源对运动钞票进行照射并同时用硅光电池检测钞票的荧光反映，可判别钞票真假。为排除环境光对辨伪的干扰，必须在硅光电池的表面安装一套透过波长与假钞荧光反应波长一致的滤色片。（2）磁性检测：原理是大面额真钞的某些部位是用磁性油墨印刷，通过一组磁头对运动钞票的磁性进行检测，通过电路对磁性进行分析，可辨别钞票的真假。在磁性检测中，要求磁头与钞票摩擦良好。磁头过高则冲击信号大，造成误报；磁头过低则信号弱，造成漏报。通过控制磁头的高度（由加工和装配保证）和在磁头上方装压钞胶轮可满足检测需要。

4.点钞机对人民币的磁性检测方法

磁性检测方法包括：（1）检测有无磁性。市场上的点钞机多采用此种方法，由于制造容易，故此种方法伪钞辨出率低，具体分为：一是按磁性分布检测磁性。采用两组或三组磁头分路检测磁性，辨伪水平可提高一个档次，市场上部分点钞机采用此种方法。二是检测第五版人民币金属丝磁性（当前水平停留在检测有无磁性）。根据在示波器的观测，金属丝的磁性是很有规律的矩形波，且量值也很准确，由于很难仿制，在磁性检测中如能利用这个特性，将大大提高辨伪水平。三是检测第五版人民币横号码磁性（当前水平停留在检测有无磁性）。由于横号码是一组带有一定磁性的数字，如对横号码的磁性数量和大小进行检测，辨伪水平可大大提高。（2）红外穿透检测。工作原理是利用人民币的纸张比较坚固、密度较高以及用凹印技术印刷的油墨厚度较高，因而对红外信号的吸收能力较强来辨别钞票的真假。

人民币的纸质特征与假钞的纸质特征有一定的差异，用红外信号对钞票进行穿透检测时，它们对红外信号的吸收能力将会不同，利用这一原理，可以实现辨伪。需要注意的是，油墨的颜色与厚度同样会造成红外穿透能力的差异。因此，必须对红外穿透检测的信号进行数学运算和比较分析。（3）激光检测。用一定波长的红外激光照射第五版人民币上的荧光字，会使荧光字产生一定波长的激光，通过对此激光的检测可辨别钞票的真假。由于仿制困难，故用于辨伪很准确。（4）光谱图像检测。点验钞时，对纸币进行一个波段或两个（含）以上波段独自全幅成像、采集、分析、记录而实现纸币的真伪鉴别，横、纵向分辨率均在25dpi（含）以上，包含紫外图像分析鉴别技术、白光图像分析鉴别技术、红外图像分析鉴别技术、多光谱图像分析鉴别技术等。（5）多光谱检测。以不同波长的LED颗粒排列成矩阵而成的多光谱光源、透镜阵列、图像传感器单元阵列、控制和信号放大电路以及输入输出接口；多光谱光源和透镜阵列形成光路系统，用于发射光线并将人民币上的反射光聚焦到图像传感器单元阵列上，运用多光谱图像传感器的图像分析功能，对钞票进行真伪鉴别。（6）数字量化检测。使用高速并行转换电路，高保真采集信号，对紫外光量化分析，可检测有微弱荧光反应的伪钞；对人民币的磁性油墨进行定量分析；对红外油墨进行定点分析；运用模糊数学理论，将一些边界不清、不容易定量的因素定量化，并建立安全性能评估的多级评估模型，对钞票进行真伪鉴别。

二、银行机具的作用及优势

银行机具替代手工作业是电子银行发展的必然，也是社会经济发展的必然。随着人们收入的增加，货币流通速度也在加快，仅仅依靠柜台人工的业务办理已经完全无法满足客户的需求，因此需要将一部分金融业务分流。银行机具在分流中扮演着非常重要的作用。

（一）提高作业效率，降低柜台压力

现今，绝大部分银行的ATM机单日取款额度可以达到20000元，对于资金需求量在这个范围以内的客户而言，能够自主操作ATM机完成取款活动，柜台只需要为大额取款用户、存款用户办理业务。许多新开立银行卡账户，或者办理小额转账等业务，可以在自助机具上实现，无须再经过柜台的处理，柜台窗口逐步取消或仅仅办理对公业务。

（二）提高安全性，减少业务错漏

在银行日常业务处理中，人工操作不可避免地发生错误，后果或大或小，但终究是对客户的不负责任和对银行及个人造成损失。银行机具的推广使用，能够最大

限度地减少错误发生，甚至完全杜绝主观业务错漏出现。在设计银行机具时，已经完全按照标准键输入了程序代码，在处理器的调动下，根据客户点击而做出不同的反应，进而完成业务，这一过程是固定的、重复的，只需要一次次命令的调动即可，因此发生错误的几率很小，但如果受到设备老化、系统不稳定及黑客入侵等影响，银行机具也会发生错误甚至迅速“瘫痪”。

（三）保障客户资金安全，提高客户满意度

对于一些零售场所，如超市、商场等，一部分消费者通常会使用现金，在如今造假技术如此高超的情况下，如果仅仅依靠业务员人工识别，很难做到100%准确。验钞机的使用，最大程度地保障了资金的安全。同时，可能有部分客户在购买大额商品或服务时会刷卡支付，此时，POS机便能派上用场，客户通过POS机刷卡和确认，款项就会直接进入卖方账户，对于买卖双方而言都有直接的安全保障。银行机具在很多场景的应用，解决了客户的实际需求。

（四）开发新市场，占据原有市场

现如今在很多的学校、小区、车站、机场等场所周围都安装了ATM机和CRS机，因为在这些场所人流量大、货币交易量大。

三、银行机具目前存在的问题及解决措施

近几年，银行机具出现的吞币、假钞、吞卡等案例屡见不鲜，造成了较为严重的后果，为此，银行在加强企业内部系统管理的基础上，要实现对自主设备使用的有效监督，降低相关问题发生的频率。下面是一些商业银行机具运行时的常见问题。

（一）自助设备的故障问题

在银行自助设备上进行交易的操作流程包括在设备上根据程序提示完成交易信息的输入、交易指令由自助设备系统里特殊的通信线路放映到银行主机上、在对交易信息进行严格的核查确认后银行主机将执行指令原路返回、在自助设备上完成交易的执行命令。在这一交易流程中，要确保每个环节对于操作命令的准确执行，才能保证交易的顺利完成。商业银行的规模、类型与金融服务方向的不同，使得自助设备的型号、交易方式也存在着差异，如在取款时，一些银行的自动取款机是结束交易后进行退卡（先取钱后退卡），还有部分取款机是先退卡后取钱等。由于自助设备型号的不同，导致其一旦发生故障，出现如银行卡余额减少而取款机不出钞、吞卡、转账交易信息不对等、存款无法显示余额等情况时，必须找专业的维修工人、

系统操作人员进行处理。自动设备发生故障对于客户的资金账户安全、银行系统的正常运转有着极为不利的影响。

（二）自助设备的风险管理问题

银行主要负责现金存储、借贷、转账等相关金融方面的业务，自助设备的开发应用在一定程度上实现了柜台业务的分流，极大地节省了客户的时间，提高了业务办理的效率。但相较于柜台金融业务办理流程的有序管理，对于自助存取款设备的业务管理不够全面、系统。没有固定的管理模式，只依据使用需求的不同，随意在自行管理、集中管理、外包等管理模式之间进行自由切换。管理人员对于人力的配置不合理，对于自助设备的密匙、口令、钱箱等监管不完善，形成了管理上的漏洞，给不法分子对银行客户进行财产侵害提供了可乘之机。

（三）利用设备犯罪风险

截至2020年末，全国共开立银行账户125.36亿户，同比增长10.43%，其中个人银行账户124.61亿户，同比增长10.43%，人均拥有银行账户数达8.9户。全国银行卡在用发卡数量89.54亿张，同比增长6.36%。其中，借记卡在用发卡数量81.77亿张，同比增长6.57%；信用卡和借贷合一卡在用发卡数量共计7.78亿张，同比增长4.26%。全国人均持有银行卡6.4张，同比增长6.01%。其中，人均持有信用卡和借贷合一卡0.56张，同比增长3.91%。银行自助设备盛行于各种贸易场所，各种利用自助设备犯罪的案件也呈上升趋势，且作案手段不断升级。[①]例如，一些不法分子通过在门禁上安装读卡器，盗取银行卡信息；利用虚假短信骗取客户信任，通过自助设备盗取客户资金；或通过张贴非法操作须知，误导客户向非法账户转款；近期更是出现了数人通过联手，伪装要害部门保护持卡人利益，要求通过转账方式，共同进行欺骗作案等，都极易导致客户资金损失风险的产生。由于出现问题的随机性很强，商业银行应该随时关注此类问题，并采取必要的措施以降低机具的出错频率。

（四）对自助设备进行日常维护

自动存取设备维持健康高效运转离不开日常的养护与检修，同时也要注意对于设备安全隐患的排查工作，以预防为主，将故障发生的可能性降到最低，对银行客户的资金安全实现全方位的保护。为保障自助设备的维修及时有效，应加强以下三方面的防护措施：第一，与自助设备购买的厂商签订严格的维护检修合同，明确双方的责任义务，保证自助设备一旦出现故障情况，会有专门的维修人员及时进行检

---

① 笔者根据人民日报：《人均6.4张！我国银行卡在用发卡数量近90亿张》整理所得，https：//baijiahao.baidu.com/s?id=1695104044124810484&wfr=spider&for=pc。

修，确保设备的正常运转，降低客户的损失。在日常护理方面，对设备实行定期检查，进行安全隐患的排查，一旦设备出现运行异常，要及时查找原因，快速解决问题。第二，对银行相关职员进行培训，加强自身的技术水平，组建专门的检修小组，对于突发状况实现即时的处理。在相关的运营网点设置维修人员，维持自助设备的正常运转。第三，对于使用时间过长或损害程度严重的自助设备及时进行更换，完善硬件设施的基础建设，保证设备运行不出现异常情况。

（五）加强制度管理

建立有效的自助设备管理模式，确立行之有效的规章制度，摆脱传统多种形式随意切换的管理模式，将自助存取款机的业务管理纳入系统的银行管理体系中，实现自助业务管理的全面优化。在综合成本与效率因素的情况下，实行分段管理，将具体责任落实到个人身上，对于自助存取款机的运钞、清点、账目记录等环节实现实时的监督管理，保证各个环节运行准确，安排合理。

（六）提高警惕，加强巡查，防范设备犯罪风险

银行自助设备日益普及，各种利用自助设备犯罪的案件也呈上升趋势，除了增加电子监控外，对自助机具外观的检查、巡视就成了必要的防范方式之一。各商业银行应对营业时间及特殊时间段，在行式以及处于边远地区、偏僻地段的离行式自助设备进行定期检查和巡视。除日常的定时、定点巡查外，自助机具管理机构还应不定时查看监控内容，主要检查自助设备的环境保护情况，查看有无张贴各类广告、非法告示，查看自助设备上有无异常装置等。同时加强客户的安全教育，在客户首次办卡时就进行持卡用卡安全使用的详细宣传，提醒客户不要轻信中奖、向指定账户转账等诈骗信息。

本章小结

1.世界上第一台电子数字计算机埃尼阿克（ENIAC）1946年在美国诞生，成为第三次科技革命的标志，推动了世界科技的大变革。

2.银行诞生于意大利文艺复兴时期，但1694年在英国成立的英格兰银行是世界上第一个资本主义股份银行；1897年成立的中国通商银行，是中国自办的第一家银行。

3.“C&C+IT+Web”的基础结构，同银行的核心业务（支付服务和信息增值服务）处理以及银行监控体系结合在一起，产生了现代化的电子银行。

4.电子银行建设经历了将手工操作转为计算机处理、开发自助银行服务、提供金融信息增值服务和成熟开展网上银行服务四个阶段。

5. 互联网金融的产生得益于电子银行的发展，但其又和传统金融存在较多的差异。互联网金融是我国金融业的重要组成部分，促进了金融体系的完善，然而必须加强对其监管，防止其扰乱金融秩序和引发危机。

6. 我国电子银行体系已经较为成熟，当前亟须银行发挥主观能动性，进一步提高电子银行安全性并实现技术的动态革新。

7. 当前，电子银行还存在法律法规与实际发展错位、中小型银行资金不足、缺乏复合型人才、部分客户金融习惯落后等困境。

8. 电子银行体系建设的目标和原则一是提高效率，降低成本；二是提供优质服务，抢占市场。

9. 电子银行的综合业务服务体系包括面向客户、面向往来银行、面向网上银行和面向银行内部管理四大系统。

10. 电子汇兑系统的特点：交易额大，风险系数高；对系统的安全性要求高于时效性要求；跨行和跨国交易所占比例较大。

11. 电子汇兑系统包括通信系统、支付系统和清算系统三种类型。

12. 国内主要的电子汇兑系统包括：中国人民银行的中国金融卫星通信网、全国电子联行系统、中国证券交易系统、金融信息传输系统、各商业银行电子汇兑系统。

13. 国外主要电子汇兑系统包括：国际环球银行间金融通信系统和国际银行间支付结算系统。

14. 常见的银行机具包括：防伪点钞机、验钞机、复点机、POS机、智能终端机、硬币清分机、纸币清分机、捆钞机、碎纸机、身份证鉴别仪等。

重要概念

电子银行；电子银行体系；电子汇兑系统；数据电文；互联网金融；通信系统；支付系统；清算系统；银行机具

复习与思考

1. 世界及我国银行发展历程？
2. 三大技术如何奠定电子银行发展的基石？
3. 电子银行发展经历了哪些阶段？
4. 如何才能实现传统金融和互联网金融可持续性共生和共存？
5. 我国电子银行发展现状及面临的困境有哪些？
6. 影响电子银行体系建设的因素有哪些？

7. 不同电子银行体系各有哪些特点？
8. 什么是电子汇兑系统？运行逻辑是什么？
9. 国内外主要的电子汇兑系统有哪些？
10. 常见银行机具有哪些？具有什么功能？面临哪些问题？

扩展阅读

《电子银行业务管理办法》，中国银行业监督管理委员会2006年版。

第四章　互联网银行与手机银行

➡ 学习目标

1. 掌握互联网银行的定义，掌握互联网银行的分类；理解互联网银行的产生和发展。

2. 掌握互联网银行的经营风险特征，了解互联网银行的经营管理与模式。

3. 掌握手机银行的定义与特点，掌握手机银行的实现方式，了解我国手机银行的发展现状及发展趋势。

第一节　互联网银行概述

随着时代的进步与经济的发展，整个社会的经济活动包括政府部门、企业与普通个人越来越依赖银行业的参与，一个国家、一个地区、一个城市市场经济的活跃度也直接体现在其金融，特别是银行业的活跃度与支持上。同时，银行为加强自身的竞争优势，在提高服务质量的前提下也不断推出更多的金融服务产品来满足客户的需求。而近几年互联网在全社会的迅速普及和应用也给银行业带来了新的挑战与机遇。互联网银行就是基于这种背景，在世界金融领域特别是银行业近年来出现的新生事物，它对银行业务与企业电子商务的发展具有巨大的影响。下文将介绍互联网银行的概念、发展及其特征。

一、互联网银行的概念

互联网银行是在互联网时代里金融电子化与信息化建设的最新内容，是电子银行的高级发展阶段，它是伴随互联网近年来在全世界的广泛深入应用而出现的新术语与新商务形式。互联网银行未有明确的法律定义，学术界也未形成统一的表述。

互联网银行通常有广义和狭义的理解。广义上的互联网银行和网络银行的概念近似，巴塞尔银行监管委员会将网络银行定义为“通过电子渠道提供零售银行服务、小额银行产品和服务、大额电子支付和其他批发银行服务”。狭义上的互联网银行是银行网络化的高级阶段，是传统银行和互联网的深度融合，用户可以享受通过网络查询产品信息、账户交易等服务，这种应用在很大程度上方便了客户，而且还降低了服务成本。对于实时服务（例如实时汇率、个人账户信息、实时利率等）的需求催生了互联网银行，进而需求扩大为网络支付、资金转移、账户管理等。克里斯·斯金纳（Chris Skinner，2015）认为互联网银行是指借助现代数字通信、互联网、移动通信及物联网技术，通过云计算、大数据等方式在线实现为客户提供存款、贷款、支付、结算、汇转、电子票证、电子信用、账户管理、货币互换、P2P金融、投资理财、金融信息等全方位无缝、快捷、安全和高效的互联网银行服务机构。我国互联网银行的倡导者林立人将互联网银行定义为“利用当代移动通讯、数字科技、物联网等，采用大数据、云计算等手段在网络上达到为消费者收发存贷款，满足支付、结算、汇转等传统金融业务需求，并涉及高效全面、安全便捷的客户投资理财、P2P金融以及信息服务等的互联网服务机构”。综合来看，虽然对互联网银行的定义各不相同，但均认为互联网银行本质是一般不通过传统的营业网点和柜台，而是基于大数据、云计算、数据挖掘平台、移动便携设备，通过互联网平台在线为客户提供存款、贷款、支付、结算、资产管理等多种金融服务的新型银行机构，其主体既可以是具有分支机构的大型银行，也可以是纯网络化的虚拟银行。

二、互联网银行的产生与发展

20世纪90年代中期，随着互联网的普及应用，商业银行开始驶上网络快车道，银行经营方式也呈现了网络化趋势。世界上最早的互联网银行之一是第一互联网银行（First Direct），由当时英国四大银行之一的米德兰银行（Midland Bank）创办。第一互联网银行在1989年首次使用电话提供银行业务，没有物理营业网点，后来通过互联网提供银行服务；同时，电话银行业务一直运行良好。1991 年第一互联网银行的存款账户就达到了2万个，到1996年已超过63万个存款账户，成为当时世界上最大的“虚拟银行”[①]。美国最早的互联网银行之一是安全第一网络银行，1995年10月开始通过互联网提供银行服务。此后，伴随着银行的电子化与信息化的发展，互联网银行以几何级数的形式扩展，对传统银行业务方式取而代之的趋势。互联网银行的发展可以分为如下三个阶段：

（一）计算机辅助银行管理阶段

这个阶段在20 世纪50年代~80年代中后期，计算机逐渐在美国和日本等国家的银行业务中得到应用。但是，最初银行应用计算机的主要目的是解决手工记账速度

① 未央研究：《互联网金融模式分析：互联网银行—直营银行》，载于未央网，2014-05-22，https：//www.weiyangx.com/33444.html。

慢，提高财务处理能力和减轻人力负担的问题。因此早期的金融电子化基本技术是简单的计算机银行数据处理和事务处理，主要用于分支机构及各营业网点的记账和结算。

商业银行的主要电子化设备是管理存款、计算本息的一般计算机，财务统计和财务运算的卡片式编目分类打孔机，由计算机控制的货币包装、清点机，鉴别假钞、劣钞的鉴别机，以及电脑打印机等。此外，也开始利用计算机分析金融市场的变化趋势供决策使用。20世纪60年代末兴起的电子资金转账EFT技术及应用，为互联网银行的发展奠定了技术基础。电子资金转账改变了传统的手工处理票据模式，可以快速有效地处理支付信息，降低处理成本、票据纸张费用等交易成本。电子资金转账还有效地降低了支付时间的不确定性，保证了款项及时转账，提高了现金管理质量，提高了支付效率，如Fedwire和SWIFT。电话银行兴起于20世纪70年代末的北欧国家，到80年代中后期得到迅速发展。电话银行服务主要依靠语音识别记录系统提供金融服务。由于客户的语音和听力都无法规范，因而在进行重大金融服务交易时存在差错、误解或矛盾的隐患。所以，对重大金融电话银行服务交易，采用了传真复核确认制度。电话银行的这些缺陷影响了它的发展范围和速度。

（二）银行电子化或金融信息化阶段

随着个人计算机（PC）普及率的提高，商业银行逐渐将发展的重点从电话银行调整为PC银行，即以PC为基础的电子银行业务。20 世纪80年代中后期，在世界各国的国内各银行之间网络化金融服务系统的基础上，形成了不同国家银行之间的电子信息网络，进而形成了全球金融通信网络。在此基础上，出现了各种新型的电子网络服务，如以自助方式为主的在线银行服务（PC银行）、ATM机、家庭银行系统和企业银行系统等。银行电子化使传统银行提供的金融服务变成了全天候、全方位和开放型的金融服务，电子货币成为电子化银行的依赖货币形式。例如，ATM技术从最初只能提供少数几种交易发展到可以处理100多种交易，如美国花旗银行的ATM机已经可以处理150多种交易，从现金存取到共同基金投资，从处理股票交易到处理保险业务等；利用ATM机和计算机无线网络技术的移动，银行可将银行服务延伸到偏远乡村，具有更高的电子化和智能化处理水平，客户通过与数据库联网的电脑终端，可以完成现金存取、转账、支付和货币兑换等交易，实现对分行的部分替代效应和提高各营业网点的业务速度；家庭银行也成为银行电子化的重要内容，它可为家庭提供财务管理和一系列金融配套服务。随着银行电子化的发展，电子货币转账逐渐成为银行服务中的主要业务形式。电子货币以分布在金融机构和服务网点的终端机（如POS机或ATM机）及计算机网络为物质条件，以现金卡、信用卡、IC卡和电子支票等形式为媒介，使货币以电子数据的形式在银行网络间进行传递，从而形成电子货币流通系统。

（三）互联网银行阶段

20世纪90年代中期以来伴随着互联网在各行各业中的广泛应用，银行为满足电子商务发展和金融行业竞争的需要、纷纷借助互联网及其他网络开展各种金融业务以达到拓展业务触角、降低运营成本、满足顾客个性化需要的目的，直接导致基于互联网平台的互联网银行的出现。互联网银行的出现是使银行服务完成从传统银行到现代电子银行的一次重大变革。互为网络支付与结算，这使得网上联网银行的基本功能之一就是方便实现电子商务交易活动中的办公、网上证券等。消费真正变为现实，如网上旅游、网上订票、网上购物、网上教学、网上办公、网上证券等。

总体来说，互联网银行在过去20多年间，从无到有，规模从小到大，从不入主流到广受重视，经历了一个缓慢起步到快速发展的过程，这其中有制度、技术和产业的三重原因。一是利率的市场化。美国在1986年完成了利率的市场化，市场化的结果首先导致银行在存款利率方面的竞争，而互联网银行由于成本优势因而能够提供比传统银行更高的利率。二是互联网技术的发展。互联网技术加上之前的电话和ATM机使得银行能够提供成本更低、更有效率的服务。据美国联邦存款保险公司的统计，营业部、ATM机、互联网（移动互联网）以及电话每笔交易的成本分别为3.97美元、0.59美元、0.56美元和0.10美元，因此在过去的10年间，银行的业务量中直营手段所占的份额在迅速扩大。三是金融产业竞争。在1980年美国大约有70%的个人或者家庭的金融资产存放在银行，到了1995 年这个比例下降到25%，银行业长久的统治地位受到了证券业和基金业的挑战，因此提供价值更高、效率更高以及更有亲和力的服务也是整个银行业的迫切要求。[①]总之，互联网银行是时代的产物。目前，互联网银行正处在迅速发展变化的进程中，其流行的发展模式和总体框架也在不断变化。

三、互联网银行的特征及分类

（一）互联网银行的特征

同传统银行相比，互联网银行具有以下鲜明特点：

一是互联网银行具备价格优势。由于互联网银行几乎不设实体网点，客户通过PC或手机App等移动客户端进行业务申请，互联网银行通过非面对面方式提供存、贷、汇业务，产品线上化，办理流程自动化，从而能减少银行的运营成本，让利给客户。具体表现为能够提供更有竞争力的存贷款利率及更低的手续费率；一般不收取账户管理费；为新开客户提供具有一定吸引力的礼品或礼金；部分互联网银行还提供全球免费的ATM机取款等功能。互联网银行可以将成本优势转化成为核心竞争

① 廖理：《Ally Bank，ING Direct，BOFI三家直营银行的创立发展和启示》，载于《清华金融评论》2015年第2期。

力，大力发展互联网技术，实现规模经济。

二是互联网银行的目标客户范围广。新一代中等收入群体是互联网银行的目标客户之一。这部分人群对互联网较为熟悉，并且大部分都已经养成网上消费的习惯。另外，这一群体对存款利率十分敏感，可能会对多家银行的存款利率进行对比；此外，由于工作繁忙等原因，他们没有充裕的时间前往实体营业点等待办理业务。互联网银行则恰好迎合了这部分人群的偏好特点，不但能够节约办理业务的时间，更提供了具有竞争力的存款利率，因此对这类人群具有很大的吸引力。中小微客户、“三农”和个人消费者等传统银行服务不到或者服务不好的金融“长尾客户群”也是互联网银行的服务对象之一，针对这一客户群的贷款呈现单笔金额小、期限短、投向区域及行业分散化、客户年轻化等普惠金融特征。

三是互联网银行以科技研发和应用驱动业务发展，利用金融科技开展风险控制。一方面，相对于传统银行，互联网银行科技企业特征更加明显。科技人员占比高，科技支出占营业收入的比例远远高于传统银行。各银行积极加大科技投入，运用金融科技降低成本，提升获客能力和服务效率，依托金融科技能力发展驱动其业务发展。另一方面，互联网银行利用人脸识别技术、生物探针、设备指纹、关联网络等技术进行远程开户，并利用云计算和大数据进行授信和风险控制。互联网银行采用海量数据优势，辅以大数据模型，充分分析客户的消费金融数据，对客户进行信用评级、授信、放贷。互联网银行大数据征信模型的运用可以有效提高运营效率，并通过大数据分析客户偏好，通过贴近客户需求的服务，增加客户黏性。将大数据与人脸识别、声纹识别等生物技术相结合，建立欺诈监测模型，精准识别客户身份，防范欺诈风险。

四是互联网银行的服务过程简捷高效。在服务便捷性上，互联网银行具有“3A”（Anytime，Anywhere，Anyhow）和“即时申请、即时办理”的特点，客户可以通过手机等移动终端快速办理金融业务，节约大量时间。以开立储蓄账户为例，客户在线输入姓名、性别、社会保险号、住址、其他银行账户等信息，足不出户即可完成开户申请，相对于传统银行柜台申请加上开通网上银行的流程，节省了大量时间和精力。加之互联网银行的网页设计风格简洁，突出重点，产品种类也精简，主要产品有活期及定期存款、大额存款、转账汇款、网上交易支付、按揭贷款和理财投资等。客户很容易就能找到所需要的服务项目，然后即可像网上购物样自助完成业务流程。互联网银行通过网络提供服务，可以做到全天24小时在线服务，随时满足客户服务需求。

（二）互联网银行的分类

互联网银行的理论、应用体系、形式其实都在发展中。目前，互联网银行业务主要有两种分类方式。

1. 按互联网银行的主要服务对象分类

互联网银行按照服务对象分类，可以分成企业网上银行业务和个人网上银行业务两种。

（1）企业网上银行业务。企业网上银行业务主要适用于企业与政府部门等企事业组织客户。企事业组织可以通过企业网上银行服务实时了解企业财务运作情况，及时在组织内部调配资金，轻松处理大批量的网络支付和工资发放业务，并可处理信用证相关业务。对电子商务的支付来讲，一般涉及的是金额较大的支付结算业务，因此对安全性的要求很高。

（2）个人网上银行业务。个人网上银行业务主要适用于个人与家庭的日常消费支付与转账。客户可以通过个人网络银行服务，完成实时查询、转账、网络支付和汇款功能。个人网络银行服务的出现，标志着银行的业务触角直接伸展到个人客户的家庭PC桌面上，方便实用。

2. 按互联网银行的组成架构分类

互联网银行按照组成架构分类，可以分成纯互联网银行业务和以传统银行拓展网络业务为基础的互联网银行业务两种形式。

（1）纯互联网银行业务。纯互联网银行业务是一种完全依赖于互联网发展起来的全新互联网银行业务，也称虚拟银行。这类银行开展网络银行服务的机构除后台处理中心外，没有其他任何物理上的营业机构，雇员很少，银行的所有业务几乎都在互联网上进行。纯互联网银行又分成两种情况：一是直接建立的独立的互联网银行业务，二是以原银行为依托，成立新的独立的银行来经营互联网银行业务。如美国安全第一网上银行（SFNB）、电通银行（Telebank）等就属于纯互联网银行，它们可以通过互联网提供全球性的金融服务，提供全新的服务手段，客户足不出户就可进行存款、取款、转账、付款等业务。

（2）以传统银行拓展网络业务为基础的互联网银行业务。这种互联网银行是指在传统银行基础上运用公共的互联网服务，设立新的网上服务窗口，开展传统的银行业务交易处理服务，并且通过发展个人网上银行、企业网上银行等服务，把传统银行业务延伸到网上，在原有银行基础上再发展互联网银行业务，是实体与虚拟结合的银行。这种形式与前一种形式的不同之处在于，它是利用互联网辅助银行开展业务，而不是完全的电子化与网络化。在传统银行服务的基础上，提供网上服务已经成为银行国际化和先进性的一项重要标志，美国花旗银行集团、美洲银行、富国银行等老牌银行纷纷推出自己的互联网银行服务。1995年10月，资产达2000亿美元的老牌巨头美国花旗银行（Citibank）也推出了网上业务，它早期的经营方式就是将其正常的柜台业务搬到网上来做，除去应用了网络，本质上没有任何改变。现在，全世界最大的100家银行中，大多数上了Web站点。美国前50家银行中，大部分银行允许客户通过互联网访问其站点，查看自己的账户信息，部分银行还提供网上存款和转账业务。目前中国开办的互联网银行业务也属于这类互联网银行，如中国工商银行网上银行及招商银行网上银行等。

第二节　互联网银行的经营风险特征

互联网银行本质依然是银行，天然具有传统银行的风险，但由于金融科技的运用，又使得较之传统银行风险表现出一些新特征，甚至引入新的风险，从而带来了新的挑战。

一、信息科技风险是需要突出防范的风险

1. 信息技术风险

互联网银行以信息技术和互联网技术为依托，以信息技术系统为业务载体，信息技术安全对互联网银行而言至关重要，一旦信息技术系统出现重大问题，将直接导致其业务系统瘫痪。

一是信息系统稳定性风险。互联网银行建立在现代网络、信息技术基础上，信息系统是互联网银行开展业务的基础。互联网金融的不断发展，网络交易的爆炸式增长，对互联网银行的系统将造成冲击，存在原有信息技术系统不能满足数据处理的挑战，或者信息系统未及时更新导致信息技术系统不稳定的风险。二是信息技术发展带来的风险。互联网银行依赖高新技术，但是高新技术是不断发展的，原来可以有效抵御外部冲击的技术可能在新技术面前失效。三是交易安全风险。因技术原因，在信息存储、传递、处理过程中，信息可能丢失或破坏、被恶意窃取和篡改，导致交易得不到安全保障。

2. 外部风险

银行由于掌握资金和数据，历来是网络攻击的重点，而互联网银行的开放性，业务在线开展且不少业务接口敞开于互联网上，使得犯罪分子可以不受时间、地点限制，导致其更容易受到来自黑色产业、黑中介的攻击威胁。此外，互联网银行与大量互联网公司开展合作，相互间数据交互频繁，但合作机构信息系统服务能力、可靠性、安全性以及敏感数据安全保护能力存在差异，存在合作机构被攻击进而影响银行机构的可能。

3. 第三方服务依赖度过高

由于线上依赖度高，攻防对抗性强，漏洞管理难度大，技术依赖程度高，安全管理投入大，互联网银行普遍采取借助信息科技外包来提高服务效率、降低成本，但服务外包潜藏着信息泄露、外包服务中断、自主可控能力下降、科技资源与核心业务衔接不匹配等风险隐患，对银行机构的业务连续性和信息安全带来挑战。特别

地，三家互联网银行主要股东均为互联网公司，股东对其信息系统架设、数据储存处理具有较强的影响力。

二、流动性风险是需要重点关注的风险

1. 资产负债波动大，流动性管理难

一是同业负债占比高，流动性风险大。由于缺乏品牌知名度和公众接触渠道，远程开户受限，互联网银行负债端对流动性较高的同业负债依赖度较大。随着监管加强存款利率管理，智能存款被清退，互联网银行存款利率优势不在，同业负债仍将是互联网银行的重要资金来源。二是日间流动性管控要求高。一方面，为降低同业负债占比，互联网银行大量发展互联网储蓄存款，存款业务办理突破了传统柜台存款业务的时间、地点等限制，客户可随时随地提取存款。另一方面，由于其便利性，大量客户在非营业时间办理贷款，这种存贷款变动特征对互联网银行流动性管理要求更高，流动性管理时间从传统银行的7×8小时延长至7×24小时，并要求机构必须具备营业结束和金融市场闭市情况下的资金管理和筹措能力。三是贷款周转快。互联网银行贷款小额、短期、随借随还的特点，使得贷款周转明显快于传统银行。四是客户流失风险大。由于资金在不同互联网银行间转移的成本低、操作便捷，存款转移不受时间、地域限制，客户极易在逐利性趋势下转移存款。

2. 流动性风险冲击大

互联网技术具有实时传播的特点，加之本身资产负债结构不稳定，一旦出现负面信息，在“蝴蝶效应”下极易引起资金挤兑。此外，互联网银行合作机构多，类型多样，风险极易通过合作机构迅速传递，对银行业或金融体系造成重大冲击，甚至造成系统性风险。

3. 流动性风险监测难

互联网银行采取的全网络、全天候运营方式，增强了客户便利性，建立良好客户体验，提高了客户黏性，但其高流动性加剧头寸预测难度，使得流动性风险的识别、计量、监测和控制愈加困难，增加流动性管理难度。

三、信用风险呈现出与传统银行高度不同的风险特征

1. 贷款违约率较小，潜在风险值得关注

借助金融科技技术，互联网银行精准定位客户，并通过分散、小额、短期的贷款投放，降低贷款集中度，控制客户违约风险。但由于互联网银行客户多为个人或小微企业等零售客户，经济实力差、风险防范弱，还款能力易受周期性、系统性因素影响，一旦面临如疫情、经济下行等系统性风险冲击，较低的不良贷款率将难以维持。

2. 大数据风险控制的成功有待跨周期和长时间的校准验证

互联网银行业务具有显著的数据驱动型特征，由于成立运营时间短，数据积累有限，风险控制模型未经历长周期、系统性风险检验，模型的信度和效度还需进一步验证。一方面，模型是基于用户过去的行为习惯和信用水平预测其未来的信用和还款能力，预测有效性值得验证，且存在参数设置在控制风险与扩大可贷用户之间的矛盾，设置合理的参数存在实践困难。另一方面，模型使用数据的真实性难以保证。网络行为的自由、匿名使得网络数据具有较多噪音，有些数据甚至与真实情况截然相反，互联网银行通过平台或大数据搜索直接抓取网络数据进行分析授信，可能会影响授信的有效性。

3. 贷后管理难度大

互联网银行普遍存在贷后资金用途管理不到位、贷款追偿难等问题，由于出现风险事件后难以将责任追究到具体责任人，贷款管理与传统银行大为不同，因此主要采取以下三种方式进行贷后管理：一是建立风险预警监测系统，实时跟踪客户的信用变化情况，动态调整客户授信策略。如采取提高或降低贷款利率、追加担保措施、提前收回贷款或加大授信等措施；二是采取线上催收、智能语音催收、委外电话催收、委外上门催收、法律诉讼等方式，提醒督促客户还款；三是采取“信用恢复”“网络公示”“网络封杀”等特色风险管理措施。上述措施存在约束力度不够难以有效维护债权、存在委托方暴力催收对银行声誉造成负面影响的风险。特别地，由于法院案件承接能力有限，现有模式下无法实现批量处理，难以有效承接互联网银行巨量的违约案件，加之借款人遍及全国，查找并执行借款人财产也存在困难。

四、声誉风险防范更加突出

互联网银行业务具有全天候、网络化、大客群的特征，出现维权行为或负面舆情后，银行客服缺少面对面沟通渠道和专业支持，在客户安抚、宣传引导等方面缺少渠道和手段，难以快速有效消除声誉风险。具体来看：一是风险来源多。互联网银行业务突破了地域和时空限制，全天候、全网络营业的营业模式导致声誉风险可能来自任何时间、任何地点。此外，目前互联网银行大量开展助贷业务，其多元化的合作机构、多层级的委托代理关系、多维度的信息传递渠道，使得助贷平台的风险极易向银行传播。二是传播速度快。互联网银行的全部业务均通过网络与客户非面对面联系，且这种联系是全天候实时联系，一旦出现风险，信息将迅速在网络间进行传播。三是风险冲击大。由于成立时间较短，整体实力较弱，客户感知少，互联网银行受网络谣言、恶意诽谤等事件引发声誉风险的可能性较大。此外，互联网银行声誉风险与流动性风险捆绑更为紧密，一旦出现声誉风险事件，将可能导致储户大量提款，一方面，可能对银行信息系统承载和处理能力造成冲击，导致银行网络服务中断进而扩大风险；另一方面，可能瞬间冲垮机构流动性，致使风险快速蔓延，甚至导致机构风险全面爆发。四是风险处置难。一方面，互联网银行缺少与客户交流的物理场所，客户对互联网银行的了解缺乏实体感观，一定程度上降低了互联网银行在客户心中的信誉度；另一方面，互联网信息传播速度快，辟谣难度大，缩短了舆情应对时间，增加了网络舆情监测和处理难度，对互联网银行的声誉风险管理构成较大挑战。

五、远程账户风险是新增的操作风险

账户是银行业务开展的前提，也是有效防控反洗钱、反恐融资的前端。互联网银行通过人脸识别等技术进行远程开户，通过非面对面的方式进行客户身份信息认证及交易信息认证，但这些高科技手段还没有进行完善的监测和试验，可能存在较大风险和漏洞，从而带来较大的金融风险。一是难以确定真实的人。在目前整形、3D打印技术非常发达情况下，非现场方式确定客户身份准确率达不到100%，存在客户身份信息造假、账号盗用、伪造信用记录、恶意骗贷等风险。二是难以确定真实开户意愿。远程开户下，信息技术难以识别开户人的意愿，存在被胁迫开户的情况。

六、消费者权益保护难度加大

消费者权益保护变得更加困难，主要表现为三个方面。

（一）责任认定更加困难

互联网银行交易完全虚拟化，交易行为往往是跨区域的。若发生消费者权益受损，在目前互联网银行的法律制度和行业规章还不完备情况下，责任界定较为困难。例如黑客侵袭系统、网络造成的损失，网络、系统提供商过错造成的客户损失，责任如何认定还未有明确的法律规定。

（二）消费者权益受到侵害可能性大

由于目标市场和客户群定位的特殊性，互联网银行服务人群的金融知识、风险识别和风险承担能力相对欠缺，更容易遭受误导、欺诈。如助贷业务获客过程中，部分合作平台前端销售人员为了业绩故意隐瞒或误导销售，侵害消费者知情权，或以保险、担保等名义收取其他费用，被消费者投诉套路贷。

（三）维权难度更大

互联网银行客户范围较广，异地消费者权益受损后难以找到该互联网银行的实体机构进行投诉，且互联网银行也未在贷款时明确告知其所属金融监管部门和投诉方式。四是消费者隐私泄露风险大。互联网银行采用大数据征信发放贷款，业务高度依赖信用、消费记录、职业身份、财产状况等信息，这些信息为涉及客户身份识别的敏感信息。互联网银行在客户验证、调查授信、贷后管理等环节可能会保存大量的身份证号、面部肖像、指纹等特征信息，由于当前缺乏个人金融信息保护法律，信息共享边界和使用范围模糊，这些信息在助贷平台、互联网银行、联合行等多方流转过程中，可能会造成信息未授权使用，甚至出现个人信息泄露风险。

七、业务发展中出现一些新的合规风险

目前对于互联网银行缺乏专门、系统的管理文件，监管仍处于模糊边界地带，对互联网银行一些业务缺少细则性指导意见或监管法规，部分业务处于合规经营的缝隙与边缘。一是联合贷款存在风控外包。联合贷业务模式中合作行风控水平与互联网银行存在差距，为满足互联网贷款的时间、效率要求实际上存在风控外包的问题。二是助贷业务通过平台保证金实施风控中，存在合作平台未取得融资担保资质的问题。三是征信查询存在合规性风险。联合贷款业务中，虽然互联网银行与借款客户签署了《个人征信授权书》，但合作金融机构由系统随机推送撮合，客户在签署征信查询授权时不知道具体金融机构名称，存在查询授权不规范问题。此外，引流助贷业务中存在信息披露（展示）不充分，易引发征信业务异议和投诉的问题。

第三节　互联网银行的经营管理

要加入互联网银行业的激烈竞争，在制定互联网银行的经营发展战略之前，首先需明确的是，在互联网银行时代，由于市场的力量核心向客户转移，在激烈的同业竞争中，互联网银行的经营发展战略将以维护和扩大客户关系为中心，最终通过银行客户关系的不断增值，实现银行利润最大化的目标。下面，我们将从运营模式、营销模式、盈利模式来分析互联网银行的经营发展。

一、互联网银行的运营模式

互联网银行大多实行轻资产的运营模式。“轻资产”是指互联网银行不在地方设置物理营业网点，这很大程度上节约了互联网银行投入的固定资产成本，且互联网银行不需要大幅度揽储，其主要从事平台中介业务，平台业务规模小，不必进行太多风险防范，故其管理体系比较简单。概括来说，互联网银行不需要进行很多存款业务及设置物理网点和现金柜台。因此，也不需要进行线下服务，其主要通过与其他金融机构合作的方式开展业务。另外，大多数互联网银行已经实现了“去IOE”，即去掉传统银行沿用的IBM的小型机器、去掉Oracle的数据库以及去掉EMC的存储设备，取而代之的是运用互联网银行自己的数据库、自己的征信系统以及按照自己的标准筛选客户，这极大地降低了其边际成本，从而让自己拥有结构性成本优势，

故有更多的资本服务目标客户。

二、我国互联网银行的营销模式

互联网已经成为大家讨论及商业模式的核心，而互联网银行凭借其大数据优势，可以借助云计算进行分析，从而精准营销。通过互联网平台，互联网银行积累很多客户交易及身份信息，且其运用大数据的处理技术对客户的相关数据进行挖掘，从而可以分析出客户的相关兴趣爱好、风险偏好及金融需求等，同时互联网银行通过其互联网技术对其客户进行个性化的精准营销。因此，互联网银行强调交易驱动、注重大数据法则以及利用线上优势为客户提供更好的服务。

三、我国互联网银行的盈利模式

"互联网+"的经营模式越来越被大众认可，为突出与传统银行的差异化，互联网银行不将存贷利差作为其盈利模式，而是将自己定位于中介，撮合银行和客户之间的交易，从中收取费用，故其中间业务收入是维持其经营的资金。另外，互联网银行通过收集分析客户信息了解客户需求，根据需求设计适合的产品及风控模式，此期间传统银行为其提供本金，故客户可以说是合作银行和互联网银行的共同客户。此种模式下，互联网银行不必筹集过多资金，通过同业拆借便可以满足需求，且过程中互联网银行与合作银行在信贷、资产管理及理财等方面也进行合作，互联网银行主要是对客户进行征信服务。此外，互联网银行通过云计算和大数据为客户提供服务，特别针对中小银行为其提供科技，故互联网银行的主要业务不是办理存贷款，而是作为中介撮合存贷款交易。主要模式包括：

一是建立混合性银行，即将互联网银行作为传统银行的新的组成部分，这种战略是由原有市场的参与者投资建立的网上业务渠道。其目的是进一步巩固原有客户基础，降低服务成本，提高经营效率，同时，充分延伸银行原有的品牌优势，并利用网络渠道优化自身形象，改善客户关系，增强自身的市场拓展能力，扩大产品的市场占有率，最终实现传统业务与网络银行的协调发展。我国商业银行的网上业务多采用此种形式，但目前还只是停留在将网络作为一种新的分销渠道的初级阶段，尚未实现传统业务与网上业务的整合。

二是设立全新的经营单纯互联网业务的银行。这种战略是由发起人重新建立一家经营范围仅限于互联网银行的子公司，除资本纽带外，在品牌、产品开发、企业文化和企业形象上，新的银行都有别于其发起人（公司）。这种战略一般为市场的新成员所采用，其目的是通过全新的品牌形象和客户服务迅速进入新市场，并力争占领市场的一定份额。目前，欧洲的许多非银行机构多采取此种方式进入银行业务领域。

三是开放式的市场战略。开放式的市场战略是以机构已有的良好客户关系为基础，通过从外部获取金融产品，为客户提供全方位的金融服务，建成网上金融百货公司；通过为客户提供多样化的选择，提高客户在本机构的消费额，最终实现客户价值的增值。这类战略一般为已拥有良好客户关系、希望跻身金融市场的综合类网站所采用。开放式的市场战略是电子商务模式下社会分工不断深化、业务品种综合化发展的结果。目前，由于各国监管制度的限制，此种发起方式尚未进入实际运用阶段。

对于我国银行而言，应根据目前所处的市场地位确定自己的发展战略、对于大型国有银行而言，选择第一种战略，较为可行，符合比较优势原则，但必须注意加强传统业务与网上业务的整合，这是互联网银行战略成败的关键。

第四节 手机银行

近些年来，随着信息技术和智能手机行业的迅猛发展，手机已经成为人们生活中不可缺少的工具之一，移动设备正在逐渐取代PC在人们生活中的地位。随着经济的快速发展，人们的工作生活节奏日益加快，大众对于更加快捷方便的服务的需求油然而生。传统金融服务行业的性质决定了其服务的便捷性较差，这与人们的需求背道而驰，而移动网络正是让服务脱离物理空间限制的最好方法。伴随着互联网金融和手机智能科技的发展，手机银行满足人们在任何地方、任何时间办理各种金融业务的需求，已经逐渐发展为银行至关重要的渠道产品。作为如今银行业不可或缺的主要服务平台，手机银行可以更好地和传统线下服务进行互动、增进银行业务的便捷性、缩短客户操作手续、增强客户体验，这种模式已经被更多的尤其是年轻客户群体所接受。移动网络与传统行业的结合成为符合现代社会经济发展的诉求，成为一种不可逆的趋势。而手机银行作为银行传统业务与移动互联网的结合产物及门户便显得尤为重要。下面我们来介绍手机银行的概念、形态及其特征。

一、手机银行的概念及特点

手机银行也可称为移动银行，是利用移动通信网络及手机客户端办理银行离柜业务的简称。手机银行结合了移动通信与货币电子化，移动银行业务，不仅可以使人们跨越时间空间的限制，无论何时何地都能处理多种金融业务，还能丰富银行内涵，使银行能更便利、更高效、更安全地为客户提供服务。手机银行采用信息推送方式，用户手机只要处于正常状态，均可收到银行发送的推送消息，有的银行通过微信进行推送，有的银行通过自家应用软件推送，有的银行也会以传统短信的方式进行推送，实现确认划转操作。广泛的服务范围、强大的信息流、融资效率等是手机银行移动数据的主要优势，在进行技术创新，通过云计算或者移动数据的计算机手段后，应搭建立好一个良好的电商平台，以及业务模型，以更好地反应经济开放，实现吸引客户，扩大客户渠道。简言之，手机银行是手机与银行业务相结合，用户通过手机就可以办理银行的相关业务。手机银行并不等同于电话银行。根据原银监会颁布的《电子银行业务管理办法》中的有关定义："电子银行业务是指商业银行等银行业金融机构利用面向社会公众开放的通讯通道或开放型公众网络，以及银行为特定自助服务设施或客户建立的专用网络，向客户提供的银行服务"。电子银行主要包括网上银行、电话银行、手机银行、自助银行以及其他离柜业务。可见，手机银行作为为用户提供银行服务的渠道之一，属于电子银行的一种。

随着互联网金融的发展和智能手机的使用越来越普遍，手机银行 App 的重要性不断彰显出来，手机银行App的业务覆盖面广并且可以更好地与用户互动，以此来满足不同用户的需求，提高客户黏性。但是手机银行 App的发展不代表银行线下网点不再需要，反而更加需要线上和线下配合为用户提供更好的服务。

对用户来说，手机银行App会更加便捷、安全并且可以对金融产品进行充分的了解；对于银行来说，手机银行App可以降低银行开支：帮助银行实现无纸化，更加环保、节省纸质版的印刷费用、比自助取款机交易时更便捷、节省银行运营成本；使用手机银行的用户可以办理更多的业务，不需要进行排队就可以了解并获得更多的金融产品，基于手机银行的便捷性，进一步增加了手机银行用户的黏性；手机银行还可以改善用户体验：用户不受时间和地理位置的限制、用户需求及时满足、用户可以随时查看账户余额和转账等；除了登录密码和支付密码双重身份验证之外，手机银行的用户可以设置手势模式、指纹等来提高账户安全性；利用手机银行可以对用户的满意度和参与度进行监控，银行可以了解到哪类金融产品比较受欢迎，营销活动效果如何；银行可以通过手机银行App及时向用户推送相关的优惠和折扣活动，最后达到双赢的效果。

二、手机银行的实现方式

目前，手机银行主要采用的实现方式有手机银行App、手机银行WAP版、贴膜版手机银行、SWP-SD版手机银行。

1. 手机银行App

手机银行APP是指银行根据自身需要，以手机银行系统为业务基础，基于手机平台研制开发的客户端软件，它是一种，以智能手机为载体，使客户能够在此终端上使用银行服务的渠道模式。主要业务范围包括生活缴费、信用卡、外汇业务、存贷款业务、转账业务等。

2. 手机银行WAP版

手机银行WAP版是一种客户端，使用时不需要安装任何程序，直接使用手机浏览器输入相应银行的网址即可使用。手机银行WAP版通俗来说就是可以用手机上网，登录各银行的WAP手机银行，可以在手机上完成转账汇款或是缴手机费等业务，跟网上银行很相似，只是把电脑换成了手机而已，不过登录WAP手机银行需要计算流量费。

3. 贴膜版手机银行

贴膜版手机银行是将一张智能加密芯片粘贴在手机SIM卡上，通过短信方式可以随时随地办理查询、转账、汇款、缴费等银行非现金业务。贴膜版手机银行不需要上网，不产生任何上网费用并且最大的特点是不需要仅限于智能手机用户。开通贴膜版手机银行业务要求用户手机客户端须支持“SIM卡应用功能”，用户手机能够正常收发短信，对手机客户端操作系统和网络均没有要求，客户开通贴膜版手机银行业务时，需本人携带有效居民身份证及银行卡到相关营业网点办理签约手续，领取手机银行贴膜卡。用户需要把随身携带手机的SIM卡转换成为专门的STK卡，由于换卡成本较高以及对安全方面的担忧，STK卡的推广受到限制。

4. SWP-SD版手机银行

SWP-SD版手机银行是指在具有近距离非接触式通信功能的手机中插入一张符合中国银联标准的SWP-SD卡，用户操作手机客户端软件，自助办理银行业务，是集手机银行、远程支付、近场支付（NFC技术，近场传输）、增值服务等多功能为一体的银行创新服务产品。SWP-SD版手机银行要求手机必须有NFC功能才可以使用，这也是该类型的手机银行推广受限的原因之一。

四种手机银行实现方式的优劣势比较如表4–1所示：

表4–1　　手机银行实现方式的优劣势比较

手机银行实现方式	优势	劣势
手机银行 App	（1）相对安全可靠 （2）免年费、费用低 （3）时间和空间上不受限 （4）提供多账户集中管理 （5）信息储存相对安全 （6）功能相对齐全	（1）个人信息可能会泄露 （2）更换手机号需重新签约
手机银行 WAP 版	（1）无须下载客户端 （2）手机浏览器输入相应银行网址，实时交易	（1）界面设计较为简单 （2）存在一定的安全问题 （3）进行相同的业务需要一直在线，受环境影响较大
贴膜版手机银行	（1）智能手机用户和非智能手机用户均可使用 （2）不需要网络支持 （3）转账限额高	（1）不是实时交易 （2）客户需将 SIM 卡换成 STK 卡，换卡成本较高
SWP–SD 版手机银行	（1）转账限额高 （2）近场支付	（1）现仅局限于 Android 系统使用 （2）用户手机需要具有 NFC 功能 （3）有地域限制

三、我国手机银行的发展历程

手机银行是用户利用移动通信网络及终端办理相关银行业务的简称。伴随着移动互联网的迅猛发展以及智能手机的广泛使用，人们上网习惯正在从PC端向移动端加速转移。金融机构顺应市场发展潮流，加快了对移动端服务的布局，越来越多的银行推出了手机银行。手机银行的出现，不仅可以使用户随时、随地、随心处理各类金融业务，而且可以最大限度地丰富银行服务的内涵和外延，因而以快速的接受度和满意率击中了用户需求，推动了传统金融服务体验和整体运营方式的深刻变革。

根据易观（Analysys）中国手机银行市场应用成熟度曲线模型（见图4–1），国内手机银行发展大致会经历四个阶段：一是探索期。1999年我国首次开发手机银行业务，主要是为用户提供账户查询、缴费、转账与证券交易信息等服务。那时国内手机银行大多基于STK方式，用户需要把随身携带手机的SIM卡转换成为专门的STK卡，出于换卡成本较高以及对系统安全方面的担忧，STK卡模式并未得到市场的广泛认同。二是市场启动期。2010年起，各家银行纷纷推出支持苹果和安卓手机银行用户端模式。同年6月，央行正式颁布《非金融机构支付服务管理办法》，从市场准入、运作模式、监督管理等多个方面，对非金融机构在支付服务领域的经营活动进行了较为细致的规范，很大程度上促进了我国手机银行的持续健康发展。手机银行这一新型服务业态开始越来越被用户所接受。三是高速发展期。2014年以来，央行先后下发了《关于手机支付业务发展的指导意见》《关于推动移动金融技术创新健康发展的指导意见》《关于落实个人银行账户分类管理制度的通知》等文件，中国银联随后也发布了《二维码支付安全规范》《二维码支付应用规范》等文件，手机银行的功能不断丰富，应用场景不断扩展，手机银行用户数量和交易规模出现爆发式增长。当前，国内手机银行发展正处于这一时期。四是成熟应用期。随着产品和服务的不断丰富与完善，手机银行将成为银行最重要的用户服务渠道，市场也会逐渐进入稳定状态。

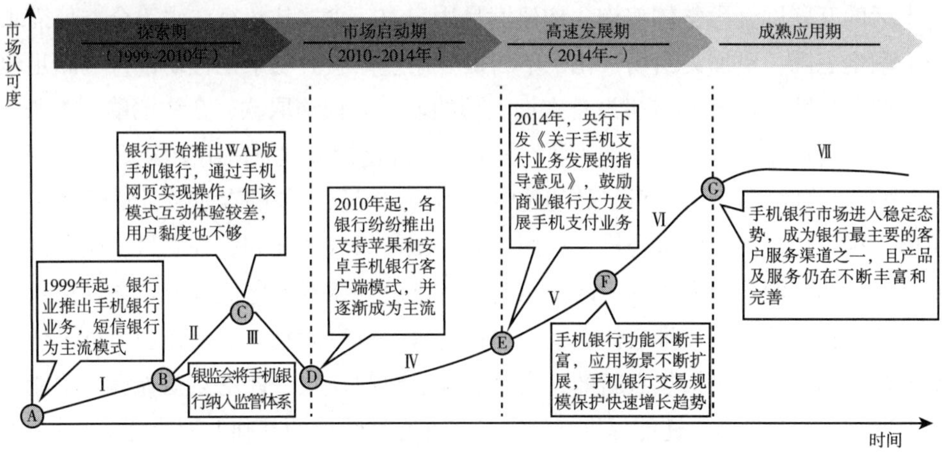

图4–1　易观中国手机银行市场应用成熟度曲线模型

资料来源：易观官网。

四、我国手机银行的发展趋势

目前，国内商业银行正在积极运用移动互联、大数据、生物识别等新技术，开拓手机银行市场。易观的研究表明，2017年，我国手机银行用户人均单日启动次数不足3次，人均单日使用时长不到10分钟，且这两项指标的月度数据波动幅度较小，反映出商业银行仍需从技术、功能、场景建设、用户体验等方面进一步提升手机银行的用户黏性。

1. 更加突出智能化

随着手机银行业务渗透率的不断攀升，如果说传统银行业态主要是靠网点人力取胜，那么手机银行则主要靠科技实力参与竞争。银行会不断加强金融科技在手机银行中的应用，更加突出智能化，不断提升服务效率。一是智能化核身。通过指纹识别、人脸识别、语音识别等生物识别技术，实现智能核实用户身份，并新增二维码支付、语音搜索功能，用户只需动口无须动手，就能搜索到想要的功能、产品、资讯等，在便捷的同时也确保了用户的使用安全。二是智能化投顾。积极运用大数据和人工智能（AI）技术，选取各类量化资产配置模型，根据用户的风险测评结果，结合对应的风险偏好和喜好，为其制定专业化、个性化的投资服务方案，开展智能荐客、智能销售，并可通过实时监控对资产配置组合进行动态优化，实现智能理财动态优化。三是智能化客服，保持7×24小时实时在线，逐步实现对用户问题100%的自动解答。四是智能化风控，通过对海量金融数据的迭代筛查、甄别和提炼，构建用户立体行为画像，不断完善大数据侦测模型，同时搭建高效决策引擎，“全天候”实时进行反欺诈监控、反洗钱拦截和风险预警。

2. 更加突出场景化

为了提升用户的活跃度，手机银行通过覆盖和贯通金融服务、电子商务、支付、社交生活的互联网金融整体架构，构建满足用户衣、食、住、行、娱等全方位需求的移动金融生态圈，更加突出场景化，不断提升用户体验。场景化移动银行可满足包括网点查询、自助银行及ATM机设备查询、预约取号、预约取款、在线填单、查账、转账、汇款、缴费等在内的日常金融服务需求。场景化投资理财适用于购买保险、基金、黄金、外汇、理财等投资理财产品的选购，为用户提供方便的存贷款计算器和理财计算模型。场景化生活增值可轻松掌握用户居住城市天气情况和空气质量，便利进行机票预订、车票预购、网上购物、话费充值以及水电气缴费等增值服务。场景化营销资讯既包括积分体系、消息推送体系、广告位管理、分享激励、活动管理、总分行联动体系等营销功能，也包括热点新闻、实时财经、热门视频、评论互动等资讯功能，不但可成为业务的驱动力，还能提供增值服务，在黏性价值的基础上创造更多业务价值。

3. 更加突出个性化

手机银行运用大数据为用户精准画像，并在用户细分基础上，对不同户群进行精准营销，降低营销成本，提高营销转化率，更加突出个性化，不断提升用户价值。个性化首页设置可定制功能的入口，界面不再千人一面，通过记录分析用户操作行为习惯，在用户操作路径中提供恰到好处的帮助，从而拉开优秀手机银行与跟进者之间的差距，让抄袭者难以模仿跟进。个性化营销，逐步摆脱主要依靠广告、电话、客户经理、网点等传统模式下的高成本大众营销模式，核心是从结算、融资等资金中介向服务中介转变，以消费者需求和交易链为导向，以结算、理财等基本金融服务为基础，通过对用户行为大数据分析，为用户提供个性化、专业化投资理财、融资托管、信息资讯等一系列移动金融服务。

个性化账单让用户可随时进入查询页面查看自己的收支记录明细，页面包含投资理财、融资转账、消费收入等大类别，细项更是可以多达数十项，基本上可以囊括日常工作、生活中可能会遇到的收支场景，并可按照时间段、交易类别等随时自动生成定制账单。

4. 更加突出极简化

在日新月异的金融市场，手机银行为用户提供了实时账户操作以及开展各种金融交易的能力，用户只需携带手机，即可随时随地随心获取金融服务。因此，更加突出极简化，将是手机银行的发展方向。一是极简化账户。手机银行时代的到来，将摆脱传统银行大多以“账户”或“卡”为中心，用户需要在多账户、多卡之间反复切换的局面，实现以“人”或“用户”为中心的转变。通过账户的总览功能，用户在登录个人账户中心后，就能够“一眼”看清自身名下的所有资产负债情况以及各种“卡”或“账户”的明细情况。二是极简化界面。用户日常需要处理的事件会清晰地展示在统一界面中。例如，通过账户总览功能，就能够在单一界面上迅速完成查询、转账、缴费、预订等大部分账户操作，并内嵌智能提醒功能，根据用户财务状况给出简洁的专业建议。三是极简化流程。构建起金融服务“一气呵成”的便捷闭环流程，用户在办理业务或浏览页面时，可感觉到手机银行操作流程更少、更快，步骤基本控制在两三步，从而大幅缩短用户的交易路径，彻底摆脱对银行物理网点以及其他渠道的依赖。

五、我国手机银行的发展策略

未来，手机银行将是集移动金融、移动生活和移动营销等为一体的综合用户端。手机银行不仅是商业银行提升获客能力和推动各项业务发展的重要金融移动门户，更是抢占移动金融制高点、实现弯道超车的战略性手段。

1. 从“手机+银行”向“手机即银行”转变

在人们习惯于低头“刷”手机的年代，手机银行为银行丰富服务内涵、延伸服务触角提供了更多可能。鉴于此，应进一步丰富手机银行的功能和业务，使之日益成为主流金融服务方式，让手机尽可能与一切金融服务相关联，通过“手机即卡”“手机即网点”“手机即生活”，最终实现“手机即银行”。

一是“手机即卡”。用户可以彻底摆脱卡多、密码多记不住的烦恼，通过整合手机银行账户集合管理功能，只需一部手机即可完成全部金融业务，真正突破时空限制，实现手机与银行借记卡、信用卡的合二为一。用户除了可以持有手机到银行网点人工柜台、VTM、ATM机办理相关业务外，还可以通过手机进行线下线上大小额支付，从而覆盖用户金融生活服务需求的方方面面。二是“手机即网点”。银行以手机为中心，重构网点服务的业务流程和管理流程，并提供“远程人工＋智能机器人”服务，通过语音视频、图像文字等方式连通线上线下，实现闭环式服务体验。同时，通过手机银行不断丰富网点服务的前端触角，使手机银行成为网点服务用户的主渠道，用户“足不出户”即可办理完成各类业务。三是“手机即生活”。手机银行基本上可以满足日常金融生活的绝大部分场景需求，包括查询转账、汇款缴费、托管理财、购物社交、资讯娱乐、健康医疗等。移动生活随处可见、无所不能，手机银行通过构建各种类型的移动金融生态圈，引领用户消费行为与生活方式，从而实现“金融就是生活”的图景。

2. 从“客户思维”向“用户思维”转变

通常而言，“用户”是指产品的最终消费者或使用者，而“客户”则更多是指产品的购买者或拥有者。“用户思维”是信任、肯定与认同的思维，也就是在满足用户基本诉求之外，还能够带来优良的产品体验和身份认同；而“客户思维”则更多是拘泥于价格高低这一类表面因素。在互联网经济时代，拥有用户就拥有一切。一是抢占用户中心账户。个人银行账户实行分类管理，使得Ⅱ、Ⅲ类电子账户成为手机银行快速提升获客能力的重要途径，用户单一中心账户地位将因此更加突出。要致力于通过收集、分析用户的资产状况、理财习惯以及行为特点，提供恰到好处的服务，成为用户的中心账户银行。二是抢占用户支付入口。伴随着移动支付、日常消费以及医疗健康市场规模的不断扩大，支付正在成为获取用户商业信息的关键入口。要以支付信息为突破口，深化与第三方支付机构之间的合作，打造开放式互联网生态圈，通过拉动整个产业链各方通力合作，实现全户群、全服务，全面提升用户的渗透率和活跃度。三是抢占用户的场景化运用。“生活+场景化”领域，应在金融产品、支付结算、身份验证等方面实现手机银行与生活化互联网平台联合，成为贴心的生活管家。“行业+场景化”领域，则应结合不同行业经营场景，为零售购物、教育医疗、文化娱乐、出行旅游、汽车生活、家政家居等不同行业户群，提供定制化商业场景服务。

3. 从“数据分析”向“价值创造”转变

数据的价值在于对其分析运用。手机银行充分利用大数据为用户精准画像，在深刻洞察和挖掘用户需求的基础上，通过用户细分，对不同户群提供量身定做的多元化、个性化服务，开展精准营销，从而降低营销成本，提高营销转化率，深挖用户价值。一是强化用户识别。线下依托网点排队取号联网应用系统所提供的数据支持，凭借大堂经理与柜面柜员之间的及时有效互动，形成“精准识别、有效推荐、快速开通、现场激活、及时体验”的闭环式营销模式；线上借助数据下载平台，构建与手机银行不同业务办理和使用条件相匹配，并与用户特征紧密相关的数据模型，搜索并定位潜在目标用户，利用短信、电话外呼、移动外拓设备等方式实施分步式营销。二是强化数据管理。通过优化整合用户名下的负债与资产信息，建立对应的数据模型，便于用户随时随地了解、分析自身的资产负债动态，并依托数字化技术，从海量数据中对用户的资产管理模型以及日常行为偏好进行定向分析，及时向用户推介个性化、专业化产品持有策略，以及投融资意见建议。三是强化价值预见。通过分析大量的用户数据和交易数据，使得用户行为变得越来越具有可预见性，不仅可以形成高价值洞见，而且便于发现、培养、衍生用户的交易习惯，不断提升客户体验和交易粘性，进而针对性施策，进一步提升手机银行的用户体验和价值贡献。

4. 从“+手机银行”向“手机银行+”转变

“手机银行+”主要指通过手机银行去改造传统银行业务，更多强调“主动变革”“逆袭创新”，而“+手机银行”主要指传统银行业务借助手机银行把线下线上的业务做到移动终端上去，更多强调“被动改变”“顺势创新”。一是注重差异竞争。要破解手机银行功能趋同、竞争同质的难题，关键是要坚持科技引领，走技术创新、差异化发展的道路。要把跨境金融、电子商务、财富管理等特色基因融入手机银行，牢固树立起“手机银行+”的发展理念，将所有部门、渠道、连接点，均与手机银行打通，在入口、信息、产品、流程等方面以用户为中心进行整合，不断创新产品开发，快速迭代，以高引流“拳头”产品增强用户的黏性。二是注重科技运用。要加大金融科技领域复合型人才队伍的培养力度，优化技术架构，强化对人工智能、大数据、云计算、生物识别、区块链、风险管控等领域金融科技的研究与掌控，确保手机银行金融科技创新运用的可持续性；同时，加强与领先金融科技企业之间的合作，通过互联互补，实现创新发展。三是注重安全保障。要严密内部控制，把内控管理渗透到手机银行业务的每一项流程，覆盖到所涉及的所有部门、每一个岗位、每一个人；要增强手机银行业务技术的安全性，确保业务指令是账户所有人的真实意图；要建立完善应急管理机制，制定突发事件应急处置预案，增强应对突发事件的危机意识和处置能力。

第五节　微众银行

一、微众银行简介

微众银行以“个存小贷”作为业务定位。微众银行无营业网点及营业柜台，为客户提供纯线上银行服务。2015年8月15日，微众银行推出首款独立App形态的产品，正式以银行App的形式为用户提供便捷高效的互联网银行服务。目前，微众银行的主要产品包括面向微信和QQ用户的消费金融产品、与其他互联网平台合作推出的平台金融产品及通过微众银行App代销合作金融机构的理财产品（见表4–2）。

表4–2　　微粒贷产品的介绍

产品特点		说明
目标客户		18~55周岁
渠道		微信九宫格入口、QQ钱包九宫格入口
业务模式		线上获客、白名单准入、无纸化操作
产品要素		
1	借款流程	整个借款流程都在手机上完成，不需提供任何纸质资料，只需根据手机界面提示完成操作即可
2	借款到账时间	借款申请提交成功后，资金预计3分钟内到账
3	借款额度	由系统进行判断的，暂无法申请人工调额，额度将随着客户信用记录的累积而提高
4	借款利息	按照实际借款天数计息，每日利息 = 剩余未还本金 × 日利率
5	还款方式	有以下两种还款方式： （1）自动还款：您只需在约定还款日前一天，确保还款银行卡（即您借款时选择的收款银行卡）资金足够归还当期应还本金和利息，银行会在还款日凌晨自动扣款 （2）提前还款：您可以随时进入“微粒贷”，点击“提前还清借款”，根据页面提示完成还款即可
6	逾期罚息	逾期罚息 = 逾期本金 × 日利率 ×50%× 逾期天数
7	手续费用	除贷款利息以外，不再收取任何费用

资料来源：未央网，https：//www.weiyangx.com/261098.html/comment–page–1。

微众银行的商业模式特点鲜明，依托腾讯这个互联网巨头积累的海量客户和数据，微众银行从创设开始，其业务模式就定位为做互联网平台和金融机构的连接者。在这个“连接者”的角色中，一方面是微众与金融机构的合作。首先，除利用自有资金发放贷款外，微众银行还与合作银行共同出资、联合向客户发放贷款，同时微众向合作的银行提供客户资源，二者就贷款利息进行分成。其次，微众为基金、保险等其他金融机构提供代销渠道，依托微众银行平台，向微众客户销售基金和保险等理财产品，事成后，双方就基金、保险代销的手续费收入进行分成。最后，针对国内中小型城市商业银行/农村商业银行技术储备薄弱的情况，微众银行利用自身技术优势，比如以微动力（WePower）SaaS服务将理财超市、远程身份认证、移动支付、机器人客服等能力输出给合作银行，通过“微众·理财”SDK（应用软件包）嵌入至合作银行的App中，使得合作银行的客户可通过合作银行App中的“微众·理财”板块购买由微众代销的金融产品。通过提供技术输出服务，微众也获得了一定的中间收入。

微众银行连接者的另一方面，是微众银行依托腾讯，以QQ和微信两大互联网社交平台为核心，不断拓展业务合作的互联网平台，目前形成了以房、车、生活服务等为主线的三类互联网合作平台。在与互联网平台的合作模式中，微众银行与合作平台一道，根据合作平台消费场景及客户需求的特征设计针对性的贷款产品，并把对应贷款产品嵌入合作互联网平台的应用软件中；合作互联网平台客户通过合作方软件的入口发起贷款需求。在这一过程中，合作的互联网平台将自身平台的客户、数据和渠道与微众银行进行共享，由微众银行基于合作互联网平台的消费场景，向客户提供房、车、生活服务等各类针对性贷款服务。微众银行基于贷款收取贷款利息收入，并与合作的互联网平台分利润。

消费金融业务是微众银行目前主营业务之一。该项业务在腾讯集团的微信和QQ平台上开展，为平台上有需求的用户发放消费贷款。“微粒贷”是其中最主要的消费金融产品，也是微众银行首款互联网小额信贷产品，先后于2015年5月15日和2015年9月21日正式在手机QQ和微信平台上线。作为我国两家大型社交平台，截至2016年6月末，微信和QQ分别拥有8.05亿和8.99亿的月活跃账户①，为微众银行业务的线上开展提供了庞大的用户基础和丰富的社交数据，这使得微众银行在营销渠道、风险管理等方面都具有独特的优势。

如今，微粒贷现已实现从贷款申请到完成放款整个流程的纯线上运营，所有贷款流程均可以在移动手机上完成。微众银行的风控模型建立在丰富的用户社交数据基础上，通过建立白名单制度对客户进行主动筛选，同时按照传统信审制度客观评价客户的信用水平并给出综合评分，做出是否授信的决定及具体的授信额度（见图4-2）。

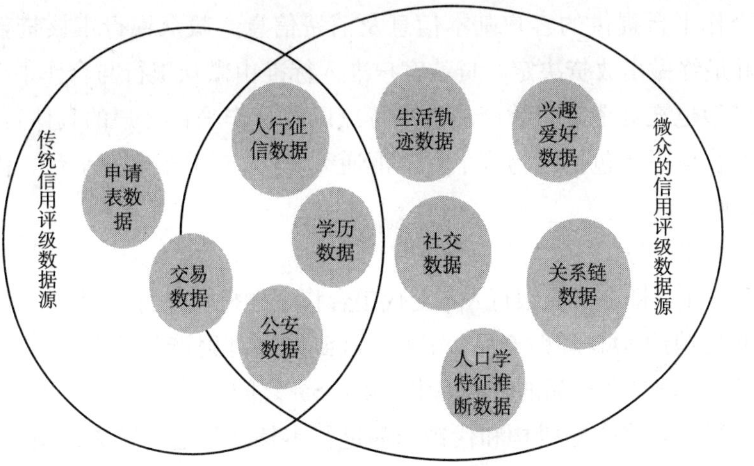

图4-2 微众银行领用评级数据来源

① 未央网，https：//www.weiyangx.com/261098.html/comment-page-1。

微粒贷是信用贷款产品，利率为每日万分之二到万分之五，期限为5个月、10个月和20个月，还款方式统一为按月分期、等额本金还款。微粒贷是微众银行“同业合作”模式下的联合贷款产品，其贷款资金来自微众银行的自有资金以及微众银行20余家合作银行的资金。目前在“微粒贷”联合贷款中，有80%的贷款资金来自合作银行。

1. 平台金融业务

除了依托腾讯旗下QQ和微信平台开展贷款业务，微众银行也与互联网电商平台合作，将银行贷款产品嵌至合作平台的消费场景。平台金融业务于2015年9月23日正式上线，首款产品为微众银行与二手车电商优信合作推出的优信二手车“付一半”产品。“付一半”产品是为“优信二手车”平台客户定制的汽车金融产品，本质上是一种车辆消费贷款。“优信二手车”平台客户购买“优信二手车”平台上的“付一半”车辆，根据其信审结果支付车辆总价30%~50%的首付，即可拥有车辆的所有权。“付一半”还款方式较为灵活，提供“低首付”“低月供”“无月供”三种还款方案，购车者可根据自身情况选择适合的还款方式，还款期限为2~3年。合约到期后，选择“低月供”和“无月供”还款方案的购车者可以选择付清车辆尾款，解除车辆抵押；也可以选择不支付尾款，放弃车辆所有权，将车辆归还给销售平台，之前所付款项作为车辆的租赁费用。“付一半”产品的信审标准由微众银行和“优信二手车”共同制定，贷款资金由微众银行提供，客户资源及产品相关运营服务由“优信二手车”平台提供。

微众银行综合考虑合作平台具体消费场景和客户需求特点，为合作互联网平台提供定制化的贷款产品，并将其嵌入合作平台，平台的客户可以通过平台软件入口提交贷款申请。

依据合作平台提供的客户基本信息及消费信息，微众银行审核贷款客户资质、给出评分并最终做出放贷决定。贷款客户准入标准由微众银行与合作平台共同制定，风险控制模型也充分考虑贷款产品基本特点以及合作平台客户的具体行为特点。目前，微众的合作平台包括：物流平台“汇通天下”、二手车电商平台“优信二手车”等互联网电商平台。

2. 财富管理业务

财富管理业务即在微众银行App上代销合作金融机构发行的理财产品。微众银行截至目前共代销约20款理财产品，其中T+1到账型理财产品收益率在3%~4%之间，一个月及以上期限理财产品的收益率多在4%~5%之间。

微众银行对合作金融机构和代销产品进行审核及筛选。首先，微众银行会综合评估合作金融机构的品牌实力及其过往业绩等方面，确定代销其金融机构理财产品的额度。其次，代销产品上线之前，根据监管要求，微众银行会对理财产品以先准入后评级的模式进行管理。

二、微众银行经营优势

1.互联网经营优势

微众银行的最大股东腾讯集团是资深的社交平台经营公司，拥有着大量用户资源，掌握了大量用户社交数据并具有较强的IT技术。微众银行依托腾讯集团的社交平台，为腾讯用户群提供银行服务，降低了获客成本；通过对腾讯社交平台用户数据的分析进行客户风控管理，降低了运营风险；在腾讯集团强大的IT技术支持基础上提升自身技术实力，保障了交易的安全、高效进行。

2.结构性成本优势

微众银行具有显著的结构性成本优势，无营业网点及营业柜台、纯线上银行服务的经营模式，无论是服务效率还是运营成本显著优于传统银行。

根据微众银行统计数据，微众每名员工平均服务约10000名用户，远高于银行业每名员工服务300~500名用户的平均水平，体现出微众银行服务的高效性。同时，微众银行平均每年每位用户产生的营运成本低于60元，而传统银行平均一位用户每年的营运成本达300~500元，相比之下微众银行的运营成本低了许多。这些优势都是微众银行依托互联网的便捷性、高效性及交互性，结合腾讯集团在用户社交数据及IT技术方面的大力支持而获得的，是微众银行的核心竞争力。

3.产品简单、线上服务

微众银行以远程销售、自动化交易、纯线上服务为其运营模式特点。与其运营模式相匹配的是，微众银行产品线很精简，目前不足10个产品；而传统银行的产品数量一般超过50个。而与传统银行仅有5%~10%的业务通过远程销售达成、仅有50%的交易实现自动化、30%的交易可以线上完成相比，微众银行的远程销售、自动化交易和线上服务都实现了100%互联网经营。①

本章小结

1.互联网银行通常有广义和狭义的理解。互联网银行本质是一般不通过传统的营业网点和柜台，而是基于大数据、云计算、数据挖掘平台、移动便携设备，通过互联网平台在线为客户提供存款、贷款、支付、结算、资产管理等多种金融服务的新型银行机构，其主体既可以是具有分支机构的大型银行，也可以是纯网络化的虚拟银行。

2.互联网银行的发展可以分为如下三个阶段：计算机辅助银行管理阶段、银行电子化或金融信息化阶段、互联网阶段。

---

① 钱婧，柏涵，《微众银行：腾讯牵头发起，金融机构与互联网平台的连接者》，未央网，2017-09-15，https：//www.weiyangx.com/261098.html/comment-page-1。

3. 由于金融科技的运用，又使得较之传统银行风险表现出一些新特征，甚至引入新的风险。

4. 我国互联网银行的经营管理：一是建立混合性银行；二是设立全新的经营单纯互联网业务的银行；三是开放式的市场战略。

5. 手机银行也可称为移动银行，是利用移动通信网络及手机客户端办理银行离柜业务的简称。

6. 银行的发展趋势：更加突出智能化；更加突出场景化；更加突出个性化；更加突出极简化。

7. 我国手机银行的发展策略：从“手机+银行”向“手机即银行”转变；从“客户思维”向“用户思维”转变；从“数据分析”向“价值创造”转变；从“+手机银行”向“手机银行+”转变。

重要概念

互联网银行；手机银行；企业网上银行；个人网上银行；纯互联网银行；3A银行

复习与思考

1. 简述互联网银行的定义及特点。
2. 比较纯互联网银行与以传统银行拓展网络业务为基础的互联网银行。
3. 请举例说明互联网银行的金融业务。
4. 什么是手机银行？其具有哪些特点？
5. 简述我国互联网银行存在的问题与发展建议。
6. 简述我国手机银行的发展现状与趋势。

扩展阅读

1. 商业银行互联网贷款监管再升级，http：//www.gov.cn/zhengce/2021-02/23/content_5588351.htm。

2. 2019手机银行十大创新趋势，https://www.sohu.com/a/278750038_226093。

3. 2020年中国手机银行发展现状及未来发展战略分析：手机银行交易金额达439.24万亿元，https：//www.chyxx.com/industry/202104/945649.html。

第五章　互联网金融

➡ 学习目标

1. 掌握第三方支付的定义，掌握第三方支付的特点；理解我国第三方支付的产生和发展。

2. 掌握第三方支付平台的分类，了解我国第三方支付的盈利模式。

3. 掌握第三方支付账户的管理，理解我国第三方支付与商业银行间存在的竞合关系。

4. 掌握众筹的概念与特征，理解众筹的模式分类，了解众筹交易流程及其相关风险。

5. 掌握互联网征信的定义与特点，了解我国互联网征信体系存在的问题与发展趋势。

6. 掌握供应链金融的定义、构成与特点，掌握供应链金融存在的问题与发展趋势。

第一节　第三方支付概述

一、第三方支付的概念

金融机构的诞生和发展起源于支付，17世纪荷兰阿姆斯特丹银行的诞生最早是为了满足荷兰强大航海贸易在支付结算方面的需求，19世纪中国山西票号的诞生也与山西盐商的支付结算需求紧密相关。现如今，互联网企业巨头们也同样以支付作为进军金融业的切入点，以第三方支付模式革新支付格局，并解决了制约电子商务发展最大的“瓶颈”——支付的信用与安全问题。

在第三方支付出现之前，并未产生第一方和第二方支付的概念。所谓第一方支付，即供求双方直接进行的货币交易活动，是最古老的支付方式。由于这种方式的便捷性、安全性欠佳，逐渐演变为依托于银行的第二方支付模式，包含商业银行对商品交易的结算和在中央银行的清算。其中，金融供求双方都不直接介入结算或清算过程，即中央银行—商业银行的传统支付模式。20 世纪70年代以来，以可签发支票的货币市场基金和电子支付工具为代表、以电子商务的发展为契机，互联网企业等非银行第三方机构开始介入支付体系。第三方支付的基本原理是第三方支付平台代替用户与商业银行在集合多个银行提供的基础支付统一平台和接口上建立联系，为用户提供统一线上支付接口，集成多家银行的多卡支付服务（见图5-1）。

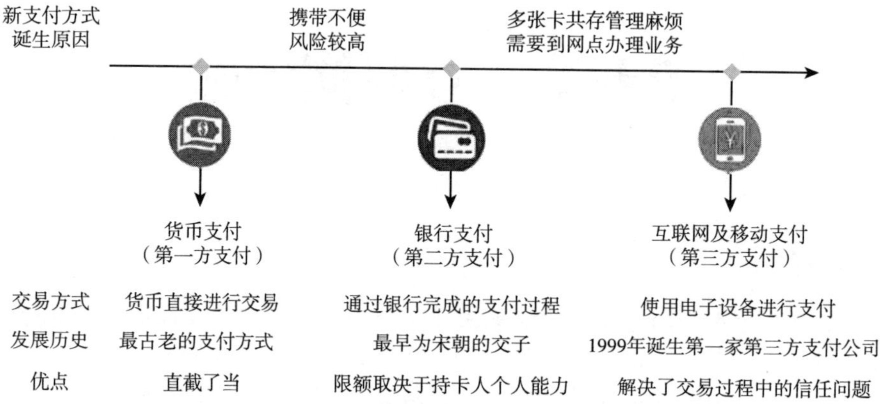

图5-1 第三方支付发展史

资料来源：艾瑞咨询：《2017年中国第三方支付市场监测报告》。

根据中国人民银行2010年在《非金融机构支付服务管理办法》中给出的非金融机构支付服务的定义，第三方支付是指非金融机构作为收、付款人的支付中介所提供的网络支付、预付卡、银行卡收单以及中国人民银行确定的其他支付服务。其实所谓的第三方支付，就是具有一定信誉保障和实力的非银行金融机构或者公司，借助计算机、通信以及信息安全技术，通过与国内（以及国外）各大银行签约，在用户与银行支付结算系统之间建立连接的电子支付模式。在实际操作过程中，第三方机构需要与各个主要银行之间签订相关协议，使得第三方机构与银行可以进行某种形式的数据交换和信息确认，同时为了保障交易信息安全，非金融机构第三方需要符合相关管理规定并通过安全性检测及资格认证。

第三方支付的具体实现渠道具有多样性，包含网络支付、预付卡的发行与受理、银行卡收单等几类中国人民银行确定的支付服务。其中，网络支付是指依托公共网络或专用网络在收付款人之间转移货币资金的行为，包括货币汇兑、互联网支付、移动支付、固定电话支付、数字电视支付等（见图5-2）。

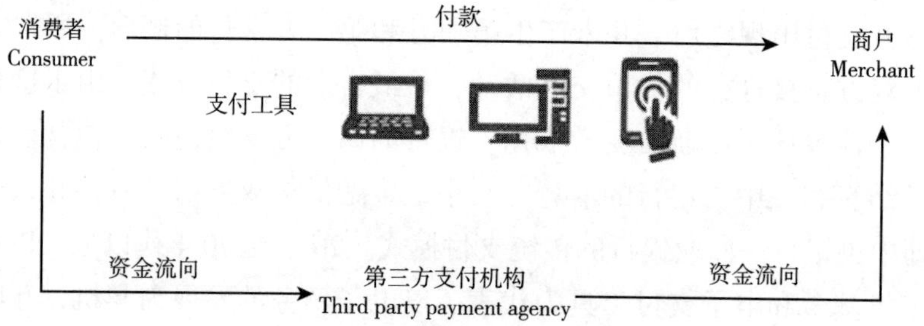

图5-2 中国第三方支付流程

资料来源：艾瑞咨询：《2017年中国第三方支付市场监测报告》。

移动支付与第三方支付的结合，对第三方支付的影响最为突出。移动支付将第三方支付终端向手机端转移，降低交易成本的同时，使支付的便利度得到有效提升。第三方支付在移动支付的助力下，发展为第三方移动支付这一最新形态，以其便利性优势迅速覆盖了用户生活的各个场景，包括线上消费、线下商户、转账红包及跨境支付等，并拓展出扫码支付、指纹支付等新形式，真正走向成熟，如今为我们所熟悉的支付宝、PayPal、Apple Pay等典型的第三方支付市场案例，都是第三方支付与移动支付相结合的结果。

二、第三方支付的特点

第三方支付有简单、成本低廉和透明的特点。

（1）简单。第三方支付最主要的目的就是简化交易操作。第三方机构与各个主要银行之间签订了有关协议，使得第三方机构与银行可以进行某种形式的数据交换和相关信息确认。这样第三方机构就能实现在持卡人或消费者与各个银行之间，以及不同终端的收款人或者是商家之间建立一个统一的支付流程。用户只需要同第三方平台对接，由第三方支付平台与众多银行合作对接即可，从而极大地方便了网上交易的进行。而对于商家来说，不需要安装各个银行的认证软件，使得操作简化了许多。扫码支付、NFC、声波支付等，各种各样的手段都可以被充分利用起来，以帮助用户完成便捷、安全的支付。

（2）成本低廉。第三方支付降低了商家和银行的成本。对于商家，使用第三方支付平台可以降低企业的运营成本；而对于银行，可以直接利用第三方的服务系统提供服务，节省了网关开发成本。

（3）透明。当第三方是除了银行以外的具有良好信誉和技术支持能力的某个机构时，支付是通过第三方在持卡人或者客户和银行之间进行的。持卡人首先和第三方以替代银行账号的某种电子数据的形式（例如邮件）传递账户信息，支付模式使商家看不到客户的信用卡信息，避免了持卡人将银行信息直接透露给商家，另外也可以不必登录不同的网上银行界面，取而代之的是每次登录时，都能看到相对熟悉和简单的第三方机构的界面。

第三方支付平台还能够提供增值服务，帮助商家网站解决实时交易查询和交易系统分析，提供方便及时的退款和支付服务。第三方支付平台可以对交易双方的交易进行详细的记录，从而防止交易双方对交易行为可能的抵赖，以及为在后续交易中可能出现的纠纷问题提供相应的证据。

三、第三方支付发展状况

伴随经济全球化和信息技术的进步，电子商务在全球范围内广泛发展，带动第三方支付迅速发展。其中欧美发达国家第三方支付起步早，运作模式与监督体系相对成熟。相比之下，我国第三方支付起步晚，却在政策的引导下呈现出强劲的增长系相对长趋势。1999年3月，首信易支付平台正式运营，成为国内第一家第三方支付公司，其属于早期的互联网支付网关企业，首信易二级结算模式开创了中国的在线支付。2000年，银联电子支付（Chinapay）和上海环迅支付诞生，中国银联的成立解决了多银行接口集成的问题，地方银联有条件向商家提供多银行卡在线支付接口，使异地跨行的网上支付成为可能，消费者的个人计算机作为支付服务的虚拟终端，通过Web页面输入银行卡账号和密码即可实现网上支付。2001年，中国互联网泡沫破裂，刚刚萌芽的第三方支付业进入冬眠期。2003年，“非典”肆虐，人们都尽可能地避免外出购物和户外交易，中国电子商务市场因此爆发，第三方支付行业也随之复苏。2005年，马云喊出“电子支付元年”的口号。互联网企业纷纷加入第三方支付的战场，比较知名的有易宝、快钱、支付宝、付费通、腾讯旗下的财付通、网易旗下的网易宝、百度旗下的百付宝等。从监管体系上看，2011年中国人民银行下发第一批支付牌照，使第三方支付企业得到权威机构的认可，规范行业准入门槛，便于政府管理。2014年发布《支付机构客户备付金存管办法》，从备付金角度建立监督管理机制，防范支付风险，保障消费者合法权益。2015年发布《非银行支付机构网络支付业务管理办法》，推进第三方账户实名制及个人支付账户分类，保证账户安全，维护正常经济秩序。2017年发布《中国人民银行办公厅关于实施支付机构客户备付金集中存管有关事项的通知》，纠正和防止支付机构挪用、占用用户备付金，敦促第三方支付机构回归支付业务本源（见图5-3）。

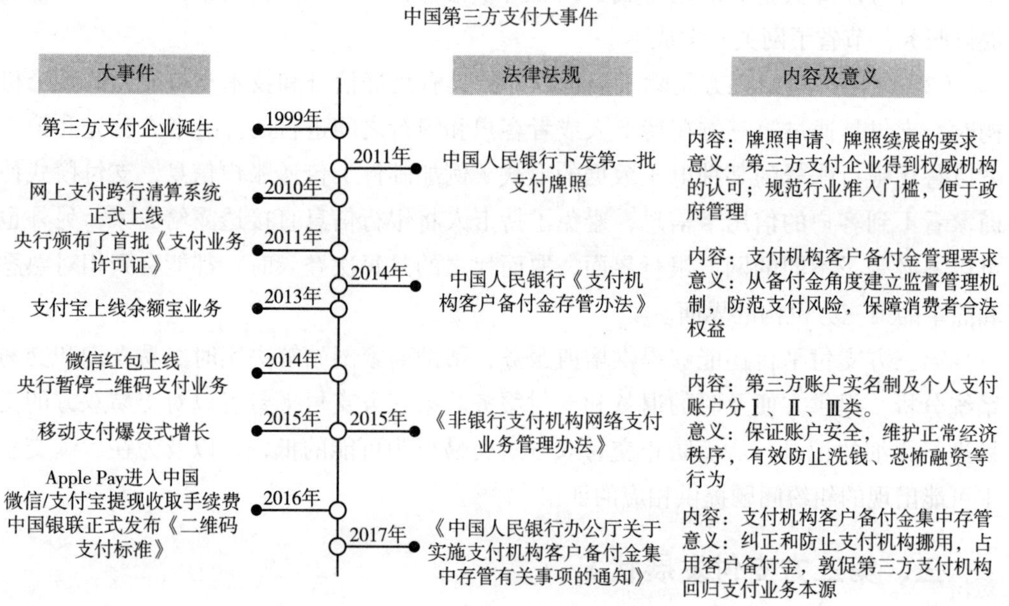

图5-3　中国第三方支付大事件

资料来源：艾瑞咨询：《2017年中国第三方支付市场监测报告》。

2017~2019年第三方移动支付主要监管政策见表5-1。

表5-1　　2017~2019年中国第三方移动支付主要监管政策

时间	发布部门	监管政策名称	具体内容
2017年1月	中国人民银行	《中国人民银行办公厅关于实施支付机构客户备付金集中存管有关事项的通知》	自2017年4月17日起，支付机构应将客户备付金按照一定比例交存至指定机构专用存款账户，该账户资金暂不计付利息；人民银行根据支付机构的业务类型和最近一次分类评级结果确定支付机构交存客户备付金的比例，并根据管理需要进行调整
2017年8月	中国人民银行	《中国人民银行支付结算司关于将非银行支付机构网络支付业务由直连模式迁移至网联平台处理的通知》	发起设立网联平台，主要处理非银行支付机构发起的涉及银行账户的网络支付业务；2018年6月30日起，支付机构受理的涉及银行账户的网络支付业务全部通过网联平台处理
2017年12月	中国人民银行	《中国人民银行关于规范支付创新业务的通知》	银行及支付机构开展支付创新业务前30天需书面报告央行。收单业务广告内容不得使用或者变相使用"零扣率""低扣率""即时到账""刷单""套现"等涉嫌不正当竞争、误导消费者或者违法违规行为的文字
2017年12月	中国人民银行	《条码支付业务规范（试行）》	已开展条码支付业务的银行、支付机构应当全面梳理自身条码支付业务情况（含境内、跨境、境外业务）并形成报告，包括但不限于按年度统计的业务量、产品介绍、业务流程、技术方案、风险管理机制、境内外机构合作情况、资金清算模式、收费标准及利润分配机制、客户权益保护措施，外包服务机构信息及外包范围，以及根据本通知进行自查的情况及整改方案等
2018年8月	全国金融标准化技术委员会	《聚合支付安全技术规范（征求意见稿）》	提出了聚合技术平台的基本框架，在聚合支付系统实现、安全技术、安全管理、风险控制等各个方面提出了较高的要求
2018年12月	中国人民银行支付结算司	《关于支付机构撤销人民币客户备付金账户有关工作的通知》	支付机构应在2019年1月14日前撤销开立在备付金银行的人民币客户备付金账户
2019年1月	中国支付清算协会	《条码支付受理终端监测规范》《条码支付移动客户端软件监测规范》	有利于统一条码支付标准，防范伪冒、诈骗的条码交易，加强对条码支付的监督管理
2019年7月	中国人民银行办公厅	《关于进一步规范非银行支付机构变更事项监督管理的通知》	该通知进一步规范了对非银行支付机构变更事项的监督管理，包括变更事项审批范围和申请材料要求、变更事项审批程序、变更事项备案程序，换发《支付业务许可证》程序等方面

资料来源：笔者根据前瞻产业研究院公布资料整理所得。

总的来说，我国第三方支付市场的发展大致可以分为三个阶段。

第一阶段：在线交易的支付网关模式。支付网关的模式是最基本的第三方在线支付模式，第三方支付厂商是各家商户和银行之间连接的"中转站"，能够有效地提升电子支付的效率，并从逻辑架构上降低搭建支付系统的成本。这种支付网关模式的第三方支付，主要特点是服务于已经达成交易的资金支付，即交易是支付的前提。

在这一时期，由于国家政策限定了客户资金不能存在支付公司的账户，必须直接转到银行，因而属于被动响应的服务方式，支付公司只是一个简单的渠道，业务类型单一。以SmartPay为例，它是中国第一代做互联网支付的公司之一，SmartPay的商业模式较为单一，就是在用户的手机号码和银行支付账户之间建立起联系，佣金从商户的账号中扣除。目前，该模式仍普遍存在。

第二阶段：促成交易的信用中介模式。真正推动中国第三方支付市场发展的模式是2002年由支付宝慢慢开始突破的信用中介模式，信用中介模式的价值在于促成交易，由于客户的资金不能存在第三方机构，那么通过购买商品的方式把保证金存在第三方支付公司成为一种解决途径。信用中介的模式能够通过第三方介入的模式不仅规避了金融政策的监管风险，而且有效解决了在线交易中的信任问题，真正实现了促成交易。随着这一模式的突破，我国线上零售市场得以飞速发展，而信用中介模式的第三方在线支付方式也迅速成为主流，培养了最广泛的使用人群。信用中介模式的使用前提是用户需要注册一个虚拟账户，虚拟账户的出现也大大提升了用户在线支付操作的便捷性，成为中国第三方支付市场用户认知度最高的支付方式。除支付宝外，腾讯旗下的财付通也在2005年底以信用中介模式进入第三方支付市场。

第三阶段：创造交易的便捷支付工具模式。便捷支付工具模式的重点在于工具，即支付账户或者电子钱包成为用户经常使用的具有工具属性的应用之一。便捷支付工具模式有两方面的体现：一方面是基于互联网的支付工具，支付宝在2008年注册账户达到1亿个，2009年达到2亿个之后，已经具备了中国互联网基本应用的属性，[①]即与QQ等即时通信软件、电子邮箱一样成为中国网民上网必用的应用之一，而支付宝面向个人用户集成的公共事业缴费、信用卡还款转账收款、电信缴费等功能则是用户主动使用支付宝的重要动因，也由此具有创造交易的价值；另一方面则是基于手机客户端的移动支付业务，随着中国4G时代的逐步深入，手机支付业务日趋成熟，支付应用与终端用户绑定得更加紧密，工具属性也将更加明确。支付宝在2009年下半年相继推出了面向主流智能手机操作系统的手机支付客户端，财付通也于2014年推出了微信支付，这些第三方支付厂商的个人支付账户工具有力地推动了移动支付市场的快速发展，便捷支付工具的模式成为第三方支付市场加速发展的最强推动力。

在政策、新技术发展等诸多因素推动下，中国第三方支付迅速发展，且保留着较高的市场集中度。2019年，中国第三方互联网支付交易规模约为25万亿元。其中，互联网金融占比最高，达43.7%。其次是个人业务和线上消费，分别占比22.8%和20.5%。2019年，支付宝在中国第三方互联网支付交易规模市场中占据绝对地位，市场份额达35.0%，其次是银联商务和财付通，分别占比18.2%和13.5%（见图5-4）。第三方支付适用场景不断丰富，产品操作愈发快捷。基于移动互联联网的手机钱包、

① 易观国际Enfodesk产业数据库：《中国第三方支付市场蓝皮书》，2010年。

二维码支付、手机刷卡器等新型第三方移动支付方式发展迅速，并以其便利性优势覆盖了用户生活的各个场景，涵盖网络购物、转账汇款、公共缴费、手机话费公共交通、商场购物个人理财等诸多领域。同时，第三方支付配套产品设备更新换代明显。于付款方，包括手机二维码支付、NFC刷卡、智能穿戴设备如指环、手表等；于收款方，最初的POS外接扫码枪逐渐被淘汰，新的产品不断涌现，如今市场上可以看到如智能POS、二维码图、扫码盒子等收款设备。

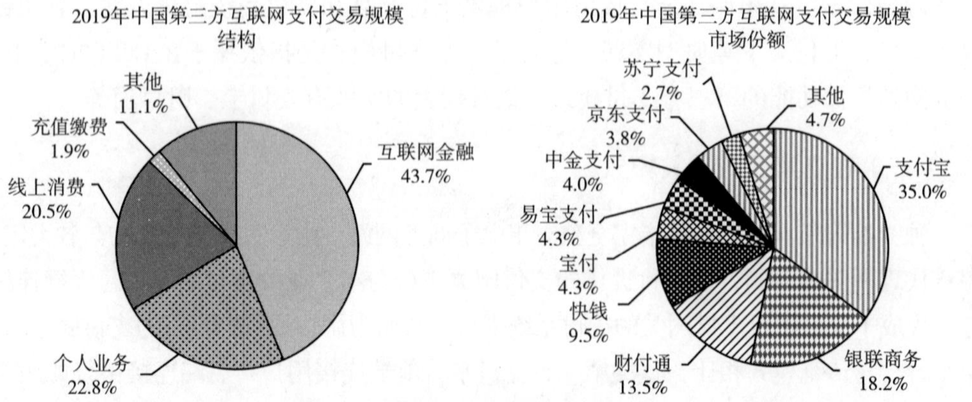

图5-4　中国第三方移动支付季度数据

资料来源：艾瑞咨询：《2019Q4中国第三方移动支付季度数据发布》，2020年3月。

由于支付是商业活动的最后闭环，只有掌握了支付流，才能真正掌握信息流、资金流和物流，对其所拥有的数据进行挖掘和应用，并衍生出相关的增值服务。因此，巨头们纷纷将第三方支付纳入商业生态之中，和电商、线下商业、物流、云服务等方面一起构成了一个延展性强、没有天花板的生态网络，搭建起一套高度一体化的商业模式和闭环生态系统，从线下商户到整个金融供应链，实现包括支付、借贷、财富管理和信用评分在内全面覆盖。

第二节　第三方支付平台

一、第三方支付平台的定义

第三方支付平台是指通过与国内外各大银行签约，由具备一定实力和信誉保障的第三方独立机构提供的交易支持平台。由第三方平台作为中介，在网上交易的商家和消费者之间作一个信用的中转，通过改造支付流程来约束双方的行为，从而在一定程度上缓解彼此对双方信用的猜疑，增加网上购物的可信度。除了信用中介，第三方支付平台还承担安全保障和技术支持的作用，与银行的交易接口直接对接，支持多家银行的多卡种支付，采用国际先进SSL–128位加密模式，在银行、消费者和商家之间传输和存储资料。同时还根据不同用户的需要对界面、功能等进行调整，增加个性化和人性化的特征。

二、第三方支付平台模式分类

从发展路径与用户积累来看，第三方支付主要分为独立第三方支付模式与综合第三方支付模式两大类。独立第三方支付模式是指第三方支付平台完全独立于电子商务网站，不负有担保功能，仅为用户提供支付产品和支付系统解决方案，有快钱、易宝支付、汇付天下等典型实践。综合第三方支付模式是指依托于B2C、C2C等电子商务网站担保功能的第三方支付模式，最具代表的实践有支付宝、财付通等。

（一）独立第三方网关模式

独立的第三方网关，是指完全独立于电子商务网站，由第三方支付机构与各大银行签订代理网关的合同，将银行提供的支付网关接口与本企业的支付系统进行无缝连接，建立集成了众多银行支付网关的支付系统平台，从而为用户提供跨银行的支付服务的共享平台。与传统模式相比，这类第三方支付平台前端连接用户，后端连接银行或用户，在集合多个银行提供的基础支付统一平台和接口上，为用户和商户提供统一线上支付接口，通过第三方支付账户实现前端用户向后端用户的银行账户或同类第三方支付账户的支付功能（见图5–5）。这类模式平台仅提供支付产品和支付系统解决方案，平台前端联系着各种支付方法供网上商户和消费者选择，同时平台后端连着众多的银行。由平台负责与各银行之间账务的清算，同时提供商户的订单管理及账户查询等功能。

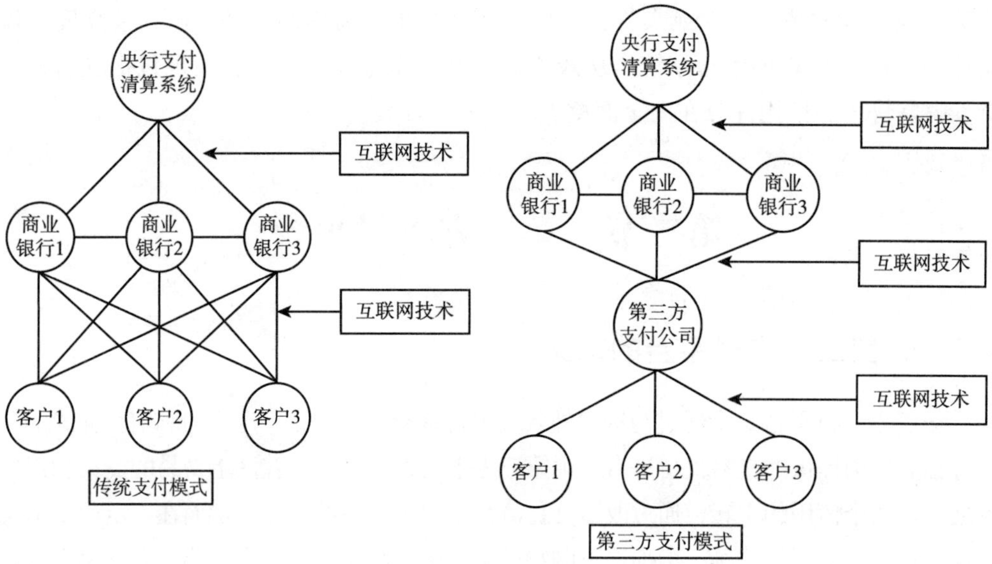

图5–5　传统支付模式与第三方支付模式的比较

有别于综合第三方支付模式依托于电子商务网站，独立网关一般具有较大的灵活性，无须对支付负有担保功能且具有行业背景或政府背景，主要面向B2B、B2C和G2C市场，用户为中小型商户或者有结算需求的政企单位。这一模式主要根据用户的不同规模和特点提供不同的产品，聚焦行业垂直支付的挖掘，收取不同组合的年服务费和交易手续费获得盈利，而成熟的运营管理经验和网络平台技术是其发展制胜的关键。

（二）综合第三方支付模式

综合第三方支付模式是指由电子交易平台独立或者合作开发，同各大银行建立合作关系，凭借其公司的实力和信誉承担买卖双方中间担保的第三方支付平台，利用自身的电子商务平台和中介担保支付平台吸引商家开展经营业务。这种模式的建立依靠自身的电子商务平台，除完成第三方支付功能之外，还提供担保功能。更为重要的是，在将银行体系部分资金“抽取”出来置于第三方支付的备付金账户之后，还可以对备付金账户中的资金进行多样化使用。此外，相比独立第三方立足于B（企业）端，通过服务于企业用户间接覆盖用户群，综合第三方支付模式立足于C（个人用户）端，凭借用户资源的优势渗入行业。

电子商务的第三方支付平台。2003年淘宝网首次推出支付宝服务，作为解决网络交易资金流的一项功能，首次使用第三方担保交易的模式，即由买家将货款打入支付宝账户，由支付宝通知卖家发货，买家收到商品后在支付宝上确认将货款转入卖家，至此完成电子商务交易。2004年，支付宝从淘宝网分拆独立，逐渐向更多的合作方提供支付服务，并发展成为中国最大的第三方支付平台。支付宝设立的出发点是解决电子商务交易中面临的信任困境，其建立与发展均依托阿里巴巴电商平台优势。阿里平台原有的巨大用户规模积累，一方面为支付宝平台的实力和信誉奠定了良好基础，以吸引用户应用并信任支付宝这一第三方支付平台；另一方面巨大的用户规模积累可以提升支付宝平台与银行的议价能力，压低银行手续费率。

支付宝十分重视新技术与金融的融合，利用大数据、人工智能区块链、生物识别等技术促进第三方支付平台的发展与完善。如利用大数据技术，搜集实物消费、网络购物及其他实体场景的交易数据，整理分析出用户基础信息、履约情况等行为数据，并应用于信用体系建立等方面。人工智能处理客服比率达到97. 5%，人工智能客服问题解决率为78%，高于75%的人工解决率，退货运费险人工介入率小于10%。利用人脸识别技术等生物识别技术，准确率达到99.9%，“刷脸”支付被世界权威的《麻省理工科技评论》评为2017年全球十大突破性技术。新技术的应用促进支付宝平台更加高效化、便利化。同时促进阿里电子商务平台的完善与发展。随着用户规模的迅速增长以及交易规模的迅速扩大，支付宝的盈利模式逐渐清晰。目前，支付宝盈利主要来自广告费、手续费、服务费、沉淀资金使用，以及其他增值服务收费。

广告、手续费属于较为传统的盈利方式，而利用电子商务交易中买家与卖家的发货与收货之间的时间差中形成的沉淀资金，通过更加便宜的银行支付转账通道以获得银行利息收入，也是大多数第三方支付平台盈利的主要来源之一。较有特色的，支付宝与天弘基金公司合作，针对支付宝账户备付金推出的余额宝这一项增值服务，其本质是将银行部分资金“抽取”出来置于第三方支付的备付金账户之后，应用备付金账户中的资金购买基金直销产品。其基本运营方式是以增利宝嵌入余额宝进行直销，用户通过支付宝账户备付金转入或转出余额宝，实现对增利宝基金的购买与赎回交易。

余额宝的优势在于门槛低（用户最低购买金额没有限制）、操作便捷（业务流程只包括实名认证、转入、转出三个环节）、收益高（收益率高过银行活期存款和短期理财产品）、账户灵活透明（余额宝内资金能随时用于网上购物、支付宝转账等功能且每日收益可及时查询），因而受到用户欢迎。

此外，随着支付宝近二十年的发展，积累了海量的数据，既包括用户信息等静态数据，也包括交易习惯、支付情况等动态数据。对这些大数据的挖掘、整理、分析，支付宝逐渐建立起一套信用体系。并与第三方商户、银行等机构合作，拓展缴纳水电费、校园一卡通、个人资产证明等多领域定制化服务以及各项延伸金融服务，使支付宝逐步发展成以资金融通为中心，以实名和信任为基础，涵盖旅游出行、教育公益、购物娱乐等场景的线上线下一体化完整生态体系（见图5-6）。同时，支付宝开始线上线下相结合的尝试，如通过发放“收钱码”的线下扫码线上支付方式，将广大的线下商户也吸纳到支付宝生态体系中。

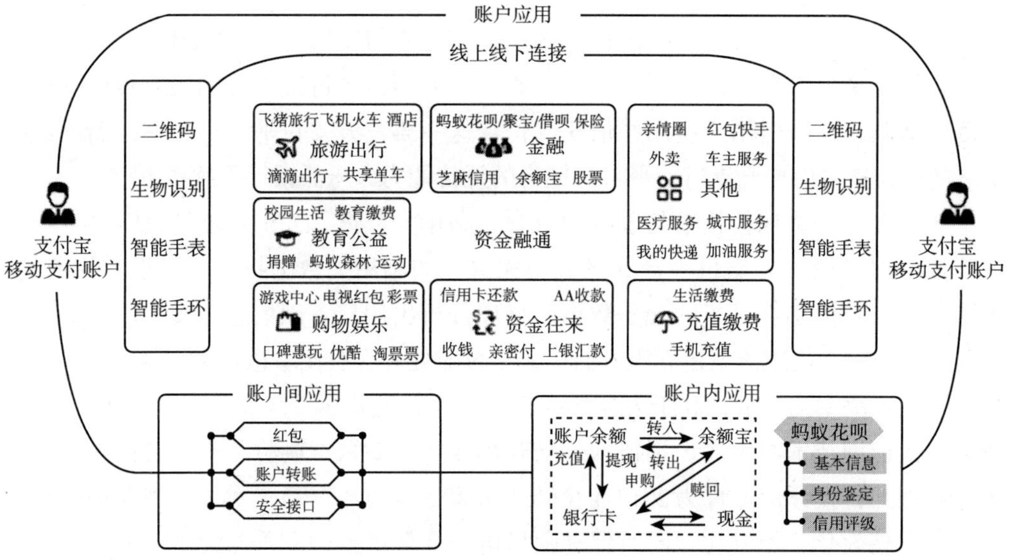

图5-6 支付宝生态体系示意

资料来源：艾瑞咨询，《2017年中国第三方支付市场监测报告》2017年。

社交衍生的第三方支付平台。财付通是腾讯集团旗下第三方支付平台，一直致力于为互联网用户和企业提供安全便捷、专业的在线支付服务。自2005年成立开始，就以“安全便捷”作为产品和服务的核心，不仅为个人用户创造200多种便民服务和应用场景，还为40多万大中型企业提供专业的资金结算解决方案。伴随财付通的扩展，支付场景逐渐打通各个环节，如物流、钢铁、游戏、电商、理财、航旅、电信等消费和支付场景。结合这些场景特性，财付通提供了快捷支付、余额支付、分期支付、委托代扣、EPOS支付、微支付等多种支付产品。财付通依托于腾讯社交平台，从最初的QQ场景中虚拟物品的充值到专业的第三方支付，逐渐由前台退到幕后，其核心是连接了社交网络平台、第三方支付与银行三方挖掘社交平台庞大用户群体的消费需求，引导他们进入第三方支付平台。

财付通借助社交优势，丰富支付场景。腾讯微信和QQ的优势在于社交，拥有庞大的用户群，包含广大的海外用户群以及农村地区用户群体。财付通以开发“抢红包”等与社交相融合的金融产品吸引大量电子商务的外围人员也加入第三方支付平台，并伴随其便捷的支付方式，快速覆盖生活各个场景。使用场景的扩展，也使财付通积累了海量的用户资源，并形成规模庞大的沉淀资金以获得盈利。财付通社交支付的价值在理财与借贷中进一步体现，备付金账户中的资金通过理财通等平台，用于购买货币基金、定期理财、保险理财、指数基金等多种类型的金融产品，实现盈利的多元化。

全球首个第三方支付平台。PayPal公司成立于1998年，是美国电商企业eBay的全资子公司，是全世界第一个发展第三方支付的企业，是全球范围内最大的第三方支付平台，其所覆盖地区的用户和商家都能够使用，支持用户进行网上购物、ATM机取款和POS机消费等。PayPal运营的支付网络建立在银行账户、银行卡等现有的金融基础设施之上，使得用户通过电子邮件即可发送与接收付款，有效地减少了使用传统的邮寄支票或者汇款的方式所带来的不安全和不方便，其所具有的快速、安全、便捷特点帮助其成为消费者在进行跨国交易时的首选方案。

PayPal依托eBay这一全球首个出现的电商企业，通过与电子商务网站合作，成为其主要的货款支付方式之一。付款人通过PayPal对收款人付款时，需要先进入自己的账户，把收款人的电子邮件账号提供给PayPal，然后指定需要汇出的金额，PayPal会通过付款人提供的电子邮件账号给收款人发送邮件，通知他们准备领取或者接收转账的款项，收款人根据自己的个人意愿选择将收到的款项转入到自己的信用卡或者其他的银行账户。从买家的角度，PayPal可以保证自己个人信息方面和其他方面的安全，能够享受PayPal的买家保护政策，付款时无须向商家提供任何金融信息，且使用方法简单，中间不收取任何支付费用，用户可以通过一个账号实现全球购物。从卖家的角度，PayPal的高效性能够使网络卖家的业务交易更快完成，有效提高运营率。同时由于商家防欺诈模式，可保护卖家个人财务信息资料均不会被泄漏。PayPal主要将支付服务作为其业务活动的基础和核心，支持互联网支付、移动支付、信用支付和线下支付，从而给用户提供更加方便快捷并且安全的支付选择。把商业服务和数据服务作为它业务的延伸，通过对平台积累的大量用户、用户业务交易信息进行数据的挖掘和分析，为用户提供营销和供应链的增值服务。由于PayPal即时支付具有即时到账的特色，使其成为备受全球亿万用户追捧的商业交易支付工具，而PayPal对顾客账户集成的高级管理功能使用户可随时轻松掌控每一笔业务交易的详细情况，并为用户提供一条龙式的支付方案，帮助进行交易的双方解决在买卖过程中有可能会碰到的各种各样的支付难题。

PayPal运作初期以及在新兴市场实行免费服务。随着业务的开展，PayPal逐步开始对服务对象收费。PayPal 的盈利点主要来源于基本费用收入，包括款项收付时收取相应数额的手续费、国际用户取款和外币兑换收费、信用卡退单费用等与交易相关的收费。同时，对于用户账户中的备付金，可以通过存入富国银行的集合账户或投资PayPal货币市场基金的方式盘活，形成新的盈利点。

三、第三方支付平台盈利模式

（一）收取买方或卖方的手续费或佣金

收取交易中介费历来是电子商务中介最重要的收入来源之一，第三方支付机构也不例外。一般的第三方支付系统收费方式分为以下三种：接入费用，即商户首次接入第三方在线支付厂商支付系统时需缴纳的费用，一般为一次性费用，几百元到数千元不等；服务费，即第三方在线支付厂商按年度向商户收取的服务费用，一般为数百元到数千元；交易佣金，即商户根据具体的交易情况向第三方在线支付厂商支付的佣金费用。一般按交易金额的1%左右的比例付费，或者按交易笔数付款，也有包月或包年等多种佣金收取方式，相对较为灵活，适合不同规模的商户。

由于各厂商提供的产品和服务高度同质化，市场竞争较为激烈。在最近几年，第三方支付接入费和服务费的收费方式已很少使用，所以，目前，中国的第三方在线支付公司市场主流的商业模式是向商户收费的模式，主要依赖交易佣金。不过第三方支付的商业价值，远远超过简单地收取佣金。

（二）依靠网络支付服务的收入

网络支付即通过互联网在交易双方之间转移资金，主要由互联网支付和移动支付两种支付方式组成。这种盈利模式获得营业收入主要通过两个渠道：分别是备付金收入以及通过提供支付服务获得服务费。

备付金收入部分以沉淀资金利息为主，由于第三方支付机构并没有银行等金融业务牌照，不能开展存款等银行业务，因此第三方支付账户内的资金实际上是以存款形式保存在支付机构在银行开立的银行账户中。而支付工具的业务属性决定了买卖双方的交易资金在交易期间必定有一段时间存放在第三方支付机构的银行账户上，且规模巨大。交易规模的不断扩大使利息成为一种稳定而可靠的收入来源。然而，在现阶段，为了保障用户交易资金的安全，从备付金严禁私自挪用，到备付金逐步集中交央行管存，再到彻底取消备付金计付利息，平台获得大量沉淀资金收入的时代成为过去。

支付服务费用是指通过为用户提供便捷支付服务获得服务费用。按照用户性质的不同可分为个人用户支付服务和商户（或企业）支付服务。其中，个人用户服务费用主要包括平台针对个人用户转账、信用卡还款、账户余额提现、衣食住行交易付款以及生活缴费收取交易手续费和服务费用。商户与其他合作机构服务费用主要包括为商户或企业提供收款服务所收取的服务费，账户查询、提现、转账和退款等交易服务手续费，电商交易佣金，电商支付平台的开发咨询以及维护费用。当前，虽然网络支付场景较多，受众面较广，但这部分利润受到行业竞争、政策监管等多方面因素制约，传统支付服务市场已经近乎饱和，各大平台为了市场占有率大打价格战，不断降低支付服务费率甚至掏钱补贴，失去备付金存款还导致平台丧失了与银行的费率议价能力，支付费率一降再降，目前已经形成“薄利多销”的局面，其利润总额的增长几乎完全依靠用户数量形成的规模效应。因此，仅依靠提供传统支付服务来获得营业收入的盈利模式已经不再能够适应第三方支付市场的未来发展要求，盈利模式亟待转型。

（三）广告收入

广告收入也成为支撑网络经济不断发展的动力。与广告收入高低相关的是用户数和在线浏览量用户数目越多，每天在线浏览量越大，则广告的影响力越大，收费也越高，这也充分体现了互联网“注意力经济”的特征。随着第三方支付工具用户量不断地增加，浏览量也逐年攀升，使得通过出租网页上广告位置，为客户提供排他性推荐并收取费用成为可能。效仿门户网站的做法，进行广告位置拍卖并对网站的搜索排名进行拍卖，可以带来可观的收入，也成为第三方支付机构的重要收入来源。

（四）多元化综合性盈利模式

无论依靠哪种单一业务收入的盈利模式都不再适应行业发展，多元化综合性盈利模式应运而生。在传统的线上支付的基础上，第三方支付将不断提高支付便捷水平，拓宽支付应用场景，整合平台优势，提供综合支付服务，撬动网上理财新模式，开发个性化行业解决方案，实现支付与行业的深度融合、线上与线下的深度结合。第三方支付企业曾经依靠的低费率优势将随着第三方市场的规范化逐渐拉平，促使第三方支付平台向场景纵深，通过业务领域的拓展及人群的高覆盖，形成新的盈利点。高频场景的掌握背后是对用户资源的看重，在满足用户需求的基础上，金融增值服务将进一步得到延伸，而用户习惯养成后也会反哺场景，形成良性的循环状态。

率先完成盈利模式转型的平台利用提供银行卡收单、预付卡、网络支付等服务来不断积累用户，增加平台流量，但它们并不将目光全部聚焦于支付服务本身的盈利能力，而是将重心放在能否将大量支付用户转化为高利润的衍生业务用户。目前，衍生服务按照用户性质的不同可分为C端个人用户衍生服务和B端商户（或企业）衍生服务。其中，C端个人用户衍生服务费用主要包括为个人客户提供小额贷款、在线理财、个人保险收取的利息或手续费用。B端商户或企业衍生服务费用主要包括提供在线融资、提供信息推送、智能营销等服务项目收取的服务费用或交易分成。它们在提供服务的同时，又不断地积累起新的数量庞大的客户交易信息，这些客户信息、交易数据将成为第三方平台发展的重要资源。支付作为流量与数据获取的入口，未来将会向大数据分析支撑的营销服务转化，支付市场的经营策略和经营模式将会更加丰富。而在衍生业务不断获得资金积累后，平台还将这些钱用于金融性投资，从而获得额外的投资收入（见图5-7）。

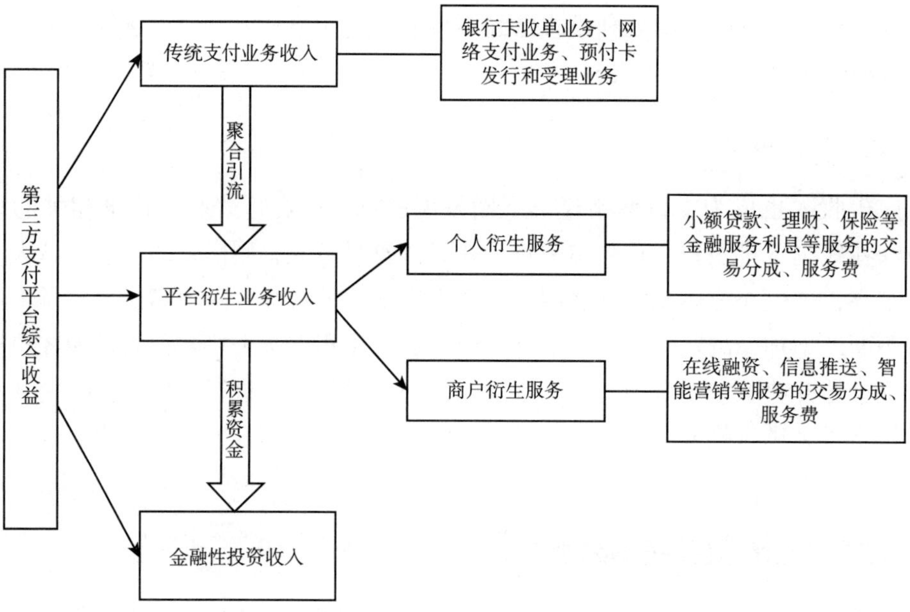

图5-7 多元化综合盈利模式

第三节　第三方支付管理

一、第三方支付的实名管理

（一）实名认证的背景及意义

自电子商务诞生以来，为了促成交易并实现交易记账功能，2005年以支付宝为代表的第三方支付机构引入了电子账户的概念。电子账户主要定位于纯粹的线上操作，在电子账户诞生之初，开户只需填写注册名和密码即可，并不需要进行身份实名认证。然而随着电子商务的快速发展和普及，部分电子账户的功能已经接近或等同于线下账户的线上功能，电子账户带来的洗钱风险和法律风险随之突增，为公款私存、藏匿资金、洗钱诈骗等违法犯罪活动提供了便利条件。2000年之后，国家陆续出台了《个人存款账户实名制规定》《人民币银行结算账户管理办法》《金融机构客户身份识别和客户身份资料及交易记录保存管理办法》等法律制度，要求金融机构和第三方支付机构开立的账户必须要完成身份识别。落实电子账户实名制的意义主要体现在：一是有利于保障账户持有人的利益。在实名制条件下，客户信息录入的是经过验证的真实有效的姓名、证件号、手机号等，一旦发生客户忘记密码或者账户被盗等情况，账户持有人可以凭借其有效身份证件来证明其电子账户的归属权。二是有利于打击各类违法犯罪行为。采用实名制电子账户，对每一笔交易都可以查清楚资金归属、资金流向、交易明细等，可以有效追踪资金来龙去脉，客观上形成了对犯罪行为的震慑作用。三是有利于提高支付机构内控管理水平，降低经营风险。实名制电子账户在发生了忘记密码、账户资金被盗的情况下，可以通过身份信息索回账户，并对盗取的资金进行追查，有利于支付机构提高自身的管理水平，降低经营风险。

从现阶段看，电子账户的实名属性正在不断增强，2014年3月18日，央行界定了强实名账户和弱实名账户，之后不久，央行要求2016年7月1日之后支付机构开立的电子账户必须是强实名账户。对存量支付账户开展支付账户持有人身份信息真实性核实工作，对在用的第三方支付账户开展账户持有人身份信息真实性核实工作，对于符合实名制要求的，可以继续业务办理；对于不符合实名制要求的，限制其部分甚至全部业务办理，督促支付账户持有人积极办理身份核实。

（二）第三方支付实名认证的基本原理

第三方支付服务组织对于开户申请人的实名认证存在多种模式，总体上可分为直接认证模式和间接认证模式。下面将分别阐述每一种模式的定义和基本要件，解构实名认证的基本原理。

1. 直接认证模式

直接认证模式是指支付服务组织通过面对面方式直接审核开户申请人本人身份的认证方式。该模式由三个基本要件构成：（1）亲自见到开户申请人；（2）鉴别开户申请人身份证件的真伪；（3）在开户申请人本身和其身份证件之间建立可靠的联结关系。除基本要件外，支付服务组织还可附加其他审核要求，例如通过公开或专用数据库核实开户申请表中的信息是否与历史信息一致，又例如账户开立后的回访措施。但附加的审核要求只是为了控制基本要件审核不当产生的风险，而不是基本要件的组成部分，因此，它不是必须实施的审核措施。当前，以物理网点为开户服务渠道的银行业金融机构主要使用直接认证模式，并基本实现了对基本要件的审核要求。首先，银行受理开户申请时原则上要求看到开户申请人本人；其次，银行会通过身份证核验机具和身份联网核查系统审核身份证件的真伪；最后，银行工作人员通过开户申请人相貌和身份证件照片的对比来建立两者之间的连接关系。

2. 间接认证模式

间接认证模式是指支付服务组织与其他支付服务组织合作，通过核查开户申请人对已在合作支付服务组织开立的实名制账户的控制能力，将合作支付服务组织的实名认证结果迁移至本机构的身份认证方式。原则上，合作支付服务组织的实名认证方式应当符合法律制度明示的要求。该模式由三个基本要件构成：（1）登记开户申请人的身份证件信息或者审核身份证件的影像件；（2）与合作支付服务组织比对开户申请人登记的身份信息；（3）核查开户申请人对在合作支付服务组织开立的实名制账户的控制能力。其中第三个要件有两种实现方式。一是主动审查，例如拟开户支付服务组织向已开立实名账户汇入随机金额的资金，由开户申请人提供相关交易金额，或者要求开户申请人通过已开立实名账户向未激活的拟开立账户汇入资金；二是被动审查，即拟开户支付服务组织将开户申请人引导至已开立实名账户的开户组织界面，由该开户组织通过预留认证方式核实账户持有人身份后将结果反馈拟开户支付服务组织，拟开户支付服务组织据此产生核查结果。

（三）第三方支付实名认证的方式

支付服务组织对于开户申请人的实名认证存在多种方式，可以通过以下多种方式或渠道进行：亲自见到开户人、通过证件进行实名认证（主要是身份证）、见到开户人手持身份证的影像、通过电话号码进行认证、通过银行卡认证、通过手机号认证、通过邮箱等进行认证。

1. 面对面认证

亲自见到本人，即面对面进行身份认证。这是最传统的身份认证方式，即亲自见到开户申请人，并将开户人的身份证件与本人建立起可靠的对应关系。

2.通过身份证件进行实名认证

2007年6月，中国人民银行会同公安部建成运行了联网核查公民身份信息系统（以下简称“联网核查系统”），连接了全国17万个银行机构网点。银行机构履行客户身份识别义务，按照法律、行政法规或部门规章的规定需要核对相关自然人居民身份证的，可通过该系统核查相关个人的姓名、居民身份证号码、照片信息，从而方便、快捷地验证客户出示的居民身份证件的真实性。联网核查的基本方法是，银行机构在为客户办理业务时，向联网核查系统提交相关个人的姓名和居民身份证号码。当系统核对一致时，反馈核对一致的提示以及相关个人的身份证照片：当居民身份证号码存在但与姓名不匹配或者居民身份证号码不存在时，系统进行相应的提示。经进一步核实后，如果能够确切判断或者经核实后确认客户出示的居民身份证件为虚假身份证件，则应拒绝为该客户办理相关业务；其中，对于客户以虚假身份证件骗取开立账户或办理其他银行业务的，还应及时向当地公安机关报案。如果客户出示的居民身份证件为真实证件的，则应当按照有关规定继续为客户办理业务。

3.通过绑定银行卡进行实名认证

开立账户时无法做到面对面身份认证，可以通过核查开户申请人对已在合作支付服务组织开立的实名制账户的控制能力，将合作支付服务组织的实名认证结果迁移至本机构的身份认证方式。原则上，合作支付服务组织的实名认证方式应当符合法律制度明示的要求。

4.通过电话号码进行实名认证

开立账户时，支付机构或银行向用户登记的手机发送短信验证码，通常验证码具有一定时效，用户收到短信验证码之后，填入网站对应地方，填写正确则验证通过。利用手机号码来验证用户身份，不但可以保证用户的真实性，还可以利用手机号找回密码、网银获取动态密码等用途。此外，还可以将图形校验码和手机验证码进行绑定，降低恶意注册和垃圾注册。

5.通过邮箱进行实名认证

开立账户时，支付机构或银行向用户登记的邮箱发送验证邮件，用户收到验证邮件之后，点击里面的链接，跳转到相关网站上完成邮箱验证或激活注册用户。利用邮箱来验证用户身份，不但可以保证用户的真实性，还可以利用邮箱找回密码。

6.通过动态口令机制实现身份认证

使用动态口令机制实现身份认证，用户可以用随机口令进行登录，能够解决现存的信息安全系统中身份识别与认证方面的问题，确保各类资源的安全。动态口令身份认证系统属于信息安全领域中的身份和时间双重因素的身份认证系统。该系统动态口令的有效使用期限和有效使用次数不仅可以进行严格的控制，而且口令不容易被识别软件，是基于密钥被获和攻击的特点，为用户提供的一种安全性较高的身份认证机制。

7. 其他

通过税务、工商、教育机构、户籍等能证明申请人身份的机构，验证申请人的身份。

二、第三方支付账户的分类与管理

由于非银行支付机构匿名、假名账户严重阻碍了支付账户实名制的落实。2015年12月28日中国人民银行发布了《非银行支付机构网络支付业务管理办法》(以下简称《办法》)。《办法》立足于客户权益保护，明确网络支付的含义及服务宗旨，规范支付账户管理，完善支付机构分类监管措施及客户权益保护机制。这对加强非银行支付机构管理，保护客户合法权益，促进网络支付健康发展具有重要意义。

《办法》要求支付机构应根据客户身份对同一客户在本机构开立的所有支付账户进行关联管理，并将个人支付账户分为三类（见表5-2）。其中，Ⅰ类账户只需要一个外部渠道验证客户身份信息（如联网核查居民身份证信息），账户余额可以用于消费和转账，主要适用于客户小额、临时支付，身份验证简单快捷。为兼顾便捷性和安全性，Ⅰ类账户的交易限额相对较低，但支付机构可以通过强化客户身份验证，将Ⅰ类账户升级为Ⅱ类或Ⅲ类账户，提高交易限额。Ⅱ类和Ⅲ类账户的客户实名验证强度相对较高，能够在一定程度上防范假名、匿名支付账户问题，防止不法分子冒用他人身份开立支付账户并实施犯罪行为，因此具有较高的交易限额（Ⅱ类、Ⅲ类个人支付账户年累计分别为10万元、20万元的限额能够满足绝大部分客户使用支付账户“余额”进行付款的需求）。鉴于投资理财业务的风险等级较高，《办法》规定，仅实名验证强度最高的Ⅲ类账户可以使用余额购买投资理财等金融类产品，以保障客户资金安全。

表5-2　第三方支付的个人支付账户的分类（2016年7月1日起执行）

账户类别	分类标准	余额付款功能	余额付款限额
Ⅰ类账户	对于以非面对面方式通过至少一个合法安全的外部渠道进行身份基本信息验证，且为首次在本机构开立支付账户的个人客户	消费、转账	余额付款交易自账户开立起累计不超过1000元（包括支付账户向客户本人同名银行账户转账）
Ⅱ类账户	对于支付机构自主或委托合作机构以面对面方式核实身份的个人客户，或以非面对面方式通过至少三个合法安全的外部渠道进行身份基本信息多重交叉验证的个人客户	消费、转账	所有支付账户的余额付款交易年累计不超过10万元（不包括支付账户向客户本人同名银行账户转账）
Ⅲ类账户	对于支付机构自主或委托合作机构以面对面方式核实身份的个人客户，或以非面对面方式通过至少五个合法安全的外部渠道进行身份基本信息多重交叉验证的个人客户	消费、转账以及购买投资理财等金融类产品	所有支付账户的余额付款交易年累计不超过20万元（不包括支付账户向客户本人同名银行账户转账）

资料来源：笔者根据中国人民银行2015年12月发布的《非银行支付机构网络支付业务管理办法》整理。

为加强支付账户转账业务的风险管理，《办法》对支付账户与银行账户之间的转账业务提出了具体要求。一是原则上支付账户与非同名的银行账户之间不可以相互转账；二是综合评级较高且实名制落实较好的支付机构可以扩充支付账户转账功能，支付账户余额可以回提至他人银行卡，他人银行卡也可向支付账户充值；三是支付机构应按照与客户的约定及时办理支付账户向客户本人银行账户转账业务，不得对Ⅱ类、Ⅲ类支付账户向客户本人银行账户转账设置限额。《办法》明确快捷支付是支付机构和银行通过协议与客户约定，由支付机构代其向银行发送支付指令，直接扣划客户绑定的银行账户资金的支付方式。支付机构和商业银行合作为客户提供快捷支付业务时，应当事先或在首笔交易时分别与客户建立清晰、完整的业务授权，同时明确约定扣款适用范围、交易验证方式、交易限额及风险赔付责任。《办法》同时强调，银行是客户资金安全的管理责任主体，在后续交易时无论是由银行进行交易验证还是支付机构代为进行交易验证，银行均承担快捷支付资金损失的先行赔付责任。

第四节　众　筹

一、众筹概述

（一）众筹定义

众筹（crowdfunding），是指项目发起者通过利用互联网和社会性网络服务（social network software，SNS）传播的特性，发动众人的力量，集中大众的资金、能力和渠道，为小企业、艺术家或个人进行某项活动、某个项目或创办企业提供必要的资金援助的一种融资方式。和传统的融资方式相比，众筹模式是对闲置资金的有效利用。众筹的精髓就在于小额和大量，“众人拾柴火焰高”，每个单独个体的小额资金汇聚起来所形成的庞大的资金规模不容小觑。如果这笔庞大的闲置资金能够部分以众筹的方式有效地参与到经济活动中，不仅可以帮助有创造力的人去实现梦想，而且最终每个人的小额资金也都创造了价值，增加了财富。而且相对于其他融资渠道，众筹模式凸显低门槛创业、预知市场需求以及进行低成本的融资和市场推广优势，为新型创业公司的融资开辟了一条新的路径。众筹与P2P的主要区别在于回报方式不同，众筹主要以产品和媒体内容为主，而P2P以利息收益为主。

（二）众筹活动参与者

虽然众筹项目种类繁多，但众筹项目的运行主要需要三方面的参与：发起者、支持者和平台。发起者，亦称筹资者，是指那些有创造能力但是缺乏资金的个人或团体，也就是融资过程中需要资金的一方；支持者，亦称出资者，是指那些对发起者的创意或回报感兴趣并且愿意给予帮助和支持的个人或团体，也就是融资过程中提供资金的一方；而平台则是指连接发起者和支持者的媒介，目前以互联网网站平台为主。

（三）众筹项目运作流程

众筹普遍运作的流程大致如下：首先，需要资金的个人或团队将项目策划交给众筹平台，经过相关审核后，便可以在平台的网站建立属于自己的页面，通过视频短片、图片、文字介绍等把自己渴望实现的创意或梦想向公众介绍。此外，发起者还需提前设定筹资项目的目标金额以及筹款的截止日期。随后，对该项目感兴趣的个人或团队可以在目标期限内承诺贡献一定数量的资金。接下来，不同的网络众筹平台会分别采用“达标入账”方式、“当即入账”方式、“达标入账”与“当即入账”相结合的方式对所筹资金进行管理。基于“达标入账”方式，在项目成功前，项目支持者贡献的资金并不会直接到达项目发起者手中，而是先由众筹平台掌握；只有当项目成功后，即项目在规定的目标期限内达到或超过目标筹资金额，支持者的资金才会从众筹平台的账户划拨到项目发起者的账户。项目发起者能够得到资金的前提是项目在规定时间内成功得到甚至超过目标筹资金额，否则得不到任何资金，资金将全部返还给支持者。“当即入账”方式则是指不论项目在规定的时间内是否达到筹资目标，只要有支持者出资，资金当即被转入项目发起者的账户。“达标入账”的融资模式旨在保护项目出资者的利益，项目支持者可以根据自己的风险和收益偏好来决定支持以“达标入账”方式发起的项目或是以“当即入账”模式发起的项目。出于风险规避的考虑，一般项目支持者更偏好采用“达标入账”方式进行筹资的项目。而项目发起人由于项目急需资金，所以更倾向于采用“当即入账”的融资模式。

决定众筹成功的关键主要取决于以下因素：（1）筹集天数恰到好处。众筹的筹集天数应该长到足以形成声势，又短到可以给未来的支持者带来信心。在国内外众筹网站上，筹资天数为30天的项目最容易成功。（2）目标金额合乎情理。目标金额的设置需要将生产、制造、劳务、包装和物流运输成本考虑在内，然后结合本身的项目设置一个合乎情理的目标。（3）支持者回报设置合理。对支持者的回报要尽可能地价值最大化，并与项目成品或者衍生品相配，而且应该有3~5项不同的回报形式供支持者选择。（4）项目包装。项目要进行合理的包装，据统计，有视频的项目比没有视频的项目多筹得114%的资金。（5）定期更新信息。定期进行信息更新，以让支持者进一步参与项目，并鼓励他们向其他潜在支持者推荐的项目。（6）鸣谢支持者。给支持者发送电子邮件表示感谢或在个人页面中公开答谢，会让支持者有被重视的感觉，增加参与的乐趣。

二、众筹分类

众筹项目种类繁多，不单单包括新产品研发、新公司成立等商业项目，还包括科学研究项目、艺术设计等。因此，逐步兴起的众筹网络平台也各有侧重，可以分为以下四种类型：

（一）奖励式众筹

奖励式众筹是指投资人通过众筹得到实物或者服务作为回馈。奖励式众筹既具赠予性，又有买卖性。这种众筹模式通常会应用在一些创新项目的产品融资上，包括电影、音乐及技术产品等。奖励式众筹平台看上去与团购网站十分相似，但又有所不同。相似之处在于两者都通过在网络上发布活动（或项目）来吸引大众参与者的支持，明确规定所需的支持者人数（或金额）下限和截止期限。在截止期限内达到或超过预设的目标人数（或金额）下限，活动（或项目）方可生效，否则，资金将被返还给项目的支持者。

两者的不同之处在于，众筹比团购多了一重期货性质，换言之，众筹更像是一种团购和预购相结合的产物，“买家”（即众筹平台的项目支持者）无法在支付后立即获得“卖家”（即众筹平台的项目发起者）售出的“商品”（即众筹平台项目的回报）。通常，根据项目的不同性质，项目发起者会在项目成功后的几天甚至几十天内向项目的支持者兑现事先所承诺的回报。既然具有预购性质，众筹模式一方面能够使消费者的消费资金前移，提高生产资金筹备和销售等环节的效率，产生出原来可能无法实现的新产品；另一方面通过众筹可以获得潜在消费者对于预期产品的市场反馈，从而满足用户更加细化和个性化的需求，有效规避盲目生产所带来的风险和资源浪费。

（二）股权式众筹

股权式众筹是公司面向普通投资者，通过出让一定比例的股份的方式筹集资金，投资者通过出资可以入股公司，同时在未来获得一定的收益。使用股权众筹融资的一般都是初创企业或中小企业的初期发展阶段。在美国，股权式众筹平台与奖励式众筹在三个方面存在着明显的不同。第一，奖励式众筹的支持者得到的回报只是产品或项目源代码等，不会是资金回报。股权式众筹平台则刚好相反。第二，奖励式众筹不限制出资额度和支持者身份，而股权式众筹则做出很高的要求。2012年4月，美国总统奥巴马签署的《2012年促进创业企业融资法》（JOBS法案）规定，每一个众筹项目其融资规模在12个月内不能超过100万美元，同时也限制了每一个特定出资者的融资规模，不可超过其年收入的5%。而且要求出资者必须具备年收入超过20万美元或者净资产超过100万美元身价，出资者出资额度最小为1000美元。第三，股权式众筹相较奖励式众筹对项目的选择和审核更为严格。

中国的众筹模式2011年才出现，目前有一定规模的众筹网站已经有几十家，例如点名时间、众筹网等。但由于中美之间法律、政策的差异性，股权式众筹在中国走得并不轻松。不可否认，目前奖励式众筹在我国居于众筹行业的主导地位，但从国外特别是众筹领域起步较早、发展较快、发展程度较高地区的发展轨迹来看，股权式众筹和借贷式众筹将会是今后众筹业发展的重点方向。因为不同的出资者风险偏好不一样，相对于单纯的实物产品而言，一些出资者可能对现金回报更加偏好。目前，根据我国的法律法规和政策，股权式众筹在我国化身为凭证式、会籍式和天使式三大类表现形式。凭证式众筹一般都是通过熟人介绍加入众筹项目，投资者不成为股东；会籍式投资者则成为被投资企业的股东；天使式则有明确的财务回报要求。

（三）捐赠式众筹

捐赠式众筹是指投资者进行无偿的捐赠的一种公益性的众筹方式。这种类型的众筹对投资者来说没有任何的实质奖励，一般很多非政府组织（NGO）都采用这种方式为特定的项目进行众筹。基于捐赠的众筹虽然也是一种募捐的方式，但是与传统募捐活动不同，这种众筹模式是专门为特定的项目进行的募捐，在捐赠之前捐赠者了解此次捐赠款项的具体用途，并且也很乐意为此次活动奉献自己的一份力量。如果非政府组织能够对众筹的特定项目进行跟踪，并向捐赠者发布相关的信息的话，他们会更加愿意慷慨解囊，同时也会对这种众筹保持更高的忠诚度。捐赠者参与捐赠式众筹的主要动机都是社会性的，并且他们也愿意将这种捐赠关系长久地保持下去。这类众筹的项目资金额度比较小，涉及教育、宗教、健康、环境等具有社会公益性的内容。

（四）债务式众筹

这种众筹模式是指企业或个人在众筹平台上向出资人借款。在这一众筹过程中，众筹平台所发挥的作用是多种多样的，有的众筹平台为企业或个人以及出资人牵线搭桥，有的平台还承担一定的还款责任。企业或个人的融资是否为出资者提供一定的利息取决于融资是为自身发展考虑，还是为了特定的社会公益项目。

三、众筹存在的诸多风险

（一）法律风险

众筹平台是一种创新性的以互联网为依托的经营模式，崭新的运营模式为其带来广阔的前景，但是，由于立法速度无法与之相匹配，导致诸多法律问题与之相伴而生。目前这些问题主要集中在众筹平台是否涉嫌非法集资犯罪、代持股的风险、项目发起人知识产权权益易受到侵犯、是否突破《中华人民共和国证券法》（以下简称《证券法》）关于禁止公开发行证券的规定、监管制度缺失所引发的问题等。

1. 非法集资的风险

众所周知，在目前金融管制的大背景下，民间融资渠道不畅，非法集资以各种形态频繁发生，引发了较为严重的社会问题。关于“非法集资”犯罪的认定标准，最高人民法院给出了司法解释。根据《最高人民法院关于审理非法集资刑事案件具体应用法律若干问题的解释》（以下简称《解释》）第一条，非法集资应当同时满足四个条件，即：（1）未经有关部门依法批准或者借用合法经营的形式吸收资金；（2）通过媒体、推介会、传单、手机短信等途径向社会公开宣传；（3）承诺在一定期限内以货币、实物、股权等方式还本付息或者给付回报；（4）向社会公众即社会不特定对象吸收资金。从形式上看，众筹平台这种运营模式未获得法律上的认可，通过互联网向社会公开推介，并确实承诺在一定期限内给以回报（捐赠式众筹除外）——其中股权式众筹平台以股权方式给出资者进行回报，奖励式众筹平台主要以物质回报的方式，借贷式众筹平台以资金回馈方式回报给出资者，且均公开面对社会公众。所以从这一条文来讲，众筹平台的运营模式与非法集资的构成要件相吻合。但是，对于任何行为进行法律定性时，都不能只注意其形式要件，更要看这行为的实质要件是否与法律规定、立法精神相违背。因此，除了要考虑众筹平台是否符合“非法集资”的形式要件，还要深入考察众筹平台是否符合对“非法集资”犯罪定性的实质要件。《解释》的立法目的中写道：“为依法惩治非法吸收公众存款、集资诈骗等非法集资犯罪活动，根据刑法有关规定，现就审理此类刑事案件具体应用法律的若干问题解释如下。”可见，该司法解释的出台是为惩治非法吸收公众存款、集资诈骗等犯罪活动，是为了维护社会主义市场经济的健康发展。反观众筹平台，其运营目的包括鼓励支持创新、发展公益事业及盈利。应该说，良性发展的众筹平台并不会对我国市场经济产生负面影响，不符合非法集资犯罪的实质要件，所以不应被定性为非法集资犯罪。但与此同时，也要严加防范不法分子以成立众筹平台或者发布众筹项目为外衣，实际骗取项目支持者和出资人资金的行为。

2. 代持股的风险

部分股权式融资平台的众筹项目以融资为目的吸收公众投资者为有限责任公司的股东，但根据《中华人民共和国公司法》（以下简称《公司法》）第二十四条规定“有限责任公司由五十个以下股东出资设立”。那么众筹项目所吸收的公众股东人数不得超过五十人，否则，未注册成立的不能被注册为有限责任公司；已经注册成立的，超出部分的出资者不能被工商部门记录在股东名册中享受股东权利。目前在中国，绝大部分对股权式众筹项目有兴趣的出资者只愿意提供少量的闲置资金来进行投资，让股东人数限制在五十人以内，这将导致无法募集足够数额款项来进行公司运作。因此，在现实情况下，众筹项目发起者为了能够筹集足够资金成立有限责任公司，普遍采取对出资者以代持股的方式来规避《公司法》关于股东人数的限制。代持股方式虽然在形式上不违反法律，但在立法精神上并不能励这种方式。当显名股东与隐名股东之间发生股东利益认定相关的争端时，由于显名股东是记录在股东名册上的股东，因此，除非有充足的证据证明隐名股东的主张，一般会倾向于对显名股东的权益保护，该代持股的方式可能会导致广大众筹项目出资者的权益受到侵害。

3.知识产权权益受到侵犯的风险

这一问题主要针对奖励式众筹平台，其特点是众筹项目以具备创新性为主。奖励式众筹平台成立的主要目的之一在于挖掘创意、鼓励创新、其上线众筹项目的发起者的主要目的在于实现其创意、贩卖其创意。而出资者的投资出发点在于支持创意、购买新颖的产品。但是发布在奖励式众筹平台的众筹项目大部分还未申请专利权的半成品创意，故不能依知识产权相关法律保护其权益。与此同时，几个月的众筹项目预热期给了盗版商充分的剽窃时间。盗版商完全可以仿造已经发布在众筹平台筹资的创新项目，并达到量产再流通到市场，这就使众筹项目失去其最重要的创新性而流失掉诸多客户。所以从保护知识产权利益的角度出发，许多众筹项目的发起者只向公众展示其创意的部分细节。具有出资意愿的创新爱好者由于无法看到项目全貌而无法对产品形成整体、全面的印象，也就大大降低了其投资兴趣和热情。所以我国知识产权相关法律法规在创新性众筹项目方面的缺失，降低了创意发布者创新积极性，也使众筹项目出资人对创新项目的支持力度大打折扣，严重限制了众筹行业的发展。

4.存在“公开发行证券”的风险

《证券法》第十条第一款“公开发行证券”，必须符合法律、行政法规规定的条件，并依法报经国务院证券监督管理机构或者国务院授权的部门核准，未经依法核准，任何单位和个人不得公开发行证券。有下列情形之一的，为公开发行：（1）向不特定对象发行证券的；（2）向特定对象发行证券累计超过两百人；（3）法律、行政法规规定的其他发行行为。众筹平台在募集资金过程中毫无疑问是面对不特定对象，且人数常常超过两百人，很容易触犯《证券法》关于公开发行证券的规定。奖励式众筹平台为了规避这一风险采取不以现金回馈的方式回报出资者，将投资行为演变为团购、预购行为，从而使众筹法律关系与《证券法》撇清。股权式众筹针对这一问题则是采取成立有限合伙企业的方式，即由众筹出资者成立有限合伙企业，再由合伙企业对众筹项目发起者进行投资。因此，在国内的法律大环境下，股权式众筹平台的方式会受到诸多限制。

5.监管制度缺失引发的风险

目前成立一个众筹平台只需进行工商登记和网站备案，对于众筹项目的审核由众筹平台全权负责，由于目前没有专门针对众筹平台的监管规定，众筹平台涉及大量的公众资金和社会群众，一旦发生失控，会产生大量争议，容易引发社会经济问题和社会稳定问题。所以，监管制度的缺失使众筹平台的出资者面临投资风险，亦不利于众筹平台整个行业的发展和规划。

（二）信用风险

上述所讨论的法律风险针对不同模式的众筹平台具有不同程度的影响，但目前在中国，各种模式的众筹平台均存在一定信用风险。这是众筹行业面临的共同性问题，也是众筹行业要想在中国发展壮大最急迫需要解决的问题。按照众筹法律关系的主体进行划分，众筹平台面临的信用风险主要包括项目发起者的信用风险和众筹平台的信用风险。

1.项目发起者的信用风险

项目发起者的信用风险主要包括众筹平台对项目发起者的资格审核不够全面引起的问题，以及项目发起者在募集资金成功后不能兑现其承诺的问题。

首先，关于项目发起者的资格问题，现行法律并没有专门规定，根据民法“法不禁止即自由”的原则，任何自然人、法人、其他组织均可以在众筹平台上发布众筹项目。在现实操作层面上也确实如此，众筹平台接受任何自然人、法人、其他组织在其上线网站注册、发布项目。众筹平台对项目发起者的资质并无过多要求和硬性审核。而这就会因此产生信用风险问题。一旦该项目成功募集资金，出资者可能无法再次与项目发起者取得联系，更无法获得应有回报。这不仅损害了出资者的利益，也给众筹平台造成信用风险。所以，众筹平台应该对其上线项目的发起者做真实性核查，以此来保证出资人的利益和其平台自身的信用。

其次，关于项目发起者在募集成功后不能兑现承诺的问题。目前通过众筹模式进行筹资的项目大多为创意类项目，一定程度上相当于预售，项目支持者看好某种创意，通过资助的形式使其有足够的资金来将创意变为实物。但出资者和项目发起者双方没有任何实际的接触，出资者仅仅是通过在众筹平台上挂出的项目介绍决定是否对其进行资金支持。对于成功募集资金的众筹项目，众筹平台通常会一次性将款项拨付到众筹项目发起者的账户，在这之后，将不再负有对众筹项目监督的义务，后期的监督缺乏会导致权力的滥用。取得款项的众筹项目发起者有些会按照项目发布时的公告对出资者兑现承诺；有些由于其项目计划不周或其他原因，虽然竭尽全力，但仍然无法兑现承诺；更有甚者，将筹集到的款项挪作他用。对于第一种情况，是成功的众筹项目。对于第二种情况，项目发起者具有违约责任，出资者可以通过诉讼等手段努力取回出资，但将花费大量成本，甚至再次付出的资金会超过最初对众筹项目的出资，这在很大程度上会挫伤出资人的投资积极性。对于第三种情况，项目发起者不但具有违约责任，还可能具有诈骗的动机，但是出资者对其目的动机难以取证，也难以证明项目发起者将款项挪作他用，故难以取得胜诉。对于此类风险，众筹平台均声明不承担任何责任。正是众筹平台无法控制项目募集成功后的资金流向及项目发起者是否会兑现承诺的缺陷给筹资者以“跳票”的机会，这也越来越让出资者意识到，在众筹网站上的预售行为和网上购物不一样，前者可能面临无法交货的风险，进而导致出资者对众筹行业产生信任危机。

2. 众筹平台的信用风险

众筹平台的信用风险主要在于资金托管。众筹平台在目前属于普通的互联网线上平台，其注册为普通工商企业。根据传统的《支付结算办法》第六条规定“银行是支付结算和资金清算的中介机构。未经中国人民银行批准的非银行金融机构和其他单位不得作为中介机构经营支付结算业务，但法律、行政法规另有规定的除外”可知，只有银行可以作为支付结算和资金清算的中介机构，而众筹平台并不具有银行牌照。《非金融机构支付服务管理办法》是在“支付宝”发展起来后，立法机构与时俱进地针对互联网支付服务所做的新规，第三条第一款“非金融机构提供支付服务，应当根据本办法取得《支付业务许可证》成为支付机构”，第三款“未经中国人民银行许可，任何非金融机构和个人不得从事或变相从事支付业务”。因此，目前只有取得《支付业务许可证》的非金融机构才能从事支付服务，而众筹平台并不具备这种资格。但在实际操作中，出资者将出资拨付到众筹平台的账户，再将资金转入成功募集的项目上，众筹平台实质上在其中担当了支付中介的角色。整个资金流转过程并没有资金托管部门，也未受到监管机构的监督，即：众筹平台完全在靠着自己的信用经营着如此庞大的资金量。如果众筹平台一旦出现信用危机，投资者的出资将难以追回。此外，从项目开始到结束的一段时间内，被托管的资金是会产生收益的，而资金在托管期间所产生的收益应该如何分配也尚无法律做出明确规定，这使得诸多投资者因为以上诸多问题对众筹平台持怀疑和观望态度。

第五节　互联网征信

一、互联网征信概述

技术变革深刻影响着征信业的发展。征信最早起源于消费分期，需要对消费者进行信用评估，但当时更多的是利用口碑积累来进行定性判断，没有定量描述。进入电子化时代后，数据得到了沉淀和积累，通过使用数据统计模型来计算和评估信用，极大地推动了征信行业快速向前发展。而今天的互联网时代，数据即资产，是核心竞争力，任何数据都可以成为信用的一部分，即我们可以利用数据与信用的关联度，深层挖掘和刻画一个人的信用状况。通过互联网征信，不仅可以降低交易双方的信息不对称，降低交易成本，还可以有效防控金融风险，有助于互联网金融交易的顺利进行，推动金融市场的稳定与发展，提高金融的资源配置效率。目前，国家层面已将数据作为全新主体纳入要素市场体系，征信系统建设应抢抓数字经济变革机遇，深度融合大数据、云计算、人工智能等技术，努力向数据化征信时代迈进。近年来我国征信系统建设成绩显著，正在积极建设“主导突出、主体多元、融合共享、安全高效”的数字征信系统，来维护金融安全运行、促进普惠金融发展、不断激发市场主体活力。

（一）互联网征信的定义

狭义的互联网征信是指采集个人或企业在互联网交易或使用互联网服务中留下的行为数据，并利用大数据、云计算等技术进行信息评估的活动。广义的互联网征信是指采集个人或企业使用互联网金融服务所留下的信贷等数据以及通过线下渠道采集的公共信息等数据，进行信用评估的活动。

（二）互联网征信的特点

互联网征信和传统征信似乎只是数据的获取渠道不同，前者主要来自互联网，后者主要来自传统线下渠道，但是二者存在较大的差异。互联网征信创新主要表现在覆盖人群广泛、信息维度多元、应用场景丰富及信用评估全面四个方面，由此带来征信成本的降低和征信效率的提高。

第一，覆盖人群广泛。传统征信主要覆盖在持牌金融机构有信用记录的人群，可作为征信体系有效补充。互联网征信通过大数据技术捕获传统征信没有覆盖的人群，通过对他们在网络上留下的痕迹进行数据挖掘和分析，通过刻画得出的信用状况判断，满足P2P网络借贷、第三方支付及互联网保险等互联网金融新业态身份识别、反欺诈、信用评估等多方面征信需求。

第二，信息维度多元。现有征信记录主要是个人信息加信贷记录，而在互联网时代，互联网征信的信息数据来源更广泛，种类更多样。互联网征信数据不再局限于金融机构、政府机构以及电信提供的个人身份记录和信贷记录等，还引入互联网行为轨迹记录、社交和客户评价等更多广谱信息来刻画信用。这些数据在一定程度上可以反映信息主体的行为习惯、消费偏好以及社会关系，有利于全面评估信息主体的信用风险。

第三，应用场景丰富。互联网征信将不再单纯地用于经济金融活动，还可将应用场景从经济金融领域扩大到日常化、生活化的方方面面，如租房租车、预订酒店、求职就业、保险办理等各种需要信用履约的生活场景，在市场营销支持、反欺诈、贷后风险监测、预警和账款催收等方面具有良好的应用表现。

第四，信用评估全面。互联网征信的信用评估模型不仅关注信用主体历史信息的深度挖掘，更看重信用主体实时、动态、交互的信息。这些实时鲜活的征信数据，以信用主体行为轨迹为基础，在一定程度上可以精准预测其履约意愿、偿还能力等，使当前业务的快速决策更加有效。此外，互联网征信往往利用大数据技术，通过机器学习建模技术，从多个评估维度评价信用主体的信用状况。

芝麻信用是蚂蚁金服旗下独立的第三方征信机构，它通过云计算、机器学习等技术客观呈现个人的信用状况，已经在信用卡、消费金融、融资租赁、酒店、租房、出行、婚恋、分类信息、学生服务、公共事业服务等上百个场景为用户、商户提供信用服务。

芝麻信用大数据征信模型与传统评分体系有所不同。深度融合了传统信用评估与创新信用评估，开创了大数据征信模型。芝麻信用评分，是在用户授权的情况下，依据用户的各维度数据（涵盖金融借贷、转账支付、投资、购物、出行、住宿、生活、公益等场景），运用云计算及机器学习等技术，通过逻辑回归、决策树、随机森林等模型算法，对各维度数据进行综合处理和评估，从用户信用历史、行为偏好、履约能力、身份特质、人际关系五个维度客观呈现个人信用状况的综合评分。分值范围为350~950分。芝麻分在350~550分之间代表信用较差，芝麻分在550~600分之间代表信用中等，芝麻分在600~650分之间代表信用良好；芝麻分在650~700分之间代表信用优秀，芝麻分在700~950分之间代表信用极好（见图5-8）。持续的数据跟踪表明，芝麻信用分越高代表信用水平越好，在金融借贷、生活服务等场景中都表现出了越低的违约概率，较高的芝麻分可以帮助个人获得更高效、更优质的服务。

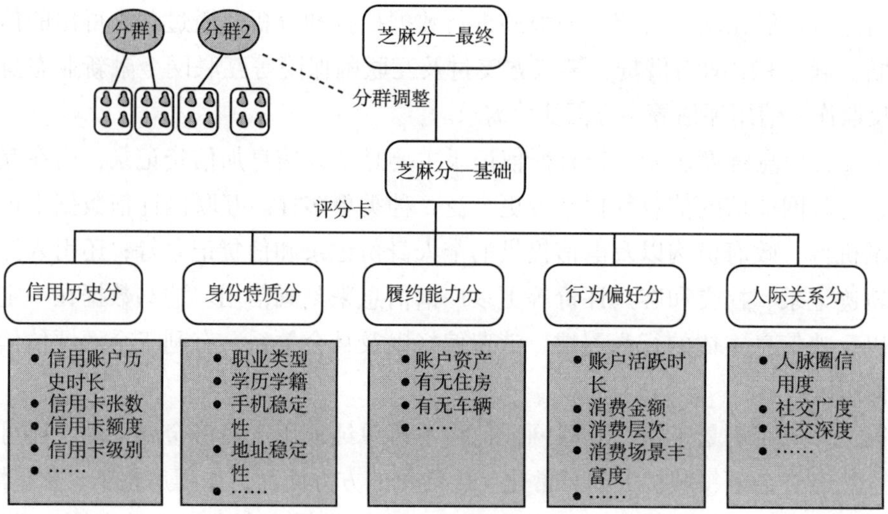

图5-8　芝麻信用模型维度

芝麻信用的主要切入点在于，使普通老百姓感受到信用的力量和价值，使他们今后在生活中注意培养信用意识，并在全社会建立起信用文化，更多地布局在生活类交易服务，解决B2C（商户与人之间）和C2C（人与人之间）的信任问题。对于商户来说，当一个新用户进入，如果能准确地刻画他的信用，就能更好地提供服务。比如，可以凭信用入驻酒店，也可以凭信用租车，在退房或者还车时再付钱，这样用户的体验会非常好。当然，不仅是在提供服务端，而且在售后端，比如投诉和退货，也可以基于信用提供很多增值服务。C2C也类似，以前在线下交易时，了解对方的门槛非常高，有了信用分，可以极大地降低交易双方的门槛，促进基于信用的交易发展，同时提供更好的交易体验。而在金融类交易方面，可以基于信用分识别违约的可能性。把信用分放到交易场景里，设定分数高低与违约概率相关，信用分达到一定分值以上的总体违约概率较低。①

二、我国互联网征信的发展概况

目前，我国互联网征信的发展概况主要呈现三个态势：一是法律监管框架逐步建立；二是基础设施建设日趋完善；三是行业发展初具规模。

1.法律监管框架逐步建立

2013年3月，国务院发布《征信业管理条例》（以下简称《管理条例》），标志着我国征信业进入有法可依的时代。2013年12月，中国人民银行出台《征信机构管理办法》，配合《管理条例》确立我国征信经营活动遵循的制度规范和监管依据。2015年1月，中国人民银行印发《关于做好个人征信业务准备工作的通知》，批准八家机构做好开展个人征信业务的相关准备工作。这意味着我国逐步开放征信市场，对于提升个人征信服务水平、规范发展征信市场和服务实体经济具有积极意义。

2.基础设施建设日趋完善

与欧美发达国家相比，我国征信体系建设起步较晚，但基础设施建设正逐步完善。我国征信体系的建设历经十几年的探索，已初见成效，逐步形成以中国人民银行征信体系为核心，以行政管理征信体系和商业征信体系为辅的征信体系。

3.行业发展初具规模

中国人民银行向社会放开个人征信市场，给腾讯征信、芝麻信用、前海征信等八家企业发放第一批个人征信业务牌照。这八家个人征信业务机构按类型可分为四类：一是依托互联网巨头成立的征信机构，如芝麻信用和腾讯征信；二是依托于金融巨头成立的征信机构，如前海征信；三是传统的第三方征信机构，如中诚信征信和鹏元征信；四是民营第三方征信机构，如中智诚征信、拉卡拉信用和北京华道征信。

---

① 资料来源：根据芝麻信用董事长井贤栋，“芝麻信用：互联网+大数据模式下的征信”一文整理。

三、我国互联网征信体系存在的问题

互联网征信为市场主体提供了多元化、多层次的征信服务，在提高征信服务水平、优化征信市场竞争格局及促进普惠金融发展等方面具有积极意义，是我国现有征信体系的一个有力补充。但由于法律顶层设计尚未完善、行业发展规范尚未健全以及核心技术相对缺乏，我国互联网征信仍处于初级阶段，在发展中面临着一系列挑战和现实性困境。

1. 互联网征信监管不足

良好有效的行业监管应该包括政府的行政监管与行业自律，但是我国互联网征信监管主体不明，现有的《管理条例》规制的主要对象是传统金融行业，并不适用互联网征信企业，而互联网征信业务具有跨地域从业、虚拟化、数字化、客户量大、分布广的特点，《管理条例》能否满足新的模式要求尚无定论。此外，尽管《管理条例》对个人信用信息提供了一定保护，但就互联网征信的数据报送范围、查询用途范围、授权形式、安全管理、异议处理和维权等方面的监管细则相对缺乏。加之相对于互联网技术发展，中国人民银行现行的“属地管理”难以形成有效监管，难以匹配互联网征信实时高效的业务特点。大数据应用给征信监管带来了新的挑战，对相应监管制度、监管体系和监管主体的专业能力等均提出了更高要求。而且现有的体系中也没有形成互联网征信行业自律协会，有效的自律监管更无从谈起。

2. 互联网征信标准不统一

互联网征信虽然数据来源广泛、维度多元，但数据的权威性、质量和征信标准一直备受质疑。不同征信机构所获取的数据来自不同领域，侧重收集的用户信息也不尽相同，收集数据的途径、内容以及对数据的理解与处理方式也均不同，没有统一的标准，也很难形成客观一致的分析结论。比如在芝麻信用中，经常使用“淘宝”和“支付宝”的用户其芝麻信用分就可能很高，但是主要使用“腾讯”和“微信”支付的用户则芝麻信用分相对较低，这样不同征信机构对同一用户的评价结论就会出现差异，不同评分结果必然不能真实反映用户的信用等。而且由此产生的数据信息的规范性和安全性难以达到央行比较成熟的征信体系要求，无法与央行征信系统对接，导致了客户的信用信息不能在行业内部以及跨行业间的共享，严重制约信息资源的利用效率。

3. 线上信息安全和隐私保护形势严峻

传统征信机构遵循独立第三方征信基本原则，信息采集者与信息产生方没有任何关系。但目前市场化的互联网征信公司大多突破了“独立第三方”的边界，数据的采集和使用多源于并应用于自身开展的业务，所得的信用评分可针对自身经营业务来进行客户分析和风险判断，但在其他应用场景的相关性和效用性得不到保证。不仅如此，非“独立第三方”互联网征信公司在数据商业用途中很有可能造成数据的滥用、泄露和消费者行为扭曲，带来信息安全隐患和消费歧视。大数据时代，数据挖掘和抓取技术的广泛应用，使得信用主体全方位信息数据被全盘收录，海量信息数据的收集给信用主体的隐私带来巨大挑战，隐私防护变得更加困难。用于特定场合的信息数据被用于其他商业用途，隐私侵犯的风险大大增加。不同机构之间信息数据的交叉验证，也容易造成用户隐私的泄露。不仅如此，我国对很多信息数据的所有权和使用范围并没有明确界定，隐私安全防护也涉及得较少。线上信息安全和隐私保护问题是制约互联网征信发展的主要障碍。

4. 互联网征信机构缺乏信息共享

信息数据是各家互联网征信公司业务经营的基础，互联网巨头都凭借自己的主要业务积累了大量的用户数据，虽然互联网征信公司希望借助外部征信数据交叉验证来进行风控，但是这些机构之间存在业务上的竞争，鉴于数据具有独享性，出于商业机密等利益考虑，许多平台并不愿意将自己的数据分享，担心失去自身积累的优势并导致优质客户资源的流失。而且更为遗憾的是，信用信息的封闭性和不透明性使得各个征信平台各自为政而互不相关，甚至出现基于自身利益考虑，通过抢占资源封锁信息等手段恶性竞争的局面。因此，同一用户在某一金融机构有违约现象，但是由于信息闭塞，在其他金融机构可能仍有良好的信用记录；甚至在互联网金融平台上有违约记录，但是可以在线下借款，或者借款人在多个平台重复借款的情况。各类信用信息成为“数据孤岛”，势必很大程度上不利于整个征信市场的健康运作。

5. 数据处理技术亟待提高

大数据时代，数据处理能力得到大幅度提升。目前已有很多征信机构在数据处理方面采取多层次数据清洗、数据挖掘等先进技术，利用云平台，对系统中海量数据进行抽取与集成、分析、解释，在减少主观判断，提高预测信用主体的还款意愿和还款能力以及反欺诈方面都有不错的应用表现。尽管成绩斐然，但总体上由于我国征信业务和大数据技术起步较晚，数据处理的核心技术相对缺乏，数据抓取、数据挖掘和数据分析技术仍有诸多“瓶颈”无法突破，比如大数据抓取技术很难实现对数据质量的保证，噪声数据和不完整数据很容易也被收录其中，噪声数据的过滤和清洗直接影响数据分析结果。

第六节　供应链金融

一、供应链金融概述

（一）供应链金融的概念及特点

国内关于供应链金融定义的普遍观点认为供应链金融是指“以核心客户为依托，

以真实贸易背景为前提，运用自偿性贸易融资的方式，通过应收账款质押登记、第三方监管等专业手段封闭资金流或控制物权，对供应链上下游企业提供的综合性金融产品和服务”。以这种定义和观点供应链金融被概括为“M+1+N”，即依托核心企业“1”，为其众多的供应商“M”和众多的分销商或客户“N”，提供综合金融服务。所以从这个意义上讲，国内理解的供应链金融大多是金融机构根据产业特点，围绕供应链上核心企业，从原材料采购，到制成中间及最终产品，最后由销售网络把产品送到消费者手中这一供应链链条，将供应商、制造商、分销商、零售商直到最终用户连成一个整体，基于交易过程向核心企业及其上下游相关企业提供的综合金融服务。

很多国内学者提出的用基于核心企业的“M+1+N”这种综合性金融模式来概括供应链金融的方法，严格意义上讲是不够准确的。主要是因为：第一，这种模式只是众多供应链金融模式中的一种，而且它比较符合金融机构或者商业银行主导的供应链金融，因为商业银行或金融机构并不直接从事供应链产业运行和管理。某种意义上供应链金融是依托产业的供应链运行来进行融资、风险管理和收益管理的，因为作为金融机构或商业银行必须依托一个核心企业通过整个贸易和经营过程来掌控信息流、商流和物流，或者说这个核心企业“1”的作用足以使金融机构获取相应的资讯，并且控制产业链风险。然而不是所有的供应链金融都是由商业银行或金融机构主导的，其中的参与者或推动者也包括生产企业、贸易企业、互联网公司以及物流公司等，它们本身就是产业链中的企业，为其上下游进行综合性的金融服务，实现金融与产业要素的高度结合，在这种状况下很难说这是一种“M+1+N”模式，或者说很难界定谁是其中的“1”。第二，供应链金融是一种基于供应链运行而产生的综合金融业务，它一定依托于整个供应链参与者之间的协同与合作。企业与企业之间如果缺乏合作的基础，或者说合作的平等性和交互性一旦丧失，供应链金融则名存实亡。所以，不能说谁是供应链的唯一核心或主导，而其他企业或组织是依附在“1”的基础上出现的“M”或“N”。

而国外对于供应链金融可以有三种不同的理解，它们分别来自供应链核心企业的视角、电子交易平台服务商的视角以及银行的视角。

1.供应链核心企业的视角

根据迈克尔（Michael，2008）的定义，供应链金融是一种在核心企业主导的企业生态圈中，对资金的可得性和成本进行系统性优化的过程。这种优化主要是通过对供应链内的信息流进行归集、整合、打包和利用的过程中，嵌入成本分析、成本管理和各类融资手段而实现的。

2.电子交易平台服务商的视角

根据亚伯丁（Aberden，2007）的解释，供应链金融的核心就是关注嵌入供应链的融资和结算成本，并构造出对供应链成本流程的优化方案。而供应链融资的解决方案，就是由提供贸易融资的金融机构、核心企业自身，以及将贸易双方和金融机构之间的信息有效连接的技术平台提供商组合而成。技术平台的作用是实时提供供应链活动中能够触发融资的信息按钮，比如订单的签发、按进度的阶段性付款、存货变动、指定货代收据的传递、买方确认发票项下的付款责任等。

3. 银行的视角

从银行业务拓展方式的角度，供应链金融是指银行通过审查整条供应链，基于对供应链管理程度和核心企业的信用实力的掌握，对其核心企业和上下游多个企业提供灵活运用的金融产品和服务的一种融资模式；从供应链融资的功能角度，供应链金融是要将资金流整合到供应链管理中，既为供应链各个环节的企业提供商业贸易资金服务，又为供应链弱势企业提供新型信贷融资服务的服务产品创新模式；从融资的功能指向角度，认为供应链融资是通过对供应链成员间的信息流、资金流、物流的有效整合，运用各种金融产品向供应链中所有企业（尤其是中小企业）提供的组织和调节供应链运作过程中货币资金的运作，从而提高资金运行效率的一种新型融资模式。

从国内外关于供应链金融的定义不难发现，国内学者大都仅仅看到供应链金融的一个侧面，将供应链的融资功能作为供应链金融的全部。大部分仅关注到供应链金融的理解要更为广泛，其视角不仅仅局限在融资这一功能之上，还加入了对资本结构、成本结构和资金流周期等问题的研究，以更加整体的视角看待供应链金融问题。国外研究者从供应链金融的多个层面考虑供应链问题。不仅在融资渠道上将视角拓展到对所有者和政府融资以及企业内部融资，而且将金融资源的使用问题也加入研究范围之中，同时从资产结构的视角、供应链功能和任务的视角，多方面地考察供应链金融问题。而国内的研究仍局限在对供应链内金融机构的融资，显然在研究领域上要窄于国外。而且国内外在对供应链金融理解的广度上也存在一定差异。纵观国内对于供应链金融的探索，大多数的定义和理解都是站在金融机构，或者更确切地说，是从商业银行的视角来介绍供应链融资的模式、概念和特征。而国外对供应链金融的研究则要相对广泛，它不仅包括了商业银行在内的金融机构，也包括了供应链产业企业的金融性行为。

综上所述，结合国内外对供应链金融理解的异同，本书认为供应链金融是集物流运作、商业运作和金融管理为一体的管理行为和过程，它将贸易中的买方、卖方、第三方物流以及金融机构紧密地联系在了一起，实现了用供应链物流盘活资金，同时用资金拉动供应链物流的作用。这种独特的商业融资模式，促进了供应链上核心企业及上下游配套企业“产—供—销”链条的稳固和流转顺畅，降低了整个供应链运作成本，并通过金融资本与实业经济的协作，构筑银行、企业和供应链的互利共存、持续发展的产业生态。而在这个过程中，金融机构如何更有效地嵌入供应链网络，与供应链经营企业相结合，实现有效的供应链资金运行，同时又能合理地控制风险，成为供应链金融的关键问题。

（二）供应链金融的有机构成

众所周知，金融是指人们围绕货币、资金和资本资产所从事的定价与市场交易活动。完整的金融体系包括金融产品、金融市场、金融主体和金融制度。对于供应链金融而言，这几个要素有其特殊之处。

从广义上讲，供应链金融是对供应链金融资源的整合。它是由供应链中特定的金融组织者为供应链资金流管理提供的一整套解决方案。静态层次上，它包含了供应链中参与方之间的各种错综复杂的资金关系；本书更多的讨论集中在供应链金融的动态层次，即由特定的金融机构或其他供应链管理的参与者（如第三方物流企业、核心企业）充当组织者，为特定供应链的特定环节或全链条提供定制化的财务管理解决服务。供应链金融服务通过整合信息、资金、物流等资源，来达到提高资金使用效率并为各方创造价值、降低风险的目的。

从供应链金融具体产品来看，它主要是金融机构提供的信贷类产品。其中包括对供应商的信贷产品，如存货质押贷款、应收账款质押贷款、保理等，也包括对分销商的信贷产品，如仓单融资、原材料质押融资、预付款融资等。此外，除了资金的融通，金融机构还提供财务管理咨询、现金管理、应收账款清收、结算、资信调查等中间增值服务，以及直接对核心企业的系列资产、负债和中间业务提供服务。因此供应链金融的范畴大于供应链融资或供应链授信。

从供应链融资市场来看，它基本上属于短期的货币（资金）市场，尽管供应链金融有着特异化的风险控制技术、自成体系的产品系列以及特别的盈利模式，但是从融资用途和期限的角度看，基本上可以归入广义的短期流动资金授信的范畴。从供应链金融体系中的参与主体来看，它大致包括以下四类主体：第一类，资金的需求主体，即供应链上的节点企业；第二类，资金的供给及支付结算服务的提供主体，主要是商业银行为代表的金融机构；第三类，供应链金融业务的特殊型机构，包括物流监管公司、仓储公司、担保物权登记机构、保险公司等；第四类，监管机构，在国内目前主要是指各级银监部门。以上要素结合在一起，便组成了一个完整的供应链金融体系。

（三）供应链金融的特点

供应链金融是金融机构的一个金融创新业务，它与传统信贷业务最大的差别在于，利用供应链中核心企业、第三方物流企业的资信能力，来缓解金融机构与中小型企业之间信息的不对称，解决中小型企业的抵押、担保资源匮乏问题。正基于此，供应链金融具有以下特点：

（1）供应链金融很好地实现了“物流”“资金流”“信息流”“商流”的四流

合一。

（2）供应链金融的宗旨在于优化整个产业的现金流，缩短现金流量周期，让利益各方都能用较低资金成本实现较高的经营绩效。因此，供应链金融不仅仅是融资借贷，它包括更为广义的金融服务活动，通过各类金融机构和产品共同为产业供应链服务。

（3）供应链金融打通供应链上下游交易产生的信息流，是以信息流所建立的信用关系来进行融资的一种方式。

（4）供应链金融具有优化和发展供应链的能动作用，良好的供应链金融服务不仅能解决资金问题，甚至能帮助产业打造更具竞争力的供应链体系。

（四）供应链金融的融资模式

供应链金融本质上是基于对供应链结构特点、交易细节的把握，借助核心企业的信用实力或单笔交易的自偿程度与货物流通价值，通过金融机构对核心企业的供应链中单个或多个企业提供全面金融服务，具体包括以下几种融资模式：

（1）应收账款类融资模式，如应收账款转让（保理）、应收账款质押融资等；

（2）预付款类融资模式，如订单融资、渠道经销商融资、保兑仓融资等；

（3）存货类融资模式，如动产质押融资、仓单质押融资等；

（4）关系型融资模式，如基于长期合作关系而建立的信用基础而进行的信用融资。

前三种融资建立在可证实的信息或者有形担保物的基础上，第四种融资模式建立在信用基础上。

二、我国供应链金融目前存在的问题和发展趋势

（一）我国供应链金融目前存在的问题

我国供应链金融市场规模在快速成长，2005年规模在3万亿元，而到了2016年整体规模已发展到12.6万亿元，增长了4.2倍。结合目前市场形势来看，2020年我国整体市场规模有望超过15万亿元。但与此同时，传统的供应链金融成存在诸多痛点，主要可简要归纳为以下几点：一是在整个供应链金融体系中，远离核心企业的N级供应商和N级经销商的融资困难；二是在复杂的商业模式造成各成员角色相互间回款困难；三是票据造假、多重质押等风险，未建立各环节信息传递、共享机制。

（二）我国供应链金融未来发展趋势

对供应链全链的信息流的准备把握和分析是提供供应链金融服务的关键因素。同时供应链金融的发展模式和着眼点也在不断地变革中，呈现如下发展趋势和特点：

第一，大数据、云计算、区块链等互联网技术解决供应链金融所依托的信息流

的真实性、完整性和安全性问题。由此在上述问题的驱动下，区块链逐渐为供应链金融提供更多可能，目前“区块链+供应链金融”已成为银行业应用技术最为广泛的部分，而其中“区块链+供应链金融”平台成为各银行之间竞争的重点领域。一方面，供应链金融领域引入区块链技术，建设技术创新的供应链金融系统，可以提升供应链金融整体效率和质量，增强系统安全性。另一方面，电商平台利用自己的平台优势，产生的大数据可以充分了解借方的信用状况、交易历史和供应链运营的能力，在一定程度上解决了交易及单据真实性和完整性的问题，同时利用互联网技术对于数据的收集、分析和处理能力，全面把握融资企业的业务结构、流程和管理运营状况。建立完善中小企业的信用评价，从而弱化核心企业在供应链金融模式中的作用，并且依靠互联网，核心企业可以将交易数据实时上传，平台可以对数据实时分析，从而去预测把控中小企业的一个运营情况，有效降低信用评估成本和贷款风险。

第二，供应链金融的模式向专业化、平台化转变。供应链金融由最初的金融机构主导到由核心企业主导再到如今的由互联网供应链金融平台主导，其模式一直在快速发展变革中。供应链金融平台将供应链上下游企业、资金提供者、交易平台进行融合，整合信息流、物流和资金流和商流，从而进一步优化供应链内部资金配置。通过融合性系统化的金融科技手段建立的供应链金融平台让融资企业信用更为透明，有效地在产业主体之间以及产业与金融机构之间传递信用，快速满足融资需求。

第三，供应链金融依据产业特点运作的趋势明显，且未来的分工越来越细。供应链金融活动的开展是针对产业供应链的特定业务而展开，不同的业务特点及不同的参与者都会对金融服务产生差别化的价值诉求。因此，只有在场景和产业供应链各参与主体价值痛点和价值诉诸点的基础上，才能有效地开展金融活动。他们所针对的行业不同，其运作方式都不尽相同。因此，供应链金融在金融科技的助力下逐步解决信息流的真实性、可靠性等问题的前提下，呈现总分结合的发展趋势，既有综合多条产业链协同发展的综合性供应链金融平台，也产生针对不同行业特点、旨在解决不同的行业痛点问题的产业供应链金融平台。并且未来对行业的细分会越来越深入，且不断调整和变化。

本章小结

1.第三方支付已经成为电子商务中最重要的支付手段，第三方支付的创新性应用反过来也极大地推进了电子商务的发展，两者相互促进、相互影响。正是由于这种快速发展，第三方支付已经开始深深地影响人们的社会生活，我们可以预见，未来无论是传统行业还是新兴行业，创新型的支付将给我们的消费观念、商业模式乃至金融竞争格局带来更多的变化。本章还介绍了第三方支付平台的基本概念、业务流程及主要的支付平台，分析了目前多种支付平台的业务模式和现状。

2. 众筹是指项目发起者通过利用互联网和社会性网络服务（SNS）传播的特性，发动众人的力量，集中大众的资金、能力和渠道，为小企业、艺术家或个人进行某项活动或某个项目或创办企业提供必要的资金援助的一种融资方式。

3. 众筹项目的运行主要需要三方面的参与：发起者、支持者和平台。

4. 众筹主要分为奖励式众筹、股权式众筹、捐赠式众筹和债务式众筹。

5. 狭义的互联网征信是指采集个人或企业在互联网交易或使用互联网服务中留下的行为数据，并利用大数据、云计算等技术进行信息评估的活动。

6. 广义的互联网征信是指采集个人或企业使用互联网金融服务所留下的信贷等数据以及通过线下渠道采集的公共信息等数据，并进行信用评估的活动。

7. 互联网征信创新主要表现在覆盖人群广泛、信息维度多元、应用场景丰富及信用评估全面四个方面，由此带来征信成本的降低和征信效率的提高。

8. 供应链金融是集物流运作、商业运作和金融管理为一体的管理行为和过程，它将贸易中的买方、卖方、第三方物流以及金融机构紧密地联系在了一起，实现了用供应链物流盘活资金，同时用资金拉动供应链物流的作用。

重要概念

第三方支付；第三方支付平台；独立第三方网关模式；综合第三方支付模式；众筹；股权式众筹；捐赠式众筹；奖励式众筹；互联网征信；供应链金融；“M+1+N”模式

复习与思考

1. 简述第三方支付的定义及特点。

2. 简述第三方支付平台的概念及模式。

3. 请简述我国第三方支付存在的问题与发展建议。

4. 简述我国第三方支付的管理现状及问题。

5. 简述我国第三方支付与商业银行之间存在怎样的竞合关系。

6. 什么是众筹？众筹较传统融资方式相比优势是什么？

7. 什么是互联网征信？具有哪些特点？

8. 什么是供应链金融？构成要素有哪些？具有哪些特点？

9. 请简述一下我国互联网征信体系存在的问题与发展建议。

10. 请简述一下我国供应链金融目前存在的问题与发展趋势。

扩展阅读

1. 支付宝案例：https：//b.alipay.com/index2.htm。

2. 财付通案例：https：//www.tenpay.com/v3/。

3. 连连支付案例：https：//global.lianlianpay.com/？invitecode=3B2QH9&utm_campaign=pinzhuan&utm_medium=cpc&utm_source=SEM-。

4. 余额宝案例：http：//yuebao.thfund.com.cn/。

5. 产品众筹模式的代表—点名时间案例：https：//www.csai.cn/if/366221.html。

6. 易宝支付案例：易宝支付官网，https：//www.yeepay.com/。

7. Worldpay案例：Worldpay官网，www.worldpay.com。

8. PayPal案例：2017年中国第三方支付市场监测报告［R］.艾瑞咨询，2017。

第六章　大数据及其应用

➡ 学习目标

1. 了解大数据技术发展的起源与发展历程，充分认识大数据技术的重要性。
2. 掌握大数据的基本概念和主要特征，了解大数据的数据来源和分类。
3. 了解大数据的处理流程，以及不同处理流程的主要任务。
4. 熟悉大数据在不同处理流程时的主要技术和工具。
5. 了解金融大数据的分类、特点、重要价值和发展前景。
6. 熟悉金融大数据平台构成及各部分功能。
7. 掌握金融大数据在银行、保险、证券、互联网金融等行业的主要应用。
8. 了解金融大数据发展面临的主要问题。

第一节　大数据基础

一、大数据的起源与发展

早在人类文明诞生之初，人类就已经开始利用数据来表征自然和社会。从泥板、竹简、纸张到磁带、软盘、硬盘，从算筹、算盘到计算机、智能手机，人类记录和处理数据的工具随着技术的进步不断发展，同时也推动着人类数据存储量和数据处理速度的快速增长。据全球权威咨询机构国际数据公司（International Data Corporation，IDC）发布的《数据时代2025》（*Data Age 2025*）报告显示，全球每年产生的数据将从2018年的33ZB增长到175ZB，相当于每天产生491EB的数据。根据数据单位的换算关系，1TB等于1024GB；1PB等于1024TB，约105万GB；1EB等于1024PB，约11亿GB；1ZB等于1024EB，约1.1万亿GB。如果以1GB/秒的速度传输1ZB的数据需要约3.5万年。

正是由于海量数据的出现及其爆炸式增长，给现有的信息处理技术带来了极大挑战，专家和学者开始逐步认识到海量数据将会给人类发展带来的巨大价值。2008年，国际顶尖期刊《自然》（*Nature*）推出了名为“大数据”（*Big Data*）的专刊。同年，计算社区联盟也发表了《大数据计算：在商务、科学和社会领域创建革命性突破》（*Big-Data Computing*：*Creating Revolutionary Breakthroughs in Commerce*，*Science*，*and Society*）的报告。真正推动“大数据”广为流传的是国际知名管理咨询公司麦肯锡于2011年6月发布的一份名为《大数据：下一个创新、竞争和生产力的前沿》（*Big Data*：*The Next Frontier for Innovation*，*Competition*，*and Productivity*）研究报告。该报告作为第一份从经济和商业维度阐述大数据发展潜力的研究成果，首次系统阐述了大数据概念，详细列举了大数据核心技术，深入分析了大数据在各行业的应用，明确提出了政府和企业的决策者应对大数据发展的策略。

随着时间的推移，人们对大数据的关注度与日俱增，大数据成功引起了商业巨头及各国政府的广泛关注。2012年1月，瑞士达沃斯世界经济论坛将大数据作为主题之一，并发布了《大数据，大影响》（*Big Data*，*Big Impact*）的主题报告，该报告重点关注了个人产生的移动数据与其他数据的融合与利用。同年3月，美国奥巴马政府启动了一项投资超过2亿美元的“大数据的研究和发展计划”，这被认为是继1993年美国宣布“信息高速公路”计划后的又一次重大科技发展部署。英国、法国、澳大利亚等发达国家也纷纷跟随美国的脚步先后将推动大数据发展上升到国家战略层面。

为了紧跟大数据技术发展的浪潮，我国政府、学界和工商界对大数据也予以了高度的关注。2011年12月，在工业和信息化部发布的《物联网“十二五”发展规划》中，信息处理技术作为4项关键技术创新工程之一被提出，其中海量数据存储、数据挖掘、图像视频智能分析都属于大数据的重要组成部分，信息感知技术、信息传输技术和信息安全技术也与“大数据”密切相关。2012年，中国计算机学会大数据专家委员会（China Computer Federation Task Force on Big Data）成立，该专家委员会撰写发布了《2013 年中国大数据技术与产业发展白皮书》。2014年3月，我国《政府工作报告》中首次提及大数据概念。2015年党的十八届五中全会上，我国提出了实施国家大数据战略，并颁发了《促进大数据发展行动纲要》，将大数据发展上升至国家战略层面。从2012年开始，以阿里巴巴、腾讯、百度为首的互联网企业也纷纷启动了关于大数据的研发和应用。

二、大数据的基本概念

（一）大数据的定义

虽然大数据常被提及，但在大数据定义问题上很难达成一个完全的共识。较为常见的几种定义包括：

1.维基百科的定义。大数据指的是所涉及的资料量规模巨大到无法通过目前主流软件工具，在合理时间内达到撷取、管理、处理并整理成为帮助企业经营决策的资讯。

2. 麦肯锡的定义。大数据是指规模达到无法用传统数据库软件工具对其内容进行采集、存储、管理和分析的数据集合。

3. 研究机构高德纳公司（Gartner）的定义。大数据是指需要新处理模式才能具有更强的决策力、洞察发现力和流程优化能力的海量、高增长率和多样化的信息资产。

4. 咨询机构IDC的定义。为更经济地从高频率的、大容量的、不同结构和类型的数据中获取价值而设计的新一代架构和技术。

前两个定义主要凸显是大数据的“大”，大到超出了现有数据处理范围，并且会随时间推移和技术进步持续增长；后两个定义则强调大数据的“新”，即大数据必须依赖新的思维、新的架构、新的技术和新的工具手段处理。

（二）大数据的特征

从概念定义上未必能充分理解大数据的属性和本质，大数据的基本特征更有助于理解大数据的内核。大数据的基本特征由几个以“v”开头的英文单词构成，分别是规模（volume）、多样（variety）、速度（velocity）、价值（value）和真实（veracity）。前三个特征是公认的，基本上没有争议；后面两个则是从不同角度做的补充。因此，大数据具有“3v”“4v”或者“5v”特征都有其合理性。

1. 数据体量巨大。大数据最直观的特征在于数据规模巨大。在芯片发展方面，有一个著名的摩尔定律，说的是每18个月，芯片体积要减小一半，价格降一半，而其性能却要翻一倍。在数据的增长速度上，有人也引用摩尔定律，认为大概18个月或2年，世界的数据量就要翻一番。目前，数据量至少是TB（1TB=1024GB）级别方能称之为大数据。

2. 数据种类繁多。除了数据规模巨大外，大数据涉及的数据类型也无比丰富。传统的数据以数字和文字为主，但在大数据时代，几乎所有能被0和1符号表述，能被计算机处理的都被称为数据。例如视频、音频、文档、网页、地理信息、搜索点击记录、购物消费记录和浏览记录等数据都属于大数据处理的范畴。物联网出现后，机器与机器交流的数据也被纳入其中。

3. 处理速度快。在快节奏的当下，人们对于数据实时性的要求越来越高。当发出数据请求时，人们总是希望能得到快速及时的响应。以前的数据处理依赖人工的参与，效率低下。但在大数据时代，数据的采集、存储、处理和传输等各个环节都实现了自动化、网络化和智能化。

4. 价值密度低。由于数据量庞大，相对于传统数据库，其数据价值密度较低。以视频为例，在连续的监控过程可能仅有几秒的有用信息。虽然价值密度低，但数据却更为全面，可供挖掘的潜力也更大。

5. 数据客观真实。以前的数据采集和处理均有人的参与，人的主观性会被渗透到数据之中，影响其客观真实。但在大数据时代，采集、记录数据只是智能终端的一种基本功能，是按照既定的程序处理，真实反映了事物及其状态和行为。

（三）大数据的来源

人类历史上从未像今天一样产生如此海量的数据，世界约90%的数据是最近几年才产生的。这些数据从何而来？简单来说，大数据产生可以划分为被动、主动和自动三种方式。这些被动、主动和自动的数据共同构成了大数据的主要数据来源。

被动式的数据主要由企业、机构在生产运营活动中生成。比如超市的销售记录、银行的交易记录、医院的医疗记录等。被动式的数据属于传统数据生产方式，由数据库管理系统进行统一管理。由于不少大型企业集团服务的用户群体庞大（例如银行、电信运营商等），公司内部每天都会生成海量的运营数据。

主动式的数据主要由互联网用户在使用互联网的过程中生成。根据We Are Social发布的《2020年全球网络概览报告》显示：全球有超45亿互联网用户，约占世界人口的60%；其中拥有社交媒体的用户已超过38亿。全球网民平均每天上网6小时43分钟，其中1/3以上的时间是在使用社交媒体。这些互联网用户每天都会在社交软件、视频平台等诸多互联网应用中主动生成海量数据信息。

自动式的数据是由物联网中机器自发形成的。自从可以低成本生产微型且带有处理功能的传感器以来，这些微型感知设备就广泛地布置于社会的各个角落。随着智慧城市、智能工厂、无人驾驶、无人超市等技术不断成熟，整个社会的生产生活都将处于传感器的监控之下。这些感知设备将会源源不断地产生庞大数据，成为今后大数据来源的主体。

（四）大数据的分类

由于大数据种类繁多，对大数据进行分类十分必要。从不同的角度可以对数据进行不同形式的划分，每种分类方式都有其独特作用和价值。

从数据结构划分，可以分为结构化数据、半结构化数据和非结构化数据。结构化数据有着统一的结构模式，以表的方式存储在关系数据库中。非结构化数据通常是指语音、图片、视频等格式的数据，按照特定应用格式进行编码，不存在固定结构。半结构化数据介于两者之间，例如HTML文档、XML文档、JSON数据等。处理结构化数据使用关系数据库即可，而半结构化和非结构化数据必须用Hadoop等大数据平台。

从时效性划分，可以分为批量数据和实时数据。实时数据会实时反应数据变化，适用于时效要求高的业务，例如股票交易的实时行情数据。批量数据是每间隔一段时间更新一次，反映该时段内所有变化，例如股票历史交易数据。实时数据多应用于高时效性的应用场景，对系统稳定性和技术要求更高。

从处理程度划分，可以分为原始数据和衍生数据。原始数据是指来自采集后没有做过任何加工处理的数据。衍生数据是指通过对原始数据进行加工处理后产生的数据。这种分类方式主要用在数据管理上，原始数据通常只保留一份，衍生数据可以根据需要以任意形式存在。一旦衍生数据发生问题，可以随时通过对原始数据重新处理获得。

从数据粒度划分，可以分为明细数据和汇总数据。明细数据粒度小，包括最丰富的业务细节，但处理效率低。按时间、地区、产品等维度对明细数据进行汇总处理得到汇总数据，直接分析汇总数据效率更高。其他分类方式还包括从数据来源划分和从数据用途划分等。

三、大数据的应用价值

社会各界对大数据期待的原因在于，人们可以通过大数据分析处理，获取不同维度的信息情报和知识洞见，为创新应用模式及商业模式提供线索和技术。大数据的“大”并不能体现其价值，充分利用大数据创造新的知识和应用才是大数据的核心价值。目前，大数据应用发展呈现“阶梯式”格局，互联网行业是大数据应用的领跑者，电信、金融、医疗卫生、公共管理等各个领域也在广泛探索大数据的应用场景。

互联网是大数据应用的发源地，互联网企业也是当前大数据应用的领跑者。经过十多年的发展，互联网行业形成了多种成熟的大数据应用模式：一是以营利为目的的商业大数据应用，包括个性化推荐等营销类大数据应用、电子商务交易辅助类大数据应用、网络安全大数据应用等；二是不以营利为目的、侧重为社会公众提供服务的大数据应用，例如流行病预警、交通道路拥堵预警、失踪儿童搜寻等公益大数据服务；三是利用大数据技术促进技术研发类大数据应用，比如语音识别、机器翻译、人脸识别和无人驾驶等前沿科技都广泛应用了大数据技术。

大数据应用起源于互联网，正在向以数据生产、流通和利用为核心的各个产业渗透。首先，电信行业在发展大数据上有明显优势。电信行业本身就掌握体量巨大的数据资源，单个运营商其手机用户每天产生的话单记录、信令数据、上网日志等数据就可达到PB级规模。其次，电信行业在IT技术方面有着深厚的技术沉淀。目前，我国三大通信运营商都已经完成了全集团大数据平台建设，设立了专业的大数据运营部门或公司，开始为客户提供大数据所需的基础设施和服务。金融行业与电信行业类似，自身拥有大量数据和较好的信息化基础。因此，在大数据应用方面走在前列，详细的介绍将在本章第四节展开。医疗大数据也是大数据应用的热点方向，电子病历、医疗知识图谱、临床决策支持系统都是行业前沿热点。除上述行业外，大数据应用在工业、能源、教育、文化、旅游等行业也遍地开花。

大数据同样也是提升政府公共管理能力的重要手段。如何健全和完善政务数据的应用机制，厘清政务存量数据，将数据进行共享开放，从数据中挖掘价值，进而提升政府工作效率是政务大数据应用需要解决的主要问题。我国一直积极探索大数据政府应用。不仅出台了包括《推进“互联网+政务服务”开展信息惠民试点实施方案》《政务信息资源共享管理暂行办法》和《“互联网+政务服务”技术体系建设指南》在内的诸多指导性政策文件，而且正在推动政务信息系统和资源整合逐步落地，重点解决政务信息系统整合升级、政务信息共享交换和政务信息对外开放等问题。我国的国家治理体系与治理能力在大数据技术的支持下保持稳步提升。

第二节 大数据技术

一、大数据处理流程

从海量数据中提取有用的信息和知识，需要经过一系列处理流程，即数据采集、数据处理与存储、数据分析和数据展示四大步骤（见图6-1）。

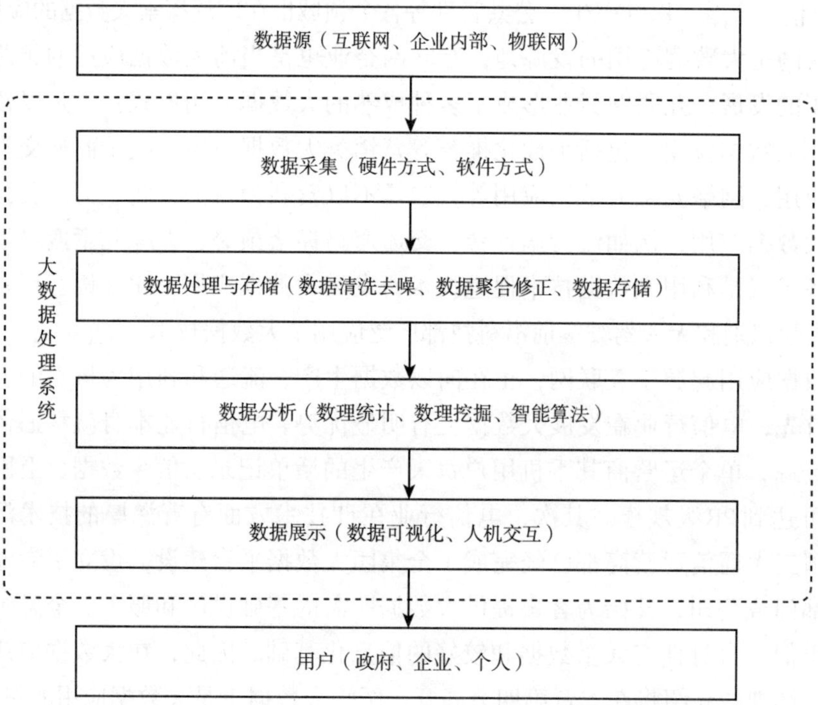

图6-1 大数据处理流程框架

（一）数据采集

数据采集是指从互联网、企业内部或物联网等多种数据源获取数据的过程，可以通过硬件或者软件的方式实现。使用射频识别（radio frequency identification，RFID）、条码、二维码和传感器技术是常见的硬件采集方式；利用网络爬虫和企业内部数据库是常用的软件采集方式。有别于传统数据采集，大数据环境下的数据采集具有“多源、异构、跨平台”的显著特征。

（二）数据处理与存储

数据处理与存储是指对于已经采集到的数据进行适当的处理、清洗去噪以及进一步的集成存储。由于采集的数据不仅体量庞大，而且格式不一、质量良莠不齐，所以，必须对这些数据进行“去噪”和清洗，以保证数据的质量以及可靠性。整理好的数据需要有效地存储和管理，这对于数据后续使用和扩展至关重要。

（三）数据分析

数据分析是指根据应用需求对整理后的数据进行分析以获取有用信息的过程。常用的分析手段包括数理统计、数据挖掘、机器学习、智能算法等。数据分析是整个大数据处理流程里最核心的部分，直接体现大数据的应用价值。利用人工智能技术尤其是深度学习技术进行大数据分析将是大势所趋。

（四）数据展示

数据展示是将大数据分析处理的结果清晰直观地展示给用户的过程，主要依赖人机交互设计和数据可视化技术。数据展示也是十分重要的环节，直接影响用户体验。对于嵌入多业务中的大数据应用而言，分析结果直接交由机器处理，这种场景下可省略数据展示环节。

二、大数据关键技术和工具

（一）网络爬虫技术

网络爬虫（web crawler）是一种按照一定规则，自动地抓取互联网信息的一种程序或脚本，是互联网中应用最广泛的数据采集技术。

网络爬虫的工作流程大致可划分为五个主要步骤（见图6-2）。第一步根据需要挑选种子网页；第二步将种子网页的URL地址存入待爬取的URL队列中；第三步从待爬取的URL队列挑选一个地址，并从互联网下载该地址对应的网页；第四步是将所下载网页的主要内容存放于内容数据库中，并将该网页地址放入已爬取的队列；第五步是将下载网页中新的URL放入待爬取的URL队列中，要求新的URL地址是已爬取的队列中不存在的地址。网络爬虫会不断下载新的网页直至待爬取的URL队列为空。需要注意的是，在很多应用场景下，网页爬取仅仅执行一次是不够的，需要定期更新其内容。

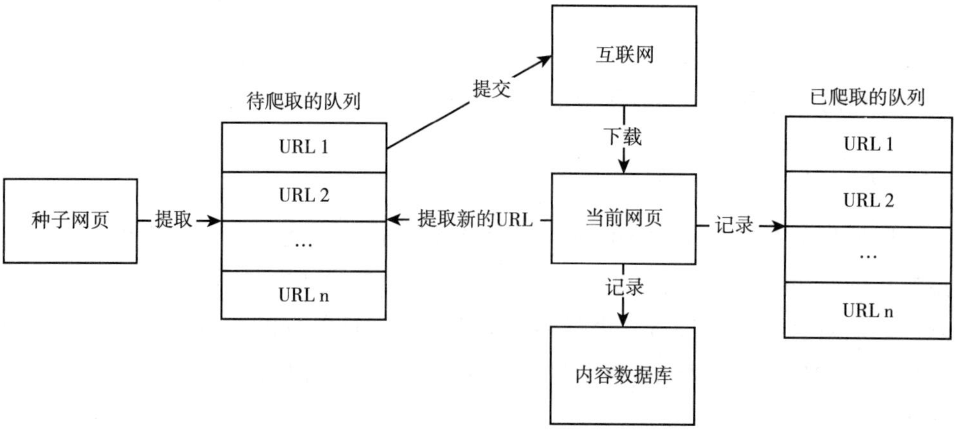

图6-2　网络爬虫的工作流程

网络爬虫技术比较成熟，利用开源系统可以帮助人们快速设计和实现自己的网络爬虫。常用的工具有基于Java的Apache Nutch和Heritrix以及基于Python的Scrapy。Nutch诞生于2002年8月，是Apache旗下使用Java实现的开源搜索引擎项目。大数据处理框架Hadoop就发源于Nutch项目，因此，Nutch被认为是大数据的技术起源。从功能的角度看，Nutch不仅仅是一个爬虫系统，它还提供了运行搜索引擎所需的主要工具，包括全文索引和搜索。Heritrix发端于2003年年初，也是一个开源且使用Java编程语言开发的网络爬虫。Heritrix最显著的优点在于良好的可扩展性，方便用户按照自己需要抓取数据。Heritrix可以实现深度复制，用于获取完整的、精确的站点内容，甚至还包括图像及其他非文本内容。对于相同的URL，即使重新爬行也能不替换先前的内容。Scrapy是基于Python的爬虫框架，用户只需定制开发几个模块就可以轻松地实现一个爬虫。Scrapy扩展性很好，还可应用于数据挖掘、信息处理或存储历史数据等一系列的程序中。

（二）分布式存储技术

分布式存储技术由两大核心技术构成：分布式文件系统和NoSQL（Not Only SQL）数据库。分布式文件系统为整个大数据提供了底层的数据存储支撑架构，NoSQL数据库提高了大数据管理效率和访问速度。

分布式文件系统将大规模数据用文件的形式保存在不同的存储节点中，并用分布式系统进行管理。其技术特点是将大的任务分解为多个小任务，通过让多个处理器或多个计算机节点参与计算来解决问题。传统的单机文件系统或网络文件系统要求一个文件系统的数据必须存储在一台物理机器且不提供数据冗余，可扩展性、容错能力和并发读写能力均难以满足大数据需求。分布式文件系统由于存在多个分散的存储节点，即便某个节点出现故障也不影响其他节点的正常运行。当存储数据量接近存储容量上限时，只需要添加新的存储节点就能扩大存储容量。分布式文件系统能够支持多台主机通过网络同时访问共享文件和存储目录，有较强的并发读写能力。分布式文件系统是大数据时代下数据存储的主要架构。

典型的分布式文件系统产品有GFS（Google File System）、HDFS（Hadoop 分布式文件系统）等。GFS是谷歌（Google）公司为了存储海量搜索数据而设计的文件系统，主要针对文件较大（通常都在100MB以上）且读远大于写的应用场景。GFS采用主从（master-slave）结构，即一个主服务器和多个块服务器。GFS中的文件被划分为固定的块，由主服务器安排存放到块服务器上；同时，主服务器会记录存放位置并负责维护和管理整个文件系统。由于GFS存在单点故障和海量小文件存储的问题，Google公司正在对GFS进行了重新设计，升级为Colosuss。HDFS是基于GFS实现的开源系统，是Hadoop项目的核心子项目。HDFS和GFS类似，适合大数据批量处理，不支持低时间延迟的数据访问。HDFS的访问模式是一次写入，多次读取，仅支持单个写入者，并且写操作总是以添加的形式在文末追加，不支持在任意位置进行修改。HDFS也是主从结构，管理节点是NameNode，存储节点是DataNode，其基本架构如图6-3所示。

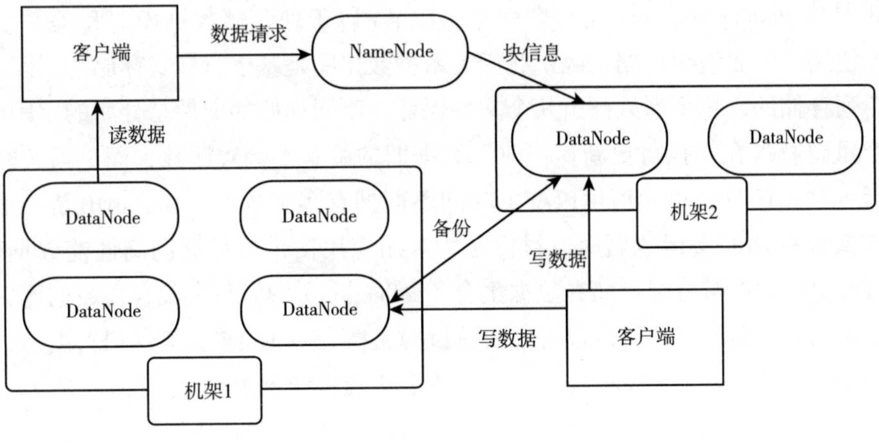

图6-3　HDFS基本架构

数据库技术是实现数据有效管理的重要工具。关系型数据库和NoSQL是为处理不同类型数据而发展起来的两种主要数据库工具。关系型数据库利用SQL语言（Structured Query Language）对以二维表形式存在的数据进行管理，甲骨文的Oracle、MySQL数据库和微软的SQL Server数据库是应用最广泛的三大关系型数据库。由于SQL是关系型数据库的语言基础，NoSQL则成为非关系型数据库的代称。NoSQL处理的数据类型也是关系型数据库无法处理的半结构化数据和非结构化数据。

NoSQL数据库种类繁多，大多具备非关系、易扩展、可分布和高性能等优点。根据存储对象和存储方式的不同，NoSQL可以划分为键—值（key-value）存储数据库、列存储数据库、文档数据库和图数据库。键—值存储数据库可以通过键名（key）访问键值（value），通常由哈希表实现。列存储数据库将数据储存在列族（column family）中，一个列族存储经常被一起查询。文档数据库会将数据以文档的形式储存，文档是最小存储单元，同一个表中存储的文档属性可以是不同的，可以使用XML、JSON或者JSONB等多种形式。图数据库允许将数据以图的结构储存。实体会被作为顶点，而实体之间的关系则会被作为边。每种NoSQL数据库均有其独特的优缺点和适用场景，如表6-1所示。

表6-1　　不同NoSQL数据库对比

分类	典型代表	优点	缺点	适用场景
键—值存储数据库	Redis	查询效率高	数据无结构	存储与ID挂钩的信息，如用户信息
列存储数据库	HBase	查询效率高	功能受限制	分布式文件系统
文档数据库	MongoDB	数据结构限制少	查询性能低	存储网页、日志信息等
图数据库	OrientDB	支持图结构算法	数据规模较小	存储关系强的数据，如社交网络

在诸多NoSQL数据库中，HBase和MongoDB值得重点关注。HBase是Apache Hadoop项目的子项目，是在Hadoop的HDFS基础之上实现了Google公司Bigtable模型，其名称也正是由Hadoop和Database组合而来。HBase属于列存储数据库，和关系型数据库一样使用二维表组织数据。区别在于关系型数据库是基于行模式存储的，而HBase是基于列存储的，每个列族都由几个文件保存，不同列族的文件是分离的。HBase的另一个重要特性在于执行更新操作时，数据旧的版本不会被删除，而是通过时间戳与新版本数据区分，单元值可以根据时间不同拥有多个版本。MongoDB是一个基于分布式文件存储的文档数据库，目标是为Web应用提供可扩展的高性能数据存储。MongoDB里的数据被分组存储在数据集合（collection）中。每个集合在数据库中都有一个唯一的标识名，并且可以包含无限数目的文档。MongoDB由C++语言编写，服务端可以运行在Windows、Mac OS和Linux多个平台，支持Python、Java、C++、PHP、C#等多种语言。MongoDB支持创建索引，拥有强大的查询功能，且具备高性能、易部署、易使用等特点。因此，MongoDB在互联网中得以广泛应用。

（三）数据挖掘技术

数据挖掘（data mining）是指通过算法从大量数据中挖掘有价值信息和知识的过程，是大数据分析的核心工作。与传统数据分析方法的重要区别在于数据挖掘是在没有明确假设的前提下挖掘未知信息的，例如通过数据挖掘发现了啤酒和尿布在超市销售上的密切关系。数据挖掘中的数据通常被人为划分为两类：训练数据集和测试数据集。数据挖掘过程是先从训练数据集中发掘知识、提炼规则，然后将知识与规则运用于测试集用以验证其是否有效。

数据挖掘的常用分析方法有三类：分类分析、聚类分析和关联规则分析。分类分析指建立分类模型或挖掘出分类规则，并通过分类模型和规则将数据映射到某个指定类别的过程。聚类分析是把数据按照相似性和差异性分为不同类别的过程，聚类的标准是属于同一类别的数据间的相似性尽可能大，不同类别中的数据间的相似性尽可能小。与分类不同，聚类分析处理的数据对象的类是未知的。关联规则分析是指发掘数据对象之间的相互依赖关系的过程，由于发掘的关系并不绝对可靠，因此关联分析生成的规则带有可信度。啤酒与尿布就属于关联规则的典型应用，类似的应用在推荐系统中广泛存在。

数据挖掘背后的理论依据是各类数据挖掘算法，数据挖掘的结果好坏与选择的数据挖掘算法密切相关。常见的数据挖掘算法有决策树、神经网络、遗传算法、粗糙集和模糊集等。

决策树主要用于数据分类，分类过程分成两个阶段：树的构造和树的修剪。首先利用训练数据生成一个测试函数，根据不同取值建立树的分支；继续在每个分支中重复建立下层结点和分支，生成一棵决策树；然后对决策树进行剪枝处理，最后把决策树转化为分类规则。决策树的分类方法与其他分类方法相比，具有速度快、转化规则简单且容易理解等优点，对于高维数据有很好的分类效果。

神经网络是参照生物神经系统的结构和功能，通过构建大量的简单处理单元（类似神经元细胞）和丰富连接（类似神经连接）构成的自适应非线性动态系统。神经网络可完成分类、聚类 、特征挖掘等多种数据挖掘任务。神经网络需要大量的训练数据和时间进行学习，学习的结果体现在连接权值（阈值）的修改。神经网络的优点在于其具有抗干扰、大规模并行处理、自组织自适应、联想记忆等功能，最大的缺点是“黑箱”性，人们难以理解网络的学习和决策过程。机器学习领域最令人瞩目的深度学习就是从神经网络发展而来。

遗传算法是一种基于生物自然选择与遗传机理的随机搜索算法，可以实现对结果的优化。遗传算法实施过程是首先要对求解的问题进行编码（称为染色体），产生初始群体，然后计算个体的适应度；再进行染色体的复制、交换、突变等操作产生新个体并计算其适应度；循环往复，直到求得适应度符合要求的个体出现。在数据挖掘领域，遗传算法多用于分类或是用于优化神经网络结构。

粗糙集（又被称为粗集）是一种研究不精确、不确定问题的数学工具，可以处理数据简化、数据相关性发现、数据意义评估等问题。其优点算法简单，不需要关于数据的任何预备的或额外的信息；缺点是难以直接处理连续的属性，须先进行属性的离散化处理。

模糊集则是利用模糊集合理论和模糊运算规则对问题进行模糊评判、模糊决策、模糊模式识别和模糊聚类分析。由于与程度相关的分类界限通常是模糊的，例如多和少该以何值为分界。因此，模糊集合理论使用隶属度来描述模糊事物属于某个分类的程度。通常，系统的复杂性越高，模糊性就越强。粗糙集和模糊集都可解决知识不完善、不准确的问题，模糊集对输入数据没有离散归一化要求，两者可以配合使用。

（四）数据可视化技术

数据可视化（data visualization）技术是指运用计算机图形学和图像处理技术，将数据转换为图形或图像在屏幕上显示出来，并进行交互处理的理论、方法和技术。由于图形图像比数字和文字更加生动形象，借助人脑的视觉思维能力，数据可视化可以帮助人们发现数据中潜藏的知识和规律。因此，数据可视化技术成为解释大数据最有效的手段，在很多领域均得到迅速而广泛应用。

不同数据类型的数据可以有不同的数据可视化方式，应选用的可视化工具也是不同的。对于文本信息可以使用标签云（tag cloud）的方式呈现，使用工具有基于Python的WordCloud。针对时间序列数据可以以时间轴的方式展示，使用工具可以选择jQuery的Timeline.js插件。统计数据通常以统计图表（柱状图、折线图、饼图）的方式呈现，常用的统计图表可视化工具有HighCharts、ECharts、Chart.js等。展示数据间复杂关系通常可以选择以网络图的方式呈现，常用工具包括Igraph、Gephi、networkD3等。地理空间信息通常以地图的方式呈现，常用的工具包括Leaflet、Polymaps等。

在设计具体的可视化结果时，可以参考数据可视化的十大黄金准则：

1. 明确呈现数据图形的目的；
2. 通过比较（同比和环比）反映问题；
3. 提供相应的数据指标的业务背景；
4. 通过总体到部分的形式展示数据报告；
5. 联系实际的生产和生活，可视化数据指标的大小；
6. 通过明确而全面的标注，尽最大可能消除误差和歧义；
7. 将可视化的图标同听觉上的描述进行有机地整合；
8. 通过图形化工具增加信息的可读性和生动性；
9. 允许但并非强制通过表格的形式呈现数据信息；
10. 目标是让数据报告的受众思考呈现的数据指标，而非数据的呈现形式。

第三节　金融大数据

金融大数据和大数据金融是两个具有不同内涵的概念。金融大数据是指人们在金融交易活动中产生的大量数据信息，由金融机构、企业、个人和政府在投资、储蓄、利率、股票、期货、债券、资金拆借、货币发行量、期票贴现和再贴现等各式金融活动中形成的各类数据构成。大数据金融主要是指运用大数据分析方法从事金融活动的方法和过程，即金融机构、企业、个人和政府通过云计算、数据挖掘、区块链、物联网、人工智能等各种技术手段来使用金融大数据的方法和过程。金融大数据是云计算、大数据、区块链、物联网和人工智能等技术融合的必然结果，而大数据金融代表了大数据时代下金融体系的运行和发展方向。

一、金融大数据的分类和特点

金融行业属于数据密集型行业，在经营活动中会生产和应用大量数据。从行业的角度划分，金融大数据分为银行大数据、保险大数据、证券大数据、互联网金融大数据等，从数据来源分，金融大数据分为内部数据和外部数据，内部数据又可以数据描述的对象划分为不同类别。以银行大数据为例，其包含的数据包括如下几大类别。

1. 客户数据，主要指描述客户自身特点的数据，分为个人客户数据和企业客户数据。个人客户数据包括：姓名、性别、年龄、联系方式、学历、职业、家庭地址、收入、婚姻状况、子女信息、账户信息、个人爱好等内容；企业客户数据包括：企业名称、企业规模、企业地点、分公司情况、注册资本、法人信息、所属行业、主营业务、销售金额、关联企业、账户信息、信用评价等内容。客户数据多属于结构化数据，存放于客户管理系统中。

2. 交易数据，主要是指客户通过渠道发生的交易以及现金流信息。个人客户交易数据包括：收入数据、消费数据、转账交易、委托扣款、购买理财产品、公共事业缴费、信贷还款、信用卡还款等内容；企业客户交易数据包括：应收款项、应付款项、员工工资、企业运营支出、公司内交易、税金支出、金融产品交易、公共费用支出、其他转账等内容。交易数据也多是结构化数据，存放于银行交易系统中。

3. 资产数据，主要是指客户在银行的资产和负债数据，同时也包含银行自身资产负债数据。客户资产负债数据包括：存款数据、贷款数据、理财产品和其他资产负债凭证数据等；银行自身资产负债数据包括：活期存款、定期存款、借入负债、结算负债、现金资产、固定资产、贷款证券投资等。资产数据主要集中于核心银行系统和总账系统中。

4. 业务过程数据，主要指客户在办理线上、线下业务过程中形成的数据。线下业务过程数据包括银行采集的大量用于集中作业、集中授权、集中监控的视频、影像、录音等非结构化数据；线上业务过程数据包括用户在使用网上银行、手机银行等工具时点击、浏览、查询等操作形成记录信息。

5. 外部数据，主要指银行从税务、工商、海关、司法等外部机构获取的数据，是银行办理各项业务重要的辅助信息。

虽然保险大数据、证券大数据与银行大数据一样，都有客户数据、交易数据、资产数据、业务过程数据等内容，但两者与银行大数据关注的重点不一样。银行大数据关注的重点是货币资产流通过程中的相关数据；保险大数据关注的重点是保险产品在设计、营销、交易和理赔等环节相关的数据；证券大数据关注的重点是非货币金融资产在发行、交易和结算中的相关数据，尤其是在交易日产生的行情数据。互联网金融大数据由于其自身业务根植于数据丰富的互联网，其数据多源于客户在互联网中存在的各式数据，如在互联网金融企业内的投资借贷数据、在电商网站上的消费数据、在社交网站上的社会关系数据，以及在生活服务类网站中的浏览数据等。

金融大数据除具备大数据基本特征外，还体现出数据质量高、结构化数据占比大、时效性强、隐私度高等特点。由于金融大数据多来自金融机构内部或者外部权威机构，数据的真实性、一致性有保障，错误率相对较低。因此，高质量的数据不仅可以减轻数据清洗去噪过程的工作量，也将带来巨大的挖掘价值。如前所述，金融大数据中的用户数据、交易数据和资产数据大多属于结构化数据，而结构化数据与非结构化数据相比，在分析工具和技术成熟度上具有明显优势。从稳健和安全的角度看，在选择处理金融大数据的工具和技术时，应注意选择相对成熟、安全性有保障的工具和技术。与其他行业相比，金融行业的对数据的实时性要求更高。根据新浪财经新闻报道，2019年天猫“双十一”期间10亿元成交额用时仅21秒，100亿元成交额用时仅1分36秒。在如此短时间内处理如此巨大的交易量要求支付系统必须在毫秒甚至微秒的时间内完成数据处理。在金融大数据背景下，金融机构拥有大量与个人及企业财产安全密切相关的金融信息，这些数据一旦管理不善会导致极其严重的后果。例如国际调查记者联盟2015年2月8日发布报告，称英国汇丰银行控股的瑞士分支多年来通过处理一系列秘密账户而获取巨额利润。英国《卫报》评论称，这起银行泄密案涉及2005~2007年间上万个账户持有的约1200亿美元资产，堪称史上最大规模银行泄密。因此，在金融大数据的应用过程中要注意对数据的脱敏处理和信息安全保护。

二、金融大数据的价值和前景

纵观金融业的发展历史，重要的信息技术创新和发展都会对金融行业产生重要影响，大数据技术也不例外。根据普华永道《2017年全球金融科技调查中国概要》显示，大数据分析在金融公司对诸多关键科技的偏好方面排名第一。大数据技术对金融行业和相关企业拥有强大吸引力的关键在于其潜在的巨大应用价值。这种应用价值主要体现在四个方面：一是有利于金融市场定价机制的优化；二是有利于金融资源配置效率的提升；三是有助于金融企业强化风险管控能力；四是有助于金融企业创新商业模式和服务。前两个方面体现为对金融行业发展的影响，后两个方面则体现为对金融企业的实际应用价值。

金融市场价格信息主要包括资金价格和资产价格两类，资金价格由利率表示，资产价格用证券价格指数表示。大数据技术能够提高支付清算效率，缩短资金融通中的链条，加快资金流转速度，使得资金价格（即利率）能更加准确、及时地反映货币市场中资金供求关系。大数据技术在证券交易系统与实时报价系统的运用使得证券价格指数（即资产价格）能充分体现其市场价值。因此，大数据技术在金融行业的广泛应用可以提升现代金融业实时处理和分析数据能力，改善金融行业提供价格信息的功能，提高金融市场价格发现的能力。

金融资源配置是指资金的供给方（金融机构或企业）通过适当的机制把金融资金使用权让渡给需求方（企业或个人等）的过程，包括直接融资与间接融资两种方式。金融交易中的信息不对称容易导致金融交易完成前后产生逆向选择与道德风险，导致金融市场坍塌或失灵。小微企业与个人在生产、投资和消费活动中有很多内生的贷款需求，这些贷款需求极为分散，在传统金融中面临交易成本约束和匹配的难题。借助大数据金融平台进行信息搜寻、谈判和缔约，可以打破资金供需双方信息壁垒，能够较全面地了解资金供需双方的信用与财力情况，降低资金供需双方信息不对称、监督履约和处理违约的成本，极大提升金融配置效率与社会福利。

风险对于每个金融机构或企业均是客观存在的，金融机构的风控水平直接影响坏账率和最终利润。利用大数据技术对相关金融信息数据进行深度挖掘和深入分析，可以全面、准确、及时、快速地掌握并了解金融资金需求方的经营状况、财务信息、交易记录和信用评价等资料，并可利用分布式计算构建大数据金融参与者信用评分模型、金融风险评估模型、金融风险定价、保险精算等，从而替代传统的金融风险管理与风险定价。金融大数据可以在使用更少风控人员的条件下，带来更加高效可靠的风控管理目标。

创新是企业发展的不竭动力，大数据本身就是技术创新的成果。金融机构和企业面对数据资源激增的挑战，在金融大数据价值驱动下，打破金融数据间的壁垒，梳理其数据资产，凭借大数据分析技术，如聚类、关联、回归等分析与洞察，可以推动新金融业务的产生和商业价值的创造，实现了金融商业模式转型与创新。此外，大数据技术还可以帮助金融机构更好地识别客户需求，提升个性化服务水平，打造良好客户体验，有效提升综合竞争力。

由于金融大数据对于金融行业发展和金融企业运营均有极大应用价值，因此，金融大数据的发展前景极为广阔。金融大数据在未来几年的发展会沿着两个方向前进：一是在技术发展上将与人工智能技术深入融合。在数据采集上，图像识别、语音识别、语义理解等人工智能认知技术实现海量非结构化数据采集；在数据储存和管理上，人工智能技术可以实现自动为数据打标签，自动将数据归类；在数据分析上，人工智能深度学习、机器学习、知识图谱技术可以提高数据分析效率和准确度；在数据展现上，智能可视化技术可以实现数据实时监控和可视化呈现。大数据与人工智能多维度的深度融合将会助推金融行业智能化水平的不断提升。二是在应用场景扩展上与其他领域数据融合创新。未来，数据流通的市场会更健全。金融机构将可以方便地获取电信、电商、医疗、出行、教育等其他行业的数据，反之亦然。这将有力地促进金融数据和其他行业数据融合，使得金融机构的营销和风控模型更精准。同时，跨行业数据融合会催生出跨行业的应用，使金融行业得以设计出更多基于场景的金融产品，其他行业也能更好地获取金融服务，实现多方共赢。

三、金融大数据平台框架

金融大数据同样遵循大数据处理的四大流程，即数据采集、数据处理与存储、数据分析和数据展示。其重要特点在于金融机构的业务要求大数据平台具有实时计算的能力，主要应用场景包括精准营销、实时风控、风险预警、反洗钱和反欺诈等业务。为切实做到数据驱动，金融机构需要开发符合自身业务需求的大数据平台。首先，金融机构要进行充分调研，做好顶层设计工作，把大数据技术和具体业务结合起来，将大数据技术应用在其可以发挥作用的每个场景。其次，金融机构需要将原来存储在上百个信息系统的数据进行整合，重新设计并搭建数据采集、存储、传输的架构，实现有序的系统改造升级。最后，金融大数据平台需要有完善的安全保障技术和措施，关键的交易和授权信息需要全流程加密，防止金融数据泄露和篡改。金融大数据平台的整体框架如图6–4所示。

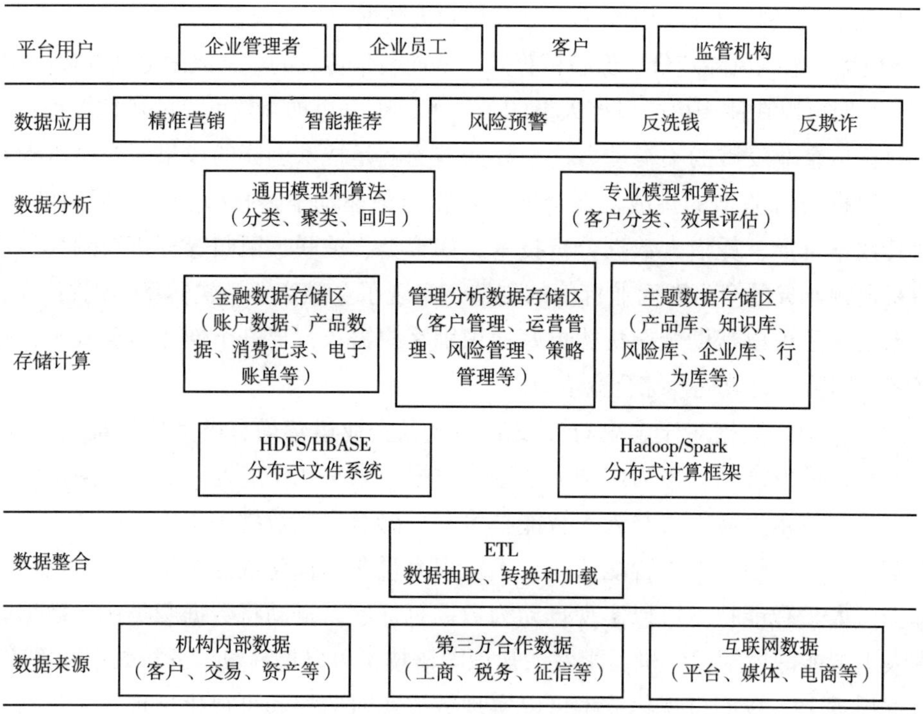

图6–4 金融大数据平台架构

金融大数据平台首先需要收集各种金融数据，它们既包括银行内部的各业务系统的数据，也包括由第三方合作机构或互联网上采集的外部数据；既包括静态数据（如属性数据），也包括动态数据（如行为数据）；既有结构化的数据，也可能是半结构化或非结构化的数据。所采集到的金融数据可能存在不完整或不一致问题，无法直接用于数据挖掘或严重影响数据挖掘的效率。在进行数据挖掘之前，需要通过使用数据预处理工具，灵活对原始数据的清理、变换、集成等处理，可以减少挖掘所需数据量，缩短所需时间，并极大提高数据挖掘的质量。在数据存储计算环节，需要使用到分布式文件系统和分布式计算框架对不同形式的数据进行统一管理。结合不同数据的特性，可以按主题进行数据切割、关联和打包，形成主题数据库。在数据分析阶段，可供使用的算法和模型有两类，一类是通用算法（如聚类算法、关联分析算法）和数学模型（如神经网络模型等），另一类是专业算法（如金融客户分类算法、效果评估算法）和专业模型（如客户行为特征模型、效果评估模型）。金融大数据平台的作用最终需要集成在各类金融业务系统中才能得以体现。与之相关的金融业务系统有：精准营销系统、产品智能推荐系统、客户流失分析系统、风险分析系统、反洗钱反诈骗系统等。

第四节　大数据在金融行业的应用

大数据技术的应用提升了金融行业的资源配置效率，强化了金融企业风险管控能力，促进了金融业务的创新发展，在银行、保险、证券和互联网金融等行业均得到广泛应用。

一、银行业的大数据应用

目前，商业银行业的大数据应用主要集中在以下几个领域：一是客户管理，即将收集到的各种客户信息和客户行为数据，进行客户分类、差异化分析、客户偏好预测等；二是运营管理，即收集业务处理过程中的各种生产日志数据，借助大数据平台，分析企业经营和管理绩效；三是风险管理，即把银行授信和授后管理过程中获取的各种数据进行建模，借助大数据软件进行分析，对市场风险、操作风险等进行预测；四是配合监管，即基于客户交易数据和历史数据的分析，对欺诈、洗钱等非法行为进行监测。

客户是商业银行得以生存的基础，也是竞争的对象。银行业发展战略正逐步从以产品为中心转向以客户为中心，了解客户最真实的需求成为银行经营管理者最为关注的问题。为实现客户个性化服务，银行等金融机构通常会采用客户画像的方式对客户特征进行描绘。根据客户类别，可以将客户画像分为个人客户画像和企业客户画像。消费能力数据、兴趣数据、风险偏好等都是个人客户画像描述的重点目标；企业的生产、运营、财务、销售和客户数据、相关产业链上下游等数据则是在对企业客户进行画像时需要考虑的内容。借助客户画像技术，银行可以有效甄别不同类别的用户群体，如优质客户、潜力客户、易流失客户等，并向其提供有针对性的产品和服务，防范客户流失。例如，招商银行就通过对目标客户的购物习惯、上网习惯等进行细分，为年轻人推出“凡客卡”“魔兽卡”等针对性产品，并通过构建客户流失预警模型对流失率等级前20%的客户发售高收益率理财产品进行挽留，有效降低了客户流失率。

大数据技术可以帮助提高银行业的运营水平和经营效率，这主要体现在渠道扩展和内部管理上。随着移动互联网的迅速普及，银行客户对物理网点和柜台的依赖减弱，例如转账汇款、消费支付、投资理财等多项业务均可通过网上银行或者手机银行实现线上办理，即便是物理网点，自助设备和自助服务也明显增多。为应对这一发展趋势，银行需要整合门户网站、网上银行、电话银行、手机银行、ATM机等各种渠道，利用微博、微信、社交网站等新媒体增加客户接触点，打造在线综合金融营销服务平台，进行产品推送、意见收集、客户服务和营销服务。大数据技术能将不少原属于人工处理的工作转为自动化处理，这将削减人力资源成本和管理成本。除此以外，大数据会使银行内部的信息化程度得到增强，内部管理更为高效透明，出现问题后能够有效追溯原因。虽然大数据应用初期需要较大的资金和人力资源投入，但从长远发展看还是值得的。

经过多年的探索和积累，银行对于大中型客户已经积累了一套有效的风险管理方法和风险管控模型，但与互联网金融企业的风险管控模式相比，其灵活度和对客户的针对性还存在相当大的差距。大数据、人工智能技术的发展为银行的风险管理带来新的契机，银行可基于大数据强大的数据处理和计算能力，建立一套基于大数据的风险管控模型，将人工智能等各类算法融入其中，对不同的风险场景选择合适的模型，有助于对客户的风险进行科学的分析和评估，预测客户的还款能力和还款意愿，识别潜在的风险，对异常行为进行风险预警，形成主动和积极的风险管理模式，提高风险管控能力，守住不发生系统性风险底线。大数据风险管理可用于客户关联风险分析（通过展示客户之间的担保关系和关联关系，分析和检测违规担保、多头授信等风险）、客户信用评分（通过构建信用评分模型，公正客观反映客户当前的风险情况）、信用风险计量（构建内部评级模型，对违约概率、违约损失率、违约风险暴露、有效期限等信用风险因素进行自动评价）等方面。以银行针对小微企业信贷风控为例，大数据在贷前风控尽职调查中，可以对企业法人年龄、注册资金、经营状态、从业人数、资产总额等进行判断审查；通过获取企业的工商、司法、税务等数据，查看是否是失信被执行人、被执行公告次数、行政处罚次数、欠税公告次数、股东变更、法定代表人变更次数等信息。贷中风险监测中，从企业风险和法人风险两个角度展开实时监测，并设置风险的关注等级（重点关注、提醒关注、一般关注）。当企业触发风险预警时，风险预警平台将通过网页、短信、邮件等渠道通知业务人员发布风险预警信息（主要包含风险类型、风险级别、处理状态等），便于其及时采取相关措施。图6-5展示了贷中风险监测系统预警信息处理流程。贷后催收管理阶段，可以在系统中详细记录催收过程中收集的数据信息，对贷款实施分类管理和后续处理。

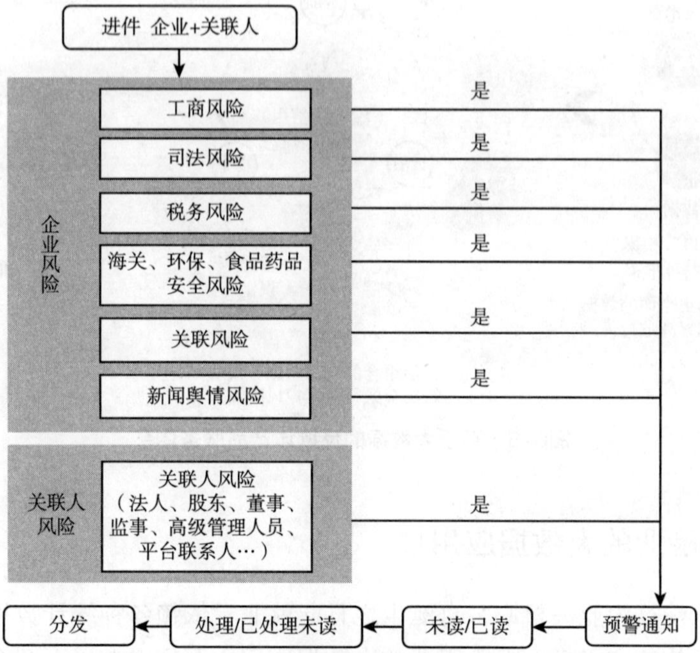

图6-5 贷中风险监测系统预警信息处理流程

诈骗和洗钱是最常见的金融犯罪，对国家经济安全和人民财产安全构成了严重的威胁，银行需要协助监管机构对相关违法行为进行严厉打击。大数据技术的引入可以有效解决相关问题。在反欺诈实践中，为了更加准确地发现并拦截欺诈行为，银行可以根据欺诈的历史交易特征进行深度训练和学习，准确识别相关特征，并实时对客户借记卡、信用卡交易行为进行全面扫描，以基于深度学习的风险模型为依据进行特征甄别，对每笔交易实时评分或评级。如发现异常，可以及时预警提示并介入处置。为了提高欺诈侦测效率，银行需要实现多渠道、全流程的欺诈行为拦截，将事后化解、事中处理提前到事前拦截，使欺诈的防线不断前移。同时将风险欺诈实现跨平台管控，快速获取到跨平台交易关联信息，从而不断提升反欺诈平台化、智能化管理水平。图6-6展示了一个基于大数据的反欺诈产品服务体系。在反洗钱实践中，银行需要结合与第三方支付平台之间的资金流动数据，以及工商、税务、海关、贸易、交通、质检、公安、法院等政府部门和消费、娱乐、社交房地产管理等商业活动及人民生活领域多个源头的数据，借助大数据和人工智能技术，设计融资交易监测指标的反洗钱模型，构建甄别系统，建立监控名单报警机制，并将非法洗钱活动线索及时上报有关部门。

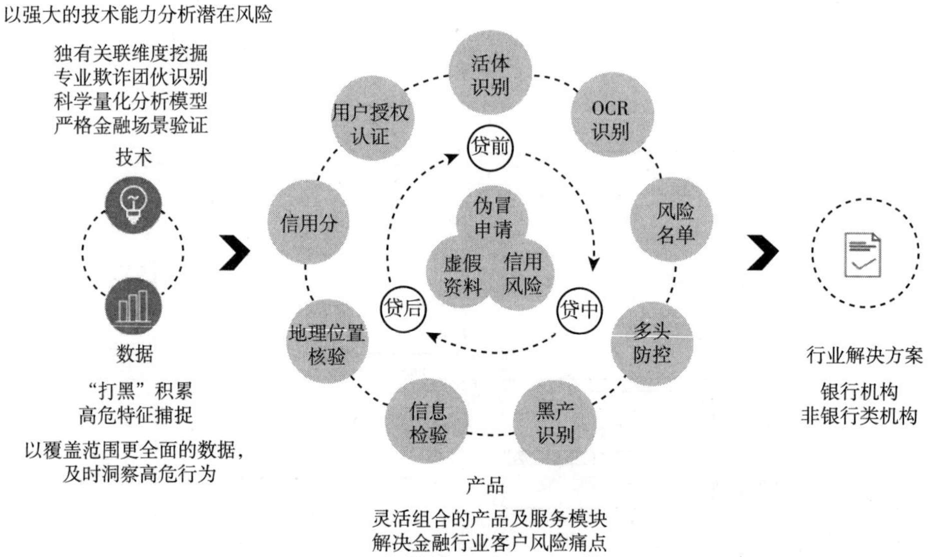

图6–6　基于大数据的反欺诈产品服务体系

二、保险业的大数据应用

保险业以精算为业务核心，自诞生之日起就非常依赖各种统计数据，因而对数据有着极大的依赖和需求。保险行业的大数据应用主要集中在以下几个领域：一是产品设计与定价，即基于用户需求设计相应的保险产品，并根据风险水平对产品进行合理定价；二是精准营销，即对客户的购买需求、消费能力等形成全面、精准的描述，然后再对客户进行产品推荐、交叉销售、保险顾问等营销行为；三是运营管理，即通过提升精细化运营水平，减少运营成本；四是风险控制，即基于综合数据和异常特征，对保险欺诈等非法行为进行预测和分析。

保险产品开发是指保险公司基于自身发展和保险市场需求而创新产品或对现有产品进行改良、组合，以适应市场需要、提高自身竞争力的过程，是保险经营活动的起点，也是保险公司争夺更多的市场份额，提高经济效益的重要手段。保险公司在大数据技术助力下可以根据不同用户的不同需求，为客户设计小额、高频、碎片化、定制化的保险产品和服务，有效解决保险创新产品较少，结构单一的问题，为海量客户群体提供更多的保险服务项目，扩展保险业务客户源。例如众安保险推出的“众乐宝”“参聚险”等保险产品就是针对淘宝网卖家需求定制开发的。产品精算定价能力是保险公司的核心竞争力，传统保险精算采用以历史损失数据为基础的固定风险费率的精算模式。即通过测算以往的损失概率及程度来制定保险产品的费率，一经确定在保险期内一般不再变化。运用大数据技术可以实现保险产品精算定价从“样本精算”到“个性精算”，即通过各种移动智能终端实时获得保险标的的风险信息，并以此为依据确定保险费率。例如在车辆保险中，保险公司可以通过分析客户车辆主要用途、基本行车路线、路途的风险程度、驾驶习惯、事故发生频率等信息，以及客户车辆的使用状况，如是否定期保养、胎压是否保持正常、刹车是否符合标准等信息对该客户车辆的风险指数进行测评，从而实现对该客户车险费率的“私人定制”。

传统保险营销主要以保单为中心，以市场整体需求为导向，多采用“扫楼”、陌生拜访等低效盲目的方式进行营销。在大数据技术支持下，保险公司可以使用“统一客户视图”开展个性化营销服务。“统一客户视图”通过收集和分析客户相关数据，实现客户信息完整、一致展现的客户信息模型，从而为不同接入渠道、不同访问人员提供统一的客户信息，形成以客户为核心的服务体系，涵盖客户全生命周期的管理，从而最终实现对于客户信息真实性的自动和动态管理。通过客户画像对客户进行分类管理在保险营销中同样适用，例如可以通过不同的标签组合，按照参保类型（健康险、意外险、财产险、旅行险、车险）或者客户生命周期（潜在客户、新增客户、活跃客户、休眠客户、流失客户）的角度对客户实施分类管理。利用大数据进行客户管理的好处体现在如下三个方面：（1）赋能保险代理人，通过采集客户线上行为数据，将客户在线上端的触点行为推送给代理人；（2）提升客户体验，通过采集客户线上投保、保全申请、理赔申请等业务流程数据，针对性优化功能提升客户体验；制订灵活的活动运营计划，及时评估活动效果，动态调整活动运营策略；（3）产品智能化推荐，通过客户属性信息、行为信息、保单信息等数据，构建保险客户标签，个性化匹配适用该客户的产品，并基于产品匹配度的进行灵活调整。

在运营管理方面，保险公司在大数据支持下可开展多途径的营销宣传渠道，如搜索引擎营销、微博营销、微信营销以及O2O保险营销等。这些新型营销渠道突破了传统代理人模式或者电话营销模式固有的时空限制，既不会造成对用户的骚扰，还可以大幅提升营销效率。大数据还可以帮助保险公司提升投保、理赔等各项业务流程自动化水平，使得各环节处理时间明显缩短，效率得到进一步提升。例如，美国前进保险公司为加快客户理赔进度，投资建设了“自动理赔管理系统”。在该系统下，其平均理赔周期从原来的42天缩短为6天，极大地缩短了前进公司的理赔周期，使用户满意度得到显著提高，客户续保率高达90%，减少了2/3的客户流失。

对于保险公司而言，防止保险欺诈是控制运营风险的重要内容。目前，保险公司主要依靠一些固定标准和理赔人员的经验判断是否存在保险欺诈。由于缺乏行业内协作机制和共享的信息平台，调查的质量主要依赖于理赔人员的个人素质以及公安机关的合作情况。许多理赔案件是凭借理赔人员的经验和责任心以及公安机关的介入，才能取得重要证据。然而，经验无法简单复制，并且在面对大量新型保险欺诈时，保险公司及其理赔部门难以有效应对。欺诈本质上是由于双方信息不对称所导致的，大数据能够弱化不对称信息，从而避免保险公司赔付成本上升，间接降低所有投保人获取保单的成本，保障了所有投保人的正当权益。以医疗保险为例，医疗保险的欺诈与滥用通常可分为两种：一是非法骗取保险金，即保险欺诈；二是在保额限度内重复就医、浮报理赔金额等，即医疗保险滥用。保险公司可以利用过往数据，寻找此类欺诈行为及用户的标志性特征，并以此建立预测模型，通过自动化计分功能，快速将理赔案件依照滥用欺诈可能性进行分类处理。

三、证券业的大数据应用

证券行业每天都会生成大量的行情数据，涉及股票、债券、基金、期货、外汇等各种金融资产。理性的投资决策需要大量的数据支撑，因此，大数据技术在证券行业中拥有广阔的应用前景。目前，证券行业的大数据应用主要集中在以下几个领域：一是智能投顾，即基于客户风险偏好、交易行为等个性化数据，为客户提供低门槛、低费率的个性化投资建议和服务；二是基金销售，即将基金销售渠道与互联网进行深度融合，为客户提供一站式购买服务；三是风险投资，即利用大数据技术深入挖掘供应链信息，实现对融资企业和投资项目的充分评估和调查；四是量化投资，即通过挖掘海量的历史交易信息，发现有效的量化因子并构建量化投资模型指导投资。

智能投顾是近年证券公司应用大数据技术匹配客户多样化需求的新尝试。它根据个人投资者的风险偏好、财务状况与理财目标等特征，运用智能算法及投资组合理论模型，为用户提供智能化的投资管理服务，并通过持续跟踪市场动态，对资产配置方案进行调整，因此能够为更多的零售客户提供定制化服务。对比传统投资顾问业务，智能投顾的优势在于务流程的标准化和投资决策的纪律性。随着线上投顾服务的成熟以及未来更多基于大数据技术的智能投资策略的应用，智能投顾将把证券行业带入财富管理的全新阶段。

基金管理公司在传统的基金营销方面过于依赖银行渠道，在如何设计客户喜爱的产品并将其准确投送给客户这个问题上，大数据应用可以发挥巨大的作用。通过大数据分析，基金管理公司可以区分不同渠道流量的质量，关闭异常渠道，优先选择优质渠道，节约渠道推广成本。在大数据支持下，基金管理公司更容易开展交叉销售、产品推荐、个性化推荐、智能提醒等新功能。目前，已经有不少基金产品入驻支付宝、财付通等第三方支付平台，甚至出现了互联网基金超市，如天天基金网、好买基金网等。基金产品成为与普通消费品一样的商品，被摆上了互联网平台的货架。客户可以在平台中详细查看基金的各类信息，并进行充分的比较；在购买基金产品之后，再次登录时，平台会根据上次浏览和购买的情况，向客户推荐类似的基金产品，从而为客户省去了大量信息搜寻的时间。大数据技术帮助客户消解了基金购买时信息不对称的劣势，有助于基金产品间的优胜劣汰。

大数据在风险投资方面也是大有可为，它不仅是一种新的分析工具，更是方式上的重大创新。风投和私募在其核心业务流程中引入大数据的分析方法，对融资企业进行评估和调查，可以发现原本通过常规分析手段发现不了的问题，从而在衡量项目风险与收益中取得好的效果。在直接投资方面，大数据的应用增强了供应链信息分析挖掘能力。以往的直接投资，都是依赖投资人个人的经验和眼光去挖掘行业中具备投资潜力的企业进行投资。如今借助行业大数据技术，供应链上的企业生产、经营、销售等数据能够直接得到收集整理，很大程度上丰富了投资决策依据，从而提高了投资效率，有效地规避了风险。在投资增值方面，通过大数据挖掘分析，可以发现被投资企业缺少哪些资源、发展的薄弱环节在哪里、备选资源有哪些、如何评估企业所处市场地位、竞争力、成长性、盈利趋势等，可以帮助被投资企业实现更好的发展。

大数据为证券行业带来的一个重要变化就是量化投资兴起。量化投资是一种以大数据为基础、以策略模型为核心、以程序化交易为手段、以追求绝对收益为目标的新型投资方法。量化投资需要利用大数据技术汇集包括行业报告、上市公司新闻、股价的实时变动信息、大盘走势在内等信息，然后利用量化投资模型加以分析得到投资建议。例如英国对冲基金德温特资本市场（Derwent Capital Markets）曾建立全球首家基于社交网络的对冲基金，该基金通过对推特（Twitter）、Google以及其他媒体平台上的投资者情绪进行大数据分析，得到对市场各类资产的预测结果并据此进行投资决策，取得了不错的业绩。这类基于大数据技术的新型投资策略不仅拓宽了投资信息获取源，提升了对投资信息的分析深度与广度，而且与传统投资策略表现相关性低，是对传统投资方式的有力补充。

四、互联网金融的大数据应用

互联网金融是一种创新金融模式，主要包括第三方支付、P2P网贷、众筹等多种业态模式，拥有资源开放化、成本集约化、利率市场化、渠道自主化、用户行为价值化等优点。互联网金融的核心就是数据，数据的规模、真实性、有效性、数据分析应用的能力将决定未来互联网金融业的竞争力。而大数据技术正是互联网金融的重要技术支撑。目前，互联网金融行业的大数据应用主要集中在以下几个领域：一是精准营销，即改变传统的营销模式，根据客户个性化信息，定向投放广告和定制产品；二是信用评估，即利用多方数据构建用户的信用评分和征信系统防范信用风险；三是风险管理，即对互联网金融活动进行大数据分析，及时发现并处置欺诈、“黑产”等非法行为；四是资源配置，即利用大数据技术实现客户信息共享，促进资源优化配置。

大数据深度应用使得互联网金融不断创新营销模式（包括搜索引擎营销、活动营销、事件营销、口碑营销、体验营销），尤其是能帮助互联网金融实现精准营销。精准营销的效率取决于用户画像的准确性，画像越准确，互联网金融营销效率越高。用户画像可以理解成将数据形象化的过程，产生结果之一是画像的标签化，在此基础上建立用户画像统一的指标体系。指标体系可以筛选用户，通过不断优化的分析方法对用户数据进行处理，最终形成用户全景视图，从而制定个性化和差异化的营销方案。建立用户画像系统时要注意两点：一是用户画像的过程是一个定量和定性相结合的过程，前期采用定量化调研，之后定性化画像直至完成匹配；二是要充分考虑到用户产生的不同行为类型，不同类型的行为产生的营销效用不同，在实际的互联网金融营销中，要考虑对用户推荐互联网金融产品的优先度，权重的引入很有必要。

根据经济观察网2019年4月报道，中国人民银行征信系统已采集9.9亿人信息，仍有4.6亿自然人没有信贷记录。如何帮助缺少信贷记录的个人建立信用记录是金融行业面临的一大难题，而互联网金融在此方面可以有所作为。互联网金融公司可以利用大数据技术构建信用评估系统，防范个人信用风险。比如对涉足互联网金融的企业，对它们在供应链的各个环节，如订单、库存、下线、结算、付款等关键环节产生的数据进行清理建库、分析挖掘，进而建立企业的信用等级模型和算法，并根据其信用等级、成长性、未来发展预测等给予不同的信用额度，达到支持实体经济之目的。阿里小额贷款和上海科技金融研究院联合推出的科技型企业的财务信用系统就是这方面的有益尝试。对于个人用户，除了他们注册登记的实名制静态信息外，他们在网络上的购物、支付、投资、生活、公益等数据形成上百种场景的信息流，将这些静态和动态数据结合起来，就能形成用户的行为轨迹，通过交叉检验，可以建立信用打分模型和算法，对客户进行分类，再提供针对性服务。阿里的芝麻信用、腾讯的征信产品、微信的公众号个人信用评分等都是互联网个人征信的开始。

互联网金融提高了金融效率，但也使风险跨越了地界和人际关系，并呈现许多新形式。比如 P2P 网贷频发的“老板跑路”、公司倒闭等恶意欺诈，资金池、非法集资、非法吸收公众存款等违法事件；收益虚高的第三方理财；众筹中难觅优质项目、信息不对称、定价不完备、退出机制不健全等引发的资金安全问题等。通过对互联网金融活动产生的大数据进行分析，可以及时发现风险，并采取措施加以规避和防范。大数据还能帮助互联网金融企业掌握互联网“黑产”的行为特点，利用大数据技术实时监控用户的交易行为，比如分析账户作者输入每个字母的间隔时间的变化、地理位置的移动、交易行为的变化等来判断交易的真实性。大数据在反洗钱领域的能力也开始崭露头角。

开展传统金融业务通常需要投入大量人力物力进行信息整理与分析，具有滞后性、成本高、效率低、信息获取渠道狭窄有限的特点。互联网金融机构借助自身互联网平台优势，能够快速获取信息，并利用大数据技术实现信息的有效转换，创建了成本低、更新更快、精准度高的信息处理平台。在此平台下，互联网金融机构可以优化金融服务体系，优化金融资源融通与流动机制，简化金融业务流程，有效促进资源优化配置，降低金融成本，提高金融融通效率。如美国的借贷俱乐部（Lending Club）公司利用大数据技术，通过在线服务模式，在资金需求者和投资者之间搭建了一个低成本、高收入的投融资渠道，提供高效、便捷的金融服务。

五、金融大数据应用待解决的问题

虽然大数据技术在金融行业起步较早，也取得了诸多有前景的应用成果。但若要实现大数据和金融行业进一步深入融合，推动金融大数据健康快速发展，仍有不少的问题和挑战亟待解决。

（一）顶层设计和统一规划较为缺乏

从金融行业整体来看，一方面，金融机构间的数据壁垒较为明显，数据应用仍是各自为战，缺乏有效的整合协同，跨领域和跨企业的数据应用相对较少；另一方面，金融企业内部数据应用缺乏整体性规划，当前仍存在较多分散性、临时性和应急性的数据应用，数据资产的应用价值没有得到充分发挥，业务支撑作用仍待加强，迫切需要通过行业整体性的产业规划和扶持政策，明确发展重点，加强方向引导。金融机构和企业应根据自身业务需要，在领导层的统一指挥和统筹安排下，汇集各部门力量，共同制定大数据应用的整体规划。

（二）行业标准和安全规范有待开发

当前，金融大数据的相关标准仍处于探索期，金融大数据缺乏统一的存储管理标准和互通共享平台，涉及金融行业大数据的安全规范还存在较多空白。由于金融大数据涉及较多的用户个人隐私，在用户数据安全和信息保护方面要求更加严格。在缺乏行业统一安全标准和规范的情况下，单纯依靠金融机构自身管控，会带来较大的安全风险。全国信息技术标准化技术委员会和全国信息安全标准化委员会是我国开展数据标准化工作和信息安全标准化工作的专业技术组织，目前正在开展《非结构化数据表示规范》《非结构化数据访问接口规范》和《非结构化数据管理系统技术要求》等国家标准研制、大数据安全技术和标准研究。金融行业应将这些标准和安全规范及时引入，并依据我国大数据金融业务的发展情况及金融大数据交易市场的发展需要，制定统一的金融大数据标准体系和交易规范，明确金融大数据交易各方在保障交易数据安全以及数据所涉及客户的个人隐私信息保护方面的责任、权利和义务等。建立有效的金融大数据交易、分析、应用服务和使用规范投诉与惩罚机制，对金融大数据安全使用进行全程风险管控和源头追诉，防范金融数据安全和保护客户的个人隐私信息。建立维护金融大数据标准体系的动态机制，保证金融大数据标准和交易规范的指导性、权威性与适应性，促进金融市场和金融大数据交易市场有序发展。

（三）数据资产管理能力和应用水平仍可提高

金融行业的数据资产管理仍存在数据质量不足、数据获取方式单一、数据系统分散等一系列问题。金融数据质量不足主要体现为数据缺失、数据重复、数据错误和数据格式不统一等多个方面。数据来源相对单一，未能充分引入外部数据并加以有效利用。金融机构内部数据多分散于多个数据系统中，缺乏对数据的有效组织和整合，数据应用需求的响应速度仍显不足。金融机构和企业需要按照现代金融逻辑关系，有秩序地对金融大数据进行组织与管理，结合实际金融应用场景需求，充分运用多种大数据分析技术和挖掘方法，不断提升金融大数据的分析效率与金融业数据资产的管理水平，使金融大数据发挥更大的应用价值。

（四）技术“瓶颈”和业务创新仍需突破

金融机构原有的数据系统架构相对复杂，涉及的系统平台和供应商相对较多，在进行系统改造升级过程的同时必须保障业务系统的安全可靠运行，要实现大数据应用技术改造存在不小难度。此外，金融大数据分析应用仍处于探索阶段，成熟案例和解决方案相对较少，金融机构应用大数据需要投入大量的时间和成本进行调研和试错，一定程度上制约了金融机构大数据应用的积极性。但大数据在金融行业的广泛应用是大势所趋，是保持竞争力的重要技术保障。金融机构的技术部门要加强商业智能、机器学习、深度学习、人工智能等智能算法在金融领域应用的基础研究与技术应用研发，为大数据与人工智能融合打下基础；加快非关系型数据库管理技术、非结构化金融大数据处理技术、金融大数据分析结果可视化技术等金融大数据分析的基础理论和应用技术发展的研发，夯实金融大数据的技术根基；充分利用技术研发成果加快金融产品、服务以及商业模式创新，全面提升金融效率和客户服务体验。

（五）风控机制和监管制度有待完善

大数据技术能助力金融行业产生各种新兴金融业务形式，但其金融使命与功能并没有改变，同样也存在风控、安全和监管问题。相反，在大数据时代，金融跨市场、跨业务、跨行业关联渗透更强，金融风险传染性更高、传播速度更快。因此，金融行业需要建设和完善大数据金融风控与监管体系，保障金融体系安全。金融机构需要建立大数据金融风险控制体系和监控平台，通过金融业务层面、线上线下和金融监管层面的实时交互对接，实现对大数据金融风险进行全方位和全过程监控。金融机构还需要构建大数据金融风险监管框架，完善包括大数据金融监管协调机制、大数据金融风险监测机制、大数据金融业务合规审查机制、大数据金融风险信息上报与披露机制、大数据金融风险准备金、大数据金融风险担保机制、利率调节等大数据金融风险监管整体框架，制定大数据金融风险监管具体操作流程，明确各类监管主体，对大数据技术与金融融合发展各类业务进行动态监管。

本章小结

1.大数据是指数据量大到传统数据处理软件无法处理，需要使用新处理模式才能具有更强的决策力、洞察发现力和流程优化能力的海量、高增长和多样化的信息资产。通常具有数据体量巨大、数据种类繁多、处理速度快、价值密度低以及客观真实的特点。

2.世界上每天都在生产大量的数据，这些数据会创造新的知识和应用场景。世界各国都高度重视大数据技术的发展，电信、金融、医疗卫生、公共管理等各个领域也在广泛探索大数据的潜在应用价值。

3.大数据处理流程分为数据采集、数据处理与存储、数据分析和数据展示四大步骤，数据分析是整个大数据处理流程里最核心的部分，数据展示直接影响用户体验。

4.大数据涉及的关键技术包括网络爬虫技术、分布式存储技术（包括分布式文件系统和NoSQL数据库）、数据挖掘技术、数据可视化技术等。数据挖掘的常用分析方法有三类：分类分析、聚类分析和关联规则分析，常见的算法有决策树、神经网络、遗传算法、粗糙集和模糊集等。

5.从行业的角度划分，金融大数据分为银行大数据、保险大数据、证券大数据、互联网金融大数据等。从数据来源分，金融大数据分为内部数据和外部数据，内部数据又可以根据数据描述的对象划分为不同类别。金融大数据除具备大数据的常见特征外，还体现出数据质量高、结构化数据占比大、时效性强、隐私度高等特点。

6.金融大数据应用价值主要体现在四个方面：一是有利于金融市场定价机制的优化；二是有利于金融资源配置效率的提升；三是有助于金融企业强化风险管控能力；四是有助于金融企业创新商业模式和服务。

7.金融大数据平台需要收集各种金融数据，完成对收集数据的清理、变换、集成等处理，利用分布式存储技术和分布式计算框架对整理好的数据进行存储和分析，使用通用或专业的数据挖掘算法和模型将分析结果运用于精准营销、实时风控、风险预警、反洗钱和反欺诈等业务场景。

8. 无论是银行、保险、证券还是互联网金融，大数据技术都有广泛的应用前景。尤其是在精准营销、产品设计、客户服务、运营优化、风险管理、配合监管等方面表现尤为突出。

9. 金融大数据持续健康发展仍须解决的主要问题包括：顶层设计和统一规划较为缺乏、行业标准和安全规范有待开发、数据资产管理能力和应用水平仍可提高、技术“瓶颈”和业务创新仍需突破，以及风控和监管制度有待建设完善。

重要概念

大数据；数据类型；价值密度；结构化数据；非结构化数据；批量数据；实时数据；原始数据；衍生数据；明细数据；汇总数据；数据采集；数据处理；数据存储；数据分析；数据展示；网络爬虫；分布式存储；分布式文件系统；NoSQL数据库；数据挖掘；分类分析；聚类分析；关联规则分析；决策树；神经网络；遗传算法；粗糙集；模糊集；数据可视化；金融大数据；大数据金融；精准营销；用户画像；统一客户视图；智能投顾；运营优化；风险管理；信用评估

复习与思考

1. 大数据是如何产生和发展的？会对世界造成什么影响？
2. 什么是大数据？大数据有哪些基本特征？
3. 大数据可以划分为几类？分类依据是什么？
4. 简述结构化数据和非结构化数据的联系和区别。
5. 大数据处理流程包括几个步骤？每个步骤的主要任务是什么？
6. NoSQL数据库有哪些分类？其与关系型数据的主要区别是什么？
7. 数据挖掘常用的分析方法和算法有哪些？
8. 什么是金融大数据？和大数据金融有何区别？
9. 金融大数据除常见特征以外，还具备哪些特点？
10. 简述金融大数据平台框架构成。
11. 大数据在银行业有哪些主要应用？
12. 大数据在保险业有哪些主要应用？
13. 大数据在证券业有哪些主要应用？
14. 大数据在互联网金融业有哪些主要应用？
15. 简述金融大数据发展所面临的主要问题？

扩展阅读

1. 麦肯锡:《大数据:下一个创新、竞争和生产力的前沿》研究报告,https://www.mckinsey.com/business-functions/mckinsey-digital/our-insights/big-data-the-next-frontier-for-innovation。

2. 中国电子技术标准化研究院:《大数据标准化白皮书》,http://www.cac.gov.cn/files/pdf/baipishu/BigdataStandardization.pdf。

3. 中国信息通信研究院:《大数据白皮书(2014)》《大数据白皮书(2016)》《大数据白皮书(2018)》《大数据白皮书(2019)》,http://www.caict.ac.cn/。

4. 中国支付清算协会:《大数据在金融领域的典型应用研究》,http://www.caict.ac.cn/kxyj/qwfb/ztbg/201804/P020180327605403296958.pdf。

5. 金融咨询网-科技专栏-金融大数据,http://www.cfc365.com/technology/bigdata/。

第七章　云计算及其应用

➡ 学习目标

1. 掌握云计算的基本概念和特征。
2. 了解云计算的基本原理和应用价值。
3. 了解云计算的关键技术内容。
4. 掌握云计算的三种服务类型和四种部署模式。
5. 了解金融云计算的特征和应用价值。
6. 熟悉金融云计算平台架构及各部分作用。
7. 掌握金融云计算在银行、保险、证券、互联网金融等行业的主要应用。
8. 了解金融云计算发展所面临的主要问题。

第一节　云计算基础

一、云计算的概念和特征

随着计算机技术和网络技术的发展，计算机的计算模式大致经历了三个发展阶段：大型机时代的集中式计算、互联网时代的分布式计算和如今的云计算时代。早期的大型机费用昂贵，基本上只能为国防、金融、交通、能源等国家重要部门和支柱产业提供数据处理服务。为了充分利用大型机的计算资源，软件通常采用分时复用和虚拟化技术使得多个客户可以同时使用同一台大型机，就好像将其分割成了多个小型化的虚拟主机。这就是效用计算的雏形。随着个人计算机的普及和网络技术的飞速发展，人们发现可以通过网络来共享计算机资源，分布式计算模式应运而生。20世纪90年代，科学家们提出了网格计算的概念，这种计算模式利用互联网将分布在世界各处的计算机组织成一台虚拟的超级计算机，从而实现复杂的科学计算，其他的分布式计算技术还包括P2P技术、分布式存储技术、搜索引擎技术等。2006年，27岁的Google高级工程师克里斯托夫·比希利亚第一次向Google董事长兼首席执行官（CEO）施密特提出云计算的想法，并在其支持下推出了“Google 101计划”。施密特于同年搜索引擎大会正式提出云计算概念。自此，“云计算”成为计算机领域最令人关注的话题之一，并成为互联网公司和大型企业信息化建设着力研究的重要方向。

云计算和大数据一样属于互联网企业在实际工作中产生的词汇，暂时还没有形成统一定义。不同的专家学者、研究组织以及相关厂家试图从不同的视角解释云计算，相对被认可的概念有：

（1）维基百科的定义。云计算是一种基于互联网的计算模式，将按需求把共享的资源、软件和信息提供给计算机和其他设备。

（2）美国国家标准与技术研究院的定义。云计算是一种利用互联网实现随时随地、按需、便捷地访问共享资源池（如计算设施、存储设备、应用程序等）的计算模式。

（3）中国云计算网站的定义。云计算是一种商业计算模型，它将计算任务分布在大量计算机构成的资源池上，使各种应用系统能够根据需要获取计算力、存储空间和信息服务。

（4）中国电信研究院的定义。云计算是一种通过网络统一组织和灵活调用包括计算与存储、应用运行平台、软件等各种信息资源，实现大规模计算的信息处理方式。

根据以上定义可以看出，云计算不是一个产品，也不是一种技术，而是一种产生和获取计算能力方式的统称。与集中式计算或分布式计算一样，云计算本质是一种计算模式，而且必须通过网络实现。云计算中的“云”就是指计算机网络（IT人员习惯用云的形象表示复杂的计算机网络）。理解云计算的另一个核心概念是服务，云计算能够按照用户需要提供多种多样的信息服务，包括计算资源、存储资源、数据信息、软件服务等。

从云计算的定义中，我们还能总结出云计算具备的五项基本特征：

1. 随时随处访问

用户可以利用各种终端设备（如PC电脑、笔记本电脑、智能手机等）随时随地通过网络访问云计算服务。云计算之前，数据资料和软件通常存放于特定设备中，其他设备没有安装软件或者拷贝数据就无法使用该资源。云计算则是将所有资源放到网络中，只要有稳定的网络连接就可以随时随地使用。

2. 资源集中共享

云计算资源由云计算供应商统一集中管理，供广大用户共同使用。云计算供应商会将资源以共享资源池的方式进行统一管理，再利用虚拟化技术将资源分享给不同用户。资源的放置、管理与分配对用户透明。

3. 按需自助服务

用户根据自己的需求选择所需要的资源，系统自动分配资源，不需要系统管理员干预。不同用户的应用需求各不相同，云计算平台可以让用户自由地选择所需要的资源和使用时间，当需求发生变化也可以随时更改。

4. 多平台支持

云计算是一个通用的标准化计算平台，支持多种系统平台和通信协议。云计算采用虚拟化技术将参与计算的各个硬件特征屏蔽，实现了资源的标准化和一致性。用户在选择云计算资源时，不必考虑硬件资源特性，硬件资源特性也不会对云计算平台造成影响。

5. 服务计量收费

云计算平台会精确记录用户资源使用情况，并据此收费。用户使用云计算资源是要付费的，付费的方式可以按资源使用量、使用时间、使用次数等。不管如何计费，计量结果都必须是明确可信的，因此，云计算平台会自动监控资源使用情况，并及时输出各资源的使用报表用于费用清算。

除此以外，云计算还具备计算能力强（拥有百万级服务器规模，能满足用户的任何需求）、可靠性高（数据多副本容错，计算节点同构可互换保障云计算比本地设备可靠）、扩展性好（用户可以自由提升资源配置）、成本低（云计算可以避免高昂的建设成本和系统维护成本）、安全有保障（云计算平台有更专业的安全团队防范网络安全工具，能有效降低信息安全风险）等显著优点。

二、云计算的基本原理和应用价值

信息时代下，任何企业都需要使用计算机和互联网来处理日常事务，比如写文档、做表格、发邮件、管理库存、管理客户等。为此，企业必须搭建满足工作需要的IT环境，例如建设机房、组建计算机网络，购买计算机设备，安装各种平台软件和应用软件等。随着公司的发展壮大，企业里的计算机设备越来越多、安装的软件各式各样、网络也更加复杂，病毒肆掠、数据丢失、安全漏洞、网速下降、运维复杂等问题层出不穷。IT环境只是为企业办公服务，却要花费企业大量的人力、物力和财力去建设、管理和维护。为有效解决企业在IT环境搭建和运营方面的痛点，云计算应运而生，成为当前最佳解决方案。传统IT系统架构和云计算架构对比情况如图7–1所示。

云计算基本原理是用户所需的应用程序，并不需要运行在用户的个人电脑、手机等终端设备上，而是运行在互联网的大规模服务器集群中。用户所处理的数据也并不存储在本地，而是保存在互联网的数据中心。这些服务器集群和数据中心的管理和维护由云计算服务供应商负责，并由他们来保证足够强的计算能力和足够大的存储空间来供用户使用。云计算服务供应商可以从基础设施层、平台软件层、应用软件层和数据信息层等多个层次为用户提供IT服务。用户只需要接受相应的IT服务，而不需要处理IT系统背后诸多复杂的管理和运维工作。

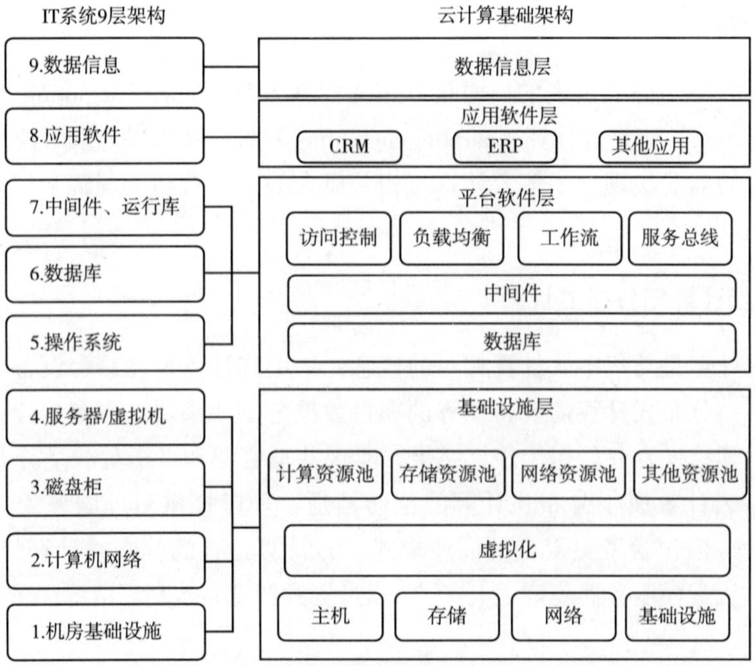

图7-1 IT系统架构和云计算架构对比

云计算不仅带来了信息技术的发展与进步，而且对社会各领域均产生重要影响。首先，云计算可以助力中小企业快速发展。对于正处于成长期的中小企业而言，自己搭建完整的IT环境成本较高，并且难以与快速成长的业务匹配。云计算的租用模式正好为这些中小企业提供了合适的解决方案。因此，云计算用户主要来自中小企业。中小企业可以通过云计算，在预算有限、IT人才有限的情况下，使用到诸多企业级的先进技术，实现业务的快速增长。其次，云计算可以提高社会信息化水平并推动社会生产方式的变革。如同水和电一样，云计算综合集成的计算、存储、网络等信息技术资源是迈向信息社会的关键基础设施。云计算能够有效降低信息化成本，促进社会各领域的全面信息化，为个性化制造和智能化服务创新提供了有力工具和环境，推动经济发展向以知识、创新为驱动的现代经济体系转型。云计算通过对数据的集中管理，在专业安全团队的技术支持下，能够保障信息安全。传统IT环境下，数据分散在各个业务服务器中，数据安全难以得到有效保障；部署云平台后，所有数据集中在系统内存放和维护，传输和存储都经过加密处理。云计算平台会雇佣专业的信息安全团队防范各类潜在的安全漏洞和隐患。最后，云计算能够有效促进节能减排。云计算将计算资源统一管理供多用户共享使用，使得所需设备数量大幅减少，利用率大幅提升；通过自动化、智能化资源调度，实现资源的按需取用和负载均衡，削峰填谷，有效降低单位服务能力的能耗和碳排放量，从而达到节能减排的效果。

三、云计算与相关概念

云计算并不是凭空出现的，而是分布式计算（distributed computing）、网格计算（grid computing）和并行计算（parallel computing）的发展成果，或者说是这些计算机科学概念的商业实现。了解云计算与相关概念的差异有利于理解和把握云计算的本质。

（一）云计算与分布式计算

分布式计算是与集中式计算相对的概念，集中式计算是在一台设备内完成全部计算工作；而分布式计算需要将计算的项目数据分割成小块，由多台计算机分别计算，再将运算结果合并后得出最终结果，实现共享资源和平衡负载是分布式计算的主要目标。云计算属于分布式计算的范畴，是一种以提供对外服务为导向的分布式计算形式，但包含了更复杂的商业模式。云计算包含的分布式计算特征主要有：（1）建立在大规模服务器集群之上；（2）通过资源调度高效利用资源；（3）对外提供统一的接口。

（二）云计算与网格计算

网格计算也属于分布式计算，是指利用互联网将地理位置相对分散的计算机组成一个“虚拟的超级计算机”，其中每一台计算机就是一个“节点”，而整个计算体是由数以万计个“节点”组成的一张“网格”。网格计算是专门针对复杂科学计算而设计的一种计算模式。云计算是从网格计算发展演化而来的，网格计算为云计算提供了基本的框架支持。云计算和网格计算都具有超强的数据处理能力，都拥有虚拟资源池，而且资源及使用都是动态、可伸缩的。但它们的区别也是明显的，主要体现在：（1）网格计算关注于计算能力和存储能力的共享，而云计算侧重于在此基础上提供抽象的资源和服务，任何人都可以获取自己的专有资源；（2）网格计算是利用网络聚集分布在不同地域的资源来满足某一个特定的任务需要；（3）云计算大多是为了通用应用而设计的，而且资源相对集中，以互联网的形式提供底层资源的获得和使用渠道。此外，二者在商业模式、作业调度、资源分配方式、是否提供服务及其形式等方面也存在较为明显的差异。

（三）云计算与并行计算

并行计算是与串行计算相对的概念，是一种一次可执行多个指令的计算方式，是提高计算机系统计算速度和处理能力的一种有效手段，与高性能计算和超级计算是同义词。并行计算可以划分成时间并行和空间并行。时间并行使用流水线技术，空间并行使用多个处理器执行并发计算，当前研究的主要是空间的并行问题。由于云计算涉及多个处理器完成同一任务的问题，因此，云计算的基础架构首先要确保能实现并行计算。云计算是并行计算的升华，对于服务器端的并行计算能力提出了更高要求。因为数以万计用户的应用都是通过互联网在云端来实现的。要保障云计算流畅运行，就必须解决服务器端的并行计算问题。

（四）云计算与效用计算

效用计算是一种基于计算资源使用量付费的商业模式，用户从计算资源供应商获取和使用计算资源并基于实际使用的资源付费。在效用计算中，计算资源被看作是一种计量服务，就像传统的水、电、天然气等公共设施一样。传统企业数据中心的资源利用率普遍在20%左右，这主要是因为超额部署问题——购买比平均所需资源更多的硬件以便处理峰值负载。效用计算允许用户只为他们所需要用到并且已经用到的那部分资源付费。云计算以服务的形式提供计算、存储、应用资源的思想与效用计算非常类似。区别在于效用计算可以用在云计算上，也可用于大型机上；云计算可以采用效用计算收费模式，也可以采用其他收费模式。

（五）云计算、大数据和人工智能

云计算与大数据是两个不同的概念，但二者有着密不可分的联系。云计算是一种新型计算模式，利用这种模式可以解决企业计算、存储、数据库等一系列的IT环境需求。而大数据是指数据量大到传统数据处理软件无法处理，需要使用新处理模式才能具有更强的决策力、洞察发现力和流程优化能力的海量、高增长和多样化的信息资产。为实现对海量且复杂的数据进行深入挖掘，大数据必须依靠云计算大规模并行处理能力和分布式计算能力。云计算作为计算资源底层，支撑着大数据分析的有效运行。二者也是实现人工智能的基本要素，大数据负责提供数据资源、云计算负责提供计算能力，共同构成了人工智能的技术基础。

企业要发展云计算、大数据和人工智能（以下简称“CBA”）这三项技术，必须遵循“CBA”的发展顺序，如图7-2所示。云计算是“CBA”战略的第一步。企业通过使用云计算服务，可以沉淀用户的运营数据，为两项技术筑牢基础。用户在云上运营的时间越久，积累的数据量越大，企业也就能够更加准确地了解用户。大数据和区块链是“CBA”战略的第二步。基于云计算业务沉淀的海量数据，企业能够实现数据增值服务，例如客户画像、精准营销、优化运营等。但大数据的背后还存在着数据所有权、隐私保护和信息管理等诸多问题。区块链通过建立公开、透明、共享的分布式账本，实现数据的完整存储和实时更新和数据确权。大数据和区块链的结合能够得到更高质量的数据，实现更优的增值。人工智能是“CBA”战略的第三步，在积累了充足、优质的数据之后，企业便能够利用这些数据训练人工智能模型，为用户提供人工智能服务，最终实现效率提升。

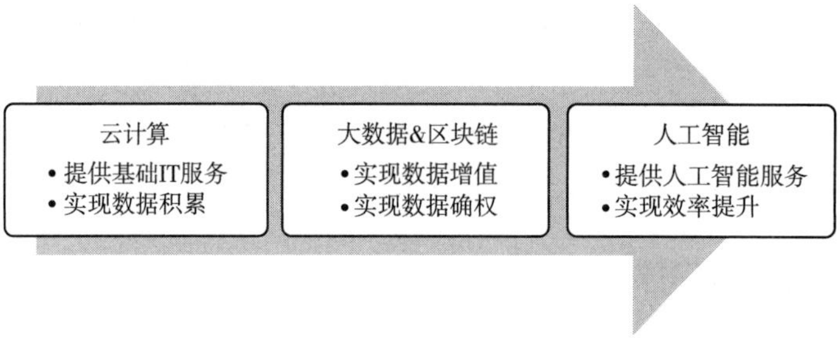

图7-2 企业技术发展“三步走”战略

第二节 云计算技术与分类

一、云计算关键技术

完整的云计算系统包括云端、网络和终端三个部分，完整的云计算技术体系涵盖了云端、网络和终端的各项技术。云终端是用户操作的主要设备，也是用户接入云端的入口，主要是平板、手机、瘦客户机等硬件设备。云终端技术的目标在于追求完美的用户体验。网络技术的主要内容是各种通信协议，包括HTTPS协议、RDP协议、PCOIP协议、HDX/ICA协议等。网络技术的目标在于保障云端与终端间的通信畅通。云端是云计算的核心，是计算、存储、网络等资源汇集的地方。云计算体系的关键技术是围绕着云端展开的，其中以虚拟化、分布式存储、分布式计算、云计算平台管理和云计算安全最为重要。分布式存储在第六章第二节有较为详细的介绍，此处将介绍其他四种技术。

（一）虚拟化技术

云计算平台集中了计算、存储和网络等大量资源。为提高资源利用效率，实现用户按需分配资源，虚拟化技术必不可少。虚拟化是指IT资源的虚拟版本，通过虚拟化手段可以将IT系统中各种异构的硬件资源转换成灵活统一的虚拟资源池，从而形成云计算基础设施，为上层服务提供支撑。虚拟化技术实质是实现软件应用与底层硬件相隔离，把物理资源转变为逻辑可管理资源。虚拟化是IaaS服务得以实现的基础，也是云计算最重要的特点之一。云计算的虚拟化技术包括将单个资源划分成多个虚拟资源的裂分模式，也包括将多个资源整合成一个虚拟资源的聚合模式。虚拟化技术根据对象可分成存储虚拟化、计算虚拟化、网络虚拟化等，计算虚拟化又分为系统虚拟化、桌面虚拟化和应用程序虚拟化。

存储虚拟化是将物理的存储设备和逻辑的存储视图分开，用户或应用程序只需对统一的逻辑存储空间进行管理，由虚拟化机制负责管理逻辑存储视图和物理存储设备之间的映射关系。目前，比较常用的存储虚拟化包括基于存储设备的实现和基于存储网络的实现，前者最为常见的表现形式为独立冗余磁盘阵列（redundant array of independent disks，RAID），后者最为常见的表现形式包括网络附加存储（network attached storage，NAS）和存储区域网（storage area network，SAN）。RAID是由多个独立磁盘组成的磁盘系统，分为控制器和磁盘阵列两部分，磁盘阵列负责存储数据（相同数据会存放在多个不同磁盘，所以称为冗余），控制器负责管理磁盘阵列之间的数据流并提供存取缓存。RAID可以在部分磁盘损坏的情况下，保证系统不中断地连续运行。RAID经过技术迭代已经发展出RAID0到RAID6等多个层级，可以满足不同数据应用的需求。传统的直连存储（direct attached storage，DAS）是将存储设备直接挂接在服务器内部总线上，成为服务器的组成部分。DAS模式的问题在于服务器需要同时兼顾程序运行和数据管理，在应用繁忙时数据访问服务会受到影响。而NAS则将数据存储功能从服务器上抽离，作为独立网络节点而存在于网络之中，供所有的网络用户共享使用。NAS比DAS更容易扩展存储空间，也减轻了应用服务器的工作负荷，同时便于实现数据共享。SAN综合了DAS和NAS两种存储方案的优势，并没有在功能上将应用服务和存储服务完全分离，而是希望服务器与存储设备之间通过专用光纤网络实现高速互连。NAS和SAN在结构上的区别如图7-3所示。由于NAS和SAN各有所长，在实际应用中，两者正在朝着互相融合的方向发展。

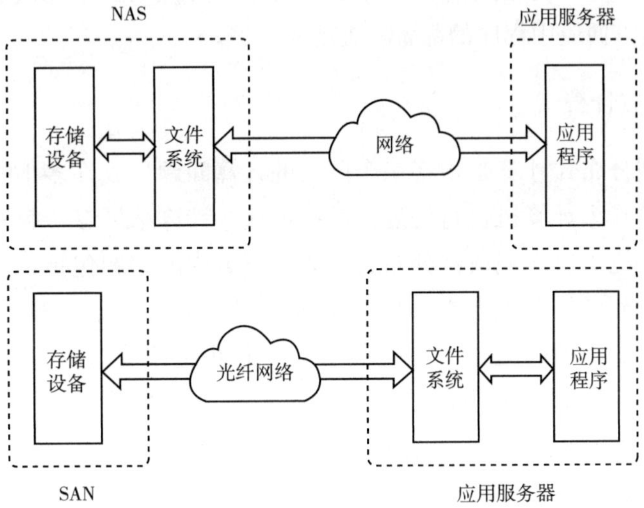

图7-3 NAS和SAN的区别

网络虚拟化是指让一个物理网络能够支持多个逻辑网络，并让用户网络体验和独享物理网络保持一致。比较常见的网络虚拟化应用包括虚拟局域网（virtual lAN，VLAN）、虚拟专用网（virtual private network，VPN）和虚拟网络设备等。VLAN是指管理员根据实际应用需求，把同一物理局域网内的不同用户从逻辑上划分为不同的局域网络。同一个VLAN中的用户可以直接通信，不同VLAN之间的用户需要通过配置路由才能通信。VLAN的主要作用是实现网络隔离。VPN是指在公用网络（通常是因特网）上通过隧道等方法建立专用数据通信网络的技术。用户使用VPN像是在使用专用的私有网络，但是实际上VPN没有专用的物理链路，而是通过技术手段使用公网资源动态构建的。VPN具备安全可靠、服务质量保障、成本低廉、易于扩展、易于管理等诸多优点，主要用于保障网络通信过程中的信息安全。虚拟网络设备是指在网络设备中引入虚拟化技术，例如虚拟网卡、虚拟路由器等。

计算虚拟化是指所有计算应用（含操作系统）并不直接在硬件平台上运行，而是在中间插入一层弹性计算资源管理及虚拟化软件，实现应用程序与物理硬件的分离。这种分离既能保障应用程序正常运转，也会提升硬件使用效率。由于计算资源可以划分为处理器、内存和I/O设备，所以对应的就有处理器虚拟化、内存虚拟化和I/O设备虚拟化。桌面虚拟化是指在瘦客户—服务器模型中引入虚拟化技术，利用服务器实现桌面虚拟机的托管和统一管理，利用客户端让用户获得完整计算机的使用体验。桌面虚拟化涉及的技术比较繁杂，包括远程虚拟显示技术、基于Web的用户远程虚拟执行技术、用户环境本地重建技术、用户环境迁移技术以及用户环境的记录回放技术等。不少公司在桌面虚拟化基础上推出应用程序虚拟化，如微软的App-V、思杰的XenApp、VMWare公司的ThinApp等。应用虚拟化是SaaS的基础，其根本目的在于把应用程序从操作系统中解放出来，为应用程序提供了一个虚拟运行环境，将极大地方便应用程序的部署、更新和维护。

（二）分布式计算

上一节提到分布式计算是指将一个巨大的计算问题分成许多小的部分，然后把这些部分分配给众多计算机进行处理，最后把这些计算结果综合起来得到最终的结果。由于需要多机器协作完成，分布式计算需要解决的问题包括：（1）如何将分解的计算任务分发到计算节点上？（2）如何解决节点间的数据传输问题？（3）如何解决集群中硬件故障的问题？（4）怎样让整个过程更简单高效？为解决上述问题，Google公司提出一种面向大规模数据处理的并行计算模型和方法——MapReduce。MapReduce能够解决海量数据的计算问题，是云计算时代分布式计算的热点技术，云计算厂商采用的编程模型多数是基于MapReduce的思想开发的编程工具。

MapReduce模式的思想是通过映射（Map）和化简（Reduce）这样两个简单的概念来构成运算基本单元，先通过“Map”程序将数据切割成不相关的区块，分配给大量计算机处理，达到分布式运算的效果，再通过“Reduce”程序将结果汇整输出，即可并行处理海量数据。MapReduce模型中定义了用户程序（user program）、主服务器（master）和工作服务器（worker）三种角色。如图7-4所示，当用户程序发起一次MapReduce计算任务时，整个处理流程会经历如下七个主要步骤：

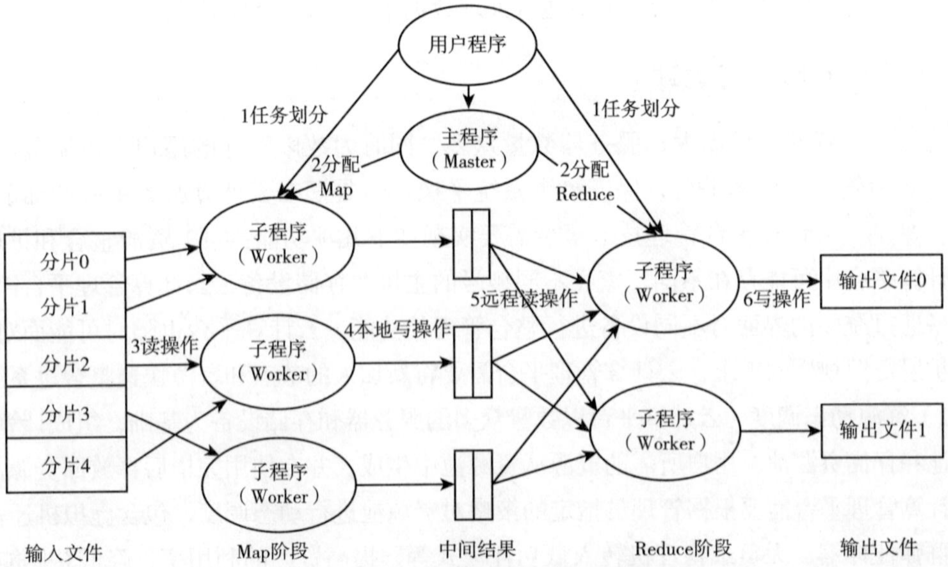

图7-4　MapReduce任务处理流程

（1）用户程序调用MapReduce将输入文件划分为多个块，然后启动主服务器和相关工作服务器；

（2）主服务器将Map和Reduce任务分配给空闲的工作服务器，并把划分好的输入数据块分配给各Map任务；

（3）Map任务对输入数据块进行处理，得到输入〈key，value〉对，然后将这些〈key，value〉对传递给用户编写的Map函数，经处理后产生中间结果〈key，value〉对；

（4）这些缓存在内存中的中间结果〈key，value〉对被周期性地写入本地硬盘，同时Map任务将存储位置上报给主服务器，再由主服务器告知Reduce任务；

（5）当Reduce任务接收到主服务器关于中间结果的位置通知后，就从指定位置读取中间结果并同时以“key”为索引进行排序和聚合处理；

（6）Reduce任务对聚合后的中间结果调用用户编写的Reduce函数进行处理，处理结果被保存到输出文件中，如果一个Reduce任务中出现多个“key”索引时，它需要迭代处理所有的“key”索引；

（7）当所有Map和Reduce任务都完成以后，主服务器负责通知用户程序，用户程序汇总各Reduce任务的输出文件得到最终结果，或者将这些输出文件当作下一轮MapReduce计算的输入数据。

MapReduce模型具有很强的容错性，当Worker节点出现错误时，只需要将该Worker节点屏蔽在系统外等待修复，并将该Worker上执行的程序迁移到其他Worker上重新执行，同时将该迁移信息通过Master发送给需要该节点处理结果的节点即可。MapReduce降低了分布式编程的门槛，适合海量数据的离线批处理。但其应用也有局限，不适合时效性高的场景，也不适合处理数据集是动态变化的场景。

（三）云计算平台管理

云计算资源规模庞大，服务器数量众多，同时为数以万计的用户提供服务。如何有效地管理云计算平台，保证整个系统平稳运转是摆在云计算服务供应商面前的重要难题。云计算平台管理技术至少需要实现如下几项功能：（1）资源整合和扩展，云计算平台中可能存在不同厂家、不同型号的主机及存储设备，云计算管理平台需要具备通过统一的界面对不同设备进行整合管理的功能。云计算平台也随时可能面对需要扩展资源规模的需求，云计算管理平台需要将新加入的节点和资源快速整合进系统。（2）资源动态调度，云计算平台以数量众多的服务器和存储设备为基础，组成计算资源池和存储资源池。用户所需的资源从资源池中生成，并在使用完毕后释放回资源池。云计算管理平台需要根据管理员指定的策略对资源池进行动态调度，包含虚拟机迁移、集群弹性伸缩、无负载物理机转入低功耗模式等，提高资源的利用率，降低总体能源损耗。（3）性能监控和故障恢复，云计算管理平台需要对云计算平台各种资源的运行状态进行周期性的自动监控，将性能信息定期更新到数据库，以便管理员可以实时了解系统的运行状况并生成历史数据统计报表。云计算管理平台还需要检测故障信息，并可在检测到故障时根据系统设置信息自动执行邮件通知或进行自动恢复操作。

许多厂商都有云计算平台管理方案推出，这些方案能够帮助企业实现基础架构整合，实现企业硬件资源和软件资源的统一管理、统一分配、统一部署、统一监控和统一备份，让企业云计算平台价值得以充分发挥。

（四）云计算安全

伴随着云计算的快速发展，越来越多的企业或个人将数据托管到云端。但是云计算具有的虚拟化、数据集中管理等特性使得传统的安全技术无法完全保证用户托管到云端中的数据的安全，安全事件屡见不鲜。云计算的安全问题已成为阻碍云计算发展的重要障碍。

针对云计算安全的关键技术包括：（1）加密数据处理，用户数据以密文的形式存储在云端，如果能够直接在密文上进行计算，则有利于保证数据安全和用户隐私，不少技术正在研究基于密文的检索与处理。（2）数据存在与可使用性证明，由于大规模数据所导致的巨大通信代价，用户不可能将数据下载后再验证其正确性。因此，用户需在取回很少数据的情况下，通过某种知识证明协议或概率分析手段，以高置信概率判断远端数据是否完整。（3）数据隐私保护，由于数据存放到云端，其中的敏感数据会带来隐私保护问题。目前应用最多的方法是对上传到云端的数据进行混淆和加密。混淆是用户对私密数据进行某些函数求值，并将函数结果上传至服务器。云计算服务在不知晓原始数据的情况下，对用户上传的函数结果进行处理后返还给用户，用户再进行进一步的处理。但混淆要求用户终端有一定的计算能力，在频繁进行计算的时候会造成计算“瓶颈”。（4）可信云计算。将可信计算技术引入云计算，以可信赖方式向用户提供云服务是云计算发展的必然趋势。可信计算技术提供了可信的软件和硬件以及证明自身行为可信的机制，可以被用来解决数据的私密性和完整性问题。

云计算安全技术处于起步阶段，仍有许多问题等待探索和解决。同时，云计算安全并不仅仅是技术问题，它还涉及标准化、监管模式、法律法规等诸多方面。仅从技术角度出发探索解决云计算安全问题是不够的，需要信息安全专家、信息安全企业以及政府相关部门的共同努力才能实现。

二、云计算服务模式

图7–1展示了云计算架构，一般包含四个层次，即数据信息层、应用软件层、平台软件层和基础设施层。根据所提供的层次不同，云计算服务模式分为三种不同类型，分别是基础设施即服务（Infrastructure as a Service，IaaS）、平台即服务（Platform as a Service，PaaS）、软件即服务（Software as a Service，SaaS）。用户可以根据实际需要选择不同服务模式。这三种服务模式对比如图7–5所示。

图7–5　云计算三种服务模式

（一）基础设施即服务（IaaS）

IaaS提供硬件基础设施部署服务，为用户按需提供计算、存储和网络等资源。在使用IaaS层服务的过程中，用户需要向IaaS层服务提供商提供基础设施的配置信息，运行于基础设施的程序代码以及相关的用户数据。为了优化硬件资源的分配，IaaS层引入了虚拟化技术。借助于虚拟化工具，可以提供可靠性高、可定制性强、规模可扩展的IaaS层服务。数据中心是IaaS层的基础环境，不仅包括计算机服务器、通信设备和存储设备，还包括数据通信连接、环境监控设备、管理系统以及各种安全装置等。数据中心的管理和优化问题是IaaS层服务提供商需要解决的重点问题。

对于用户而言，IaaS的最大优点是灵活性，用户对于IT系统中的软件内容（操作系统、数据库、应用软件）拥有完全自主权，自己可以决定是否安装及安装何种软件。缺点在于操作系统、数据库和中间件需要消耗计算资源，而这些资源同样需要按量收费。此外，IaaS对用户的系统管理能力要求更高。

（二）平台即服务（PaaS）

PaaS是云计算应用程序运行环境，提供应用程序部署与管理服务。PaaS层提供软件工具、开发语言和调试工具，应用程序开发者只需上传程序代码和数据即可使用服务，而不必关注底层的网络、存储、操作系统的管理问题。应用软件繁多，支撑它们的语言、数据库、中间件和运行库可能都不一样。PaaS服务供应商不可能安装全部的语言、数据库、中间件和运行库来支持所有的应用软件，目前普遍的做法是安装主流的语言、数据库、中间件和运行库，使得PaaS能够支持主流的应用软件。

对于用户而言，PaaS的优势在于解决了应用软件依赖的运行环境（比如中间件、数据库、运行库等），用户自己安装应用软件时再也不会出现各种安装错误提示。缺点在于用户不能自己安装基础软件，只能在有限的范围内选择。目前PaaS并没有统一标准，各服务商推出的PaaS平台间存在互不兼容的问题，例如基于微软.NET框架的应用程序是不能在基于JAVA的J2EE框架下运行的。

（三）软件即服务（SaaS）

SaaS是基于云计算平台开发的应用程序服务，是一种通过互联网提供软件服务的软件应用模式。软件厂商将应用软件部署在自己的数据中心，用户可以根据实际需求向厂商订购需要的应用软件服务，并根据订购服务的种类和使用的时间向厂商支付费用。用户不需要安装软件，而是直接通过互联网使用软件即可。常见的SaaS软件包括企业资源计划（ERP）、客户关系管理（CRM）、商业智能（BI）等，这些软件通常具备以下特点：（1）复杂。软件无论是安装还是维护都较为复杂。（2）昂贵。软件开发难度大，单独购买价格高昂。（3）模块化结构。软件按功能划分为不同模块，用户按需购买。（4）多用户。软件支持多个企业、多个用户同时使用，用户间不会相互影响。

对于用户而言，SaaS的优势在于为用户屏蔽了软件运行所需的所有基础环境，软件的安装、升级和维护都不需要用户参与，用户所有注意力将集中于使用软件。缺点在于SaaS软件属于标准化产品，通常不支持二次开发，扩展性受到影响。另外，数据存放在云端，有数据泄露的风险。

三、云计算部署类型

上文按照云端架构划分将云计算分为IaaS、PaaS和SaaS三种服务模式。如果从所有权的角度分类，云计算可以分为四类：私有云、社区云、公有云和混合云。每种部署模型可以对应任意服务模式，因此，提供SaaS服务模式的公有云被称为“SaaS公有云”。以此类推，三种服务模式和四种部署类型能够产生十二种不同种类的云服务。

（一）私有云（private cloud）

私有云是指由某个企业、组织、家庭或者个人组建，并仅供自己使用的云计算平台。私有云计算平台可以建设在企业或组织的工作场所内，也可以托管给专业机构。私有云计算平台通常使用局域网的方式进行访问，通过防火墙一类的安全设备，将外来访问者拒之门外。私有云的部署比较适合于有众多分支机构的大型企业或政府部门。随着这些大型企业数据中心的集中化，私有云将会成为它们部署IT系统的主流模式。

相比传统IT系统而言，私有云的主要优点包括：（1）可在任何终端登录，方便员工实现移动办公；（2）数据存放于云端，通过安全限制策略可防文件下载和复制；（3）资源集中管理，方便维护运营。与其他云计算部署模式相比，企业对私有云的掌控力更强，安全性和数据隐私能得到更好保护。缺点是私有云构建成本较高且需要聘用或者委托专业的IT团队进行管理和维护；另外，资源不对外公开会导致设备的利用率不高。

（二）社区云（community cloud）

社区云是私有云的扩展版本，使用范围不再局限于某个企业，而是为一个具有共同利益或共同关注点的社群提供支持。社区云由社区成员联合起来共同出资组建，共同分享云端所有权。社区共同关注点可能包括安全要求、数据私密、监管环境、商业模型、终端用户等，也可能是按照地理位置或者行业划分。社区云通过互联网进行访问，但要求用户局限于社区内部成员。社区云的部署比较适合于行业联盟机构或者产业链上下游企业，例如某地餐饮联盟组建社区云，某大型企业联合供应商组建社区云等。

社区云的主要优点有：（1）社区成员拥有某种共同关注点，云计算平台可以进行针对性设计以满足成员需求；（2）社区成员分摊建设和维护成本，有效降低使用云服务的代价；（3）社区云用户之间能够实现信息共享。社区云的不足之处在于需要对社区成员和社区云资源进行有效管理，避免成员在资源分配和使用上爆发冲突。

（三）公有云（public cloud）

公有云是由云计算服务提供商搭建，对公众群体开放的云服务。云计算服务提供商负责组建和管理云端并对外出租，终端用户对云端计算资源只有使用权而没有所有权。公有云服务通常通过互联网访问，而非私有网络或受限网络，是大多数人最为熟悉的部署模型。国内较为常见的公有云服务包括百度网盘、腾讯文档、网易云音乐等。

公有云的优点在于客户只需要为使用的资源付费，并不需要花费资源和时间去维护硬件、存储、网络、带宽等基础设施；另外，数据资源在云端，更加便于用户分享和随时取用。不足之处在于公有云的可用性不受使用者控制，流量峰值期间容易出现性能问题；另外，数据存储在云端，有被入侵和泄漏的风险。

（四）混合云（hybrid cloud）

混合云指的是至少使用了两种不同部署模式（公有云、私有云、社区云）的云部署模式。目前，应用较多的混合云形式为“公有云+私有云”的组合。混合云的出现则源自单纯的公有云或私有云已经不能满足现有业务需求，企业需要多种云环境并存来适应新的业务发展。混合云解决方案在开放地拥抱云计算、部署互联网化应用并提供最佳性能的同时，保障了私有云本地数据中心所具备的安全性和可靠性。

混合云的优点体现在：（1）架构更灵活，可以根据负载的重要性灵活分配最适合的资源，例如在私有云运行关键业务、在公有云上运行高峰值和高负荷的工作任务。（2）安全性更高，混合云具备私有云的保密性，同时具有公有云的抗灾性（在公有云上建立虚拟的应急灾备中心或者静态数据备份点）。混合云的缺点在于对多云部署模式的技术要求更高，维护难度更大，由于发展时间较短，可供选择的产品和服务不多。

四、主要云计算平台

近年来，全球主要IT企业均将云计算作为未来主要战略方向，纷纷成立专门的部门推动云计算技术和市场进展。对于企业用户而言，云服务有较高的迁移成本，一旦选定某个云计算供应商意味着将会进行长期合作。因此，选择一家技术过硬、实力雄厚、信誉良好、服务到位的云服务供应商对于企业信息化建设十分重要。目前，云服务商以美国企业为主，中国云服务商也在迅速发展。部分云服务企业已经形成了提供大规模全球化云计算服务的能力，并主导着云计算的技术发展方向。下面分别介绍目前主要的云计算服务商。

（一）Amazon Web Service

Amazon公司的云计算产品总称为AWS（Amazon Web Service），是国际市场份额最高的云计算服务商。其云计算产品覆盖IaaS和PaaS两层，提供种类丰富多样的产品和服务，其中应用最为广泛的包括计算服务EC2、存储服务S3、数据库服务SimpleDB和消息队列服务SQS。EC2利用虚拟化技术为用户提供一个完全虚拟化的计算环境，并以Web方式使得用户可以在这个虚拟计算环境上运行自己的应用程序。S3提供了一种基于Web的存储服务，可用来上传、存储和下载文档、图片、影像以及应用数据等非结构化数据。SimpleDB是一个支持结构化数据存储和查询的轻量级数据库服务。SQS则是一款用于分布式应用程序之间数据传递的消息队列服务。

（二）Google Cloud Platform

Google作为全球最大的搜索引擎服务提供商，在云计算技术发展方面做出了不小的贡献。分布式文件系统GFS、分布式数据库系统BigTable和分布式计算框架MapReduce作为分布式系统著名的三驾马车都是Google公司的技术研发成果。Google公司的云计算产品可以划分为三个层次，最底层是遍布世界各地、数量众多的Google数据中心，中间层是其云计算平台GAE（Google App Engine），提供运行环境、数据存储和系统服务等内容，最上层是构建在GAE之上的应用程序，包括Google Apps应用服务（例如Google Docs、Google Calendar、Gmail等）和客户自己研发的应用程序。

（三）Windows Azure

微软公司作为软件业界的巨头，凭借其一贯以来在Windows操作系统、SQLServer数据库以及.NET编程框架等方面深厚的技术积累，从IaaS、PaaS和SaaS三个层面对云计算服务进行布局。在IaaS层面，微软公司提供了两款服务器虚拟化软件Virtual Server和Hyper-V；在PaaS层面，微软公司提供了重量级云计算平台Azure Service Platform；在SaaS层面，微软公司提供了面向个人用户和面向企业用户的两种软件服务。面向个人用户的软件服务包括Windows Live Sky Drive、Hotmail、Live Messenger、Bing等，面向企业用户的软件服务包括Office365和Dynamics CRM。

（四）阿里云

阿里云成立于2009年，是亚洲最大的云计算平台和云计算服务提供商，和亚马逊AWS、微软Azure共同构成了全球云计算市场第一阵营。阿里云在全球部署了上百个数据中心，管理的服务器规模在百万台。阿里云凭借着自主研发的“飞天”云操作系统，占据了国内一半左右的云计算市场份额，是国内云计算市场公认的“领头羊”和行业巨头。在天猫“双11”全球狂欢节、12306春运购票等极富挑战的应用场景中，阿里云保持着良好的运行纪录。

（五）腾讯云

腾讯云于2013年9月正式对外全面开放，相对于其他的云计算企业来说，起步较晚。腾讯云基于“OpenStack”（开源的云计算管理平台项目搭建，业务包括：云计算基础服务、存储与网络、安全、数据库服务、人工智能、行业解决方案等。腾讯云凭借着在社交和游戏两大领域的庞大客户群和生态系统构建，在国内市场占有率排名第二，紧随阿里云之后。

第三节　金融云计算

从行业层面看，金融业在信息化建设方面一直处于领先地位，而且对于IT系统的稳定性、可用性、网络时延性以及数据安全性的要求非常高。因此，金融业与云计算技术结合是大势所趋。从企业层面看，金融企业普遍面临产品创新层出不穷、产品迭代速度加快、线上交易暴增等挑战。云计算技术作为实现IT资源按需供给的技术手段，可以实现让金融企业像使用水、电、气一样使用IT资源。鉴于云计算的巨大技术优势，传统金融机构纷纷开启了基于云计算的信息系统架构转型之路，逐步将业务向云迁移；而新兴金融机构如微众银行等在诞生之初就把所有IT系统架构在云计算平台之上。云计算技术已经成为金融机构信息化建设、架构优化不可或缺的重要手段。

一、金融云计算的概念和特点

金融云计算是指利用云计算技术，将各金融机构及相关机构的数据中心互联互通构成云网络，或者利用云计算服务提供商的云计算平台，将金融产品、信息、服务分散到云网络当中，以提高金融机构迅速发现并解决问题的能力，为客户提供更便捷的金融服务和金融信息服务。金融云计算是服务于银行、证券、保险、基金等金融机构的云计算服务，金融行业自身的特点会对云计算技术和平台选择产生重要影响。这种影响主要体现在如下三个方面：

（一）金融机构物理设备多样性导致金融云整体架构相对复杂

大型金融机构经过数十年的信息化建设，拥有复杂的IT基础设施。包括X86服务器、小型机、SAN存储、NAS存储等多种物理设备。不同的设备拥有各自的虚拟化软件，各类设备组成多个资源池。因此，金融机构在选择云计算平台时需要考虑将这些IT资源进行重新整合、统一管理，以实现内部系统数据的充分融合。

（二）金融业务连续性对云计算平台安全平稳运行有更高要求

金融机构的IT系统的稳定性、可用性、网络时延性以及数据安全性的要求非常高。金融机构关键业务系统停机属于极度严重的金融事故，会造成巨大的经济损失。为满足业务连续性要求，金融企业需要建立完善的灾难备份和灾难恢复体系。灾难备份主要有三种，分别为同城灾备、异地灾备和两地三中心。通过业务和数据的备份可以减少系统停机时间，保证业务的连续运行。

（三）金融云计算平台需要按照监管机构的合规标准建设

由于金融机构必须接受监管机构的检查和监督，因此，在进行金融云计算平台的建设过程中必须参照监管要求和行业标准。这些要求和标准包括《云计算技术金融应用规范安全技术要求》《金融行业信息系统信息安全等级保护测评指南》《银行业信息系统灾难恢复管理规范》《商业银行业务连续性监管指引》《银行业金融机构信息科技外包风险监管指引》《保险信息安全风险评估指标体系规范》和《证券期货业信息系统安全等级保护测评要求》等。

二、金融云计算的价值和前景

云计算在金融领域发展迅速，离不开国家政策对金融机构“上云”的支持。2015年11月，国务院印发《关于促进云计算创新发展培育信息产业新业态的意见》，明确表示到2020年云计算成为我国信息化重要形态和建设网络强国的重要支撑。2017年6月，中国人民银行印发了《中国金融业信息技术“十三五”发展规划》，要求稳步推进系统架构和云计算技术应用研究。目前，我国云计算产业发展、行业推广、应用基础等重要环节的宏观政策环境已经基本形成。除国家政策引导外，金融机构重视云计算技术应用的原因在于云计算能为金融机构带来巨大的应用价值和收益。这些价值和收益体现在如下几个方面：

（一）降低金融机构信息化建设成本

降低成本开销是云计算的主要优势之一。该成本包含人力资源及各种设备支出成本。随着金融机构业务的不断发展，业务覆盖的地区会逐步扩张，分支机构会不断增多。因此，金融机构就不得不花费大量资金购买数量众多的计算机设备，造成运营成本急剧上升，与之相应的是用于构建与运维这些基础设施的人力成本也将随之提高。采用云计算则可大幅降低金融机构的IT成本。一方面，出于规模效应和专业化分工，云计算服务供应商能以更低廉的价格向金融机构提供服务，安排专业人员对基础设施进行维护，金融机构无须为此耗费人力、物力和财力；另一方面，金融机构根据实际需求使用云上的IT资源，并按实际使用量进行付费，减少了为闲置资源付出的不必要成本。

（二）减小金融机构资源配置风险

在传统信息系统环境下，金融机构很容易出现过度配置（IT资源利用率不足）和配置不足（IT资源过度使用）问题。配置不足将无法及时响应用户的所有需求，甚至导致系统崩溃；而过度配置又会带来资源闲置和资源浪费。在可扩展性上，云计算支持通过添加服务器和存储等IT设备实现性能提升，快速满足金融企业应用规模上升和用户高速增长的需求。在可靠性上，云计算可以通过数据多副本容错、计算节点同构可互换等措施，有效保障金融企业服务的可靠性。在云计算环境下，金融机构可以根据实际需求来主动调整其云上的IT资源，既不会造成资源闲置，也避免了使用需求达到阈值时可能出现的损失。

（三）提升金融机构数据管理能力

云计算具有内部高度冗余和可靠的特性。一方面，云中部署的大量的存储设备通过软件可以提供强大的存储能力，满足金融业的大数据存储需求；另一方面，云计算可以提高数据的可访问性。如果云中的某台服务器无法正常工作，系统会在很短的时间内把备份数据拷贝到云中的其他服务器上，并完成服务器的切换工作，更好地解决金融灾备问题。云计算还可以大幅提高金融企业的数据分析能力和数据处理能力。传统IT系统的运算处理能力在庞大的客户数据面前也显得捉襟见肘，而云计算服务供应商可以提供超大规模的计算处理能力，帮助金融机构实现高速的数据存储、处理与分析，并从海量数据中提取出有价值的信息，为金融机构进行商业决策提供支持。

（四）提高金融机构用户服务水平

首先，传统IT架构下，若设备发生故障或者系统更新升级，金融机构需要将业务暂停以进行维修或更新。但在云计算条件下，即便出现设备故障或者系统升级，也不会影响原有系统的正常运转，只要有稳定的网络连接就可以帮助金融机构为用户提供24小时不间断的在线服务。其次，云计算能够整合金融产业链各方参与者所拥有的面向最终客户的各类服务资源，包括产品、网点服务、客户账户信息等，为客户提供更加全面、实时的金融服务和金融信息。最后，为用户提供个性化、智能化的服务需要大数据和人工智能，这两项技术的有效运转离不开云计算为其提供的计算和存储能力。

目前，金融云计算仍处于快速发展期，其发展前景十分广阔。未来几年，金融云计算的发展主要体现在如下三个方面：（1）传统金融机构金融云应用的广度和深度将进一步提升。受利率市场化、互联网金融发展冲击等因素影响，传统金融业的发展出现了一系列待解决的问题，比如金融多元化竞争加剧、银行主导地位被削弱等，这些问题让传统金融机构不得不去思考金融云计算的应用问题。因为云计算技术可为客户提供更低成本、更高效的服务，传统金融机构为保持市场竞争力，将会探索从辅助性业务系统“上云”向核心系统“上云”转变，从单一私有云，向私有云为基础、行业云和公有云为补充转变。（2）中小金融机构对云计算需求保持强劲。2018年2月9日，原中国银行业监督管理委员会（以下简称“银监会”）对外集中公布了中国银行业金融机构法人名单。截至2017年底，我国共有城市商业银行134家、农村商业银行1262家、农村合作银行33家、农村信用社965家、村镇银行1562家。这些中小银行在信息化建设上的投入完全无法和大型银行相提并论，但是借助云服务商的金融云平台，中小型金融机构能够低成本获取和大型金融机构同等先进的基础设施服务。此外，中小金融机构也可以借助云平台将自身不太擅长的业务外包给其他专业的公司，或者是利用云计算平台上丰富的计算资源提高相关业务的处理效率。（3）金融行业云将成为金融机构的优质选择，推动金融云计算市场规模持续扩大。2016年中国金融监管机构首次强调行业公有云概念，原中国银监会发布《中国银行业信息科技“十三五”发展规划监管指导意见》，要求建立符合法律法规要求、市场化运作、具备金融级安全等级的行业云平台联合运营机制，以行业云平台为基础开展金融技术创新研究。鼓励探索建立银行业金融公共服务行业云，构建私有云与行业云相结合的混合云应用模式。2018年3月8日，《证券时报》报道中国银监会将主导16家金融机构成立融联易云金融信息服务有限公司，通过搭建银行业共享服务云平台的方式，创新银行机构间的合作模式。融联易云的成立是金融机构自建金融云的标志性举措，会鼓励促进更多金融机构使用金融行业云，加快金融业务“上云”进程。

三、金融云计算的部署类型

中国信息通信研究院2018年发布的《金融行业云计算技术调查报告》显示，在接受调查的391家金融机构中，41.18%的金融机构已经应用云计算技术，46.80%的金融机构有计划应用云计算技术。在已经使用云计算技术的161家金融机构中，69.57%的金融机构采用自建私有云模式搭建云平台，19.25%的金融机构采购由专业金融行业云服务商提供的行业云服务，同时，11.18%的金融机构使用公有云。由此可以看出，我国金融行业云计算技术主要采用构建私有云或定制行业云的部署方式，这主要出于以下几点考虑：一是金融业有非常高的合规和监管要求，需要满足行业监管的标准；二是金融企业高度重视自身客户、账户等隐私信息，需要切实保证信息数据的安全性；三是金融行业对业务连续性、交易并发性和系统可用性要求较高，普通云不能完全满足其要求。

资金实力较强的大型金融机构多选择构建企业专属的私有云，并主要用于存储、运行重要业务系统，存储敏感数据。私有云一般采用自建基础设施、购买硬件产品和解决方案的方式搭建，在生产过程中实施外包驻场运维和自主运维。对于资金匮乏、技术不足、经验不足的中小型金融企业而言，构建私有云的成本非常高，通常采用行业云的部署方式。金融行业云是指金融机构之间通过基础设施领域的合作和资源方面的共享，在金融行业内形成公共基础设施、接口及应用等一批技术公共服务，用于金融业外部客户的数据处理服务，或为一定区域内金融机构提供IT资源共享服务。我国提供金融行业云服务的主要有两类组织：一类是传统金融机构，如兴业银行的“数金云”、平安银行的“平安云”和招商银行的“招商云创”等。根据中国经济网2017年9月8日的报道，兴业银行的“数金云”既有为金融机构提供的基础云服务，也有专为中小银行使用的银行云服务，已累计为300多家银行合作用户提供超过400项金融行业云服务。另一类是互联网企业，阿里金融云在2017年新闻采访中表示2013年成立的阿里金融云是国内最早提供金融云服务的提供商，已经拥有2500多家金融机构客户，包括数十家银行、半数以上的保险公司、七成以上的证券公司，以及千余家互联网金融企业。通常情况下，互联网企业会将公有云技术直接移植到金融云中。这样做的优点是速度快、成本低，标准化输出能够帮助客户快速搭建IT架构，但面对金融业特有的复杂问题时也会力不从心。因此，也有金融机构选择与互联网企业联合开发云计算平台，例如中国建设银行与腾讯合作搭建了符合公有云标准的金融级生态云平台“建行云”，构建了完整的底层基础设施、安全防护以及运维技术能力。

四、金融云计算的平台架构

金融云计算平台架构体系可以分为基础硬件设施与设备、资源抽象与控制、云服务、运维运营管理等部分，如图7–6所示。基础硬件设施与设备是指机房等基础设施以及计算、存储、网络等设备，是金融云计算平台的物理基础。金融云计算平台出于安全因素考虑应选择使用安全可控、体系架构开放的硬件进行构建，保障安全性、可用性和可靠性。金融云计算平台网络主要包括数据中心内部网络和跨数据中心网络。由于金融应用场景的安全性、时效性要求较高，因此，金融云计算平台应采用高可靠、低时延、可扩展的网络架构，为用户提供低时延处理和高并发接入，还应该使用网络虚拟化技术实现网络逻辑隔离。金融云计算平台中的计算和存储设备应该纳入资源池进行统一管理。

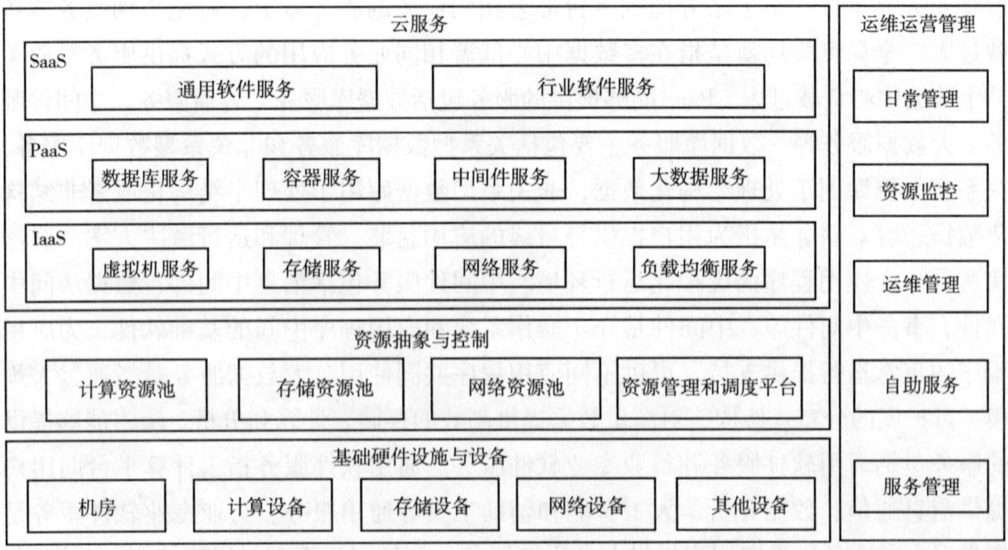

图7-6　金融云计算平台架构

资源抽象与控制是实现基础硬件设施与设备服务化的基础，包括计算资源池、存储资源池、网络资源池以及资源管理和调度平台。所有计算资源应按照资源池进行管理，计算虚拟化技术和计算资源管理是构建计算资源池的重要基础。存储资源池由存储资源管理和存储系统两部分组成：存储资源管理负责存储系统资源的管理，存储系统包含存储数据层、存储抽象层和存储接口层。存储数据层是云计算存储系统的最底层，是数据存储的载体，可基于集中式存储或分布式存储构建。存储抽象层为上层应用提供存储资源的抽象，包括单块存储、文件存储和对象存储等。存储接口层提供块存储接口、文件存储接口和对象存储接口等存储系统与外部的接口，必须实现高速可靠的数据传输。网络资源池是将网络设备进行逻辑抽象和集中管理形成的资源池，由基础物理网络、虚拟网络和网络资源管理等部分组成，其中基础物理网络到虚拟网络的抽象通过网络虚拟化技术实现，网络资源管理将物理和虚拟网络资源形成资源池进行统一管理调度。资源管理和调度平台能够接收更高层次的服务资源请求，实现了对计算、存储和网络三大资源池的统一管理和调度分配。

云服务是金融云计算平台的核心。根据服务模式的不同，金融云计算平台可以提供IaaS、PaaS和SaaS等多种服务类别。金融机构可以根据业务需要进行选择。IaaS能够提供的服务包括虚拟机服务、存储服务、网络服务、负载均衡服务等。虚拟机服务是指云服务供应商向用户提供面向操作系统的计算服务。存储服务是指为用户提供数据存储的服务，存储服务可分为块存储服务、文件存储服务、对象存储服务和归档存储服务等。网络服务包括为用户提供安全可靠的网络连接服务和提供域名的生命周期管理，包括域名注册、域名解析、域名转入、域名备案等服务。负载均衡服务包括服务器负载均衡和全局负载均衡。服务器负载均衡是指由负载均衡服务器将业务流量按一定策略分配到多台部署相同业务的服务器上，避免个别服务器负载过大。全局负载均衡是指在多数据中心部署相同业务应用的方式提供服务，避免某个数据中心负载过大。PaaS能够提供的服务包括数据库服务、容器服务、中间件服务、大数据服务等。数据库服务主要包括关系型数据库服务和非关系型数据库服务，关系型数据库用于处理结构化数据，非关系型数据库用于处理半结构化或者非结构化数据。容器服务是指为用户提供轻量级的应用封装、管理和运行解决方案。容器实质是一个应用程序的虚拟化运行环境。中间件服务包括消息中间件、数据访问中间件、事务中间件等。中间件是介于操作系统和应用程序中间的基础软件，为应用程序的正常运行提供支持，可供不同应用程序共同使用。大数据服务是指通过大规模、可扩展的分布式架构，对海量数据提供高效的存储、计算和分析。SaaS能够提供的服务包括通用软件服务和行业专业软件服务。通用软件服务指云计算平台向用户提供消息通信、数据分析、人工智能和辅助工具等通用服务。行业专业软件服务是指根据金融业务场景向用户提供业务系统服务，例如客户管理、风险控制、防欺诈、反洗钱等。

为实现金融云计算平台全面系统管理，平台还需要有运维运营管理功能。运维运营管理主要包括日常管理、资源监控、运维管理、自助服务和服务管理等。日常管理主要实现对用户和租户的全生命周期管理。资源监控实现对计算、存储和网络三大资源池使用情况实时监控和分析。运维管理能够定期对云计算平台的资源和应用系统进行健康巡检，自动生成巡检日志，如果遇到运维事件，能够及时通知运维人员。自助服务主要向用户提供可自由调配资源和使用云服务的功能，包括自助完成资源的申请、使用、配置、修改和删除。服务管理包括对用户进行分级分角色管理，准确度量用户所使用的各类资源数量和时间，并提供收费和审计功能。

第四节　云计算在金融行业的应用

云计算作为先进的信息化技术手段，为金融企业提供了低成本、高效率的信息技术环境，有效整合了金融企业庞大复杂的信息系统，提升了金融行业信息化服务水平。同时，云计算为金融机构处理突发业务需求、部署业务快速上线、实现业务创新改革提供了有力技术支持。因此，云计算在银行、保险、证券和互联网金融等行业均得到广泛应用。

一、银行业的云计算应用

在互联网金融时代下，传统银行业面临着前所未有的挑战。存款人不再固守低收益的存款，而是转去购买收益较高的资产；企业不再高度依赖银行贷款，而是拥有了更加多元化的筹资方式；移动支付的兴起使得第三方支付公司逐步取代银行的支付结算功能；互联网金融公司提供的网络金融服务，又使银行的投融资中介的功能进一步弱化。因此，银行业必须适应信息化环境和金融需求做出改变。云计算技术正好能够帮助银行业从传统商业银行向现代金融服务商转型，实现客户服务方式、市场竞争与行业合作方式、企业管理方式和风险控制方式的全面变革。

（一）改变客户服务方式

云计算意味着更低成本、更有效、更自主的金融服务，更新的客户体验。从客户角度，网上银行和手机银行的出现让客户可以减少对银行物理网点和柜台的依赖，自主办理转账、消费支付甚至投资理财等各类金融服务。在云计算平台支持下，原本需要由银行完成的业务流程，可以由客户自主完成一部分或全部。从银行角度，银行借助云平台可以充分收集客户的信息，进一步发掘客户的金融需求，量身设计金融产品，针对不同客户展开个性化服务。银行产品将向多元化、综合性方向拓展，以满足客户综合金融服务的需要。在云计算平台下，银行可以与其他金融机构形成更加紧密的合作机制（例如共建云平台、共享云上信息），开辟更广泛的代理内容，这样可借助金融市场更广泛的专业分工，为客户提供综合全面的金融服务。在强大的信息技术支持下，以客户为中心的经营思想理念得到更充分体现，为银行的转型发展和功能提升奠定了坚实的基础。

（二）改变市场竞争方式

在云计算帮助下，银行对信息运用更加充分，银行间竞争表现为深度竞争、系统竞争。例如银行可以在云端对供应链上下游企业提供从采购到支付全流程支持，并实现客户业务流程与银行支付结算、信贷、现金管理等金融服务的无缝对接。银行间竞争的主动权不再依赖于单一产品或渠道的优势，而是运用一切资源的能力，尤其是信息资源的整合发掘能力。银行将以客户需求为中心，围绕客户的关键业务与财务活动，为同类客户提供标准化的业务处理支持，并向客户提供全面的金融解决方案，提升客户满意度。银行可以利用云平台实现行业内及跨行业的合作伙伴更紧密的多方在线协同，打破物理网点、开户行、业务资质等因素对银行业务发展的限制，将金融服务延伸至当前无法服务的客户群体与市场。银行收入模式也发生改变，变单一的利差收入为多元化的理财服务收益。银行不再是以存、贷、兑为主要业务的传统商业银行，而转为综合信用和信息服务中介。在新的竞争时代，联合竞争和合作共赢成为一种普遍模式。银行的竞争力表现在作为行业资源的整合者，在产业链上扮演新的角色，而所有链上的企业将依靠价值网络中的利益共享和风险共担，实现共同发展。

（三）改变企业管理方式

在云计算的条件下，企业内部管理将引起新的变革。人力资源管理趋向于社会化，在企业生产经营活动中，劳务管理逐步取代劳动管理，使企业经营管理分工进一步细化。企业的IT管理、财务管理、信息管理和产品管理，乃至其他后援业务环节，都可以委托给具有规模效益和专业化技能的公司进行。在改善运营成本和提高效率方面，银行可以利用云计算平台更灵活地整合内部知识与资源，更有效地利用外部资源，分配管理资源并优化流程。系统的管理流程再造成为可能。银行的业务管理流程化操作，后台业务集中处理、制度规范流程化、流程管理信息化、审核要素切片化、岗位责权明晰化。绩效管理全面覆盖到每个组织岗位，并建立资金转移定价、模拟利润分配等管理机制。在内部资源管理上，优化配置银行内部的各类资源，包括IT资源。由于云计算提高了信息处理能力，产品模型、定价模型、风险管理模型的广泛应用成为可能，银行业务处理将减少对网点和人力的依赖，会显著降低运营和交易成本。

（四）改变风险控制方式

云计算为大数据时代的风险预警监测提供了技术，从而可以帮助银行及时发现存在的系统性风险并采取控制措施。云计算为流程化操作提供了技术保证，可以基于实时的内部和外部信息加强与外部协作，强化事中风险管理，更透明、及时、高效地满足各种监管要求。这使操作风险的控制有了技术的手段。云计算形成的社会信息资源的共享，有利于应用更广泛信息评估客户的信用状态，从而降低信用风险。但由于渠道增多，网络安全和数据安全又构成银行最重要的风险，管理金融云计算平台的信息安全成为云计算时代银行风险管理的重中之重。

二、保险业的云计算应用

保险业是较早全面应用信息技术的行业之一，信息技术的应用为促进保险业务快速发展提供了重要的技术支撑。当前，我国保险业经历了十多年的快速发展，逐步进入调整期。服务水平、经营成本、销售渠道、风险防范等问题已成为制约我国保险业进一步发展的“瓶颈”，这就要求保险企业尽快具备良好的创新适应能力。而云技术所体现的优势，将有利于加快推进保险业的信息技术升级，帮助保险业摆脱发展“瓶颈”，对整个行业转型提供巨大助力。

（一）提高服务质量

首先，云计算的引入将有力提高保险服务的连贯性。长期以来，由于保险营销员的整体素质不高、流动性大，使得保险公司对于保险服务连贯性表现较差。云技术的引入将使保单的信息集中到保险公司更高层次，使得营销员的流动对于保险服务质量的影响大大降低，进而增强保险服务的连续性，提高对客户保险服务水平。其次，云计算为保险公司提供更加人性化的服务成为可能。随着人们生活水平的提高，客户希望获得更加人性化的服务，保险公司将客户的财务情况、家庭成员、兴趣爱好、保单购买情况、理赔状况等信息集中于云计算平台，运用云平台强大的分析处理能力将客户分类管理，并分析客户面临的各种风险，有针对性地为客户提供服务，满足客户的个性化需求。最后，从理赔服务看，保险公司可以让医院、车辆定损部门参与使用云平台，一旦被保险人出险，保险公司可以在第一时间掌握被保险人的实际情况，并快速及时地做出理赔，提高保险服务水平和质量。

（二）降低经营成本

首先，由于云技术无需对IT设施进行前期投资，而是根据公司的实际需求直接寻求服务。所以，保险公司不需要大量的IT设备，也不需要大量的人才去维护和修复IT设备。因此，既能充分利用IT资源，又能降低能源消耗，实现低碳经营。特别是对于财力有限的中小保险公司，可以腾出资金用于扩张业务范围，增强自身竞争实力。其次，云计算的使用将大大提高保险公司的信息化水平，在签单、理赔等手续办理以及信息保存方面将节省大量成本。由于保险员工作场所不固定，经常需要拜访客户或者处理理赔，员工只需一台手机或是笔记本就能在任何时间、任何地点获取其所需的文件和数据，极大地便利了员工的移动办公需求。最后，云计算为保险公司协作办公和人力资源管理提供帮助。保险公司组织结构较为复杂，员工众多且分散，薪酬体系较为复杂，云计算能够为多部门协作办公提供支持，也能为复杂的人力资源管理提供保障。

（三）扩展销售渠道

开辟新的销售渠道是当前保险公司普遍面临的问题，互联网的兴起展示了其中蕴藏的巨大商机。云计算的出现为保险业拓展网络销售渠道提供了良好前景，公司可与互联网公司深度联合，充分利用其技术优势与客户资源，共同打造保险电子商业云平台，向客户提供产品与服务。这方面已有不少成功案例，根据《证券日报》2015年2月12日的新闻报道，2014年初开设淘宝官方旗舰店的产险和寿险公司分别为10家和25家，仅一年时间就分别增加至15家和35家，总数达50家。此外，还有6家开设官方旗舰店的保险代理经纪公司。《每日经济新闻》曾报道，在2012年“双11”当日，华泰产险在阿里巴巴网站提供退货运费险销售服务单日投保5000万笔。上述例子说明，保险公司与云计算供应商联合，打造保险电子商务云，将为保险业开辟新的销售渠道提供帮助，并创造双赢局面。

（四）防范潜在风险

首先，保险业使用云计算处理客户信息将从很大程度上改善保险业信息不对称的问题。引入云计算后，保险公司对客户的信誉信息将有更强的处理和运用能力，有利于保险公司内部或保险公司之间联手防范信誉差的客户，降低道德风险，减少保险欺诈案件的发生。其次，保险公司可以建立公开透明的信息云平台，公开保险产品信息和服务，使得客户可以在使用信息平台的过程中充分选择险种，避免销售误导，夸大保险功能掩盖免责条款的内容。最后，使用云计算平台有利于监管机构对于保险公司的监督和管理，也有助于保险公司总部对于分支机构服务质量的管控。如美国的三大信用公司几乎收集了全美所有的保险数据，发达的信用网络对于违规形成了很强的信用约束。

三、证券业的云计算应用

证券公司具有网点分布广、业务类型众多等特点，随着证券公司创新业务的不断开展，增加部署的信息系统也越来越多，随之而来的建设压力越来越大。传统的将每个信息系统作为独立的项目单独建设的方法已经无法适应证券业发展的需要。而云计算的发展与普及，以及其低成本、高效率的特点正好成为解决这些问题的有效手段。无论是证券交易所，还是证券公司，抑或是投资研究机构都将从云计算应用中获益。

（一）从证券交易所层面看

云计算可以帮助证券交易所减少系统运行风险，提高业务效率。证券交易所要求无论行情冷暖都应保证投资者的交易不受影响。云计算弹性部署的特性正好能够实现行情火爆时快速增添系统软硬件资源、行情低迷时又可快速缩减系统软硬件资源，达到节约资源的目的。证券交易所对于交易系统的安全性和稳定性有着极高的要求，即便出现设备故障也不能影响交易系统的正常运行。云计算平台在安全性和稳定性方面比传统IT系统表现更好。凭借云计算服务商强大的信息安全技术，可以有效防止病毒入侵或者黑客攻击，提高交易数据的安全性。云计算平台分布式的特点也能保证即便出现节点故障，交易系统也能正常运转。

（二）从证券公司层面看

云计算有利于实现证券公司的客户中心战略。证券公司以系统为中心的管理模式正在转化为以客户为中心的服务模式。证券公司可以通过云计算平台建立企业级的账户管理系统，对公司的账户管理流程进行梳理和再造，实现一站式开户，大幅缩短客户办理开户业务的时间，改善客户体验，提升客户满意度。此外，云计算还可以降低证券公司的运营成本。通过使用云计算平台，证券公司会大大简化对信息系统的日常运维、安全、设备等的管理，可以把注意力集中于核心业务的实施与拓展上。

（三）从投资研究机构层面看

云计算能够提升证券投资研究的效率，推动定量分析的投资模式在国内的发展。伴随着中国资本市场复杂程度的日益提升，投资品种与日俱增，依靠投资经理个人主观分析判断的传统投资模式面临较大挑战。量化投资的重要性也逐渐被认识和认可，基金公司、证券公司都纷纷着手开展量化研究。在云计算技术的帮助下，投资研究机构可以搭建一个专业、稳定、灵活的量化研究和交易平台。该平台能够提供完整、准确、全面的数据服务，投资机构无须再为找不到足够的历史数据或者数据缺失、错误而烦恼；平台可以将各种交易接口进行统一封装，省去学习不同开发接口的繁重任务，将更多时间用于量化投资策略研究；平台可以统一策略研究代码与交易代码的编写机制，使研究者不用进行重复的代码编写，提高效率的同时还可以降低代码编写错误的风险。通过这种PaaS的云服务模式，投资研究机构开展量化投资业务所需要的投入将大幅减少，研究效率显著提升。

四、互联网金融的云计算应用

互联网需求瞬息万变，互联网金融机构需要快速迭代应用，快速应付任何可能的“用户风暴”。一个弹性的、可以快速实现和交付的IT环境则是整个服务的基础。云计算平台通过集中调度和管理所有的计算资源、存储资源、网络资源和安全控管，让互联网金融企业可以根据业务的发展和变化及时做出调整，快速响应业务需求，而且是以低成本方式实现。云计算是互联网金融保持创新和竞争活力的重要推动力，其重要的应用包括如下几个方面：

（一）提供基于大数据的用户信息系统及数据库

互联网金融的核心在于征信与用户信息识别。作为互联网基础设施的大数据日趋成熟后，征信成为业务办理以及消费应用的功能枢纽。云计算平台可以实现对各业务单元的资源整合用以搭建社会化的用户信息数据库，增加用户信息存量，完善信息分类和数据识别技术。在构建出完善的用户应用信息系统的基础上，通过大数据征信技术来实现从数据到信息的质变。

（二）构建金融垂直信息搜索引擎

传统的互联网搜索引擎模式受制于金融平台的私密性及安全性，无法满足投资者的金融信息搜索需求。利用金融云计算平台设计和构建一个面向金融领域的垂直搜索引擎，可以充分利用现有的框架程序从目标网络中挖掘出有价值的金融网页信息，并通过预处理技术工具对刚挖掘出来的网页信息进行加工处理后，生成关于金融信息的索引以方便用户搜索，将使得金融信息的获取更加迅速和便捷，对用户的展现也更加实时和直观。

（三）提供信托中介服务

数据处理的虚拟化促使云计算技术向纵深发展，云计算强大的计算能力加快了信托数据处理的速度，大容量的云存储优化了信托数据分类梳理的效果，达成了对传统授信工作技术升级的目的。基于多样本的个体信息特征来源渠道分析，通过风险量化和动态信用评级，大幅度降低金融风险的识别、度量和成本控制，全面降低市场交易风险，为小微贷款主体提供快捷、安全、透明的交互式服务体验。

（四）保障数据安全和隐私

金融行业的特殊性使得用户信息的保护成为必须，而基于互联网平台的用户信息共享则在提供便利性的同时也提高了信息泄露的风险系数。云计算平台和用户业务系统漏洞将放大系统的安全盲区，因此需要通过部署平台边界防火墙提升业务交易安全性能，所有平台关联性进出流量与访问端口进行全度扫描，实时监控平台内容流向与上传流通环节，通过定期扫描实现漏洞修补与预警，对可疑行为进行实时拦截，实现潜在风险的提前防范与管控。

五、金融云计算应用待解决的问题

虽然云计算已成为金融行业实现信息技术升级的重要手段，其广阔的应用前景被普遍看好，但仍需解决信息安全、迁移风险、网络质量和政策法规等方面的问题。

（一）信息安全阻碍云计算应用

安全问题是金融云计算需要解决的首要问题。因为金融业务涉及资金、交易、用户隐私信息等敏感数据，对数据和隐私保护有更高的安全要求，金融云服务的安全可靠、可信、可控成为其发展必须满足的条件。目前看来，金融云计算所面临的安全问题并没有完全有效解决，已成为阻碍金融云计算发展的主要障碍。从政府层面来看，政府需要完善云计算安全相关的法律法规，以法律的形式明确云服务提供商与用户之间的责任和义务，减少由于云服务提供商管理不当或者用户使用不当带来的数据安全问题。从企业层面看，云计算服务商和大型金融机构需要不断加大对云安全产品的研发投入，提高金融云计算平台的安全性和可靠性，保障金融信息安全。

（二）系统迁徙存在试错风险

较高的试错风险使得金融机构对系统的迁移比较谨慎，影响了金融业云计算发展的进程。在原来信息系统环境下，硬件是相对独立的，迁移到云计算平台后，虚拟化的部署使得硬件的界限不再那么清晰。金融企业在进行系统迁移时，一定要做好系统的评估和科学的分析，不然就很有可能导致云计算平台无法发挥出应有的效果，甚至还会导致应用系统的崩溃。此外，系统迁徙也需要投入资金和时间去完成。金融企业对运行平稳的老旧系统的“上云”问题大多保持谨慎。

（三）网络质量影响云计算平台使用

基于云计算的金融业务应用，需要面临网络传输质量的问题。虽然云计算平台的故障率要远远低于传统IT环境，但是正常使用云计算平台的前提是拥有高质量的网络环境。现有金融机构往往采用总行集中处理业务的模式，这要求网络带宽至少需要达到光纤水平才能基本确保业务的正常运行，否则将会出现因网络带宽不够导致业务拥塞的情况发生。金融企业的分支机构较多，这些分支机构与云计算平台之间可能存在较远的空间距离，一旦出现网络故障会影响金融业务的正常办理。

（四）云计算相关政策法规不完善

虽然金融行业相关监管机构已经有明确的政策支持金融机构 IT系统使用云计算技术，但具体落地实施的监管合规要求仍不够完善。就监管来看，金融云计算平台可支持银行、证券、保险等不同业务，IT行业运行特点明显，而当前有关金融云的标准、法规还不完善，跨行业、跨区域、跨境公有云面临监管差异和纠纷。例如云计算服务经常会涉及数据安全存储方面的问题。每个国家对于数据的流出有不同规定，任何国家都不可能让关乎国家利益的关键数据轻易流出国界，这就要求金融机构在云计算平台选择上必须符合相应的法律规定，某种程度上会限制金融企业选择云计算平台的范围。另外，由于在公有云平台或者行业云平台上的资源是共享的，用户数据和系统边界较为模糊，司法取证存在困难，从而造成金融云计算面临很高的监管和法律风险。

本章小结

1.云计算是一种通过网络获取计算资源的商业计算模式，能够按照用户需要提供包括计算资源、存储资源、数据信息、软件服务等多种IT资源和服务。其具备的五项基本特征包括：随时随地访问、资源集中共享、按需自助服务、多平台支持、服务计量收费。

2. 云计算基本原理是将应用程序和数据放置于互联网的大规模服务器集群和数据中心，并交给云计算服务供应商统一运营和管理。云计算不仅可以助力中小企业快速发展，而且能够推动经济发展向以知识、创新为驱动的现代经济体系转型，还能有效促进节能减排。

3. 云计算是分布式计算、网格计算和并行计算的发展成果，或者说是这些计算机科学概念的商业实现。云计算为大数据提供运行环境，并和大数据共同构成人工智能的技术基础，是企业实施“CBA”战略的第一步。

4. 云计算的关键技术包括虚拟化、分布式存储、分布式计算、云计算平台管理和云计算安全。其中虚拟化技术是云计算的核心技术，根据对象可分成存储虚拟化、计算虚拟化、网络虚拟化等。MapReduce是云计算平台重要的编程模型。云计算平台管理能保障云计算平台高效运转。云计算安全是云计算平台仍需解决的重要技术问题。

5. 云计算服务模式分为三类：基础设施即服务（IaaS）、平台即服务（PaaS）、软件即服务（SaaS）。云计算部署类型有四类：私有云、社区云、公有云和混合云。每种部署模型可以使用不同的服务模式。主要的云计算平台包括：亚马逊的AWS、谷歌的GCP、微软的Azure以及阿里云和腾讯云。

6. 金融云计算是服务于银行、证券、保险、基金等金融机构的云计算服务，能够降低金融机构信息化建设成本，减小金融机构资源配置风险，提升金融机构数据管理能力，提高金融机构用户服务水平。资金实力较强的大型金融机构多选择构建企业专属的私有云，中小型金融企业通常采用行业云的部署方式。

7. 金融云计算平台架构体系可以分为基础硬件设施与设备、资源抽象与控制、云服务、运维运营管理等部分。基础硬件设施与设备是金融云计算平台的物理基础；资源抽象与控制是实现基础硬件设施与设备服务化的基础；云服务是金融云计算平台的核心，能够提供IaaS、PaaS和SaaS等多种服务；运维运营管理功能实现金融云计算平台全面系统管理。

8. 云计算为金融企业提供了低成本、高效率的信息技术环境，为金融机构处理突发业务需求、部署业务快速上线、实现业务创新改革提供了有力技术支持。因此，在银行、保险、证券和互联网金融等行业均得到广泛应用。

9. 金融云计算应用仍需解决的问题包括：提升信息安全、降低迁移风险、保障网络质量和完善政策法规等。

重要概念

云计算；资源池；服务器集群；数据中心；分布式计算；网格计算；并行计算；效用计算；“CBA”战略；云端；终端；虚拟化技术；存储虚拟化；计算虚拟化；

网络虚拟化；系统虚拟化；桌面虚拟化；应用程序虚拟化；MapReduce；

云计算平台管理技术；云计算安全技术；基础设施即服务（IaaS）；平台即服务（PaaS）；软件即服务（SaaS）；私有云；社区云；公有云；混合云；金融云计算；灾难备份；

金融行业云；金融云计算平台架构；虚拟机服务；存储服务；网络服务；负载均衡服务；

数据库服务；容器服务；中间件服务；大数据服务；金融垂直信息搜索引擎

复习与思考

1. 什么是云计算？云计算拥有哪些特征？

2. 云计算的基本原理是什么？会对社会产生何种影响？

3. 云计算关键技术有哪些？作用分别是什么？

4. 云计算服务模式有哪几种？它们之间有什么关系？

5. 云计算有几种部署模式？这几种模式之间有什么区别？

6. 什么是金融云计算？与其他行业云计算相比，有什么特点？

7. 简述金融云计算平台的应用价值。

8. 不同类型的金融机构该如何选择部署类型？原因是什么？

9. 金融云平台架构包括几个组成部分？每部分的作用是什么？

10. 简述云计算在银行业的应用。

11. 简述云计算在保险业的应用。

12. 金融云计算有哪些待解决的问题？

扩展阅读

1. 中国人民银行科技司：《云计算技术金融应用规范技术架构》，http：//www.pbc.gov.cn/kejisi/146812/146832/3655307/index.html。

2. 中国信息通信研究院：《云计算关键行业应用报告（2017年）》《金融行业云计算技术调查报告（2018年）》《中小银行上云白皮书（2018年）》等，http：//www.caict.ac.cn/。

3. 金融咨询网—科技专栏—金融云计算，http：//www.cfc365.com/technology/cloudcomputing/。

4. 中国电子银行网—金融云，https：//www.cebnet.com.cn/jry/。

第八章　人工智能及其应用

➡ 学习目标

1. 理解人工智能的内涵和发展历程。
2. 掌握人工智能常用的问题求解算法。
3. 了解人工智能的发展趋势。
4. 理解人工智能在金融领域中的应用条件。
5. 理解人工智能在金融领域中的应用价值。
6. 了解人工智能在金融领域中的应用趋势和潜在风险。

第一节　人工智能的内涵

近年来人们对神经网络、深度学习等的研究，加快了人工智能的发展；2016年，Alpha Go通过围棋成功挑战李世石和柯洁，进一步将人工智能推向了研究热点，也推动了人工智能在各个领域的应用。人工智能从简单模拟人类智能的阶段，发展成为研究人类智能活动规律，构建具有一定智能的人工系统或硬件，使其能够进行需要人的智力才能进行的工作，并对人类智能进行拓展的边缘学科。

一、人工智能的基本概念及其发展历程

（一）人工智能的基本概念

人工智能首次提出在20世纪50年代，很快被认为是21世纪三大尖端技术（基因工程、纳米科学、人工智能）之一。经过长达半个多世纪的发展，人工智能在理论和实践上得到不断完善，人工智能的定义也在不断的演变。正是由于人工智能的不断发展和不断演变，目前人工智能还没有统一的定义，也无法严格进行定义。但是为了人工智能的研究和发展，不同学科背景的人从不同角度对其给出了不同的解释，

其主要的差异在于对智能的定义。

1. 智能

智能主要是指人类的自然智能，其确切定义有待于对人脑奥秘的彻底揭示，在脑科学和认知科学中，均分别从生理学、心理学等角度对智能进行了解释。从生理学的角度看，智能是中枢神经系统的信号加工过程及产物；从心理学的角度看，智能是智力和能力的总称，包含对事物的认知和进行的活动，即认识客观事物和运用知识解决问题的综合能力。

关于智能的认识，有许多观点，最具有代表性的主要有三种观点：

（1）智能来源于思维活动。该观点被称为思维理论，强调思维是智能的核心，人类的智能则是来自大脑的思维活动，人的一切知识都是思维的产物，因而研究人类如何思考则可以更清楚地认识智能。

（2）智能取决于可运用的知识。该观点被称为知识阈值理论，认为智能是在知识搜索空间中寻找满意解的能力。智能的水平取决于拥有知识的数量和可运用的程度，一个系统所具有的可运用知识越多，其智能水平就会越高。

（3）智能可由逐步进化来实现。该观点被称为进化理论，主要从人造机器的角度提出，认为智能取决于感知和行为，通过对外界复杂环境的适应，逐步进化可以实现智能。①

上述三种观点从不同的视角认识智能，在智能的层次结构上具有统一性。根据脑科学的研究，人类智能总体上可分为高、中、低三个层次，不同层次智能的活动由不同的神经系统来完成。其中，高层智能主要由大脑皮层完成记忆、思维等活动；中层智能由丘脑完成感知活动；低层智能由小脑、脊髓完成动作反应活动。综合关于智能的各种观点，则可以认为智能是知识与智力的总和，知识是基础，智力是获取知识并运用知识求解问题的能力，并在此过程中形成新的知识。

2. 人工智能

在智能的基础上，人工智能则一般认为是机器拥有像人类一样的智能。人工智能涉及的学科极为广泛，包括哲学和认知科学、数学、神经生理学、心理学、信息论、控制论、不确定性论等，远非计算机科学所能概括，因此，在学科范畴上，人工智能被定义为一门边缘学科，属于自然科学和社会科学的交叉领域。从实践来看，人工智能是计算机科学的一个分支，它试图通过程序让机器能以与人类智能相似的方式完成既定的任务。

美国斯坦福大学人工智能研究中心尼尔逊（Nilson）教授对人工智能定义为：人

① 它是美国麻省理工学院（MIT）的布鲁克斯（R.A.Brooks）教授在对人造机器虫进行研究的基础上提出来的。

工智能是关于知识的学科——怎样表示知识以及怎样获得知识并使用知识的科学。美国大学麻省理工学院的温斯顿（Winston）教授认为：人工智能是研究如何使计算机去做过去只有人才能做的智能工作。

综合上述观点，人工智能常被定义为：人工智能是计算机科学技术的一个分支，是利用计算机模拟人类智力的活动，像人类一样拥有思考和识别的能力。目前在人工智能领域的研究方向主要包括机器人、语言识别、图像识别、自然语言处理和专家系统等。

（二）人工智能的发展历程

在公元前900多年，我国就有歌舞机器人传说的记载；公元850年，古希腊就有制造机器人帮助人们劳动的神话传说。追溯历史，一些伟大的科学家和思想家为人工智能的产生做出了巨大的贡献，例如古希腊伟大的哲学家、思想家亚里士多德（Aristotle）为形式逻辑奠定了基础；12世纪末13世纪初西班牙神学家和逻辑学家罗密欧·路易（Romeo Luee）试图制造一个能解决各种问题的通用逻辑机；英国科学家、哲学家培根（Bacon）系统地提出了归纳法；17世纪法国物理学家、数学家帕斯卡（Pascal）制成了世界上第一台会演算的机械加法器；18世纪德国数学家、哲学家莱布尼兹（ B.Leibnitz）做出了能进行四则运算的手摇计算器并提出了关于数理逻辑的思想（把形式逻辑符号化）；19世纪英国数学家和力学家巴贝奇（Babbage）提出了差分机和分析机的设计思想。

1936年，英国数学家图灵（A.M. Turing）在论文“理想计算机”中提出了图灵机模型，该模型的提出推动了计算机的快速发展，1950年图灵在《计算机能思维吗？》一文中提出机器能够思维的论述（图灵实验）；1946年美国科学家莫西莱（J.W. Mauchly）和爱科特（Eckert）等人共同发明了世界上第一台电子数字计算机ENIAC，随后，冯·诺伊曼（von Neumann）等人进一步发展计算机，使AI实现成为可能；在计算机相关领域中，美国数学家维纳（N. Wiener）控制法的创立、美国数学家香依（C.E. Shannon）信息论的创立，促进了人工智能学科的诞生。在1956年，美国数学家、计算机科学家麦卡锡（J. MeCarthy）在达特茅斯（Dartmouth）学会上正式提出了“人工智能”，将数学逻辑应用到了人工智能的早期形成中，1958年发明了LISP语言（该语言至今仍在人工智能领域广泛使用）并于1960年将其设计发表在《美国计算机学会通讯》上，沿用至今，由此，麦卡锡被誉为人工智能之父，1956年也被认为是人工智能正式诞生的时间。

人工智能自被提出后，经历了半个多世纪的发展，其发展大致分为三个时期：孕育期、发展期和高速发展期。

1. 孕育期（1956~1975年）

1956年，达特茅斯会议召开提出人工智能，随后人工智能经历了高速发展，人们在推理方面进行了系列研究，并出现了LISP语言，开始了微世界的研究，也研制出第一款神经网络感知机，发展了非线性多层自适应网络，人工智能DARPA得到无条件拨款，很多学者认为："二十年内，机器将能完成人能做到的一切"。直到1969年，人们发现计算能力的突破也无法使机器完成大规模数据处理和复杂任务，作为主要流派的连接主义与符号主义进入消沉时期，人工智能进入第一次低潮。

2.发展期（1975~1993年）

1975年保罗·J.沃博斯（Paul J. Werbos）提出反向传播算法（back propagation）（简称"BP算法"），该算法有效解决了之前的异或问题，可以对多层网络进行实际训练。与此同时，随着计算机集成电路的快速发展，计算能力增强、成本降低，1982年，英国科学家霍普尔德发明了具有全新学习能力的Hopfield神经网络算法，杰佛里·辛顿（深度学习发明人）和大卫·鲁梅哈特发明了可以训练的反向传播神经网络，1988年，美国科学家朱迪亚·皮尔（贝叶斯网络算法发明人）将概率论方法引入人工智能推理。人工智能DARPA重新得到认可，获得巨额拨款。但是，由于神经网络和概率统计方法与专家规则系统并未整合，这让专家系统并未具备自学习能力，而且维护专家系统规则越来越复杂。人工智能进入第二次低潮。

3.高速发展期（1993年至今）

在摩尔定律的作用下，计算机性能不断突破，云计算、大数据、机器学习、自然语言和机器视觉迅速发展，人工智能得到快速发展。1993年，弗诺·文奇（Vernor Vinge，最早的人工智能威胁论提出者）首次提到了人工智能的"奇点理论"，认为未来某一天人工智能会超越人类，被其称为"即将到来的技术奇点"。1997年，IBM公司的电脑"深蓝"战胜国际象棋世界冠军卡斯帕罗夫（Garry Kasparov），人工智能首次战胜人类。2011年，IBM开发的人工智能程序"沃森"（Watson）参加智力问答节目并战胜了两位人类冠军，促使人工智能程序被IBM广泛应用于医疗诊断领域。2016年，Google DeepMind开发的Alpha Go战胜世界围棋冠军。

随着一些大规模并行处理器如中央处理器（central processing unit，CPU）的使用，人工智能发展更为迅速。GPU的使用弥补了以CPU为核心的冯·诺依曼计算机架构的"瓶颈"问题。冯·诺依曼计算机采用的是处理器从存储器中不断取指、解码、执行，存的读写速度跟不上CPU时钟频率，被称为内存受限型系统，为应对此问题，则通过给CPU设立多级缓存，降低存储系统的压力，但是，随着缓存容量的增大，使用更大缓存所带来的收益增速会迅速下降。图形处理器（graphic processing unit，GPU）的并行处理一开始是为应对视频游戏的3D图形处理，但是目前GPU在计算时内部有很多流式多处理器形成众多的核进行并行计算，提供数十倍乃至于上百倍于CPU的性能，更好地满足了人工智能对计算的需求。此外，量子计算发展将人工智能实现目标的计算由O（a^n）降为O（nlog（a）)，更快推动了人工智能的商业应用。

人工智能像人类一样，通过视觉、声音等各种设备对外界进行感知，进行学习、试验和知识积累，该过程需要大量的知识和数据来培训人工智能，其数据处理和决策均依靠计算机提供高性能的计算。过去，由于互联网没有广泛使用、各类传感器缺乏、处理器速度慢、数据量小等原因使人工智能难以满足人们需求；现在，快速的处理器、输入设备、网络和大量的数据集，以及在这些数据上发展的云计算、深度学习、物联网技术等投入商业使用，人工智能应用场景增多，人工智能得到快速升级，由“智能感知”向“智能思考”与“智能决策”持续演进，已像人类一样可以处理更复杂的问题。

二、人工智能的核心能力及其类型

（一）人工智能的核心能力

人工智能的目标是让机器完成一些需要人类智能完成的复杂工作，帮助人类进行更高效的决策，即人工智能是作为辅助工具为人类服务，实现人类自身的能力的延伸。为实现此目标，人工智能需要具有如下能力：

1.具有感知能力。通过视觉、听觉、触觉等感官活动，接受并理解文字、图像、声音、语言等各种外界的“自然信息”。

2.具有计算的能力。通过人脑的生理与心理活动，将信息抽象为知识，并运用知识对事物进行理解、分析、判断、推理和决策。

3.具有自我学习能力。通过教育、训练和学习，更新和丰富知识，提高自身各方面能力。

4.具有自我适应能力。对干扰、刺激等能灵活地做出反应。

为了使机器具有上述四种能力，一方面是从心理学、生理学等角度揭示人类智能的原理，模仿大脑的神经元的计算模型，该方法理论上可行，实际上人类大脑有上百亿神经元，模拟很困难；另一方面是从计算机科学模拟人脑功能的角度进行，从效果上达到和人们智能行为活动过程相类似结果。

（二）人工智能的类型

根据人工智能的能力，人工智能分为弱人工智能、强人工智能和超人工智能。

1.弱人工智能（artificial narrow intelligence，ANI/weak artificial intelligence，weak AI），是指擅长于单个方面的人工智能。比如扫地机器人只会扫地、Alpha Go只会下围棋，即使它们拥有金融市场的数据，也无法做投资理财分析。根据其定义，目前所提及的人工智能均为弱人工智能。

2.强人工智能（artificial general intelligence，AGI/strong artificial intelligence，strong AI），是指具有人类认知和感知级别的人工智能，真正像人一样，能完成人们所做的

各种事务。强人工智能不是弱人工智能的简单叠加，而是像人一样，是各种智能的融合，因此，强人工智能只是一种设想，现有条件无法做到。美国教育心理学家琳达·高德弗里森（Linda Gottfredson）教授把智能定义为“一种宽泛的心理能力，能够进行思考、计划、解决问题、抽象思维、理解复杂理念、快速学习和从经验中学习等操作”。强人工智能在完成这些操作时和人类一样。

3.超人工智能（artificial super intelligence，ASI），牛津哲学家、知名人工智能思想家尼克·波斯特罗姆（Nick Bostrom）把超级智能定义为“在几乎所有领域都比最聪明的人类大脑聪明很多，包括科学创新、通识和社交技能”。超人工智能凭借计算机超强的计算能力和逻辑推理能力，可以说是各方面都比人类强一点儿至万亿倍，Alpha Go在围棋方面战胜世界围棋冠军说明人工智能可以强于人类，也在此之后出现了人工智能威胁论。

但是，人工智能仍然是通过人类赋予机器相应能力并对人脑的简单模拟，而人脑的工作机制尚不明确，完全是黑箱，因此，对人工智能的现有能力不宜过分夸大，即使Alpha Go战胜世界围棋冠军，它也是凭借超强的计算能力对棋局进行分析和决策，而无法完全模仿人类的思维活动以及更广泛的人类在围棋比赛中的心理和其他行为。

尽管人类在计算能力方面被人工智能远远抛在后面，但当前的人工智能系统仍然远不具有人类拥有的看似一般的智能，人类级别的人工智能，即“强人工智能”或“通用人工智能”目前更不存在。据调查，强人工智能在2040~2050年研发出来的可能性也仅有50%，预计在实现强人工智能大约30年后，才有望实现所谓的“超级智能”。弱人工智能仍然能力有限，尽管可以在某一方面超过人类，但无法像人类一样在智能方面全面协调发展，Alpha Go擅长下围棋，但不能开车，尽管在多年后，Alpha Go可能既能下围棋，也能做饭或完成更多任务，但想让机器真正通过图灵测试，具备真正意义上的人类智能，还需要很长时间。

三、人工智能研究学派

让机器具有像人一样的智能，涉及多个学科的知识，因此，人工智能的认识和发展有多个视角，主要的视角有符号主义、连接主义和行为主义三大学派。

（一）符号主义

符号主义（symbolism）是一种基于逻辑推理的智能模拟方法，又称为逻辑主义（logicism）、心理学派（psychlogism）或计算机学派（computerism），其原理主要为物理符号系统假设和有限合理性原理。

符号主义认为人工智能源于数理逻辑，主要模拟人类智能活动进行机器证明，发展了启发式算法→专家系统→知识工程理论与技术，为人工智能走向工程应用和实现理论联系实际具有特别重要的意义，该学派的代表人物有纽厄尔（Newell）、西蒙（Simon）和尼尔逊（Nilson）等。

（二）连接主义

连接主义（connectionism）又称为仿生学派（bionicsism）或生理学派（physiologism），是一种基于神经网络及网络间的连接机制与学习算法的智能模拟方法。其原理主要为神经网络和神经网络间的连接机制和学习算法。这一学派认为人工智能源于仿生学，特别是人脑模型的研究。

连接主义学派从神经生理学和认知科学的研究成果出发，把人的智能归结为人脑的高层活动的结果，强调智能活动是由大量简单的单元通过复杂的相互连接后并行运行的结果，其中人工神经网络就是其典型代表性技术。

（三）行为主义

行为主义又称进化主义（evolutionism）或控制论学派（cyberneticsism），是一种基于"感知—行动"的行为智能模拟方法。控制论把神经系统的工作原理与信息理论、控制理论、逻辑以及计算机联系起来。早期主要是模拟人在控制过程中的智能行为和作用，对自寻优、自适应、自校正、自镇定、自组织和自学习等控制论系统的研究，并进行"控制动物"的研制。在20世纪80年代诞生了智能控制和智能机器人系统，布鲁克斯（Brooks）的六足行走机器人，被看作是新一代的"控制动物"，其是一个基于感知—动作模式模拟昆虫行为的控制系统。

人工智能研究进程中的这三种假设和研究范式推动了人工智能的发展。从人工智能三大学派的历史发展来看，符号主义认为认知过程在本体上就是一种符号处理过程，人类思维过程总可以用某种符号来进行描述，其研究是以静态、顺序、串行的数字计算模型来处理智能，寻求知识的符号表征和计算，它的特点是自上而下。连接主义则是模拟发生在人类神经系统中的认知过程，提供一种完全不同于符号处理模型的认知神经研究范式，主张认知是相互连接的神经元的相互作用。行为主义则认为智能是系统与环境的交互行为，是对外界复杂环境的一种适应。

四、人工智能、专家系统与机器学习

人工智能提出后，人们致力于寻找通用问题求解方法来模拟复杂的思维过程，但是单个程序能处理的问题越多，它处理一般问题的能力越差。在20世纪70年代，人们开始关注到一个程序求解问题的能力来自它所具有的知识，而不仅仅是它所采用的形式化方法和推理策略，即要使一个程序具有智能，首先给它提供许多特定领域的知识，再采用一系列推理和搜索技术对问题进行求解，以此让程序实现人工智能，该程序集则被命名为专家系统。

专家系统是基于知识的系统，它在某种特定的领域中运用领域专家多年积累的经验和专业知识，求解只有专家才能解决的困难问题。专家系统的奠基人、斯坦福大学的费根鲍姆（E.A. Feigenbaum）教授，把专家系统定义为："专家系统是一种智能的计算机程序，它运用知识和推理来解决只有专家才能解决的复杂问题。"简言之，专家系统=知识+推理。

举一个最简单的专家系统的例子，其任务是需要识别一些动物，为简化问题，动物仅选定四种类型进行识别。专家系统的数据集存放推理过程的数据，知识库为动物识别的推理规则，解释程序负责执行（见表8-1）。

表8-1　识别动物的专家系统的知识库

规则号	规则内容
R1	if 有毛发 then 哺乳动物
R2	if 吃肉 then 食肉动物
R3	if 有犬齿 and 有爪 and 眼向前方 then 食肉动物
R4	if 哺乳动物 and 有蹄 then 有蹄类
R5	if 哺乳动物 and 反刍动物 then 有蹄类
R6	if 哺乳动物 and 食肉动物 and 黄褐色 and 暗斑点 then 豹子
R7	if 哺乳动物 and 食肉动物 and 黄褐色 and 黑条纹 then 老虎
R8	if 有蹄类 and 长脖子 and 长腿 and 暗斑点 then 长颈鹿
R9	if 有蹄类 and 黑条纹 then 斑马

资料来源：陈世福等：《人工智能与知识工程》，南京大学出版社1997年版，第293~294页。

根据上述规则，专家系统接收动物信息，根据动物外在信息对动物进行简单的判别，在此基础上再逐步增加动物外在特征信息，继续进行判别，直到完成任务为止。

上述专家系统完成任务的过程如图8-1所示。

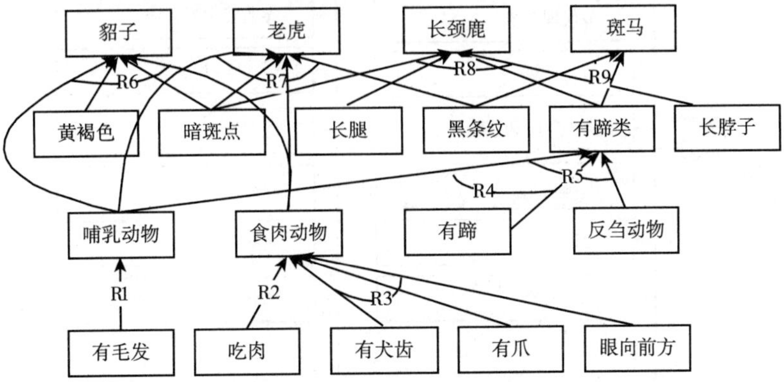

图8-1　识别动物的专家系统

资料来源：陈世福等：《人工智能与知识工程》，南京大学出版社1997年版，第293~294页。

根据图8-1可知，一个专家系统在接收到动物信息后，很容易判别出该动物的名字。

机器学习（machine learning，ML）是人工智能的子领域，也是人工智能的核心，主要完成直接编程无法完成的功能的方法，它通过感知和数据分析，使机器具有智能，完成相应任务，即机器学习通过利用数据，训练出模型，再使用模型进行决策。

举一个最简单的采用机器学习动物的例子，该机器学习是采用神经网络建模，其任务是识别一些动物如鸟，其执行过程如图8-2所示。

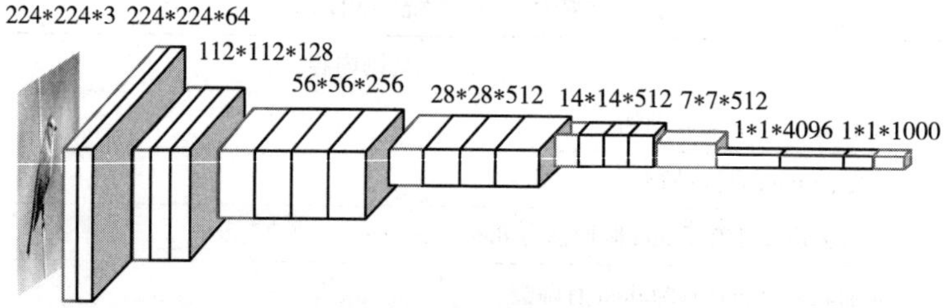

图8-2 识别鸟的机器学习过程

资料来源：杨露菁等：《智能图像处理及应用》，中国铁道出版社2019年版，第58页。

图8-3中，首先输入大量鸟的图片，其图像大小为224*224，彩色图RGB的3通道图像，通过机器学习建立鸟的模型，再使用模型对新的图片识别，判别其是否为鸟。

专家系统、机器学习均是人工智能的重要内容之一，它们之间的关系如图8-3所示。

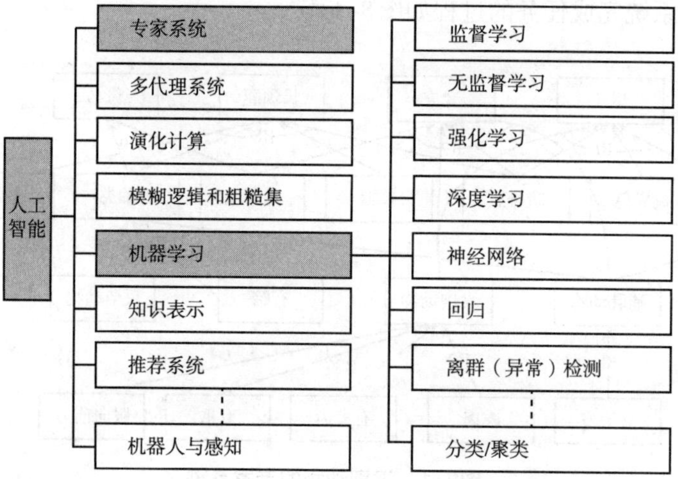

图8-3 人工智能、专家系统与机器学习的关系

图8-3中，专家系统、多代理系统（multi-agent）、推荐系统和机器学习均为人工智能在发展过程中的重要分支，人工智能通过机器学习实现智能化的决策，其主要的学习方法有监督学习、无监督学习等。

第二节　人工智能的工作和学习机制

人工智能的工作原理是：计算机通过传感器（或人工输入的方式）来收集关于某个情景的事实、信息、数据，将此信息与已存储的信息进行比较，以确定它的含义；计算机根据收集的事实、信息、数据计算各种可能的动作，然后预测哪种动作的效果最好；计算机只解决程序允许解决的问题。当前被称为“人工智能”的工作和学习机制，主要包括人工神经网络、机器学习和深度学习三个方面的内容，它们之间的关系如图8-4所示。

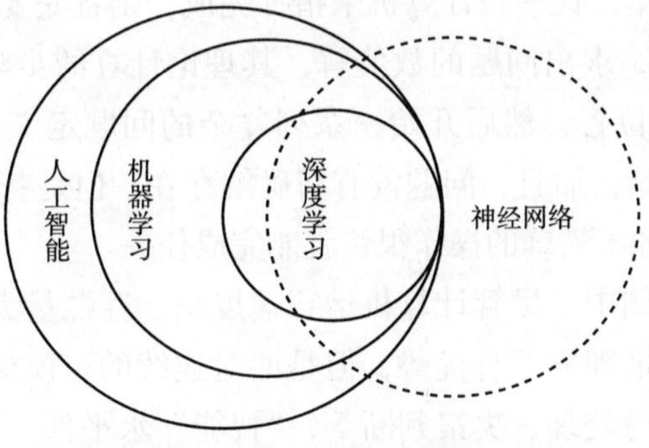

图8-4　人工智能与神经网络的关系

资料来源：周永章等：《地球科学大数据挖掘与机器学习》，中山大学出版社2018年版，第177页。

神经网络有两种，一种是生物神经网络，另一种是人工神经网络。生物神经网络一般指生物的大脑神经元、细胞、触点等组成的网络，用于产生生物的意识，帮助生物进行思考和行动。人工神经网络（artificial neural networks，ANNs），或简称神经网络（neural networks，NNs），或称作连接模型（connection model），是一种模仿动物神经网络行为特征，进行分布式并行信息处理的数学模型。人工神经网络是人工智能研究时对人脑神经元网络进行抽象后建立的信息计算模型。

机器学习是人工智能的核心内容之一，它涵盖了很多算法，深度学习是机器学习的一个分支。

深度学习（deep learning，DL），是利用深度神经网络来解决特征表达的一种学习过程。深度神经网络是一种包含多个隐含层的神经网络结构。为了提高深层神经网络的训练效果，人们对神经元的连接方法以及激活函数等方面做出了调整。其目的在于建立、模拟人脑进行学习的神经网络，模仿人脑的机制来解释数据，如文本、图像、声音。

一、人工神经网络

人工智能的问题不仅仅是计算的问题，一些复杂的问题需要使用人工神经网络对问题进行求解，举例如下。

在足球比赛中，X队和Y队两支球队势均力敌，Y队为了赢得比赛，准备了一个装配有高速大容量计算机的机器人——门将W，面对飞速而来的足球，以每秒百亿次的运算速度，对由视觉传感器获得的足球方位、速度等数据进行计算，但W做出正确反应前，足球早已破门而入。与此相反，X队的守门员Q却能较好地完成任务。Y队教练怒斥W的高性能计算机怎么还比不上一个四肢发达的Q，让W失业了。

模糊数学的创始人查德（L. Zadeh）教授通过寻找停车问题满意解：在两辆汽车中间空位上停一辆汽车，让一台计算机来指挥完成，则首先要建立问题的数学模型，以便编制计算机程序，求出问题的数值解，其理论计算的步骤是：设W代表汽车C上一个固定的参考点位置，然后开始一系列复杂的问题定义，在各种约束条件下，该模型的计算非常复杂，而且，问题没有精确解存在。但是若该问题由司机来完成，则根据不精确的观察和不精确的操作很快就能完成任务。

在足球比赛的案例中，尽管计算机运行速度快、存贮量大以及计算精度高，在数值计算、符号逻辑推理方面有优势，但是面对连续的、模糊的和随机的信息处理问题如模式识别、图像处理、决策判断等，“智能”水平低。在汽车的车位案例中，建立在图灵算法基础上的冯·诺依曼计算机，把对任何性质的问题求解都当作一个计算过程，以求得问题的精确解，而信息的处理完全依赖CPU完成，其计算无法进一步满足信息处理量迅猛增长的需要，也很难适应大量的复杂计算以及知识处理和模糊识别等高层次的智能处理。人们开始从信息处理体系的角度重新评价冯·诺依曼计算机，并开展人工神经网络的研究。

（一）人工神经网络的概念

人工神经网络，简称神经网络，它从信息处理角度对人脑神经元网络进行抽象，建立某种简单模型，按不同的连接方式组成不同的网络。

神经网络是人工智能的一个重要分支，通过神经网络模仿动物神经网络行为特征，实施分布式并行信息处理。神经网络可以阐明“智能”的生成路径，它的研究加快了人工智能的发展。

早期的人工智能沿用了计算机数字计算的优势，通过算法执行知识库中的IF-

THEN规则完成任务，建立专家系统，实现人工智能。神经网络标志着人工智能的一种新思路，它试图模仿大脑的神经元之间传递、处理信息的模式，由大量的节点（或称神经元）之间相互连接构成，每个节点代表一种特定的输出函数，称为激活函数（activation function）。每两个节点间的连接都代表一个对于通过该连接信号的加权值，称之为权重，这相当于人工神经网络的记忆。网络的输出是对自然界某种算法或者函数的逼近，该输出因为网络的连接方式、权重值和激励函数的不同而不同。因此，神经网络能够适应环境、总结规律、完成某种运算、识别或过程控制。

神经网络是一种大规模的并行分布式处理器，天然具有存储并使用经验知识的能力。它从两个方面模拟大脑：（1）神经网络通过学习来获取知识；（2）内部神经元的连接强度，即突触权重，用于储存所获取的知识。

与传统的计算机系统相比，神经网络具有如下特点：

1.并行性

传统的计算方法是基于串行处理的思想发展起来的，计算和存储是完全独立的两个部分。计算速度取决于存储器和运算器之间的连接通道，大大限制了它的运算能力。而神经网络中的神经元之间存在大量的相互连接，所以信息输入之后可以很快地传递到各个神经元进行并行处理，在值传递的过程中同时完成网络的计算和存储功能，将输入输出的映射关系以神经元间连接强度（权值）的方式存储下来，其运算效率非常高。

2.自学习、自组织性

神经网络系统具有很强的自学习能力，系统对学习到的模型、对没有训练过的样本、对未知数据有较好的预测能力和控制能力，它在学习过程中不断地完善自己，发展知识以至于超过设计者原有的知识水平。神经网络是通过对人脑的基本单元——神经元的建模和连接，探索模拟人脑神经系统功能的模型，并研制的一种具有学习、联想、记忆和模式识别等智能信息处理功能的人工系统。在实践中，人工神经网络对于存在一些噪声的样本具备很强的预测能力。

3.联想记忆功能

在神经网络的训练过程中，输入端给出要记忆的模式，通过学习并合理地调节网络中的权系数，网络能记住所有的输入信息。在执行时，若网络的输入端输入被噪声污染的信息或是不完整、不准确的片段，经过网络的处理后，在输出端可得到恢复了的完整而准确的信息。

4.很强的鲁棒性和容错性

在神经网络中，信息的存储是分布在整个网络中相互连接的权值上的，这就使得它比传统计算机具有较高的抗毁性，少数几个神经元损坏或几处断接只会稍许降低系统的性能，而不至于破坏整个网络系统，因而具有很强的鲁棒性和容错性。

5.模拟人类大脑的形象思维

人类大脑的思维分为抽象（逻辑）思维、形象（直观）思维和灵感（顿悟）思维三种基本方式。抽象思维是指根据逻辑规则进行推理的过程：计算机编程先将信息转化成概念，并用符号表示，然后，根据符号运算按串行模式进行逻辑推理，这一过程可以写成串行的指令，让计算机执行。形象思维是将分布式存储的信息综合起来，形成综合性的特征认识，具体内容为：一是信息通过神经元上的兴奋模式分布存储在网络上；二是信息处理通过神经元之间同时相互作用的动态过程来完成；三是从环境中学习，把学习的结果分布存储于网络的突触连接中，通过学习训练将网络分布式存储的信息综合起来，生成学习结果。

（二）神经网络的基本结构

神经网络由一层层相互连接、类似神经元的节点组成，节点本身执行相对简单的数学运算。一个经典的神经网络由三层组成，分别为：输入层、输出层和中间层（隐含层）。对具体的某一个问题，输入层和输出层的神经元个数是固定的，通过数据训练，神经网络主要调整中间层层数、神经元个数和链接权重，在输出层上达到最优解。经典的神经网络的模型如图8-5所示。

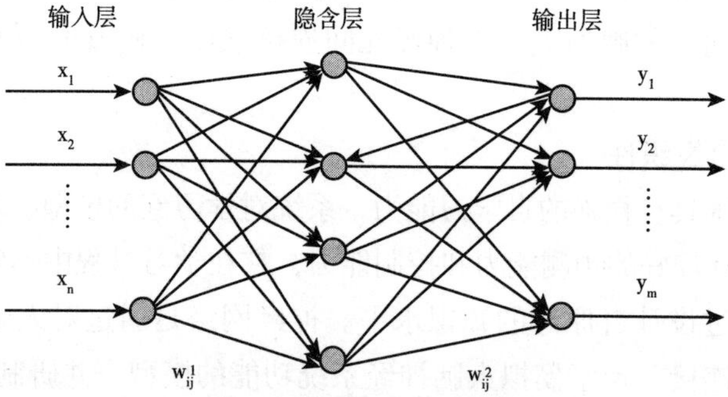

图8-5　经典的神经网络模型

图8-5表示的是一个任务有n个输入，m个输出，拓扑（连接方式）与箭头代表着预测过程中数据的流向，圆圈（代表“神经元”）不是关键，关键是连接线（代表“神经元”之间的连接）上的权重w_{ij}，需要通过学习（训练）进行优化。神经网络现已广泛用于模式识别、翻译语言、逻辑推理或图像修复等，它们通过一组编码程序完成，根据问题求解难度，运行这些程序的神经网络具有数百万个节点和数十亿个连接，所谓“智能”就源于这些大量简单元素之间的交互反应。

神经网络中的层数可以增加，增加更多的层次可以更深入表示信息特征，以便拥有更强的函数模拟能力。神经网络中，网络的层数增加，表示后一层对于前一层的抽象更深入，后一层神经元学习到的是前一层神经元值的更抽象的表示。在图形识别中，其神经网络各层的作用可以理解为：第一个隐含层学习到的是“边缘”的特征，第二个隐含层学习到的是由“边缘”组成的“形状”的特征，第三个隐含层学习到的是由“形状”组成的“图案”的特征，第四个隐含层学习到的是由“图案”组成的“目标”的特征。通过抽取更抽象的特征来对事物进行区分，从而获得更好的区分与分类能力。

神经元是神经网络的基本单元，神经元有两个功能：计算与存储。计算是指神经元对其输入的计算；存储是指神经元会暂存计算结果，并传递到下一层，其作用机制模仿生物学上神经元的信息传播机制。根据生物学的知识，神经元有两种状态：兴奋和抑制。一般情况下，大多数神经元处于抑制状态，但是一旦某个神经元受到刺激，导致它的电位超过阈值（临界值），那么这个神经元就会被激活，处于兴奋状态，进而向其他神经元传播化学物质（信息）。

神经元的输入由 x_1，x_2，…，x_n 代表，输出由 y_1，y_2，…，y_m 代表。权重值 w^1、w^2 表示输入对输出的重要性，输出0或1取决于各分配权重之和是大于还是小于某个阈值。跟权重值一样，阈值是一个实数，也是神经元的一个参数。

如果神经元的输出大于激活阈值，则神经元活跃，否则会抑制。激活阈值通过激活函数来获得。激活函数就是在人工神经网络的神经元上运行的函数，常采用S函数，将变量映射到0和1之间。

机器学习是通过神经网络训练进行的。神经网络的训练算法就是让权重的值调整到最佳，使得整个网络的预测效果最好。在设定的激励机制下，相继给网络输入一些样本模式，并按照一定的规则（学习算法）调整网络各层的权值矩阵，待网络各层权值都收敛到一定值，学习过程结束。然后就可以用生成的神经网络来对真实数据做分类。

在训练模型过程中，已知的属性称为特征，未知的属性称为目标。神经网络的本质就是通过参数与激活函数来拟合特征与目标之间的真实函数关系。

以一元线性回归为例，对于给定的系列数据（x，y），如图8-6所示。

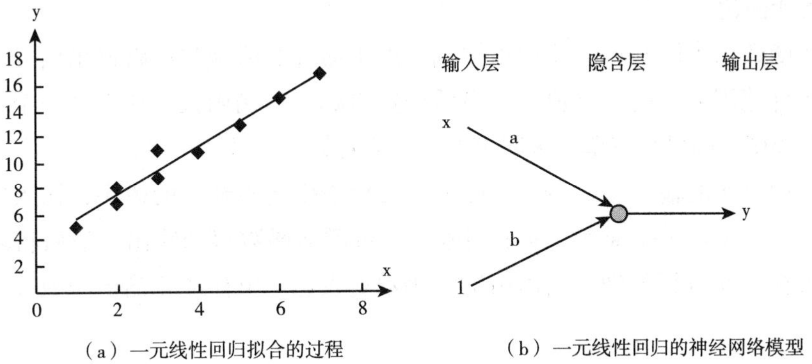

图8-6　一元线性回归

图8-6中，（a）图在给定的系列数据（x，y）中建立一元线性回归模型，算出参数a和b，形成模型y=a×x+b，其过程是设置初始a_0和b_0，不断数值逼近，使$\sum_{k=1}^{n}(y_{pred}-y)^2$无穷接近最小值。（b）图采用神经网络，该神经网络仅一个神经元，输入为［x，1］，机器学习计算a和b，使输出y的预测值无限接近实际值。

（三）神经元模型

神经元是神经网络操作的基本信息处理单位，神经元模型有三种基本元素：突触或链接链集、加法器、激活函数，如图8-7所示。

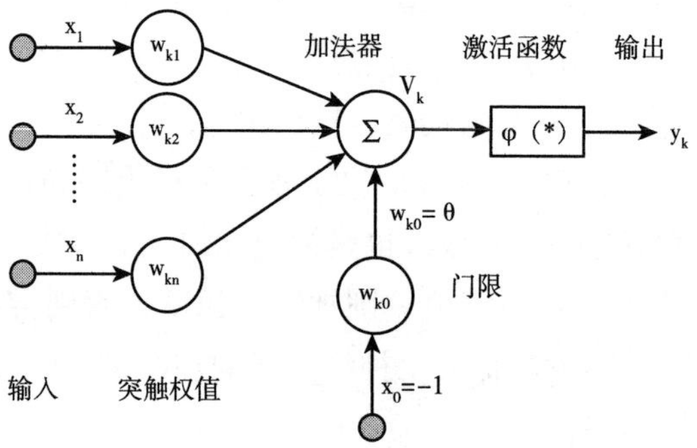

图8-7 人工神经元模型

1. 突触或者链接链集

突触或者链接链集，每一个都由其权值或者强度作为特征。例如，对于编号为k的神经元，其突触j上的输入信号X_j，突触权值W_{kj}，则突触对神经元的贡献为$X_j \times W_{kj}$，W_{kj}的k值是当前神经元的编号，j为神经元k的突触序号。人工神经元的突触权值只有一个范围，可以取正值也可以取负值。

2. 加法器

加法器用于求输入信号神经元的相应突触加权和，是一个线性组合器。

3. 激活函数

激活函数用来限制神经元输出振幅。由于通过激活函数可将输出信号压制（限制）到允许范围之内的一定值，故激活函数也称为压制函数。通常，一个神经元输出的正常幅度范围可写成单位区间［0，1］或者另一种区间［-1，1］。

人工神经元的输入（x_1，x_2，…，x_n）类似于生物神经元的树突，输入经过不同的权值（w_{k1}，w_{k2}，…，w_{kn}），加上门限，经过激活函数得到输出，最后将输出传输到下一层神经元进行处理。输出由输出函数y_k表达。单神经元输出函数如式（8-1）所示：

$$y_k=\varphi\left(v_k\right)\varphi\left(\sum_{i=1}^{n}x_i\times w_i-\theta_i\right)=\varphi\left(\sum_{i=0}^{n}x_i\times w_i\right)\qquad(8-1)$$

激活函数为整个网络引入了非线性特征①，这也是神经网络相比回归等算法拟合能力更强的原因。常用的激活函数包括S（sigmoid）函数（式8-2）与双曲正切函数（tanh）(式8-3)。

$$\mathrm{sigmoid}\left(x\right)=\frac{1}{1+e^{x}}\qquad(8-2)$$

$$\tanh\left(x\right)=\frac{\sinh x}{\cosh x}=\frac{e^{x}-e^{-x}}{e^{x}-e^{-x}}\qquad(8-3)$$

S函数的值域是（0，1），双曲正切函数的值域是（-1，1）。

图8-8中的神经元设置了门限值或外部偏置（bias），门限值是人工神经元的外部参数，作用是调节激活函数的网络输入。

上文图和公式中的φ（*）为激活函数。如果不用激励函数（其实相当于激励函数是f（x）=x，此时，每一层节点的输入都是上层输出的线性函数），很容易验证，神经网络的层数不影响输出是输入的线性组合，与没有隐藏层效果相当，是最原始的感知机（perceptron），网络的逼近能力就相当有限。

引入非线性函数作为激励函数，这样深层神经网络表达能力就更加强大（不再是输入的线性组合，而是几乎可以逼近任意函数）。

（四）神经网络的学习准则与算法原理

1. 神经网络的学习准则

人工神经网络首先要以一定的学习准则进行机器学习，然后才能工作。现以人工神经网络对于“A”“B”两个手写字母的识别为例进行说明，规定当“A”输入网络时，应该输出“1”，而当输入为“B”时，输出为“0”。

神经网络学习的准则是：如果网络做出错误的判断，则通过网络学习，应使得网络减少下次犯同样错误的可能性。首先，给网络的各连接权值赋予（0，1）区间内的随机值，将“A”所对应的图像模式输入给网络，网络将输入模式加权求和，并与门限比较，再进行非线性运算，得到网络的输出。在此情况下，网络输出为“1”

① 非线性特征，与线性特征相对，用于描述非线性系统的特征。线性系统是状态变量和输出变量对于所有可能的输入变量和初始状态都满足叠加原理的系统。而一个系统，如果其输出不与其输入成正比，则它是非线性的。从数学上看，非线性特征是指叠加原理不再成立。叠加原理是指描述系统的方程的两个解之和仍为其解。叠加原理可以通过两种方式失效。其一，方程本身是非线性的。其二，方程本身虽然是线性的，但边界是未知的或运动的。

和“0”的概率各为50%，也就是说是完全随机的。这时如果输出为“1”（结果正确），则使连接权值增大，以便使网络再次遇到“A”模式输入时，仍然能做出正确的判断。

如果输出为“0”（结果错误），则把网络连接权值朝着减小综合输入加权值的方向调整，其目的在于使网络下次遇到“A”模式输入时，减小犯同样错误的可能性。如此操作调整，当轮番输入若干个手写字母“A”“B”后，网络按以上学习方法进行若干次学习，其判断的正确率将大大提高。这说明网络对这两个模式的学习已经获得了成功，它已将这两个模式分布地记忆在网络的各个连接权值上。当网络再次遇到其中任何一个模式时，能够做出迅速、准确的判断和识别。一般来说，网络中所含的神经元个数越多，则它能记忆、识别的模式也就越多。

2.神经网络的算法原理

（1）通过机器学习对模型训练。

对神经网络学习的目的是使模型参数尽可能逼近真实模型。具体做法是：首先给模型所有权重、门限等参数赋上随机值作为初始值，然后使用初始值来预测训练数据中的样本，得到样本的预测目标为y_p，真实目标为y，它们的差值定义为loss，计算公式如下：

$$loss=(y_p-y)^2=f(w,\theta) \quad (8\text{-}4)$$

这个值称为损失（loss），是预测值和真实值之间的方差（方差的使用主要是使损失值大于0），模型训练目标达到$\min\left(\sum loss\right)$，对确定的输入而言，损失是网络参数的函数，称为损失函数（loss function）。

（2）优化问题。

为使损失函数的值最小，需要优化参数。优化参数的方法有许多，一种是用损失函数对参数求导，寻找极值，但由于局部极值的问题，求导后计算导数等于0的运算量很大；另一种是采用梯度下降算法进行数值逼近，不断重复，直到梯度接近零时为止，此时所有参数恰好使损失函数达到最低值。

（3）反向传播算法。

反向传播算法主要由两个环节（激励传播、权重更新）反复循环迭代，直到网络对输入的响应达到预定目标范围为止。

BP网络的学习过程是一种误差修正型学习算法，由正向传播和反向传播组成。在正向传播过程中，输入信号从输入层通过作用函数后，逐层向隐含层、输出层传播，每一层神经元状态只影响下一层神经元状态。输出层获得数据后和期望进行比较，如果不在期望值范围，则计算损失函数，转入反向传播，带入损失值，将连接信号沿原来的连接通路返回，从后往前修改各层神经元的连接权值，再进行计算，如此反复，使得输出信号误差最小。如果输出达到期望值时，网络学习结束，如图8-8所示。

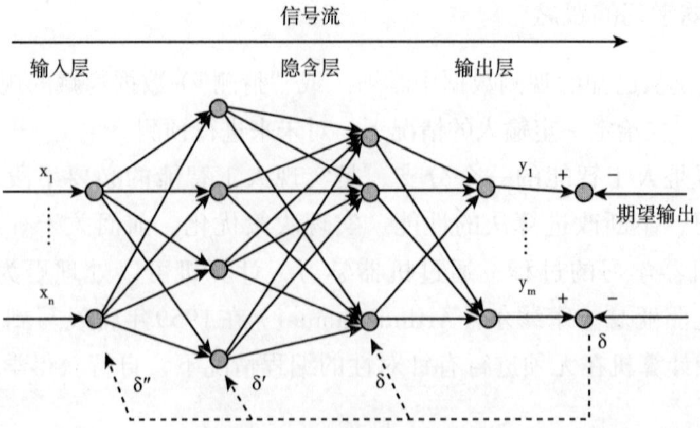

图8-8　反向传播（BP）网络

反向传播算法采用了数学的链式法则，主要应对神经网络中采用梯度调整权值的计算复杂性问题，反向传播算法从后往前，逐层计算每一层的梯度，直到完成所有参数的梯度计算。

（4）泛化问题。

优化问题只是网络训练的一个部分，机器学习不同于优化是因为它不仅要求数据在训练集上求得一个较小的误差，而且在测试集上性能要好。如神经网络从一堆数据中训练出鸟的模型，在测试的大量数据中，也能对鸟进行准确识别，这样，该神经网络才能用于真实场景去智能化的识别鸟。

提升模型在测试集上的预测效果称作泛化（generalization），相关方法称作正则化（regularization），神经网络中常用的泛化技术有权重衰减等。在深度学习中，泛化技术更为重要，因为深度学习中神经网络的层数多、参数多，其网络能力强，很容易出现过拟合现象，即训练集使用过多的变量使模型表现很好，测试集上却效果很差。随着神经网络层数的增加，优化函数越来越容易陷入局部最优解。为了避免过拟合，需要在模型的拟合能力和复杂度之间进行权衡。拟合能力强的模型一般复杂度会比较高，容易导致过拟合。相反，如果限制模型的复杂度，则会降低其拟合能力，可能会导致欠拟合。因此，机器学习中重要的是在模型精确度和复杂度之间取得较好的平衡。

为了解决深层神经网络的训练问题，一种有效的手段是采取无监督逐层训练（unsupervised layer-wise training），其基本思想是每次训练一层隐节点，训练时将上一层隐节点的输出作为输入，而本层隐节点的输出作为下一层隐节点的输入，这称为“预训练”（pre-training）。通过无监督的学习，获得最佳的隐含层数。

二、机器学习

（一）机器学习的概念

机器学习是从已知的观测数据中学习（或“猜测”）数据隐藏的规律，利用这些学习来的规律，在给定一定输入的情况下，对未来进行预测。

机器学习是人工智能的一个分支，是实现人工智能的必要手段，它让计算机通过机器学习，不断改进算法的性能，实现决策优化。前面关于神经网络的训练过程是一种机器学习的过程，通过机器学习，计算机可以处理更为复杂的问题。机器学习的先驱亚瑟·塞缪尔（Arthur Samuel）在1959年曾经写到，机器学习是“一种能够让计算机在无须进行有针对性的编程情况下，自行获得学习能力的学科领域”。

人工智能发展的过程中，先后经历了以“推理”为重点，到以“知识”为重点，再到以“学习”为重点。在“推理”时期，计算机主要依靠逻辑推理实现智能，如早期的专家系统依靠推理规则来识别动物，如表8-1所示，如果动物有毛发则为哺乳动物；如果动物吃肉则为食肉动物；如果既是哺乳动物又是食肉动物，而且还是黄褐色且有暗斑点，则该动物为豹子。人工智能的发展，使人们发现人类之所以能够判断、决策，除了推理能力之外，还需要知识，人工智能进入了“知识期”，主要发展知识工程。面对无穷尽的知识，人工智能开始进入“学习”时期，让机器自己学习，到20世纪80年代，机器学习真正成为一个独立的学科领域，它是一门多领域交叉学科，涉及概率论、统计学、逼近论、凸分析、算法复杂度理论等多门学科。

机器学习理论主要是设计和分析一些让计算机可以自动“学习”的算法，它关注可以实现的、行之有效的学习算法。

（二）机器学习的模式

根据机器学习使用的数据集进行分类，机器学习模式有：监督学习、无监督学习、半监督学习和强化学习。由于半监督学习的原理包含了监督学习和无监督学习，因此，实际讨论的机器学习模式是三种：监督学习、无监督学习和强化学习。

1. 监督学习

监督学习（supervised learning）也称为监督训练或有教师学习。监督学习是从标记的训练数据来推断决策模型的机器学习。在监督学习中，训练数据包括一套训练示例，每个示例都是由一个输入对象（通常为矢量）和一个期望的输出值（也称为监督信号）组成，包含给定数据特征（feature）和标签（label），通过学习特征和标签之间的关系，判断出新数据的标签——分类。监督学习要提供给机器特定输入的正确答案：这是一幅汽车的图像，正确答案是“汽车”，通过监督学习，如果有一幅新的图像，计算机能识别出该图像是否为汽车。

监督学习的数据集为（x，y），常用的一些监督学习技术有线性回归（回归）、局部线性回归（回归）、logistic回归（分类）和深度神经网络。

监督学习通常需要大量的有标签数据集，一般需要由人工进行标注，成本很高。无监督学习（unsupervised learning）和半监督学习（semi-supervised learning）的方法得到发展，降低对标签的依赖。

2. 无监督学习

无监督学习（unsupervised learning）是指根据类别未知（没有被标记）的训练样本解决模式识别中的问题，称为无监督学习。即让机器自己摸索，人类不给予任何总结的经验，不对任何数据进行标注。如在一些恐龙和鲨鱼的图片中，可以通过观察出每个物种的共性和两个物种间的区别，可以对这两种动物分类，并且对新的图片，可以归位恐龙或鲨鱼类中。

无监督学习的数据集为（x），典型的无监督学习问题有主成分分析、K均值聚类、随机森林、特征学习、生成对抗网络等。

3. 强化学习

强化学习（reinforcement learning）又称再励学习、评价学习，是关于机器应该如何行动以获得最大化奖励的问题。强化学习让机器执行动作进行尝试，通过获得奖励识别其有效的动作，即是通过反馈来修改行动的模型，称为策略—评估（actor-critic）模型，随着策略（actor）所做的决策被评估（critic）所修正，决策得到逐步的改善。

强化学习的基本原理是：如果代理的某个行为策略导致环境正的奖赏（强化信号），那么代理以后产生这个行为策略的趋势便会加强。代理的目标是在每个离散状态发现最优策略以使期望的折扣奖赏和最大（见图8-9）。

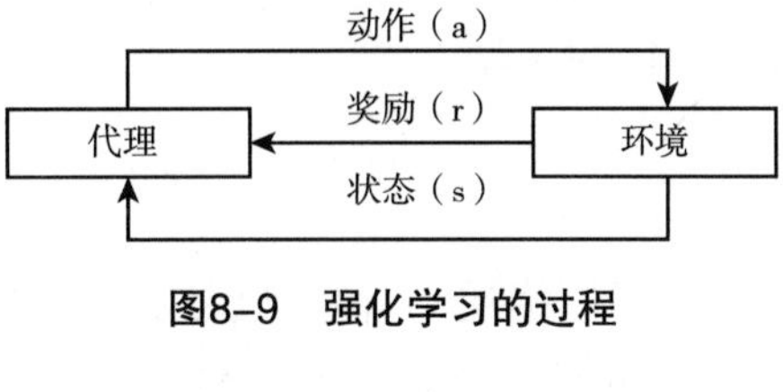

图8-9 强化学习的过程

强化学习把学习看作试探评价过程，代理选择一个动作用于环境，环境接受该动作后状态发生变化，同时产生一个强化信号（奖或惩）反馈给代理，代理根据强化信号和环境当前状态再选择下一个动作，选择的原则是使受到正强化（奖）的概率增大。选择的动作不仅影响立即强化值，而且影响环境下一时刻的状态及最终的强化值。

强化学习没有学习数据集，和监督学习的不同之处在于，强化学习问题不需要给出“正确”策略作为监督信息，只需要给出策略的（延迟）回报，并通过调整策略来取得最大化的期望回报。在象棋或围棋比赛中，无法采用监督学习，一是许多“正确”的棋盘难以获得，无法标记；二是很难判断过程中哪一个步骤“正确”，正确的决策只能通过最终结果评定。但是，可以根据当前的棋盘评估其预期，从最后的结果（奖励）来倒推每一步棋的好坏，从而学习出“最佳”的下棋策略，这就是强化学习。

强化学习广泛应用在很多领域，比如电子游戏、棋类游戏、迷宫类游戏、控制系统、推荐等。

三、深度学习

（一）深度学习的基本概念

深度学习是机器学习的一种，源于人工神经网络的研究。深度学习是指如何从数据中学习一个具有“深度模型”的问题，该深度模型具有多个隐含层，是多层人工神经网络的组合，它通过组合低层特征形成更加抽象的高层表示属性类别或特征，以发现数据的分布式特征表示。

所谓“深度”是指原始数据进行非线性特征转换的次数。如果把一个机器学习系统看作是一个有向图结构，深度也可以看作从输入节点到输出节点所经过的最长路径的长度。早期的人工神经网络只有两层，深度学习的网络远多于两层，适合复杂问题的求解。尽管神经网络模型为深度学习的主要模型，但是神经网络和深度学习不同。深度学习可以采用神经网络模型，也可以采用其他模型；同样，神经网络可以采用深度学习方法，也可以采用其他机器学习方法。

通过深度学习，计算机能够自己生成模型提供相应的判断，达到某种人工智能结果的实现。如在图像修复中，通过“深度神经网络”学习图像特征，然后可以运用所得的深度神经网络进行图像的修复。

（二）深度学习的特点

传统机器学习是浅层学习，网络层不含隐含层或只有极少的隐含层，如BP神经网络的学习。浅层学习的一个重要特点是不涉及特征学习，其特征主要靠人工经验或特征转换方法来抽取。网络的深度学习代表着机器学习的高级阶段，其深度学习网络具有多个隐含层，通过这种深层非线性网络结构，实现复杂函数逼近。深度学习的重要特点是特征学习，其目的是通过建立、模拟人脑进行分析学习的神经网络，模仿人脑的机制来解释数据，如图像、声音和文本。

在机器学习中，提高“智能”的方式有三种：一是为了提高机器学习系统的准确率，需要将输入信息转换为有效的特征。数据的原始特征往往不能直接用来预测，这些原始特征可能存在以下几种情况：（1）特征比较单一，需要进行（非线性的）组合才能发挥其作用；（2）特征之间冗余度比较高；（3）并不是所有的特征都对预测有用；（4）很多特征通常是易变的；（5）特征中往往存在一些噪声。二是为提高一种表示方法的表示能力，其关键是构建具有一定深度的多层次特征表示。一个深层结构的优点是可以增加特征的重用性，从而指数级地增加表示能力。从底层特征开始，通过多层非线性转换，把原始数据变成为更高层次、更抽象的表示。三是为了提高机器学习算法的能力，需要抽取有效、稳定的特征。传统的特征提取是通过人工方式进行的，需要大量的人工和专家知识。因此，通过深度学习，让机器自动地学习出有效的特征，减少预测模型复杂性、提高模型的计算速度和泛化能力、避免过拟合等。

深度学习的数据处理过程如图8-10所示。

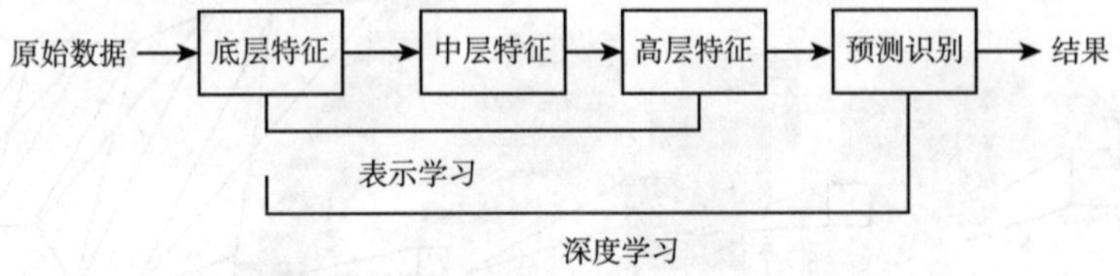

图8-10　深度学习的数据处理过程

传统机器学习的特征抽取一般和预测模型相分离，深度学习将特征学习和预测学习有机地统一到一个模型中，建立一个端到端的学习算法，可以有效地避免它们之间准则的不一致性。在深度学习中，原始数据通过多步的特征转换和预测函数得到最终的输出结果，其关键问题是贡献度分配问题，即一个系统中不同的组件对最终系统输出结果的贡献或影响。如象棋或围棋比赛中，比赛的结果很难判断是由哪一步或几步决定，而判断每一步棋的贡献就是所谓的贡献度分配问题，该问题属于强化学习，需要通过整个模型的最终监督信息（奖励）得到，并且有一定的延时性。

（三）深度学习的模型

深度学习下发展了许多深度学习模型，如卷积神经网络（convolutional neural network，CNN）、深度置信网络（deep belief nets，DBN）、生成对抗网络（generative adversarial network，GAN）以及循环神经网络（recurrent neural network，RNN）等，同其他机器学习方法一样，深度学习也分为监督学习和无监督学习，卷积神经网络更多采用监督学习，常用于机器视觉；而深度置信网络更多采用无监督学习，常用于手写文字识别和语音识别。

1.卷积神经网络

卷积神经网络是一类包含卷积计算且具有深度结构的前馈神经网络，具有表征学习能力，为识别二维形状而专门设计的多层感知器，这种网络结构对于平移、比例缩放、倾斜和其他形式的变形具有高度不变性。

卷积神经网络除了包含输入层和输出层外，还有含有较多隐含层（5层以上），其隐含层包含卷积层（convolutional layer）、池化层（pooling layer）和全连接层（fully connected layers），部分卷积神经网络隐含层包含有Inception模块、残差块（residual block）等，其中，卷积层和池化层为卷积神经网络特有。卷积层中的卷积核包含权重系数，而池化层不包含权重系数。在卷积神经网络中，每一层有数百至数千个神经元。

以LeNet-5为例，隐含层各类模块构建的常用顺序为：输入—卷积层—池化层—全连接层—输出，卷积网络的结构如图8-11所示。

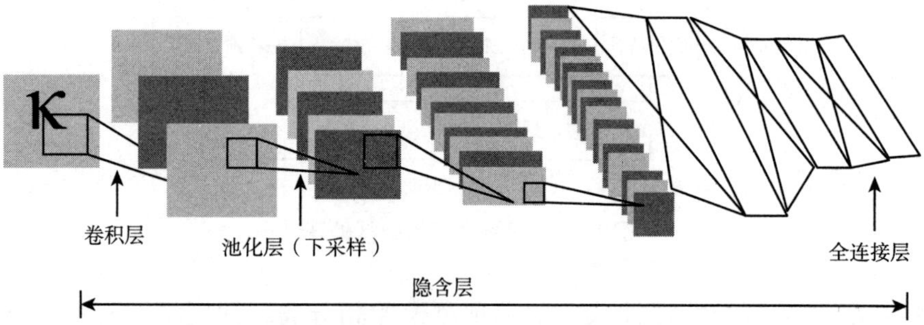

图8-11　卷积网络LeNet-5的结构

LeNet-5共有7层，除了输入层之外，每层都包含可训练参数；每个层有多个特征图，每个特征图通过一种卷积滤波器提取输入的一种特征，然后每个特征图有多个神经元。

深度学习需要对卷积神经网络进行大量样本数据库的训练，如果用于图像识别，则需要标记图像，然后卷积神经网络学会将每个图像与其相应的标签相互关联起来并将以前从未见过的图像及其相应的标签配对，形成一个识别系统，梳理各种各样的图像，并且识别照片中的元素。CNN在语音识别和文本识别中也非常有用，在自动驾驶汽车和最新一代医学图像分析系统中也是关键组成部分。

2.深度置信网络

深度置信网络是一种包含多层隐单元的概率生成模型。与传统的判别模型的神经网络相对，生成模型是建立一个观察数据和标签之间的联合分布，对P（观察|标记）和P（标记|观察）都进行了评估（P为相应分布下的概率），而判别模型仅仅评估了后者。一个典型的深度置信网络如图8-12所示。

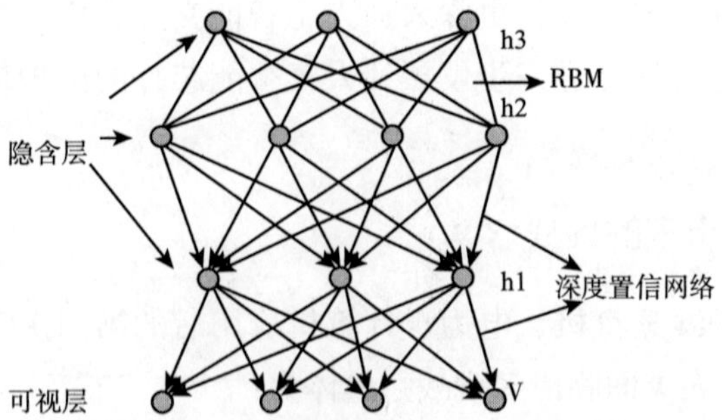

图8–12　一个典型的深度置信网络结构

DBN由多个限制玻尔兹曼机（restricted boltzmann machines，RBM）层组成，这些网络被“限制”为一个可视层（visible layer）和一个隐含层（hidden layer），层间存在连接，但层内的单元间不存在连接。隐层单元被训练去捕捉在可视层表现出来的高阶数据的相关性。顶部的两层是一个无向图，可以看作一个受限玻尔兹曼机（RBM），用来产生p（h（L–1））的概率分布。除了最顶上两层外，每一层变量h（1）依赖于其上面一层h（l+1），即p（v，h^1，h^2，…，h^1）=p（v|h^1）p（h^1|h^2），…，p（h^{i-2}|h^{i-1}）p（h^{i-1}，h^i），其中1={0，…，l–2}。

DBN的核心部分为逐层贪心训练算法，这种算法可以优化深度置信网络的权重，有效使用未标注的数据，对过拟合问题和欠拟合问题可以通过产生式预训练方法得到有效解决。

四、人工智能技术发展趋势及其挑战

（一）人工智能技术发展趋势

2016年，Alpha Go战胜人类最厉害的围棋选手，使人工智能出现第三次人工智能浪潮。其主要趋势有：

第一，进入“人工智能+”时代。AI作为一项前沿技术，未来将与各行业融合创新，出现新机械、新制造、新农业、新经济、新金融等，人工智能在制造、农业、物流、金融、商务、家居等行业进一步应用，可以全面提升产业发展的智能化水平。

第二，向更强的人工智能发展。“弱人工智能”只专注于完成某个特别设定的任务，Alpha Go除了下围棋之外，对其他事务无法处理，更无法真正理解信息。未来，“弱人工智能”将向“强人工智能”发展，AI系统将包括学习、语言、认知、推理、创造和计划，能与人类开展交互式学习，能处理一些复杂任务中前所未见的细节。AI继续向“超人工智能”方向发展，模拟人类的智慧，具备自主思维意识，能够像人类一样独自地进行思维。

第三，人工智能的理论和技术均得到发展。在人工智能理论方面，深度学习等人工智能的理论和方法的研究将更深入，人工智能交互界面、接口技术等软件开发和软件体系结构都将得到更进一步发展，人工智能芯片的出现使促进人工智能软硬件技术进一步整合。

（二）人工智能未来的挑战

人工智能技术是继蒸汽机、电力、计算机应用后的第四次工业革命，人工智能应用充满创新，也让人类面临诸多挑战。具体为：

第一，人工智能带来的数字鸿沟问题进一步扩大。作为新兴技术，各国人工智能的发展和应用水平并不均衡，人工智能的水平和应用将促进劳动力市场分化，从而促进生产力要素的其他资源在全球范围内的流动，技术不发达国家的财富进一步向发达国家流动。作为一项引领未来的战略技术，发达国家纷纷在人工智能新一轮国际竞争中争取掌握主导权，围绕人工智能出台规划和政策，对人工智能核心技术、顶尖人才、标准规范等进行部署，加快促进人工智能技术和产业发展；主要科技企业不断加大资金和人力投入，占领人工智能前沿阵地；渴望成为全球人工智能产业中心的城市或国家必须勇于投入全球竞争，延揽人才，吸引投资。

第二，人工智能带来法律空白问题进一步增多。技术创新和应用的不确定性、相关制度不完整，技术垄断制定的不平等制度等，都需要加快司法制度的建设。技术设计缺陷引发产品的责任归属问题，2016年，联合国教科文组织与世界科学知识与技术伦理委员会联合发布报告指出，由于机器人一般被视为通常意义上的科技产品，机器人以及机器人技术造成的伤害，很大一部分可由民法中产品责任的相关法律进行调整。从这个角度看，机器人造成的伤害很大一部分被归责于机器人制造者和零售商的“过失”“产品警告的缺失”“没有尽到合理的注意义务”。

根据《中华人民共和国产品质量法》第四十三条规定，因产品存在缺陷造成人身、他人财产损害的，受害人可以向产品的生产者要求赔偿，也可以向产品的销售者要求赔偿。属于产品的生产者的责任，产品的销售者赔偿的，产品的销售者有权向产品的生产者追偿。属于产品的销售者的责任，产品的生产者赔偿的，产品的生产者有权向产品的销售者追偿。但该归责原则可能仅能适用于“弱人工智能”产品。当未来的人工智能出现自主意识和决策能力后，例如自动驾驶汽车做出独立智能决策导致损害发生，应当如何确定侵权主体，由谁来承担侵权责任。甚至于未来会出现以下问题：当机器人具备自主意识后是否会成为民事主体？何为生命？“人”的定义是否会发生变化？“人”与“非人”的界限到底在哪里？在此意义上，“人机关系”具备了丰富的内容层次，这些都值得进一步去完善立法。

第三，人工智能发展带来的信息安全和隐私保护问题更复杂。当万物互联、大数据和机器学习三者叠加后，因为人工智能的决策依赖于人类更多、更精准的数据而实施的个性化服务，人们或将不再有信息隐私。人工智能时代，用户使用各种应用产品时，本身就是主动的隐私泄密者，任何技术手段的“匿名”或“去身份化”可能都会因为大数据的分析而重新获得“身份”。

智能产品的产业链上有开发商、平台提供商、操作系统和终端制造商、其他第三方等多个参与主体，这些主体均具备访问、上传、共享、修改、交易以及利用用户提供的数据的能力。基于商业利益的考虑，这些公司保护用户个人隐私的意愿并不强烈。

第四，人工智能使传统社会伦理造成巨大冲击。如果不够谨慎地处理人工智能所带来的伦理问题，将会对未来社会造成严重的伤害。人工智能与人类社会的距离越来越近，伦理问题不断凸显也愈发尖锐，世界上的主要国家以及相关国际组织对伦理问题高度关注。例如，美国《国家人工智能研究和发展战略计划》中提出，要构建人工智能伦理，通过技术提高人工智能技术应用和产品的公平性、透明度和可追责。联合国发布的《关于机器人伦理的研究报告》、标准制定组织电气与电子工程师协会发布的《合伦理设计：利用人工智能和自主系统（AI/AS）最大化人类福祉的愿景（第一版）》等文件都对人工智能带来的伦理问题进行了深刻分析。研究者需要研究出新的算法确保人工智能做出的决策与现有的法律、社会伦理一致，但是伦理的问题因各国文化、宗教和信仰等的不同而存在差别。

五、我国人工智能发展概况

为抢抓人工智能发展的重大战略机遇，构筑我国人工智能发展的先发优势，加快建设创新型国家和世界科技强国，按照党中央、国务院部署要求制定，《新一代人工智能发展规划》由国务院于2017年7月8日印发并实施。此外，我国2017年还制定了《促进新一代人工智能产业发展三年行动计划（2018—2020年）》等政策文件，推动人工智能技术研发和产业化发展。

国内人工智能发展已具备一定的技术和产业基础，在芯片、数据、平台、应用等领域集聚了一批人工智能企业，在部分方向取得阶段性成果并向市场化发展。人工智能应用层进入门槛相对较低，我国的人工智能侧重于应用层的产业布局，据艾瑞咨询统计，2019年，国内77%的人工智能企业分布在应用层。从企业布局角度，我国46%人工智能企业分布在语音识别、22%的企业分布在计算机视觉领域。从世界各国人工智能应用的角度看，2018年6月，我国内陆地区的人工智能企业数以1011家位于全球第二，主要分布在北京和上海，仅次于美国的人工智能企业数2028家；我国在智能机器人、无人机等方面，其应用水平同美国相当，远高于欧洲等其他国家。

人类社会已经开始全面迈入人工智能时代。在未来数十年间，人工智能有可能从根本上改变人类的社会经济形态。我国应充分利用这一极其重大的技术进步，充分发挥技术的优势并防范技术创新的风险，应用人工智能提高生产力以保持较快增长。

第三节 人工智能在金融领域的应用价值

金融是市场主体利用金融工具将资金从资金盈余方流向资金稀缺方的经济活动，简言之，金融是货币资金融通的总称。为使货币资金融通，通过计算机进行金融服务，不仅规范资金流动服务，还能采集大量的金融及相关信息，尽最大可能消除信息不对称问题，减少金融风险，并通过信息分析和决策，提高金融服务的效率。因此，长期以来，金融作为高度数据化的领域，一直是计算机新兴技术应用最为活跃的领域之一，而且，金融领域不管是在底层基础设施还是应用成熟度方面都处于领先地位。人工智能可以应用于银行、证券、保险等垂直领域，为金融行业的各参与主体、各业务环节赋能，助力金融业的产品创新、流程再造和服务升级，帮助金融企业防范风险，提高金融服务的效率。

一、人工智能在金融领域的应用条件

人工智能在金融领域的应用条件是它用更少的成本提供更安全、高效的金融服务。简单概括为技术、需求、成本和人才四个方面。

一是在信息技术方面受摩尔定律的影响，有快速发展的技术支持。计算机的电子元器件的性能提高、成本下降，计算机硬件的性能价格比呈几何级数增加，计算机能力极大增强，计算机相关技术迅速得到普及和推广，更多的人参与计算机软件开发及系统体系结构研究、更多的企业参与金融服务的提供以及更多的用户得到金融服务，促进金融市场的发展，激励人工智能更多地用于金融服务。

二是在市场方面受梅特卡夫法则的影响，有不断增加的金融服务需求。随着人工智能在金融中的应用，技术对金融的影响越来越大，人工智能的价值更加重要。人工智能在金融中的应用不仅聚集了大量的金融数据，也聚集了与金融相关的供应链等数据，促成金融生态环境的快速形成，在金融数据的基础上，通过人工智能开发新的金融服务、金融工具和金融产品，实施更快速、安全、高效的金融资源配置。在金融信息高度数据化的推动下，企业需要采取一种程序化的方法来构建数据资产，并在所有业务部门的支持下，利用数据资产来改变企业。

三是技术经济的规模效应，不断降低金融服务的成本和增加利润。人工智能向金融领域的渗透，其金融服务的创新和对原有技术的替代依赖于创新所带来的利润，技术使用创新的金融服务软件替代了原本只依赖于硬件的服务，降低了金融服务成

本；人工智能的应用使原来总体收益不及成本的金融服务，在技术规模效应的作用下获得利润，支持了更多金融服务创新和金融服务在更广阔的市场进行创新。

四是马太效应的影响，促进了人工智能领域聚集越来越多的人才。数据科学家、算法类人才以及链接技术与商业的桥梁型人才是设计、开发、部署人工智能技术过程中的关键因素。目前，人工智能技术人才虽有所增加，但在市场中也处于紧缺状态，我国大型互联网公司由于技术积累优势、业务相关性优势等，对人工智能人才的吸引力很大，这对其他行业决定打造自有人工智能团队的企业来说是一个挑战。

总体看来，金融行业具备人工智能应用的基础性条件。作为高度数据化的行业，金融为人工智能应用提供了充分的数据基础；同时，金融体系内各个分支领域界限相对明确，银行、证券、保险等业务相对独立，便于人工智能在垂直领域中进行应用。

二、人工智能在金融领域的应用价值

人工智能在金融领域的应用主要是以人工智能核心技术（机器学习、知识图谱、自然语言处理、计算机视觉）作为主要驱动力，为金融行业的各参与主体、各业务环节赋能，突出人工智能技术对于金融行业的产品创新、流程再造、服务升级的重要作用。

一是人工智能在全数据的金融生态环境中，具有降成本、强监管的能力。在宏观层面上，预防和遏制金融风险是金融监管的重要内容，人工智能的使用能够更全面的获取金融及相关领域的经济数据，可以更好地进行风险监管、更精准地进行经济决策等，在中观层面上，一方面，人工智能的应用将拓展大数据的应用场景，从帮助业务人员认知到实现企业最优决策；另一方面，自然语言处理的进步也正在解决人机交互的部分问题，自然语言查询、自然语言生成都将进一步释放商业智能的效率和价值。在微观层面上，人工智能的应用为金融机构、企业和用户提供更方便的金融工具。简言之，人工智能对金融及相关领域在垂直产业链赋能。

二是新一代人工智能技术的应用将给金融业带来众多新的可能性，颠覆现有的行业格局，催生出全新的智能金融模式：重构用户连接和服务的价值链、重构风险评估和管理体系、重构服务的边界、重构基础设施的建设标准和运行逻辑，进而使得金融服务变得更易获得，推动金融服务朝着“随人”（千人千面）、“随需”（精确满足）、“随时”（线上处理）、“随地”（无休服务）的标准不断进步，实现零距离、服务公平、低成本，践行普惠金融。人工智能的深度应用最终会改变金融业的现有格局，使得整个金融服务领域都更加个性化与智能化。

三是人工智能也可以帮助金融机构和监管部门满足不断提高的监管合规要求：（1）不断出台的数据法律框架、数据标准、数据报告要求、金融服务制度，提高了金融机构对合规性的要求，促使其不断提高自动化水平并采用新的分析工具；（2）监管机构承担着评估更大、更复杂、更快速增长数据集的责任，需要更强大的分析工具，以对金融机构实施更有效监管。

在我国，人工智能在金融领域的应用意义在于创新智能金融产品和服务，发展金融新业态，采用智能客服、智能监控等技术和装备，建立金融风险智能预警与防控系统。目前，人工智能已经成为金融行业数字化转型与商业创新的重要支持力量。

三、人工智能在金融领域的应用维度

经过半个多世纪的发展，人工智能的应用主要集中在数据处理、安全和产品服务等方面，人工智能部分具有人类的三种能力：行动能力、感知能力和决策能力。行动能力代表了人类付诸实施的能力，这种能力常用于替代高人力体力成本的工作。感知能力可再划分为两大类别：文本图像识别和语音识别，它们分别代表了人类最主要的信息输入模式和与外界的交互模式。决策能力代表了人类寻找最优解的思维模式，这种能力在一切有流程优化、决策判断的领域均适用。

在不同的领域，由于场景和需求的不同，人工智能这三种能力的应用形式各有不同，但其实质都是机器智能在不同程度上模仿人类的智能，替代人们进行工作。与人工智能的三大能力相对应，在功能层次上，人工智能在金融领域的应用可分成服务智能、认知智能和决策智能三个维度。

1.服务智能

服务智能是指系统能够自动辨识用户的显性金融需求和隐性金融需求，并且主动、高效、安全、精准满足其金融需求的服务。

金融领域的服务智能在银行、保险和证券行业都有应用。金融服务中，面对海量的金融和经济信息，任何一个主体都难以拥有全面的数据，金融监管、金融服务供给和金融服务获得都需要服务智能。服务智能是一种按需和主动的智能，即通过捕捉用户的原始信息，通过后台积累的数据，构建需求结构模型，进行数据挖掘和商业智能分析，除了可以分析用户的习惯、喜好等显性需求外，还可以进一步挖掘与时空、身份、工作生活状态关联的隐性金融需求，主动给用户提供精准、高效的服务。这里需要的不仅仅是传递和反馈数据，更需要系统地进行多维度、多层次的感知和主动、深入的辨识。

2.认知智能

随着向垂直领域和场景深入延展并不断获得充足有用的数据，人工智能能够达到与人类比肩或在容错范围内进行突破。人类活动是基于视觉、触觉、听觉等具备对环境的感知，基于知识库和逻辑理解形成对世界的认知，并在此基础上展开相应的行动，人工智能对人的模拟相应地分为感知智能、认知智能以及行动智能三个层面，对应人工智能行业发展的三个阶段（见图8–13）。

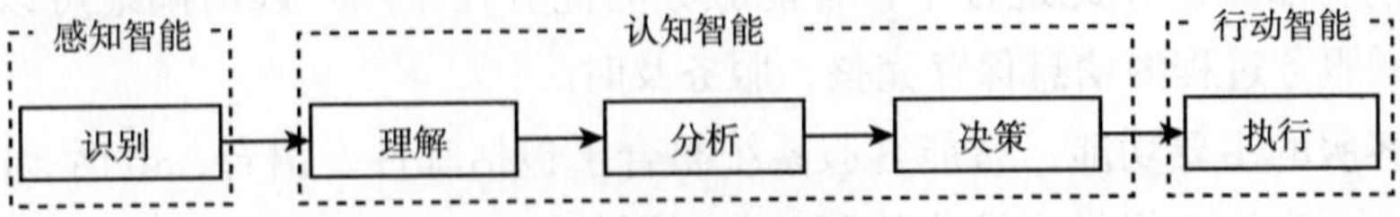

图8–13　AI行业图谱

认知智能是机器具有主动思考和理解的能力，不用人类事先编程就可以实现自我学习，有目的的推理并与人类自然交互，如智能获客、大数据风控和智能投顾等，以有监督学习为主，辅以无监督方式挖掘特征变量，让风险识别和定价更精细，是当前智能金融的主流方向。

3.决策智能

决策智能以无监督学习为主，通过预测人脑无法想象的尚未发生的情境。人工智能通过大量的计算，对投资等进行预测，从而指导和影响当前决策，典型应用如量化投资、智能投顾等。

在行业类别上，人工智能在金融领域的应用包括银行、证券、保险、投资等垂直领域；各领域应用包括研发、营销、服务及其他。

第四节　人工智能在金融行业中的应用

近年来，人工智能在金融行业的应用不断深化，目前已经形成了包括智能信贷审批、风控与反欺诈、智能投顾、无人银行、智能客服等诸多创新应用，其应用领域还在不断的试验和拓展。

一、服务智能应用

服务智能应用即人工智能服务（简称“智能客服”）。到2025年，将有95%的客服由人工智能完成。在金融领域，智能客服可以全流程、全维度定制，从前端需求初步筛选（如贷款、办卡需求排查），到中期需求（如贷后管理），再到后端催收等环节，均可以介入。

（一）服务智能（智能客服）的应用价值、基本功能与特征

智能客服是一个用语音或文字同客户进行对话交流的计算机系统，也常称为“对话机器人”。智能客服可以较低的成本代替人完成那些烦琐、单一的工作，并为客户提供更为周到、耐心、高效的服务，在降低成本的同时，提升用户体验。

智能客服的应用价值：辅助人工客服，帮助人工客服更加科学地服务顾客和帮助客服管理层更高效地管理客服团队，是智能客服关键价值所在。当前智能客服主要应用于前台服务。在此过程中，智能服务的优势在于用户随时随地可以获得智能客服，金融服务过程的信息保存完整，服务及时。

智能客服的主要功能：智能客服系统整合了包括邮件、语音、电话、网页、API接口等渠道，为用户提供个性化的服务。不同的智能客服系统提供的功能不尽相同，但基本的功能有：（1）用户通过各种渠道提交的用户请求的识别，包括语音识别，文本识别、图像识别等；（2）常见的银行服务、证券服务和保险服务，包括用户信息管理、账户查询、用户自助的资金转入、转出和贷款服务、证券交易委托、保险申报或理赔等；（3）系统自动完成的内部信息决策和信息推送服务、用户金融信息决策和推送服务等。

智能客服的基本特征为：（1）智能客服的服务是全天候的优质服务，可以重复；（2）智能客服和人交互式服务的过程中，通过服务对象历史数据或实时交互了解用户特征，提供个性化服务；（3）人机交互，智能客服实现了和自然交互的功能（包括语音、肢体语言等），通过自然语音处理和语义处理，听懂客户的需求并使用客户的语言来进行服务；（4）智能客服在服务过程中能进行学习优化，提高智能服务水平。

（二）服务智能的案例

1.交通银行“娇娇”①

2015年，智慧大堂服务机器人“娇娇”出现在交通银行，其应用使交通银行成为国内第一个大规模应用智慧型服务机器人的全国性股份制银行。

“娇娇”的系统使用人工智能技术融合多种智能服务能力，其整合了包括语音识别（ASR）、语音合成（TTS）和自然语言理解（NLU）技术甚至图像、人脸和声纹等多项顶尖人工智能技术，成为国内第一款真正“能听会说、能思考、会判断”的智慧型服务机器人。

“娇娇”既拥有悦耳动听、优美自然的声音，又能迅速辨别客户的问题并给出准确的答案。“娇娇”的“上岗”，在办理正常的金融业务方面分担了大堂经理的很多工作，直接起到了分流客户，节省客户办理时间；此外，“娇娇”还会讲笑话、跳舞。

2.平安保险“小慧”②

相比银行业，保险业的智能客服应用也非常广泛，2017年，国内保险业首个人工智能语音客服“小慧”（1.0版）上岗，主要进行车险结案回访服务。

① 曹彤：《金融科技启示录》，中国金融出版社2018年版，第370页。

② 中国支付清算协会编著：《中国支付清算行业运行报告2018》，中国金融出版社2018年版，第153页。

“小慧”聚合了保险客服应用场景、服务话术和专业知识库、人工智能语音转文字、语义理解和语音合成等多项技术，由保险客服专家、IT专家和人工智能技术专家共同训练开发而成。“小慧”主要用于车险结案回访，在此场景中能与客户进行积极的语音互动、自主思考、快速应答，语气和内容高度拟人，具有服务品质稳定、自主学习、能听会说和成本优化等特点。相比现有的智能机器人只能进行简单问题的固定应答，“小慧”在金融保险行业的人工智能开发和应用程度较高，服务更智能。

二、认知智能应用

智能机器人在金融服务中通过人脸识别用户身份，或通过语音识别用户问题，为用户提供金融服务。在金融领域中，风险控制是金融的重要内容之一，主要应用人工智能的机器学习或深度学习模型，实施信贷风控、反欺诈、反洗钱、交易监控、保险理赔等，是人工智能的认知智能应用。

（一）认知智能（智能风控）的应用价值、基本功能与特征

智能风控有多种称谓，如大数据风控、决策引擎、风险计量引擎、风险模型实验室等。其实质是通过大数据平台的计算分析能力、机器学习或深度学习模型在金融领域不同场合的应用，提升风险管理能力，本质上是以数据与算力驱动的风险管控与运营优化。

对于金融机构而言，智能风控沿用金融的底层业务逻辑，通过获取更多维度的外部数据，像客户行为、电商消费、运营商数据、地理位置、购物习惯等形成的大数据，虽然这些数据与传统金融数据（如央行征信、交易流水、资产状况、财务报表等）相比，与客户违约本质上没有必然关系，但增加了更多风险因子和变量，可以从更多层面刻画客户风险视图，可以提升风险定价、违约等计算效果，更有效地实施数据驱动的精准风险管理。

智能风控的价值：智能风控根据履约记录、社交行为、行为偏好、身份信息和设备安全等多方面行为“弱特征”进行用户风险评估，是对传统金融风险控制采用“数据+模型+规则”的“强特征”风险评分的补充，但是，进入移动互联网时代后，用户弱特征形成的海量数据通过更多的数据维度来刻画客户特征，从而更准确地量化客户违约概率，实现对客户的合理授信，自动完成信贷审批，智能风控的优势愈加凸显。

智能风控的基本功能：不同的应用下智能风控功能不同，银行业的智能风控普遍是依托于大数据平台的计算能力以及大数据金融风险计量模型，为用户提供智能化、自动化的风控决策支持。银行业的智能风控从商业银行全行角度接入，包括客

户信息、对公信贷、个贷、信用卡、外部数据（工商、税务、司法等），将智能风控组件集成在电子银行、互联网金融等业务部门的后端平台中，作为线上秒贷平台、反欺诈、反洗钱等系统的独立的规则或决策单元。

智能风控的特征是在使用全面的金融数据基础上通过机器学习算法构建模型，结合金融和金融相关的用户消费数据，采用深度学习对诸如时序、文本、影像等互联网行为和运营商非结构化数据实现深层特征加工提取，提升模型效果。在授信申请、违约损失计算、逾期预测、反欺诈等业务目标确定后，通过内外部数据的整合、预处理（如采样、主成分分析方法、缺失值填充、归一化）、特征统计等方法，再选择合适的算法进行分析，最终得到用户的金融风险评价。

（二）认知智能的案例

重庆富民银行于2016年8月成立，是民营银行常态化设立后全国第一家、也是中西部地区唯一一家获准批筹的民营银行，引进了誉存科技独立研发智能风控SAAS产品——星象，富民银行将通过星象平台的模块化小工具，获得企业信息查询、关联信息挖掘、风险监控预警及内部管理等各项服务，整体实现信贷业务的全流程大数据风控管理，提升银行的风险管控能力。[①]

信贷风控是一项综合性、系列化的工作，贯穿于整个信贷业务流程，自贷前信用分析、贷时审查控制、贷后监控管理直至贷款安全收回，但是，传统信贷中金融机构普遍重视贷前准入环节，企业若有足够的抵押，或者第三方征信机构的加持，其他环节的核查就会相应变得宽松。

誉存科技（Social Credits）是一个金融大数据服务商，星象是誉存科技产品之一，是一款基于复杂网络（complex network）、异常检测（anomaly detection）、行为模型（behavior modeling）等人工智能算法模型，利用机器学习、大数据处理技术，并结合信贷业务特点，为金融机构量身打造的大数据风控产品。

星象的算法层集成了基于复杂网络理论的风险传导模型、基于时间序列分析的风险传导模型、基于知识图谱的企业风险评估模型、基于计算机视觉的图像识别、基于场景和大数据的企业授信模型和基于自然语言学习的文本分析等，这些算法普遍具有自学习能力，具有认知智能。

星象不同于一般风控策略，覆盖信贷业务流程的贷前、贷中、贷后全生命周期。星象在贷前快速构建企业多维画像，做企业反欺诈稽核；贷中对企业各项经营指标进行分析，评估企业成长、盈利、偿债能力；贷后实时追踪企业动态，根据用户自定义风控规则进行系统预警，具体应用流程如图8-14所示。

---

① 中国（深圳）综合开发研究院著：《中国“双创”金融指数报告2017》，中国经济出版社2017年版，第106页。

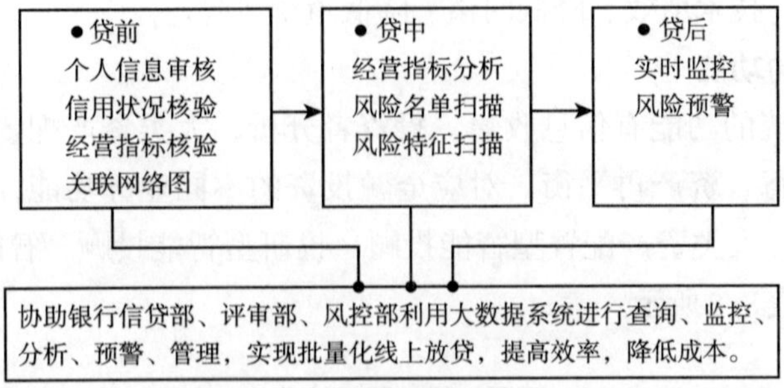

图8-14　星象的信贷风险管理内容

重庆富民银行星象系统的使用，标志着银行信贷观念的转变，贷后监管开始受到银行的高度重视。

三、决策智能应用

决策智能以无监督学习为主，预测人脑无法想像的尚未发生的情景，目前，决策智能在金融领域的应用还处于初期尝试阶段，主要在智能投顾中进行应用。

（一）决策智能（智能投顾）的应用价值、基本功能与特征

智能投顾，又称机器人投顾（Robo-advisor），是根据投资者的风险偏好、预期收益等投资风格，基于马科维茨的资产配置理论模型，运用一系列智能算法（大数据+人工智能），为用户提供投资参考，并追踪市场，低成本实现专家级动态资产配置的服务。智能投顾的核心是将理财顾问的“经验判断”模式升级为“算法判断”模式，通过降低成本与资金门槛覆盖更多长尾用户群体。

智能投顾的业务流程主要包括三大核心环节：客户画像（风险偏好识别）、资本市场预期模型（投资标的选择）、投资组合构建及动态优化。智能投顾的演进与计算机技术的发展高度相关。在智能投顾1.0时代，传统投资顾问可能使用计算机进行数据的处理分析，但投资组合本质上还是由人工管理，机器在整个决策过程中只起到相当弱的辅助作用；在智能投顾2.0时代，部分投顾业务被放到了互联网平台上，有效实现其服务范围向中等净值人群的扩张，但这一阶段的资产配置建议依然主要依靠人力，差异仅在于市场渗透手段的提升；在智能投顾3.0时代，大数据、云计算、人工智能等出现，投顾服务开始走向智能化。

1. 智能投顾的价值

传统投资顾问以投资顾问的专业素养和从业经验为基础，结合投资者的资产状况、风险偏好、预期收益等，为投资者提供专业投资建议，主要由人工进行。而智能投顾，依据现代资产组合理论，结合个人投资者的风险偏好和理财目标，利用算法和友好的互联网界面，为客户提供财富管理和在线投资建议服务。因此，智能投

顾的优势具体为：技术增效、降低门槛、降低道德风险。

2. 智能投顾的功能

智能投顾系统的功能有信息收集、投资者分析、大类资产配置、投资组合分析与选择、交易执行、资产再平衡。对应金融投资的不同业务功能，智能投顾有三种类型的智能系统：大类资产配置型智能投顾、投研型智能投顾、智能量化交易系统，其具体的功能如表8-2所示。

表8-2　不同智能投顾系统功能

项目	客户分析	资产配置	投资分析	策略形成	交易执行	分析反馈
大类资产配置型智能投顾	具备	具备	不具备	不具备	具备	具备
投研型智能投顾	不具备	具备	具备	不具备	不具备	不具备
智能量化交易系统	不具备	不具备	具备	具备	具备	具备

大类资产配置型智能投顾，主要根据投资者的实际状况，如收入状况、年龄、投资目的、心理风险承受能力等因素来评估用户实际风险偏好，为其提供量身定制的资产投资组合建议。智能投顾的投资标的主要为各类ETF基金，属于资产配置型的被动投资。投研型智能投顾（智能投研）的目标是实现数据到投资理念的一步自动完成。智能量化交易系统（量化投资）是通过对历史数据进行分析，借助一系列数学方法进行归类和判断，帮助用户进行投资决策。

3. 智能投顾的特征

智能投顾可以对数据进行24小时不间断地处理、分析，其基于大数据建模分析，对投资趋势、方向形成预判，基于行情数据、用户情绪数据以及场外数据等多个维度，进行大数据的收集、建模以及分析。智能投顾主要提供了几十个模板，根据客户风险偏好评级，套用不同的模板进行决策。

（二）决策智能（智能投顾）案例

北京知象科技有限公司（简称“知象科技”）2015年4月创立于北京五道口，是一家结合计算和智能，致力于通过工业化方式改变中国量化资管行业格局，进而改变世界金融市场格局的金融科技创业公司。2015年5月，知象科技完成天使轮融资，以2.8亿元人民币的估值成功融资2800万元人民币。知象科技产品涉及分布式系统、海量数据（结构化、非结构化和时间序列数据等）获取/处理、存储、分析和访问，将量化策略的开发生产平台运行于金融云计算服务之上，帮助资产管理者实现量化资产管理，以量化基金为主要客户实现智能投顾。①

① 曹彤：《金融科技启示录》，中国金融出版社2018年版，第328页。

四、人工智能在金融行业应用的发展趋势与挑战

人工智能技术的发展趋势和面临的挑战引导其在金融行业的应用，人工智能的快速发展加速金融生态变革，从未来趋势看，随着人工智能技术的完善，人工智能在金融领域的应用广度和深度上还有巨大的拓展空间，金融智能化是必然趋势，但这也使得金融监管变得更加复杂。

（一）人工智能在金融行业应用的发展趋势

1. 人工智能技术向金融的渗透转向人工智能与金融的融合

智能金融（新金融）是以人工智能为代表的新技术与金融服务深度融合的产物，它依托无处不在的数据信息和不断增强的计算模型，提前洞察并实时满足客户各类金融需求，真正做到以客户为中心，重塑金融价值链和金融生态。

全球金融业将人工智能技术应用作为金融服务和金融管理的重要内容，新金融融入各国顶层设计。全球的科技产业不断发展人工智能，强化人工智能技术向金融的渗透，金融科技和科技金融发展迅速。世界各国纷纷加大了对基础研发的投资，推进人工智能的研发和产业利用。

在金融领域的应用方面，据金融稳定理事会报告，国际金融业对人工智能的应用主要集中在以下几个方面：一是面向资本运营，集中于资产配置、投研顾问、量化交易等；二是面向市场分析，集中于趋势预测、风险监控、压力测试；三是面向客户营销，集中于身份识别、信用评估和虚拟助手；四是面向金融监管，集中于识别异常交易和风险主体。

在商业模式创新方面，智能技术将不仅仅在“效率”上发挥价值，而且将通过与产业链的深度结合，在“效能”上有所作为。在金融领域，移动互联网时代更多体现的是“渠道”迁移；人工智能时代则使得技术在金融的核心即风险定价上发挥更大的想像力。智能金融时代技术将真正成为核心驱动力，技术驱动商业创新的影响力及范围会进一步扩大。“技术+”将在一定程度上颠覆原有商业创新逻辑，使技术和产业链全面深入结合，金融在应用层面上得到全面创新。

在产品服务方面，“个性化”不仅是对客户，而且是对客户的服务。基于海量的客户信息数据、精细的产品模型和实时反馈的决策引擎，每一个客户的个性数据将被全面捕获并一一反映到产品配置参考和定价中。所有产品不再是为了“某些”客户提前设计，而是针对“某个”客户实时设计，实现产品服务的终极个性化。

2. 我国智能金融将进入快速发展阶段

首先，我国政策环境支持人工智能在金融业的应用。中国政府自2015年起便将人工智能纳入国家战略发展规划，为人工智能的发展提供充分的资金支持和政策鼓励。作为人工智能落地的最佳场景之一，政府正大力鼓励金融领域的技术创新，迈

向普惠金融的目标。2017年7月，国务院印发《新一代人工智能发展规划》，明确指出要大力发展“智能金融”。国家的方针政策在给行业发展提供坚实的政策导向的同时，也给金融行业发出积极信号。

其次，我国数字金融的环境已初步形成，我国移动金融的发展和法定数字货币的应用，将进一步提高金融的数字化程度，由于金融与数据的高度相关性，其已成为最先与人工智能相融合的行业之一。目前，我国智能金融已经全面覆盖客服、风控、营销、投顾和授信等各大金融业务核心流程，衍生出互联网金融、网上征信、第三方支付等一系列新兴金融业务领域，人工智能技术更多赋能中国金融。

最后，与欧美国家相比，我国智能金融发展迅速。目前，中国移动支付的市场规模和渗透率已达到世界领先水平；中国居民消费理念和消费方式得到较大转变；国内传统金融机构和互联网巨头相继布局智能金融，各大银行纷纷推出智能投顾，我国发展智能金融的环境得到进一步改善。

总之，金融和科技的全面融合，金融科技和科技金融将得到更快的发展，智能金融下，金融业态快速升级，金融将以更安全、便捷的方式为用户提供实时的个性化服务，基于智能监控等技术和装备的金融风险智能预警与防控系统也将全面建成。

（二）人工智能在金融行业应用的主要问题

人工智能在金融行业的应用对金融市场、金融机构以及金融服务供给与监管产生重大影响。人工智能化在为金融行业带来变革并催生金融创新的同时，也必使金融生态面临全方位的挑战，这些问题既包括传统金融业与科技本身固有的风险，也涵盖金融与科技融合过程中新生的问题，包括技术与安全、监管与合规、道德与责任、金融理论冲击等方面。

1. 技术与安全

人工智能技术还处于发展阶段，其间存在技术风险。其技术风险表现在人工智能还处于弱人工智能阶段，对于何时能达到甚至是否能达到强人工智能以及在此过程中技术创新的不确定性问题引发的技术风险，在人工智能应用到金融的过程中，将会传导给金融，从而增加金融创新的不确定性风险问题。人工智能的技术不成熟，引发的安全问题，包括数据的私密性保护与数据共享、算法不可解释性、技术强依赖性等技术局限性问题，如果技术一旦被人为恶意地使用，其金融风险将被无限放大和进行传递。

2. 监管与合规

智能金融需要系统的法律规范保障。技术的快速发展和应用，法律法规相对滞后，在现有的法律和监管体系下，很难界定人工智能由于故障或行为而引发的社会责任问题。现实操作中人工智能是建立在大量的程序基础上的，而这些程序是人类脑力劳动的结果，系统的鲁棒性问题引发的金融风险很难判定是人类主观还是客观作用的结果，人工智能自身的学习、决策机制的产生等行为无法追溯。如果一个证券系统存在一些漏洞，就可能引发个别股票价格的异动。对于这样的违规行为，现有监管法规将难以界定责任主体。

3.道德与责任

人工智能应用缺乏道德规范约束，资本逐利本性会导致金融消费者权益受到侵害。企业具有天生的资本逐利性，在利用用户数据追求自身利益最大化时，往往忽视道德观念，从而损害用户群体的权益。例如，金融机构可能基于用户行为数据分析，对客户进行价格歧视；利用人工智能有针对性地向用户投放理财、投资风险产品，从中获取利益。

4.金融理论冲击

传统金融理论的基础是理性人假设，但人类理性与机器人理性并不在同一量级，Alpha Go击败人类围棋冠军已经宣告了人工智能在算力和数理逻辑上的绝对性压倒优势。伴随认知智能与决策智能技术的进一步发展，量子计算的算力将天文级倍数于人类智力，人类理性与之相比将极为有限。智能金融的下一步发展将基于全数据与无限理性，这将让现有的金融理论无法解释日益复杂的金融行为。例如，现在人工智能与互联网社交网络的融合发展，已经对法玛定理提出了新的挑战，有可能出现超级法玛定理，即金融科技大数据的自动分析在市场信息充分、透明的情况下，投资者掌握的信息均等化，市场效率特别高，股票市场接近充分有效市场假说的时候，会出现超级法玛。在计算速度无限快的情况下，人工智能的算法能够分析市场上所有的相关信息，而且永远比人类分析师提前知道真实的股票价格，从而战胜人类投资者。类似的还有人工智能炒股挑战马科维茨投资组合理论，与Alpha Go模仿人类棋手一样，它可以模仿市场前100个基金经理的策略，然后优化成自己的策略，在与人类的股市博弈中胜出。此外，人工智能技术也对期权定价理论提出了挑战。人工智能算法可以根据互联网市场上众多使用者的信息，预估公众的风险偏好，用这个公众的风险偏好替代期权定价模式里的国债利率，会给出投资者最好的价格。如此一来，期权定价模式理论中的无风险套利的基准理论就可以用人工智能算出的社会风险偏好来替代。

总之，人工智能在金融领域加快应用是未来的发展方向，监管机构既要正视这种趋势，积极发展人工智能，又必须重视人工智能应用带给金融的风险，开展前瞻性研究和战略性部署，推动智能金融可持续发展。

本章小结

1.人工智能是在智能的基础上进行定义的。智能来源于思维活动，智能取决于可运用的知识，智能可由逐步进化来实现。在智能的基础上，人工智能则一般认为是机器拥有像人类一样的智能。人工智能涉及哲学和认知科学、数学、神经生理学、心理学、信息论、控制论、不确定性论等，远非计算机科学所能概括，理论上，人工智能属于自然科学和社会科学的交叉领域。实践上，人工智能是计算机科学的一个分支，它试图通过程序让机器能以与人类智能相似的方式完成既定的任务。因此，人工智能有多种视角的分类，且有多个学派。随着人工智能的研究，人工智能与专家系统、机器学习不同，但之间又有联系。

2.人工智能的工作原理是：计算机通过传感器（或人工输入的方式）来收集关于某个情景的事实、信息、数据，将此信息与已存储的信息进行比较，以确定它的含义；计算机根据收集的事实、信息、数据计算各种可能的动作，然后预测哪种动作的效果最好；计算机只解决程序允许解决的问题。当前的“人工智能”的工作和学习机制，主要包括人工神经网络、机器学习和深度学习三个方面的内容，神经网络是机器获得人工智能的基本模型，使机器像神经网络一样进行信息决策，机器学习则是人工智能的途径和方法，通过程序的执行使机器更“智能”。

3.金融是货币资金融通的总称。为使货币资金融通，通过计算机进行金融服务，其资金流动信息的采集有利于降低信息不对称问题，从而减少金融风险，实现金融精准的服务。人工智能可以应用于银行、证券、保险等垂直领域，为金融行业的各参与主体、各业务环节赋能。长期以来，金融一直是信息技术创新应用最为活跃的领域，不仅具有人工智能应用的先天条件，也能充分体现人工智能的价值。在功能层次上，人工智能在金融领域的应用可分成服务智能、认知智能和决策智能三个维度，其在金融行业中均有具体的应用案例。

重要概念

人工智能；神经网络；机器学习；专家系统；神经元；卷积神经网络（CNN）；深度置信网络（DBN）

复习与思考

1.什么是人工智能？应从哪些方面来理解人工智能的概念？

2.人工智能的发展历程大致经历了哪几个时期？

3.人工智能的核心能力有哪些？类型有哪些分类？

4.什么是弱人工智能（ANI）、强人工智能（AGI）与超人工智能（ASI）？

5.什么是人工神经网络、机器学习与深度学习？

6.人工智能在金融领域的应用维度有哪几个？分别是什么？

7.人工智能在金融行业中的应用维度有哪些？分别举出代表性案例。

8.人工智能在金融行业中的应用，其机遇和挑战分别有哪些？

扩展阅读

1.曹彤：《金融科技启示录》，中国金融出版社2018年版。
2.徐克虎等：《智能计算方法及其应用》，国防工业出版社2019年版。
3.刘凡平：《神经网络与深度学习应用实战》，电子工业出版社2018年版。

第九章　区块链及其应用

➡ 学习目标

1. 掌握区块链的基本概念。
2. 掌握区块链的主要技术特征。
3. 掌握区块链主要类型。
4. 了解区块链的主要应用场景，理解区块链在各种场景下的应用创新。
5. 了解区块链在金融行业的发展趋势和所面临的挑战。

第一节　区块链的基本原理及其核心技术

随着计算机技术的应用研究，也推动了计算机技术向纵深领域的发展。为了在金融中实现去中心化交易，中本聪（Satoshi Nakamoto）设计了比特币（Bitcoin）的交易机制，创新性的使用到区块链技术。随后区块链技术不断发展，并迅速向其他领域渗透。区块链与金融的融合，使金融资产数字化，进一步促进支付流程的创新和供应链金融的形成，并随之促进了证券和保险业务的创新和票据的数字化。

一、区块链的基本概念

区块链（block chain）是一个分布式账簿，是通过去中心化和去信任的方式集体维护一个可靠数据库的技术方案。从数据角度来看区块链是一种几乎不可能被更改的分布式数据库。这里的“分布式”不仅体现为数据的分布式存储，也体现为数据的分布式记录（即由系统参与者共同维护）。从技术角度来看，区块链并不是一种单一的技术，而是多种技术整合的结果。这些技术以新的结构组合在一起，形成了一种新的数据记录、存储和表达的方式。

区块链技术是比特币的底层技术，从某个角度来讲，比特币可以看成是区块链的第一个应用，而区块链技术更类似于TCP/IP这样的底层技术。

区块链是一种特殊的分布式数据库。首先，区块链储存信息，按照区块链约定规则可以读写；其次，区块链的分布式表现在信息存储在不同的计算机上，加入区块链网络的计算机或其他终端可以视作区块链网络的一个节点；最后，区块链网络上的节点是对等的，没有中心节点，节点与节点的信任关系通过合约维持，这使它区别于常用的分布式数据库。[①]

区块链由区块加链接组成，区块是区块链的核心单元，是区块链分布式账本网络上的一个数据包，即账本（存放已记录数据的文件），用于记录交易，确认并保存信息。每次写入数据，就是创建一个区块。每个区块都包含两个部分：区块头（head），记录当前区块的特征值；区块体（body），即实际数据。区块的大小被限制在1M以内（为了防止资源浪费和DOS攻击），其中区块头的大小被固定为80个字节。区块链的一般结构如图9-1所示。

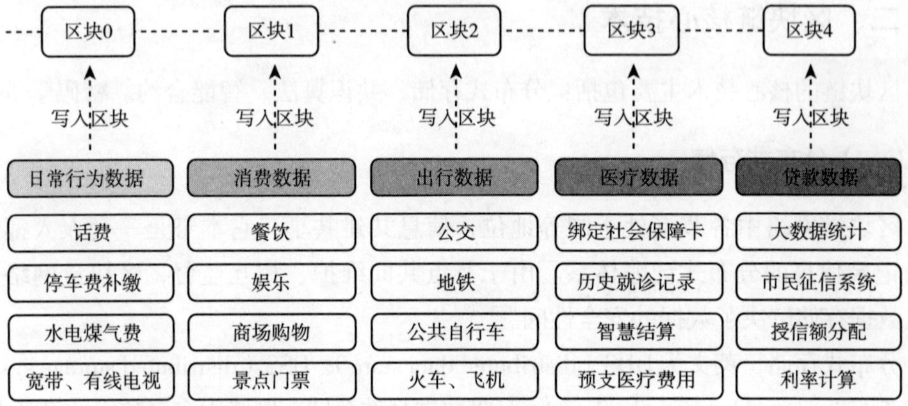

图9-1　区块链结构示意

区块与区块之间相互串联。数据以区块为单位产生和存储，并按照时间顺序连成链式（chain）数据结构。区块的生成时间由系统设定，通常平均每几分钟就生成一个区块。由于每个区块中都包括了前一个区块和后一个区块的身份证明（ID），因此每个区块都能找到其前后节点，从而可以一直倒推至起始节点，形成一条完整的交易链条，即构成区块链。沿着区块链，在金融领域可进行交易回溯，在农业等其他领域，可进行产品溯源。

区块链接的纽带是哈希值（hash value），其中一个哈希值是上一个区块的，另一个哈希值是自己的。哈希值代表的是一种身份，构成唯一标识的数据“指纹”。每一个区块都包含了前一个区块的哈希值，即唯一身份证明、相应时间戳以及交易数据，这样的设计使得区块内容具有难以篡改的特性。用区块链所串接的分布式账本能让两方有效记录交易，且可永久查验此交易。

哈希又称随机散列，哈希的过程是计算机将任意一个内容，计算出长度相同的

① 区块链中的节点（node），指的是区块链网络中的计算机，包括手机、矿机、台式机和服务器等。

哈希值。如果区块链的哈希长度是256位，则不管原始内容是什么，最后都会计算出一个256位的哈希值。哈希是一种思想，有多种实现哈希过程的算法，如通过随机选择，直接寻址、折叠等都可以实现哈希过程。

由于区块头不仅包含有当前区块体的哈希，还有上一个区块的哈希。因此，前一个区块或当前区块体的内容改变，当前区块的哈希就会改变。这是因为，如果有人修改了一个区块，该区块的哈希就变了，为了让后面的区块还能连接到它（因为下一个区块包含上一个区块的哈希），它就必须依次修改后面所有的区块，否则被改掉的区块就脱离区块链了。由于哈希的计算很耗时，除非有人掌握了全网51%以上的计算能力，短时间内修改多个区块几乎不可能发生。正是通过这种联动机制，区块链保证了自身的可靠性，数据一旦写入，就无法被篡改。

二、区块链核心技术

区块链的核心技术主要包括：分布式存储、共识算法、智能合约、密码学等[①]。

（一）分布式存储

区块链网络中各节点处于同等地位，信息共建共享，它本身是一套人人都可以参与记录信息的分布式记账体系。由于节点共同维护、相互监督，区块链网络的分布式数据存储解决了数据的安全性问题。

分布式存储，英文为DDS（distributed data store）、DSS（distributed storage system）或DLT（distributed ledger technology），是将数据分散存储在网络中多台独立的设备上。

传统的数据存储称为中心式存储，重要数据都存储在一个中心服务器上，其他客户端都从中心存储数据池中读取数据。分布式存储将数据分布在网络中各个节点上，区块链网络的分布式存储中各节点处于同一地位，其主要技术特征是分布式、去中心化，因而更加便捷、安全、可控、可靠。两者的网络架构如图9-2所示。

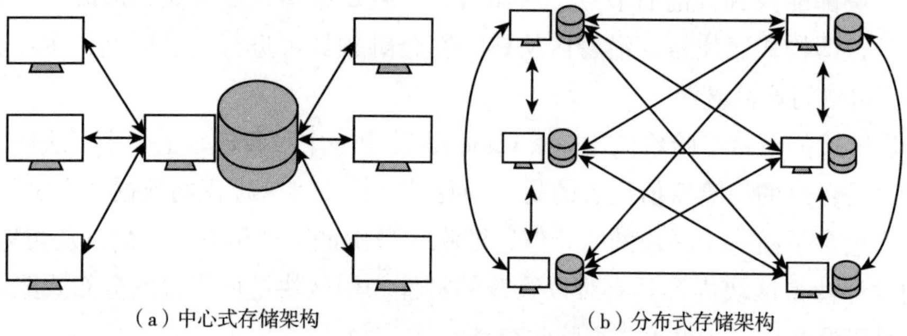

（a）中心式存储架构　　（b）分布式存储架构

图9-2　两种存储架构的比较

① 不同的教材对核心技术命名不同，但是内容是一致的，如部分教材将核心技术记为密码学，有的教材则记为安全技术，但是其核心内容仍然是密码学。

在传统数据存储中，中央服务器的数据可以进行增加、删除、修改和查询（通称为CRUD操作），客户端可以访问服务器，也可以对服务器数据进行操作。在分布式存储中，区块链用户只能以附加块的形式添加数据，一旦数据生成则被永久存储，无法更改。因此，区块链仅有查询（查询和获取数据）和增加（验证和写入：向区块链添加更多数据）两种操作。例如，区块链比特币（一种在区块链上交易的虚拟货币）钱包中有100个比特币，当产生20个比特币的交易时，交易信息20和交易后的余额80均以新的区块增加在区块链中，而原有的100个比特币信息的区块永久存在，该特征也是区块链通常被称为不可更改的分布式账本的原因。

（二）共识算法

在区块链系统当中，没有像银行一样的中心化记账机构，为了保证每一笔交易在所有记账点上的一致性，即让全网达成共识，需通过特定的共识机制（俗称“挖矿”）应对多方的互信问题。多个记账节点须达成共识才能确认记录有效。

共识机制是指区块链系统中，用于处理一个时间窗口内的事务的先后顺序达成共识的算法。该算法对在差不多时间内发生的事务的先后顺序进行共识。

目前主要的共识机制有工作量证明（proof of work，PoW）、权益证明（proof of stake，PoS）、委托权益证明（delegate proof of stake，DPoS）、瑞波共识算法（ripple consensus protocol，RCP）和实用拜占庭容错算法（practical Byzantine fault tolerance，PBFT）等。

1.工作量证明（PoW）

PoW是区块链中的首个共识算法，是一种通过工作量抢夺决策权的方案，是比特币的主要共识机制。在PoW的工作方式中，区块链参与者（称为“矿工”）要在区块链中添加一块交易，必须解决某种“复杂但是无用”的计算问题。本质上，这种做法可确保矿工花费了一些金钱或资源（矿机）完成工作，这表示了它们将不会损害区块链系统，因为对系统的损害也将会导致损害他们自身。如果存在多名矿工同时解决了问题，则每位矿工从中选取一个区块链，并以选取最长链者为获胜者，因此，只要由矿工提交的工作有超过一半是值得信任的，则比特币就是安全的。

PoW的优点是已经得到广泛测试和广泛使用，缺点是速度慢，耗能巨大，易受“规模经济”的影响，目前在比特币（Bitcoin）、以太坊（Ethereum）、莱特币（Litecoin）、狗狗币（Dogecoin）等数字货币系统中使用，是一种有竞争共识。

2.权益证明（PoS）

PoS机制的共识类似于财产储存在银行，这种模式会根据用户持有数字货币的量和时间，分配给相应的利息。

PoS的提出是因为PoW共识机制下，从CPU挖矿到ASIC挖矿，各种专业矿机形成强大算力，理论上有超过51%的算力攻击最长链，区块链就会受到威胁。2011年比特币论坛（Bitcointalk）的一个网友夸特·迈克（Quantum Mechainc）提出了权益证明（proof of stake，PoS）机制，这个机制通过验证证明了可行性，成为新的共识机制。

PoS运行机制下，网络的节点把自身的虚拟货币投入PoS机制中，身份变为验证者，PoS机制在这种验证者中随机选择一个作为区块的产生者。投入的货币越多被选中的概率越大，如果在一定时间内这个被选中者没有产生区块，那么再次选择下一个验证者。没有"挖矿"过程，（点点币）在创世区块内写明了股权分配的比例，之后通过转让交易等方式（通常是IPO）分散到用户手中，然后通过"利息"的方式新增货币。

纯PoS机制的加密货币，只能通过IPO方式发行，这导致了少数人获得大量成本极低的加密货币，如果大量抛售会导致雪崩效应。PoS机制最开始应用在点点币上，桑尼·金（Sunny King）提出一种混合"挖矿"方案PoW&PoS，PoW用于"挖矿"，而PoS用于维护系统。PoS机制也存在51%的攻击隐患，但对比PoW，由于币量中有部分币是随利息产生，掌握51%的币量比掌握51%的算力要难得多，随着币种的发行时间越久，被攻击的可能性越低。

PoS的优点是共识时间短，耗能小。缺点是容易造成利益分配的不均衡和大节点的产生。目前在点点币、以太坊等数字货币系统中使用，是一种有竞争共识。

3.委托权益证明（DPoS）

DPoS又叫作股份授权证明机制或受托人机制，是2014年4月由比特股（Bitshares）的首席开发者丹·拉里默（Dan Larimer）（BM）提出。DPoS的原理是让每一个持有比特股的人进行投票，由此产生前N个代表（N通常定义为101），可以将其理解为101个超级节点或者矿池，而这101个超级节点彼此的权利是完全相等的。如果代表不能履行他们的职责（当轮到他们时，没能生成区块），他们会被除名，网络会选出新的超级节点来取代他们。代表的候选名单每个维护周期（1天）更新一次，然后随机排列后，按序有2秒的权限时间生成区块，若代表在给定的时间片不能生成区块，区块生成权限交给下一个时间片对应的代表。DPoS的出现最主要是因为矿机的产生，大量的算力在不了解也不关心比特币的人身上。

PoW最为"去中心化"的设计反而在现实里变得最为中心化，而PoS因为IPO发行和利滚利等原因，使得一些早先拥有代币的持币者，在币的数量和币龄上让后来者有着几乎无法超越的可能，同比特币一样，点点币和未来币等PoS币种在趋向中心化，即记账权被支配在少数人手里。DPoS通过协商的方式，一定程度上实现了"去中心化"。

DPoS特点是区块的生成更为快速，效率很高。缺点是拥有高权益的参与者可投票使自己成为代表（近期已在EOS中出现）。目前在高流量博客网站Steemit、BitShares、Steemit、EOS、Lisk和Ark等系统中使用，是一种协同型共识。

4. 瑞波共识算法（RCP）

RCP是让一组节点能够基于特殊信任节点达成共识。在瑞波网络中，每个服务节点都会维护一个信任节点列表且认为信任列表中的节点不会联合起来作弊。在共识过程中，各个需要共识的交易需要接受且只接受来自信任节点列表中节点的投票，只有超过一定阈值后才能达成共识。瑞波协议的优点是共识算法比较高效，瑞波系统每几秒就会生成一个新的分账实例（类似于比特币的区块），在这几秒钟的时间内产生的新交易记录，会被选出来的一些特殊节点迅速验证。但是同样属于弱中心化且防攻击能力比较弱。

5. 实用拜占庭容错算法（PBFT）

如果分布式系统中的各个节点都能保证以十分强大的性能（瞬间响应、高吞吐）无故障运行，则实现共识过程并不复杂，简单通过广播过程投票即可。现实中这样"完美"的系统并不存在，如响应请求往往存在时延、网络会发生中断、节点会发生故障，甚至存在恶意节点故意破坏系统。一般地，把故障（不响应）的情况称为"非拜占庭错误"，恶意响应的情况称为"拜占庭错误"（对应节点为拜占庭节点）。PBFT主要是应对拜占庭将军问题的共识算法，即拜占庭将军问题讨论的是允许存在少数节点作恶（消息可能被伪造）场景下的一致性达成问题，拜占庭算法讨论的是最坏情况下的保障。

拜占庭将军问题（Byzantine Generals Problem），是由莱斯利·兰波特提出的分布式对等网络一致性问题或通信容错问题。

拜占庭是古代东罗马帝国的首都，地域宽广，守卫边境的多个将军（系统中的多个节点）需要通过信使来传递消息，达成某些一致的决定。由于将军中有忠诚的将军，也可能有叛徒（系统中的节点出错），这些叛徒将努力向不同的将军发送不同的消息，或者信使出现意外，则会影响行动的一致性。假如那些忠诚（或是没有出错）的将军仍然能在行动上达成一致，便称达到了拜占庭容错。为实现拜占庭容错，将军可以通过投票的方式确定行动的一致性，而且每票都会有一个默认值，若信息（票）没有被收到，则使用此默认值来投票。因此，拜占庭问题的解决方案的关键是设计一个拜占庭容错机制，证明错误能在一个合理的等级下被排除，确保行动的一致性。

类似地，在分布式计算中，不同计算机通过通信交换信息达成共识，从而按照同一套协作策略行动。但有时候，系统中的成员计算机可能出错而发送错误的信息，或用于传递信息的通信网络也可能导致信息损坏，使得网络中的不同成员关于全体协作的策略得出不同结论，从而破坏系统一致性。该问题和拜占庭问题具有相似性，因此，可以通过设计拜占庭容错机制去达成分布式网络中节点行动的一致性。一是针对非拜占庭错误两种情况，不考虑集群中存在作恶节点，只考虑因为系统或者网络原因导致的故障节点，如Paxos、Raft及其变种，通过设计可信节点间的共识算法进行解决。二是对于拜占庭错误的情况，普遍采用PoW & PoS作为共识算法，PoW是算力密集型算法，而PoS是资本集中型算法，无论是PoW算法还是PoS算法，其核心思想都是通过经济激励来鼓励节点对系统的贡献和付出，通过经济惩罚来阻止节点作恶。

拜占庭容错机制的优点是效率高、可扩展，缺点是通常用于私有网络和许可网络，目前在Hyperledger Fabric、Stellar、Ripple、Dispatch等数字货币系统中较多使用。

（三）智能合约

智能合约（smart contract）于1995年由尼克·萨博（Nick Szabo）首次提出，是一种旨在以信息化方式传播、验证或执行合同的计算机程序。智能合约允许在没有第三方的情况下进行可信交易，这些交易可追踪且不可逆转。

中国电子技术标准化研究院联合数十家单位于2017年5月发布的《中国区块链技术和产业发展论坛标准》，将智能合约定义为“以数字形式定义的能够自动执行条款的合约”，特别注明在区块链技术领域，智能合约是指基于预定事件触发、不可篡改、自动执行的计算机程序。因此，智能合约由一组代码（合约的函数）和数据（合约的状态）组成。智能合约本身就是一个系统参与者，可以对接收到的信息进行回应，也可以接收和储存价值，还可以向外发送信息和价值。智能合约类似于一个值得信任的第三方机构，可以临时保管资产，并按照事先约定的规则执行操作。

智能合约是纸质合约的一种计算机化版本。传统意义上的纸质合约一般与执行合约内容的计算机代码没有直接联系，其主要缺陷是难以管理权限与共享数据；而智能合约包含程序代码，能够自动执行合约。如在传统合约中，A和B赌约第二天的天气是阴天还是晴天，赌资为20元，但是到了第二天，天气是晴转多云随后下雨，很难区分A和B的胜负；于是A和B找可信的第三方作为仲裁，但是又由于客观原因，A或B因为资金不足，无法支付。总之，在传统合约下，只有约定，而且执行受到各种维度的影响，如自动化维度、主客观维度、成本维度、执行时间维度、违约惩罚维度、适用范围维度等。智能合约提前规定好合约内容，程序就会在触发合约条件的时候自动执行合约内容，则在很大程度上使智能合约可以执行复杂的多方协议，主要用于区块链成员之间的自动化交易。

智能合约提供了一种“判决即服务”，参与者按照智能合约规则来执行。区块链带来一种验证步骤，验证相关合约法律的执行效果，它不仅可以支持可编程合约，而且具有去中心化、不可篡改、过程透明可追踪等优点，天然适合于智能合约。因此，智能合约是区块链技术的特性之一，它给予区块链网络的所有参与者一种中立、公正的竞争环境。

智能合约建立的权利和义务，是由计算机或者计算机网络执行的。当分布式账本以“自治性”的形式与已记录的交易合并，就创建了“智能合约”。智能合约存储在区块链中的有效节点上并通过交易触发。协议由技术实现，根据真实数据记录，达到预定条件时，自动执行特定条款。航班延误险通过区块链智能合约，一旦达到了可赔付的条件，自动把赔付金额汇入客户账务。这个过程会在每次合约中的周期性事项发生时自动激活，不仅包括付款和交付，还有在金融衍生合同下的授信或连续活动。在已经适用于集中式金融市场如票据交换所和贸易仓储的基础上，也适用于以区块链创立的分散式金融市场基础设施建设上。

（四）密码学

密码学是研究如何隐秘地传递信息的学科，包含研究编制密码和破译密码。研究密码变化的客观规律，应用于编制密码以保守通信秘密的，称为编码学；应用于破译密码以获取通信情报的，称为破译学，总称密码学。密码学专注于对信息以及其传输的数学性研究，常被认为是数学和计算机科学的分支，和信息论也密切相关。

区块链安全技术主要在信息加密方面，包括信息安全加密、散列算法、数字签名和数字证书等。数据加密前可识别的信息称为原文；数据加密后不能识别的信息称为密文；加密过程采用的关键信息称为密钥；数据从明文变为密文的过程称为加密；数据从密文变为明文的过程称为解密。

网络中的信息安全，常见类型及解决办法如表9–1所示。

表9–1　　信息安全类型及处理办法

信息类型	图示	应对措施
正常信息		——
被偷看		加密
被篡改	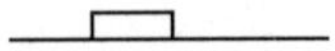	完整性检测 / 丢掉
被冒充		数字签名、时间戳
被中断		完整性检测 / 丢掉
被截取	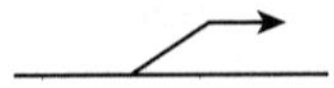	加密、数字签名、数字证书

信息在存储或转移过程中，从信息安全等级进行分类，可以分为不可读不可写、可读不可写和可读可写。根据信息安全等级，信息安全问题有五种类型：被偷看、被篡改、被冒充、被中断和被截取，不同的信息安全问题采用不同的信息安全技术进行处理。

1. 信息安全加密

加解密技术从技术构成上，分为两大类：一类是对称加密，另一类是非对称加密。对称加密和非对称加密的比较如表9–2所示。

表 9-2　　对称加密和非对称加密的比较

名称	对称加密	非对称加密
密钥	加密密钥和解密密钥相同	加密密钥和解密密钥不同，但加密密钥和解密密钥成对出现。一个称为公钥，另一个称为私钥。可以用公钥加密，私钥解密；也可以用私钥加密，公钥解密。
案例	原文：5（D，十进制），对应101（B，二进制数据） 密钥：110（B） 加密算法：逻辑异或关系（规则为：相同为0，不相同为1） 加密：101 ⊗ 110=011（密文的二进制数，对应十进制数为3） 解密：011 ⊗ 110=101（明文的二进制数，对应十进制数为5，信息还原）	原文：任意二进制数 x 密钥：A 的公钥 pua，私钥 pra；B 的公钥 pub，私钥 prb 传送数据时： （1）$A \xrightarrow{pua} B$，$B \xrightarrow{pua(pub)} A$ （2）A：首先解密得 pub，执行 $A \xrightarrow{pub\ (pra)} B$ （3）执行 $A \xrightarrow{pub\ (pra)\ (x)} B$ 考虑公钥加密，私钥解密的情形：先发保险柜（A 公钥）给 B，接着 B 把自己的保险柜（B 公钥）放到 A 的保险柜（即使用 A 的公钥加密 B 的公钥）里发还给 A，接着 A 拿到 B 的数据包后，用 A 的私钥解开了外层保险柜（A 的公钥），拿到了 B 保险柜（B 的公钥）。此时 B 跟 A 都有了各自的公钥（并且都有他们自己的私钥），接着只要保证每次互相传递数据的时候，把数据放在对方的保险柜里即可（即每次都用对方的公钥加密数据），对方用私钥解密
特点	优点：加密速度快，简单；缺点：保护密钥的工作量大	优点：密钥的保密难度低，适合复杂情况下的加密；缺点，通过大量的计算提升安全性，计算速度慢
代表算法	DES（循环 16 次的对称加密）	RSA（研究出非对称加密的三个人名缩写）

区块链在全网传输过程中，需要TLS（Transport Layer Security）加密通信技术，来保证传输数据的安全性。而TLS加密通信，需要非对称加密技术和对称加密技术的组合：通信双方利用非对称加密技术，协商生成对称密钥，再由生成的对称密钥作为工作密钥，完成数据的加解密，从而同时利用了非对称加密不需要双方共享密钥、对称加密运算速度快的优点。

2. 散列算法

区块链采用密码学中的散列算法技术，保证区块链账本的完整性不被破坏。

散列函数也称为哈希函数或杂凑函数，是把任意长度的输入（又叫作预映射pre-image）通过散列算法变换成固定长度的输出，该输出称为散列值或消息摘要。该转换是一种压缩映射，因为散列值的空间通常远小于输入的空间；该转换也是多对一的映射，不可能从散列值反向确定唯一的输入值，但是，不同的散列值的输入值肯定不同，散列算法具有输入敏感特性，一旦输入的二进制数据发生微小的篡改，经过散列运算得到的字符串将发生非常大的变化。

散列算法是一种思想，具体有很多不同形式的算法，如直接寻址法、数字分析法、平方取中法、折叠法、随机数法和除留余数法等。直接寻址法是通过取关键字或关键字的某个线性函数值为散列地址，如H（key）=key或H（key）=a · key+b，其中a和b为常数（这种散列函数叫作自身函数），通过新的地址得到散列值。平方取中法是先通过求关键码的平方值，从而扩大相近数的差别，然后根据表长度取中间的几位数作为散列函数值，因为一个乘积的中间几位数与乘数的每一数位都相关，所以由此产生的散列地址较为均匀，如关键字为1234时，关键字的平方为1522756，其哈希值227；如果关键字变为143，其平方值变为4592449，哈希值变为924。

散列算法执行的过程中也会遇到冲突，即通过哈希第一步计算后，不同的输入出现相同的输出，如除留余数法中常遇到散列算法的冲突。处理冲突方法有开散列方法和闭散列方法，开散列法是通过指针扩散链表的方式，将冲突值通过指针方式链接到主表中，以形成不同的哈希值；闭散列方法则有很多，如二次哈希等，以防止散列计算冲突。

常用信息安全中的哈希算法有MD4、MD5、SHA-1等，分别被用于信息安全中错误矫正、语音识别、数字签名和其他信息安全问题。区块链利用散列算法的输入敏感和冲突避免特性，在每个区块内，生成包含上一个区块的散列值，并在区块内生成验证过的交易的区块链学习默克尔树（Merkle tree）散列值。整个区块链中的任一区块被篡改，都无法得到与篡改前相同的散列值，从而保证区块链被篡改时，能够被迅速识别，最终保证区块链的完整性（防篡改）。默克尔树的结构如图9-3所示。

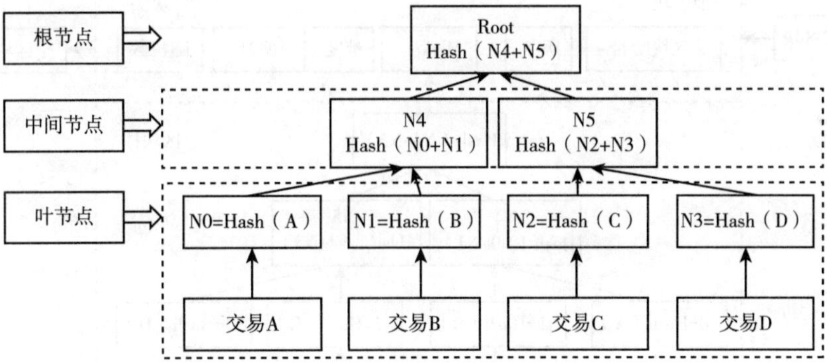

图9-3 简化版默克尔树

资料来源：https：//www.jianshu.com/p/6e4f13f5f55d。

默克尔树是一棵二叉树，由一个根节点、一组中间节点和一组叶节点组成。默克尔树最早由默克尔（Ralph Merkle）在1980年提出，在区块链系统出现之前，曾广泛用于文件系统和P2P系统中。

区块链矿工把区块内所有交易（约2000笔）的哈希值一字排开，叶子在最下面保存着所有交易记录，让相邻的两个交易哈希值牵手（相加），再算出新哈希值（交易A和交易B算出的哈希值N0和N1，然后再把N0和N1相加算出新的哈希值N4）。继续类似的操作直到只剩下顶部的一个节点，即默克尔根，存入区块头。矿工验证、记录和整理交易的过程称为“打包”。往上叠加哈希值，直到顶点就完成打包过程。

进行交易验证时，如果发生了交易C，它的哈希值N2立即生成，参与验证矿工是那些少数保存有全部区块信息的节点，由于哈希值的一一对应的特性，它们可以很快定位到相应叶节点的位置，经过一次哈希运算得到N5，两次哈希运算得到根节点的哈希值。然后矿工计算出的根节点的哈希值发送至交易者的钱包，只需将该哈希值跟自己钱包里保存的区块头的默克尔根对比验证，如果一致，则证明该交易存在。即使有2048笔交易，最多也只需做11次哈希计算（2的11次方等于2048）。由于哈希运算可以在瞬间完成，所以整个交易验证的过程耗时很短，效率大大提高。

哈希值被称为"数据指纹"，是因为它和原有的输入信息有一一对应的特性。不可能同时找到具有相同哈希值的两个输入文件，任何微小的变化，比如多个标点，都会对输出的哈希值产生改变。哈希加密是一种不可逆的加密过程，具有单向性，即从哈希输出无法倒推输入的原始数值。默克尔树逐层记录哈希值的特点，让底层数据的任何变动，都会传递到其上一层，一层层沿着路径一直到根节点。即默克尔根的值实际上代表了对底层所有数据的"数字指纹"。仅默克尔根的哈希值，就蕴含该区块内所有交易验证信息。

默克尔根下，区块链的结构链接如图9–4所示。

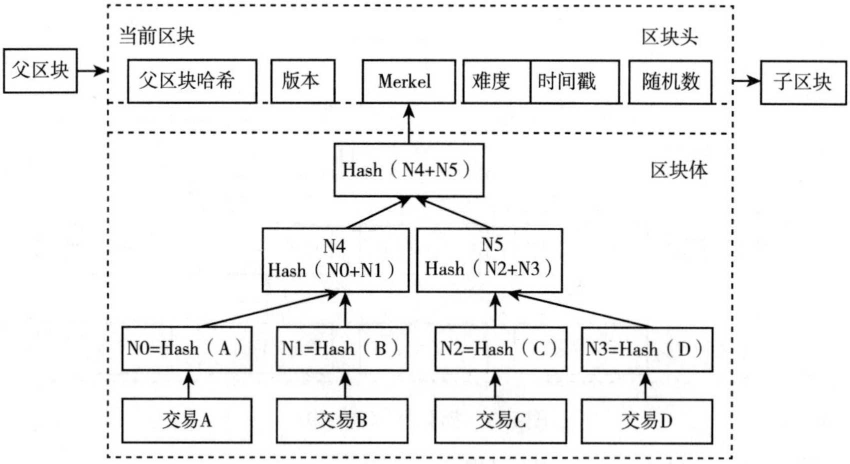

图9–4　区块链结构

资料来源：彭祥云，吴桢睿：《普惠金融导向下的区块链征信体系研究》，武汉大学出版社2018年版，第13页。

在一个区块内部，哈希算法将每一笔交易牢牢地焊接在了默克尔树上，打包后的默克尔树根保存在每一个区块头中；每一个打包过的区块之间也通过哈希算法按时间顺序依次连接，因此，如果想要篡改某一项历史纪录，要按时间顺序依次破解所有的哈希函数，现有计算无法实现。区块头是80字节，而平均每个交易至少是250字节，而且平均每个区块包含2000笔交易，因此，包含完整交易的区块比区块头的

4000倍还要大。在比特币网络中，只有那些参与交易验证的矿工节点需要下载和储存完整的区块链的数据和交易信息，交易者钱包节点只需要下载区块头。

3.数字签名

数字签名是代替传统的签名，在网络中进行信息传递时作为签名者身份的一种证明，签名代表对签名文件的认可不可抵赖，理论上签名是可信、不可伪造的。

数字签名（又称公钥数字签名、电子签章）是一种类似写在纸上的普通的物理签名，但是使用了公钥加密领域的技术实现，用于鉴别数字信息的方法。一套数字签名通常定义两种互补的运算，一个用于签名，另一个用于验证。在区块链技术中，数字签名涉及公钥、私钥等工具，它有两个作用：一是证明消息确实是由信息发送方签名并发出，二是确定消息的完整性，没有被篡改过。

为了保证信息及签名的安全，数字签名采用了前面的加密算法和散列算法。以A传递信息给B为例，信息的数字签名流程如图9-5所示。

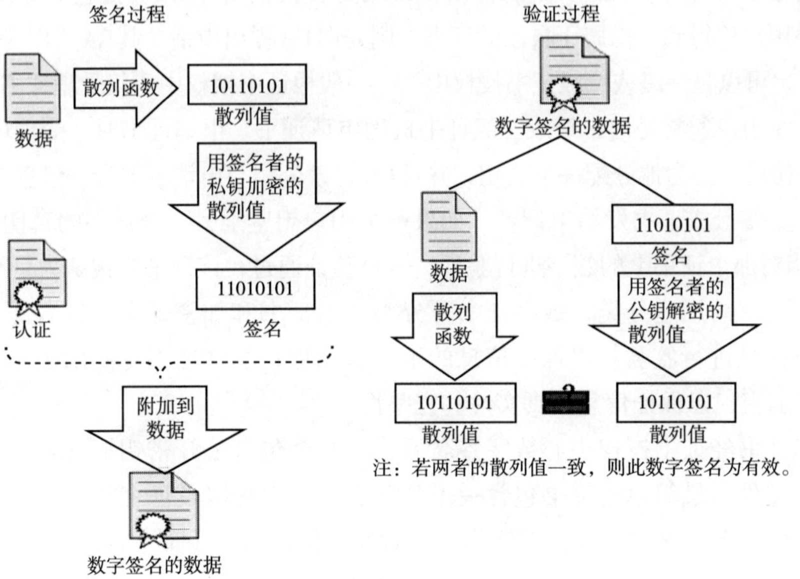

图9-5　数据的数字签名和验证过程

资料来源：代春艳：《电子商务信息安全技术》，武汉大学出版社2007年版，第52页。

假如A给B传递一个署名的消息，A为他的消息计算一个散列值（消息摘要），然后用他的私钥加密（这个散列值并将这个“署名”加在消息的后面。这个消息只有用她的公钥才能被解密。B获得这个消息后可以用A的公钥“解密”这个散列值，然后将这个数据与B作为消息计算的散列值相比较。假如两者相符的话，那么B就可以知道发信人持有A的私钥，以及这个消息在传播路径上没有被篡改过。

常见的数字签名算法主要有RSA、DSA、ECDSA三种，其中RSA签名算法是目前计算机密码学中最经典的算法，也是目前为止使用最广泛的数字签名算法。RSA数字签名算法的密钥实现与RSA的加密算法是一样的，算法的名称都叫RSA。密钥的产生和转换都是一样的，包括在售的所有SSL数字证书、代码签名证书、文档签名以及邮件签名大多都采用RSA算法进行加密。RSA数字签名算法主要包括MD和SHA两种算法，如MD5和SHA-256均属于RSA数字签名算法。

4.数字证书

数字证书是网络通信中标志通信各方身份信息的一系列数据，其作用类似于现实生活中的身份证。它由权威机构发行，通过数字证书，用户可以在互联网上识别对方的身份。

发放数字证书的机构称为证书授权（certificate authority，CA）中心，又称为CA机构，CA机构是负责签发证书、认证证书、管理已颁发证书的机关。它要制定政策和具体步骤来验证、识别用户身份，并对用户证书进行签名，以确保证书持有者的身份和公钥的拥有权，CA也拥有一个证书（内含公钥）和私钥。网上的公众户通过验证CA的签字从而信任CA，任何人都可以得到CA的证书（含公钥），用以验证它所签发的证书。

如果用户想得到一份属于自己的证书，则先向CA提出申请，其CA可以是根证书授权中心，也可以是一级或二级证书授权中心，一般根证书授权中心仅受理证书机构的证书申请，而用户通常是向二级或三级证书机构申请证书。申请证书时，受理CA判明申请者的身份后，便为他分配一个公钥，并且CA将该公钥与申请者的身份信息绑在一起，为之签字后使形成证书发给申请者。如果一个用户想鉴别另一个证书的真伪，他就用CA的公钥对那个证书上的签字进行验证，一旦验证通过，该证书就被认为是有效的。

根据证书的用途分类，数字证书可分为签名证书和加密证书。签名证书主要用于对用户信息进行签名，以保证信息的不可否认性；加密证书主要用于对用户传送信息进行加密，以保证信息的真实性和完整性。

数字证书经证书授权中心数字签名后，是一个包含公开密钥拥有者信息以及公开密钥的文件。最简单的证书包含一个公开密钥、名称以及证书授权中心的数字签名。一般情况下证书中还包括密钥的有效时间、发证机关（证书授权中心）的名称、该证书的序列号等信息，证书的格式遵循ITUTX.509国际标准。

一个标准的X.509数字证书包含以下八项内容：

（1）证书的版本信息；

（2）证书的序列号，每个证书都有一个唯一的证书序列号；

（3）证书所使用的签名算法；

（4）证书的发行机构名称，命名规则一般采用X500格式；

（5）证书的有效期，现在通用的证书一般采用UTC时间格式，它的计时范围为1950~2049；

（6）证书所有人的名称，命名规则一般采用X.500格式；

（7）证书所有人的公开密钥；

（8）证书发行者对证书的签名。

用户获得的证书，从信息安全的角度，有生效日期和失效日期，其间为有效期。证书的有效期在证书被颁发之日就已经确定了，例如中国金融认证中心（CFCA）规定个人证书的有效期是一年（可扩展），企业证书的有效期是三年。证书的有效期（validity period）作为一项内容被写进了数字证书之中。证书仅在有效期范围内使用，在有效期内，用户也可以申请注销证书。

三、区块链的主要技术特征

区块链技术具有去中心化、开放性、自治性、信息不可篡改、匿名性等特征。

区块链的实质是在信息不对称的情况下，借助新信息技术构建的一个去中心化的可信任系统。由于使用分布式核算和存储，不存在中心化的硬件或管理机构，任意节点的权利和义务都是均等的，系统中的数据块由整个系统中具有维护功能的节点来共同维护。

区块链系统是开放的，除了交易各方的私有信息被加密外，区块链的数据对所有人公开，任何人都可以通过公开的接口查询区块链数据和开发相关应用，因此整个系统信息高度透明。

区块链采用基于协商一致的规范和协议（比如一套公开透明的算法）使得整个系统中的所有节点能够在去信任的环境中自由安全地交换数据，使得对“人”的信任改成了对机器的信任，任何人为的干预都不起作用。由于区块链在参与者的节点上运行，能提供所需保密度，交易各方之间无须设置中间人，点与点之间也无须进行信任验证。

区块链采用密码学中的散列（哈希）算法，并由多方共同维护。每一个区块都包含了前一个区块的加密散列、相应时间标记（时间戳）以及交易数据，这样的设计使得区块内容具有难以篡改的特性。

由于区块链各节点之间的数据交换遵循固定且预知的算法，因此区块链网络是无须信任的，可以基于地址而非个人身份进行数据交换。这种匿名的特征能极好地保护交易者的隐私。

四、区块链在金融行业的应用价值

区块链技术在比特币中应用后，迅速受到金融领域的重视，其应用价值主要表现在三个方面。

（一）强化信任关系、节约成本

区块链作为一种分布式账本技术，将传统的对中心化信用机构的信任转变为对区块链账本的数据公信。由于交易不再依赖于一个中央系统来负责资金的清算结算和交易信息存储，中央处理或清算组织成为冗余，同时可以规避中心化系统需要支出庞大的服务器成本问题；而且，由于交易的真实性是由区块链上所有参与者共同验证和维护的，作为第三方的信用中介也失去了存在价值。这不仅可以大幅减少因信用中介机构的存在而产生的交易成本，还可以解决因信用中介而来的“中心化”数据安全问题。区块链还以其防篡改、高透明的特性，保证数据的真实性和可追责性，减少审计流程，降低金融监管成本。

（二）节约时间，改进效率

区块链有助于实现高效率、低成本的交易模式。金融业内部在资产流通方面的一些既定的烦琐程序可以由建立在区块链上的智能合约轻松简化，从而大幅减少时间成本。“清算”这个资金交付环节在区块链网络中将不复存在，所有的交易都是“发生即清算”的，交易完成的瞬间所有的账本信息都完成了同步更新。通过计算机程序自动确认执行双方交易结果，大幅度提高了金融交易和结算效率，使交易完成时间从几天降低至实时或准实时，大大提高了资产利用率。

（三）增强安全性与隐私保护，减少欺诈

区块链技术可以提供一种安全的加密方式，以保证数字资产的流通。基于多方间的加密确认和验证流程，区块链为每个交易都提供了高度的安全性。由于每笔交易都单独加密，且这样的加密被区块链上其他各方验证，任何试图篡改、删除交易信息的行为都会被其他各方察觉，然后被其他各个节点修正。区块链中数据不可篡改保证了客户账户的安全性。

区块链上的匿名性避免了用户在传统金融领域中繁杂的个人信息提交和验证的高成本，同时起到了很好的保护隐私的作用。区块链技术通过基于节点的授权机制，采用隐私权限设计完善用户个人信息保护制度。

此外，区块链技术还可以促进金融生态环境的建设，实现跨生态的共营、消除或缓解交易摩擦，降低交易成本，改善交易效率，促进金融资源配置优化。

第二节　区块链的主要类型

区块链系统根据应用场景和设计体系的不同，从技术上分为公有链、联盟链和私有链，分别适用于不同的信任环境。

一、公有链

公有链是指全世界任何人都可读取、发送交易且交易能获得有效确认的、也可

以参与其中共识过程的区块链。

公有链的各个节点可以自由加入和退出网络，并参加链上数据的读写，运行时以扁平的拓扑结构互联互通，网络中不存在任何中心化的服务端节点，无用户授权机制，也称为非许可链。

在公有链中程序开发者无权干涉用户，所以区块链可以保护使用他们开发的程序的用户。任何拥有足够技术能力的人都可以访问，也就是说，只要有一台能联网的计算机就能满足访问的条件。所有关联的参与者都隐藏了自己的真实身份，这种现象十分普遍。他们通过他们的公共性来产生自己的安全性，在这里每个参与者都可以看到所有的账户余额和其他所有的交易活动。

使用公有链的系统有比特币、以太坊、超级账本、大多数“山寨币”①以及智能合约，其中，比特币区块链是公有链。比特币区块链基于P2P网络，所有节点对等，且都运行同样的节点程序。节点程序总体上分为两部分：一部分是前台程序，包括钱包或图形化界面；另一部分是后台程序，包括“挖矿”、区块链管理、脚本引擎及网络管理等。比特币区块链代表着区块链的1.0模型，主要适用于虚拟货币的交易。

比特币的区块链架构对虚拟货币以外的应用场景支持非常有局限性，随着区块链技术从比特币中独立出来，其作为可编程的分布式信用基础设施的发展理念被逐渐确立，并过渡到区块链2.0模式——以太坊模式，以支持智能合约、去中心化应用为特征。以太坊是区块链2.0模式典型代表。

以太坊是一个开源的有智能合约功能的公共区块链平台，通过其专用的加密货币以太币（Ether）提供去中心化的虚拟机来处理点对点合约。以太坊是可编程的区块链，允许用户按照自己的意愿创建复杂的操作，可以作为多种类型去中心化区块链应用的平台。和编程语言相似，它由企业家和开发者决定其用途。以太坊尤其适合那些在点与点之间自动进行直接交互或者跨网络促进小组协调活动的应用。

以太坊和比特币相比，主要发展了账户、区块链设计、共识机制和图灵完备的计算环境等四个方面的内容：（1）账户方面，比特币没有账户概念，以太坊则设计了两种用户，一种是外部账户，另一种是合约账户；（2）区块链设计方面，以太坊的区块链不仅保存交易清单，还保存最新状态，单纯的默克尔树已无法满足这些要求；（3）共识机制方面，以太坊版本采用基于Ethash算法的PoW共识机制，相对于比特币仅依靠CPU计算难度问题，以太坊避免了矿池算力集中的问题，增强了安全性，还进一步避免了算力集中问题；（4）图灵完备的计算环境方面，一切问题都是可以计算的，通过以太坊虚拟机（EVM）提供图灵完备的计算环境，用于支持除虚拟货币外更广泛的应用场景。

目前，大多数区块链项目都依靠以太坊作为公有链。除金融类应用外，任何对

① “山寨币”，指模拟比特币而来的其他虚拟货币，它们在业内被统一称为“山寨币”，高达30余种，如无限币、夸克币、泽塔币、红币、隐性金条等。

信任、安全和持久性要求较高的应用场景，比如资产注册、投票、管理和物联网等3.0时代应用，都会大规模受到以太坊平台影响。

公有链系统也有局限性，表现在以下五个方面：（1）激励问题，公有链系统需设计激励机制，以保证公有链系统持续健康运行，但是比特币的激励机制存在一种“验证者困境”，即没有获得记账权的节点付出算力验证交易而没有任何回报；（2）效率和安全问题，比特币平均每10分钟产生1个区块，PoW机制和PoS机制各有缺陷，瑞威（Gervais）等的试验得出：在假设各有30%算力的前提下，以太坊需要37个区块的确认才能达到比特币6个区块确认的安全水平，约需要1小时，无法满足大多数企业的应用需求；（3）公有链面临的安全风险，包括来自外部实体的攻击（拒绝服务攻击等）、来自内部参与者的攻击（冒名攻击、共谋攻击等）及组件的失效、算力攻击等；（4）隐私问题，公有链上传输和存储的数据都是公开可见的，仅通过“伪匿名”的方式对交易双方进行一定隐私保护。对于某些涉及大量商业机密和利益的业务场景来说，数据的暴露不符合业务规则和监管要求；（5）最终确定性问题，交易的最终确定性指特定的某笔交易是否会最终被包含进区块链中。PoW等公有链共识算法无法提供最终确定性，只能保证一定概率的近似，比特币中，一笔交易在经过2小时后可达到的最终确定性为99.9999%，可用性较差。

二、联盟链

联盟链针对某个特定群体的成员和有限的第三方，其内部指定多个预选节点为记账人，每个块的生成由所有的预选节点共同决定。允许授权的节点加入网络，可根据权限查看信息。

联盟链的各个节点通常有与之对应的实体机构组织，通过授权后才能加入与退出网络。各机构组织组成利益相关的联盟，共同维护区块链的健康运转。联盟链如果全网共享，则成为公有链；联盟链如果只有一个授权机构，则成为私有链。与公有链不同的是，联盟链和私有链均属于许可链。当然，一旦联盟链变为私有链或公有链，会优化关键技术，因此，不仅仅是授权范围的变化，联盟链会转为公有链或私有链。

相比于公有链，联盟链的优势在于：（1）部分去中心化。与公有链不一样，联盟链在某种程度上只属于联盟内部的成员所有，且很容易达成共识，因为毕竟联盟链的节点数是非常有限的。（2）可控性较强。公有链是一旦区块链形成，将不可篡改；联盟链只要所有机构中的大部分达成共识，即可将区块数据进行更改。（3）数据不会默认公开。不同于公有链，联盟链的数据只限于联盟里的机构及其用户才有权限进行访问。（4）交易速度很快。跟私有链一样，联盟链本质上还是私有链，因此由于其节点不多的原因，达成共识容易，交易速度自然也就快很多。

联盟链适合于机构间的交易、结算或清算等B2B场景。例如在银行间进行支付、结算、清算的系统就可以采用联盟链的形式，将各家银行的网关节点作为记账节点，当网络上有超过2/3的节点确认一个区块，该区块记录的交易将得到全网确认。联盟链对交易的确认时间、每秒交易数都与公有链有较大的区别，对安全和性能的要求也比公有链高。联盟链由参与成员机构共同维护，并提供了对参与成员的管理、认证、授权、监控、审计等全套安全管理功能。

2015年成立的R3联盟，是银行业的一个联盟链，目前已加入的成员达40多个，包括摩根大通、汇丰、高盛等。此外，2015年Linux基金会发起的超级账本也是采用联盟链，加入的成员包括：荷兰银行（ABN AMRO）、埃森哲（Accenture）等十几个不同利益体，目标是让成员共同合作，共建开放平台，满足来自多个不同行业各种用户案例，并简化业务流程。由于点对点网络的特性，分布式账本技术是完全共享、透明和去中心化的，故非常适合于在金融行业的应用，以及其他如制造、银行、保险、物联网等其他行业。通过创建分布式账本的公开标准，实现虚拟和数字形式的价值交换，例如资产合约、能源交易、结婚证书，能够安全、高效和低成本地进行追踪和交易。目前已经有北京爱一（AiYi）数字金融技术公司、数贝荷包（Belink）、区块链技术初创公司（BitSE）和分布科技（Onchain）共四家中国公司加入。

2017年，中国银联股份有限公司（以下简称“中国银联”）与中国光大银行联合，使用趣链科技区块链平台构建的多中心可信POS电子签购单系统，已经完成初步测试。该区块链为业界第一个跨物理空间、完全基于真正的互联网环境的联盟链，是两家不同金融机构首次共同运维一个异地多活的分布式账本，共同运维一个异地多活的分布式账本，一个理想的分布式系统的网络结构如案例“中国银联、光大银行基于趣链区块链的网络结构”，如图9-6所示。

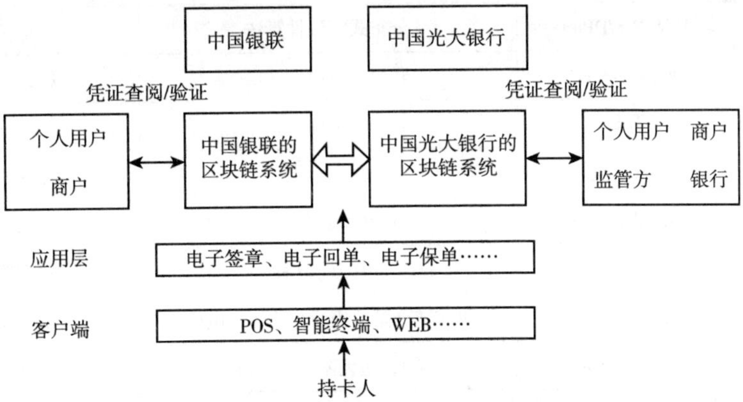

图9-6　中国银联、光大银行基于趣链区块链的网络结构

资料来源：中国物流与采购联合会物流与供应链金融分会：《中国物流与供应链金融发展报告2018》，中国财富出版社2018年版，第82页。

在联盟链平台上，中国银联和光大银行就POS签购单电子化应用场景开展概念验证，完成凭证电子化四个方面的测试：（1）以更容易的方式鉴定电子凭证真伪；（2）防止电子凭证的滥用，指定电子凭证的使用次数与范围；（3）解决凭证存储行业面临的信任“瓶颈”；（4）以记录电子凭证摘要、流转记录等方式，使得电子凭证可追溯，便于业务监管和审查。

三、私有链

网络中的所有节点都掌握在一家机构手中，称为私有链。私有链的各个节点的写入权限归内部控制，而读取权限可视需求有选择性地对外开放。私有链仍然具备区块链多节点运行的通用结构，适用于特定机构的内部数据管理与审计。

私有链的主要价值在于提供安全、可溯源、不可篡改、自动执行的运算平台，这是传统系统很难做到的。因为私有链加入节点少，所以交易速度快。私有链的交易速度可以比任何其他的区块链都快，甚至接近了并不是一个区块链的常规数据库的速度。而且因为就算少量的节点，也具有很高的信任度，所以并不需要每个节点都来验证一个交易（无须“挖矿”）。

私有链一般在企业内部应用，如数据库管理、审计等；在政府行业也会有一些应用，比如政府的预算和执行，或者政府的行业统计数据，这个一般来说由政府登记，但公众有权力监督。

公有链、联盟链和私有链一起构成了未来区块链生态，其差异如表9–3所示。

表9–3　区块链的三大类型各自的特点与相互区别

类别	公有链	联盟链	私有链
参与者	任何人自由进出	联盟成员	链的所有者
共识机制	PoW/PoS/DPoS	分布式一致性算法	solo/pbft 等
记账人	所有参与者	联盟成员协商确定	链的所有者
激励机制	需要	可选	无
中心化程度	去中心化	弱中心化	强中心化
特点	信用的自创建	效率和成本优化	安全性高、效率高
承载能力	<100 笔 / 秒	<10 万笔 / 秒	视配置决定
典型场景	虚拟货币	供应链金融、银行、物流、电商	大型组织、机构
代表项目	比特币、以太坊	R3、超级账本，趣链	—

资料来源：管同伟：《金融科技概论》，中国金融出版社2019年版。

传统机构无法突然之间转变成一个完全的公有链，联盟链是实现未来加密世界的重要步骤。相比中心化数据库，联盟链的最大好处就是加密审计和公开的身份信息。没有人可以篡改数据，就算发生错误也能追踪错误来源。相比公有链，私有链更加快速、成本更低，同时尊重了公司的隐私。联盟链或在传统机构中先落地应用，同时将区块链推广到企业的管理和应用中。

四、其他区块链划分方式

区块链除了上述划分方式外，根据链与链的关系（独立程度）还可以分为主链和侧链。主链是指正式上线的、独立的区块链网络，如比特币、以太坊等。侧链是指遵守侧链协议的所有区块链的统称，不指某个区块链。侧链旨在实现双向锚定，让某种加密货币在主链以及侧链之间互相"转移"。侧链也可以理解为一条主链。而如果一条主链符合侧链协议，它也可以被叫作侧链，如Mixin Network[①]。

第三节　区块链在金融行业的应用

比特币的兴起使人们快速关注到区块链技术，因此，金融天生是区块链创新和应用的主要领域，同时，区块链也是驱动互联网变革的核心技术，推动信息互联网向价值互联网转变。区块链在金融领域的应用有支付清算、供应链金融、证券和保险、征信数据库等多个方面。

一、区块链在支付结算领域的应用

比特币设计的核心是用区块链技术解决如何在没有中央清算系统的前提下完成支付结算，因此，支付清算尤其是跨境支付领域是区块链的又一典型应用场景。区块链技术的诸多特性能够做到实时结算和实现交易的智能化，解决跨境支付成本高、效率低的问题。

传统的国内、国际的商业贸易的交易支付、清算都要借助银行的清算体系。这种过程非常复杂，需要经过开户行、对手行、清算组织、境外银行（代理行或本行境外分支机构）等多个组织繁琐的处理流程。在此过程中每一个机构不仅要有自己的账务系统，而且彼此之间需要建立代理关系；每笔交易需要在本银行记录，与交易对手进行清算和对账等，导致整个过程花费时间较长，使用成本较高。区块链系统可以为交易双方直接进行端到端支付，清算效率高、成本低。区块链中，交易确认和结算同时进行，节点交易受系统确认后自动写分布式账本，并同时更新其他所

---

① Mixin Network是聚焦于区块链数字资产点对点交易的项目，提供了一整套闪电网络式的底层解决方案，目前支持16条公链、900多币种的交易。Mixin Network项目同时推出自身的加密社交工具与去中心化交易所撮合引擎Ocean.one，基于Mixin Network开发的DApp可以搭载于内部聊天工具中，用户在Mixin Network平台内账户转账完全免费。

有节点对应的分布式账本，自动化的运作机制可以大幅度缩短结算所用周期。尤其是跨境支付方面，如果基于区块链技术构建一套通用的分布式银行间金融交易系统，可为用户提供全球范围的跨境、任意币种的实时支付清算服务，跨境支付将会变得便捷和低廉，其过程如图9-7所示。

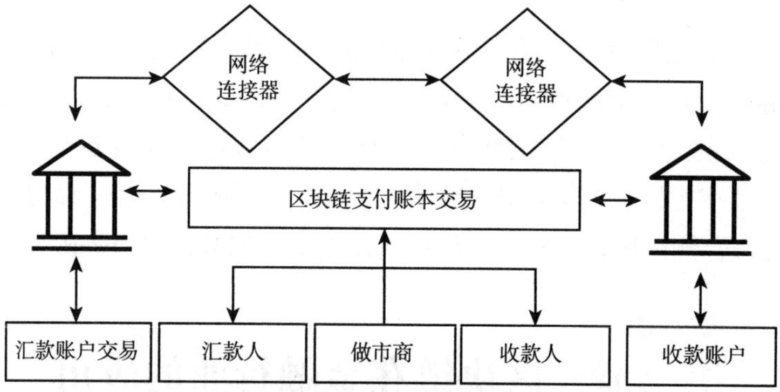

图9-7 区块链下SWIFT跨境支付的基本逻辑

目前全球大多数国家、大多数银行都是通过环球银行金融电信协会（SWIFT）实现跨境结算。2017年7月,SWIFT开展了“跨国支付新标准”的区块链概念验证（PoC），区块链试验的目的是使银行能够实时与其国际往来账户进行调节，在此过程中实现资金实时入账、费率降低、可靠状态查询以及传输各类信息，实时监控往来账户的流转，预测客户资金需求等。SWIFT开发的区块链平台结合了“HYPERLEDGER FABRIC 1.0”和“KEY SWIFT ASSETS”，对于合作金融机构的访问权限进行了设计，确保数据的可靠和安全，中国银行和中国工商银行等20多家银行参与了项目的测试。

英国中央银行于2017年6月测试瑞波（Ripple）开发的“Interledger”区块链技术项目，采用区块链技术同步两个中央银行系统之间的付款。Ripple支持多种货币，包括美元、欧元、人民币等。

二、区块链在证券发行与交易中的应用

区块链技术可简化中间环节和交易流程，使证券发行与交易流程变得更加公开、透明和富有效率；在实践中，区块链技术已初步应用于证券的发行与交易、资产证券化等领域。

（一）采用区块链技术的证券发行与交易

1.证券发行

证券发行是指资金筹集者为了筹集资金向投资者去发行有价证券的行为。传统的证券发行流程繁琐，从企业准备上市到最后IPO完成周期长，容易出现信息不对称

而产生欺诈风险。目前，美国的纳斯达克交易所基于区块链的交易系统主要为非上市的企业提供证券私募融资服务。它通过区块链可以将IPO过程中的所有的信息包括发行者提供给中介机构和政府部门的数据资料完全公开，弱化中介机构的作用，避免虚假数据。

2.证券交易

证券存管是证券交易过程中的主要内容。不同于证券登记，证券存管是由专门的机构对交易的证券和资金进行保管，我国的存管制度是证券公司对自己客户的资料进行分散管理，证券公司的资料由中央存管机构进行集中管理，成本高、信息安全度低。区块链技术应用于证券存管领域使得证券存管不依赖于任何的中介机构，而是将投资者的各种信息都保存在区块链这本总账上，任何的买卖交易、股权拆分、股东投票和股票质押等信息都被记载，降低成本，提高了信息安全性。

3.证券清算

证券交易需要证券清算和证券交收实现交易的最终完成，即进行资金和有价证券交换过程中应收应付计算和证券的实际交割。传统的证券清算和交收周期长、环节复杂、成本高、证券市场的效率低。采用区块链进行证券清算交收后，证券交收和资金交收被包含在一个操作指令中，减少了违约风险；证券交易信息在区块链中，证券结算更安全、操作风险低；点对点的证券交易，证券清算交收效率高，交易及结算可以在“T+0”模式下完成。

传统模式和区块链模式下的证券发行、交易、清算与交收如图9–8所示。

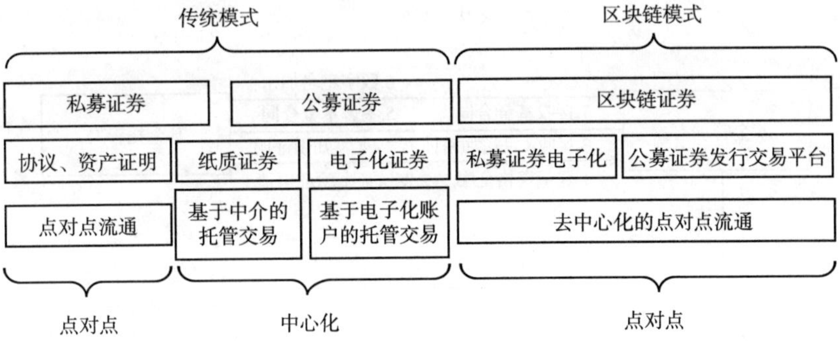

图9–8　传统模式和区块链模式下的证券发行、交易、清算和交收比较

相比传统模式，区块链证券不仅证券电子化，还主要采用交易平台实行去中心化的交易，节约交易成本，提高交易效率。

（二）采用区块链技术的资产证券化

资产证券化过程会涉及发起人、受托人和投资人等各类金融机构，资产证券化的基本流程是：发起人将证券化资产出售给信托机构（SPV），然后信托机构将这些资产汇集成资产池，再以该资产池里基础资产未来产生的现金流为偿付支持在金融市场上发行有价证券融资，最后用资产池里基础资产产生的现金来偿还所发行的证券。

资产证券化的基础资产往往数量繁多、真实性水平较低、标准不统一，核查和管理信息成本高、效率低，信托机构无法高效及时地更新数据，信息时效性较低，限制了资产支持证券在二级市场上的流动性。区块链的应用使证券化全程信息可以构建为不可篡改、可追溯、信息完善的公共账本，每一个市场参与者可以通过节点将资产信息、交易信息上传至账本，通过共识机制将经过认证的新信息在各个节点进行更新，使所有节点均存储经认证、不可篡改、可追溯的基础资产数据，从而提高基础资产信息的真实性与时效性。区块链的链式结构可以将资产与证券直接连接，避免了业务系统对接的问题，从而提高了数据流转效率，降低了信息损失程度。分布式账本可以实时进行数据更新，让资产证券化流程中的各参与方实时了解资产现金流回收情况，使存续期管理变得更加透明。同时，二级市场的投资者可以通过公共账本获取最新的基础资产质量情况、基础资产质量变化与证券的流动性、信用价差的变化等信息，有利于投资者正确评估证券价值，降低投资者所面临的信息不对称与信用风险，从而活跃二级市场。

（三）区块链基金的业务流程

在区块链的应用下，尽管不同的系统中区块链基金的业务流程不同，但通常的基金业务流程如图9–9所示。

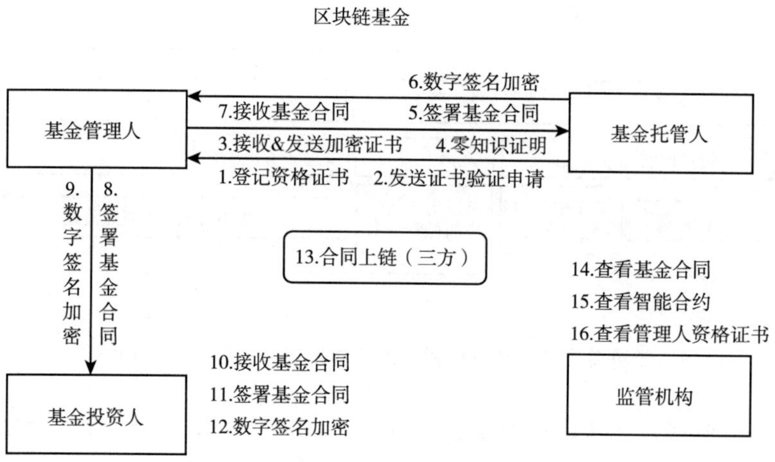

图9–9　基金业务流程

图9–9主要围绕基金管理人、基金托管人、基金投资人三方以及相互之间签署合同的过程展开，当基金管理人登记资格证书并确认后，填写证书信息，采用私钥进行数字签名的加密，形成区块链节点，如图9–10所示。

图9-10　上链证书

上链证书的形成，表示加密之后的资格证书被记录在区块链上，其区块由系统自动生成。

三、区块链在保险行业的应用

区块链应用将改变数据传统共享的方式与过程，而且可以有效防止数据被篡改以及造假，从本质上解决数据备份、安全、性能、存储、容灾等问题。区块链技术应用有利于推进保险行业的发展，扩大保险覆盖面。

（一）区块链在保险中的具体应用

1.产品设计

智能合约可以简化复杂的保险政策，产品的保障范围、保障额度也可以实现个性化调整，标准化保险产品可以实现即时理赔，提升用户体验。区块链应用可以促进定制化属性较强的保险品类突破“瓶颈”快速发展，如农业保险、产品质量保险等。在区块链应用下，农业保险能够采用信息技术对保险对象进行全程信息跟踪，可以提供更精准的保险产品，进行保险服务。

2.保险销售

从保险公司的角度，意愿投保人购买保单后，所有信息受理和审核交由系统完成，减少用户的逆向选择，实现了高效、低成本和低风险的保险销售；从消费者的角度，区块链技术可以实现保险销售行为可溯源，维护消费者合法权益。

3.保险理赔

理赔和损失处理流程是保险市场的重要流程，智能合约技术可以简化索偿步骤和周期，减少用户的道德风险。比如航班延误保险的理赔，通过调用航空公司（机场）的公共接口，智能合约可以判断航班是否延误及严重度，自动理赔给用户，提高理赔效率，提升客户体验。

4. 反欺诈

应用区块链技术建立反欺诈共享平台，可以通过历史索偿信息减少欺诈和加强评估，而且可以通过使用可信赖的数据来源及编码化商业规则建立“唯一可识别的身份信息”，防止冒用身份，防止骗保事件的发生。

5. 再保险服务

再保险是保险业的重要组成部分，用于保险公司提高自身的风险赔付能力。受人工流程和一次性合同所限，现行再保险范围窄、流程复杂低效。通过区块链共享数据，再保险公司可以更高效地安排资金用于理赔，无须等待原保险公司为每项索赔提供数据，避免了在每起赔案发生时双方繁杂的文书来往。

6. 互助保险

互助保险的逻辑出发点很简单，保险本身就是一种互助行为，因此一旦技术允许，并不需要一个中介充当组织者，用户完全可以通过点对点互助的形式，在没有资金池的情况下，通过互助来达到保险的目的。

（二）区块链在保险中的应用过程

每个系统的保险执行过程并不完全一致，但一般的区块链保险执行过程如图9-11所示。

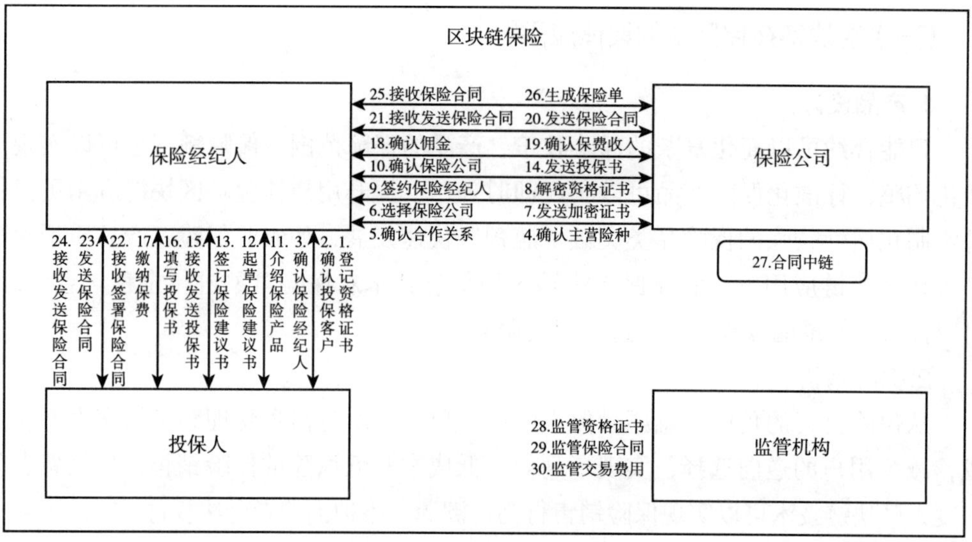

图9-11　商业保险的执行流程

如图9–11所示，保险合同上链后，由于资格证书经过了数字签名的加密，以防止信息的篡改和保护信息隐私，需输入接收人的私钥进行解密，当私钥配对成功后，可以查看保险合同，如图9–12所示。

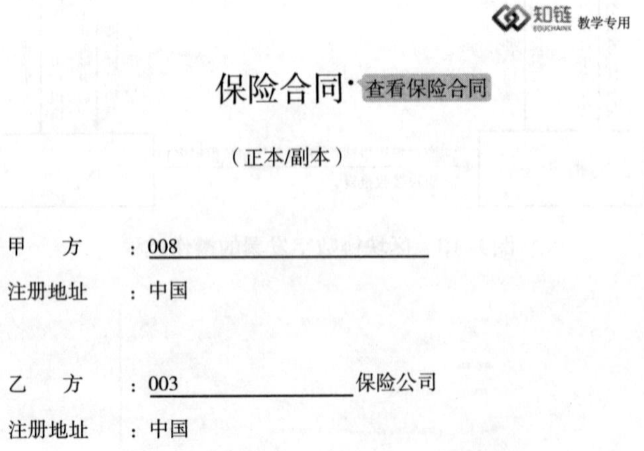

图9–12　区块链上的商业保险合同查看

保险合同上链后，在区块链的管理下，由于合同不可篡改，保险公司、监管方以及其他与保险相关成员都可以用私钥查看保险合同。

总之，保险业一直在积极探寻区块链应用于保险领域的场景和路径。2016年我国阳光保险分别推出了基于区块链为底层技术的“阳光贝”积分服务和微信保险卡“飞常惠”航空意外险；2017年众安科技发布了基于区块链和人工智能等技术的云服务平台——安链云。区块链技术的发展及区块链技术在保险行业的应用将促进保险业更进一步的发展。

四、区块链在票据与征信中的应用

（一）数字票据

数字票据是区块链技术应用的典型场景，基于区块链技术实现的数字票据能够成为一种更安全、更智能、更便捷的票据形态，实现票据价值传递的去中介化，降低成本及操作风险。不同的数字发票系统其数字发票操作过程不完全相同，但一般过程如图9–13所示。

当消费者（企业员工）申请开具区块链发票（见图9–13第9步）后，系统进入界面如图9–14所示。

如图9–14所示，税号为消费者所在单位税号。票据申请后，消费者通过使用自己的私钥进行加密，输入自己的私钥，如图9–15所示。

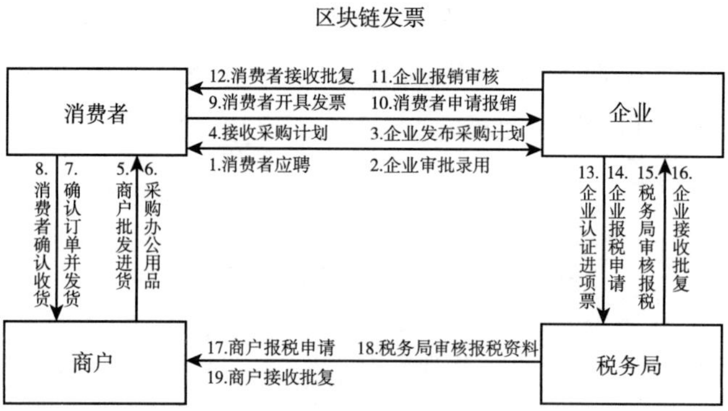

图9-13　区块链数字发票的操作过程

图9-14　消费者申请区块链发票

图9-15　消费者使用私钥加密

加密后，区块链发票生成。当消费者使用该发票报销时，填写费用报销单，如图9-16所示。

企业收到消费者填写发票报销单后，进行报销审核，此时输入企业的私钥解密，如图9-17所示。

企业将发票信息发送给税务机关，税务机关完成企业发票的信息审核、确认消费者的交易信息后，将信息通过税务局反馈给企业，完成企业发票审核。

（＿＿＿＿）费 用 报 销 单

单位：　　　　　　　　年　　月　　日　　　　　　第　　　号

12×21厘米

摘　要			
金　额	¥＿＿＿＿		
附单据张数	＿＿＿＿	领款人签章	

主管＿＿＿＿　审核＿＿＿＿　证明或验收＿＿＿＿　经手＿＿＿＿

图9-16　费用报销单

（采购　）费 用 报 销 单

单位：18911110001　　　　　年　　月　　日　　　　　　第　　　号

12×21厘米

摘　要	采购平板电脑		
金　额	¥ 10000		
附单据张数	1	领款人签章	

主管＿＿＿＿　审核＿＿＿＿　证明或验收＿＿＿＿　经手18911110004

图9-17　企业端对员工（消费者）的发票审核

数字票据主要具有以下优势：一是借助区块链技术实现的点对点交易能够替代票据中介的现有功能，实现票据价值转移的去中介化；二是基于区块链的信息不可篡改性，票据一旦交易完成，将不会存在赖账现象，能够有效防范票据市场风险；三是每张数字票据都是运行在区块链上、拥有独立的生命周期，通过智能合约编程的方式来实现的一段业务逻辑代码、系统的搭建、维护及数据存储可以大大降低系统开发运营及监管审计成本。

目前，以区块链为基础构建的数字票据已经具备发展条件。国际区块链联盟R3CEV联合以太坊、微软共同研发了一套基于区块链技术的商业票据交易系统，包括高盛、摩根大通、瑞士联合银行、巴克莱银行等著名国际金融机构加入了试用。2017年初中国人民银行推动的基于区块链的数字票据交易平台测试成功。

（二）征信与反欺诈

区块链技术应用于征信，能有效进行金融反欺诈控制和管理。在征信评定和实施金融反欺诈时，可以利用区块链去中心化、去信任、时间戳、非对称加密和智能合约等特征，建立一个不可逆、无法篡改、匿名的、可追踪、共同维护的征信数据库，区块链的共识机制保证了上链数据的真实性，且数据一旦生成不可更改，保证了征信机构对数据可靠性的要求。区块链中各节点具有一致性的信息，基于共识机制对系统进行维护，从根本上改变了中心化的信用创造方式，各征信机构可以在公共账户上实现信息互通，缓解重复建设的现象，通过区块链使数据产生规模经济，提高效率并降低成本，此外，数据快速上链可以减少不必要的信息损失。目前，我国应用区块链技术的征信系统有公信宝、甜橙信用、云棱镜等。

第四节　区块链金融的发展趋势与挑战

区块链技术发展与区块链更广泛地用于金融，技术创新和技术下金融创新的不确定性，使金融行业面临新的发展趋势与挑战。

一、区块链金融的发展趋势

区块链在比特币系统中的应用，经过了10多年的发展，已经从理论探索走向实践应用。在金融领域，区块链技术应用从数字货币出发，衍生至资金、资产端，并向征信、反欺诈类应用拓展，具体的趋势有：

一是区块链版本升级。区块链版本将从2.0升级到3.0。资产数据化是经济数字化的必然趋势，这需要区块链版本升级，以更加高效、便捷地传递资产。区别于区块链1.0的数字货币、区块链2.0的智能合约，区块链3.0是2018年上半年区块链业界达成的“共识”，其核心内容是区块链真正应用于实体经济，实现资产上链并解决并发问题。

二是金融机构数据存储从集中式存储走向分布式存储。金融机构数据存储传统上都是集中式存储，具有集中、专有、封闭等特点。基于区块链技术的分布式账本技术，将更广泛地实现“随时、随地、随人、随需”使用金融服务，有效解决传统架构性能“瓶颈”，并满足金融级的高可靠性要求。

三是法定数字货币成为现实。法定数字货币的发行、流通和召回都较传统货币具有更安全、更高效的金融资源配置能力，便于更有效地实施货币政策和发展跨境支付。我国正在积极探索DCEP的发行和使用，完善相关政策和法规，为DCEP的广泛使用构建良好的环境，保障DCEP货币职能的实施。

四是知识产权、标准化竞争日趋激烈。随着参与主体的增多，区块链的竞争将包括技术、标准、模式、专利等多个方面，我国乃至全球金融行业的马太效应现象更明显，金融数据在信息安全更加被重视。

二、区块链金融面临的挑战与监管

区块链技术与金融市场融合具有较多不确定性，面临着商业、技术、风险管理等诸多挑战。具体如下：

（一）去中心化与共识机制悖论

区块链运行模式的核心逻辑是去中心化，但当应用于货币、金融等领域时，有大量的“伪去中心”，或以平台等新的中介形式出现，现有经济社会组织模式下，金融难以真正实现大范围去中心，而更多是小规模的试验性的多中心或弱中心，在此基础上的共识机制存在一些问题，中心化分布或者区块链节点较少时，容易达成共识，也容易出现独裁和腐败现象；而区块链网络节点较多时，达成共识困难、效率低、网络不稳定。因此，区块链拓展性与共识机制存在的内在冲突，区块链技术本身需要“练好内功”。

（二）利益、效率与安全的“三角制约”

区块链应用引发的金融创新，离不开路径依赖突破下的制度变迁。区块链金融的发展取决于其能否找到利益、效率与安全“三角制约”的平衡点。区块链技术用于创新必然受到现行制度的制约，比特币系统采用技术的手段生成区块、奖励比特币从资源配置上也极为低效，区块链金融的效率也并非总是“越快越好”，新技术和规则还需要基于安全的压力测试，包括产品安全、技术安全、系统安全、信息安全、资金安全、国家安全等。利益、效率与安全之间一旦失去平衡，区块链金融将引发巨大的金融风险。

（三）金融服务和数据服务的界限模糊

区块链技术对金融的核心作用，是依托新的模式来确定价值、储存价值和交易价值，实际上分布式技术最终影响的是人的“身份信息”在金融意义上的体现，即账户形态。在区块链技术引领信息互联网向价值互联网的过渡中，这一挑战始终存在，需高度关注监管适应性、风险控制等问题。

（四）区块链创新监管的“底线思维”

发展区块链金融的过程中，通过不断完善制度、法律等方面的问题，加强监管，防止区块链金融的“劣币驱逐良币”现象。在加密货币领域，因其关系到一国的经济秩序和金融体系稳定，具体监管制度还需要完善；对数字货币监管和数字货币应用本身就是一对矛盾，监管模式的中心化、反匿名等特性与区块链技术“去中心化”的本质特点矛盾；区块链金融下，金融机构和科技企业的合作与相互渗透，特别是科技企业需获得某些类型的牌照或许可。

总之，区块链金融发展，既有技术本身的挑战，也有技术与金融融合的问题，需要不断加强制度、法律建设与技术的协同创新，才会尽可能减少或控制区块链金融创新的风险。

本章小结

1. 为实现安全、可信的P2P的电子货币交易，比特币（Bitcoin）中应用了区块链技术。随后，区块链技术得到快速发展并迅速向其他领域渗透。

2. 区块链（block chain）是一个分布式账簿，是通过去中心化和去信任的方式集体维护一个可靠数据库的技术方案，是一种数据不可更改的分布式数据库，是多种技术整合的结果。

3. 区块链主要核心技术有分布式存储、共识算法、智能合约、密码学等。分布式存储确保区块链数据一旦生成则不可篡改；共识算法主要解决区块间的互信问题，主要有工作量证明（proof of work，PoW）、权益证明（proof of stake，PoS）、委托权益证明（delegate proof of stake，DPoS）、瑞波共识算法（ripple consensus protocol，RCP）和实用拜占庭容错算法（practical Byzantine fault tolerance，PBFT）等；智能合约主要用于区块链成员之间的自动化交易，它提供了一种“判决即服务”，让参与者按照智能合约规则来执行；密码学是研究如何隐秘地传递区块信息，包含研究编制密码和破译密码。区块链技术在金融领域的应用价值主要表现在：强化信任关系、节约成本、节约时间、改进效率，增强安全性与隐私保护、减少欺诈。

4. 为适用于不同的信任环境，区块链的链接从技术上分为公有链、联盟链和私有链，公有链是指全世界任何人都可读取、发送交易且交易能获得有效确认的、也可以参与其中共识过程的区块链。公有链的各个节点可以自由加入和退出网络，公有链的代表系统有比特币、以太坊、超级账本和大多数山寨币。使用联盟链的系统是针对某个特定群体的成员和有限的第三方使用的区块链系统，其内部指定多个预选节点为记账人，每个块的生成由所有的预选节点共同决定。联盟链如果全网共享，则成为公有链；联盟链如果只有一个授权机构，则成为私有链。与公有链不同的是，联盟链和私有链均属于许可链。

5. 区块链在金融中的应用，推动信息互联网向价值互联网转变。作为价值互联网，根据实现方式和作用目的的不同，区块链在金融领域的应用可以概括为三个维度：价值创造、价值转移与支付，具体表现在数字资产、数字货币和支付法定数字货币、支付清算、供应链金融、证券和保险、征信数据库等多个方面的应用。数字资产是通过数字产品确权，将实际经济中的各种有形或无形资产进行数字标识，使资产具有权属、流通等特性，数字资产必须经过资产确权才能上链交易。数字货币也称密码货币或加密货币，是一种使用密码学原理来确保交易安全及控制交易单位而创造的交易媒介，不具有具体的物质形态，它是保存在区块链上的一段数据。法定数字货币也称央行数字货币，是由中央银行发行，通过商业和其他金融机构批发，最终通过现有移动支付以及其他新型电子支付系统提供给大众、商家、企业及政府等客户流通使用的高科技数字安全产品，我国称法定数字货币为DCEP。

重要概念

区块链；分布式存储；共识算法；智能合约；密码学；加密；解密；对称加密；明文；密文；非对称加密；公有链；联盟链；私有链；侧链；主链；数字资产；数字货币；法定数字货币；数字票据

复习与思考

1. 区块链的核心技术有哪些？简要描述区块链的共识机制。
2. 比较区块链主要类型的公有链、联盟链和私有链之间的异同。
3. 什么是数字资产？数字资产是如何存储、流通和交易的？
4. 什么是法定数字货币？法定数字货币和加密数字货币（比特币）之间有什么不同？
5. 区块链在证券发行与交易中的应用有哪几大场景？
6. 简述区块链在保险行业每个阶段的应用？
7. 简述区块链技术支持下，数字票据的优势有哪些？

扩展阅读

1. 刘岚：《现代支付概论》，立信会计出版社2019年版。
2. 熊健，刘乔：《区块链技术原理及应用》，合肥工业大学出版社2018年版。

第十章　物联网技术及其应用场景

➡学习目标

1. 掌握物联网的定义、特点以及理解关键技术。

2. 掌握物联网金融的概念及特征，掌握物联网与其他金融技术的融合，理解物联网对金融业的影响。

3. 了解传统金融行业面临的困境，掌握物联网在具体金融场景中的应用。

第一节　物联网的基本原理及其核心技术

一、物联网的定义及演进

物联网（internet of things，IoT）顾名思义就是物物相连的互联网。它是建立在RFID技术、传感器和数据传输基础之上，使物体具备信息交换和互联互通功能的新一代信息技术的重要组成部分。物联网包含了两层意思：一是物联网的基础和核心仍然是互联网，是在互联网基础上的扩展和延伸的网络；二是物联网的客户端扩展和延伸到了任何物品之间，进行信息的通信和交换。因此，物联网本质上是通过各种传感设备，搜集各种物品的信息，并通过互联网实现定位和管理的一种特殊的智能网络。

物联网最早的实践出现于20世纪80年代，卡耐基梅隆大学的程序设计人员希望每次下楼总能够买到冰冻可乐，通过编写监视可乐机内可乐数量和冰冻情况的程序，并通过连接网络实现信息的互联，从而实现了冰冻可乐信息的实时展示。1991年美国麻省理工学院的凯文·阿什顿（Kevin Ashton）教授提出物联网的概念，并于1999年建立了“自动识别中心”（Auto-ID），提出了万物物体上植入的电子感应器件，再加入区块链等技术实现物体的区分与连接。因此，物联网对数据传输速度和数据处理速度的要求更高。早期由于技术发展不成熟，物联网的应用仅限于物体间的互相感应，如门禁卡、公交IC卡等。

物联网概念最早源于比尔·盖茨，他在其著作《未来之路》预言人们可以通过佩戴电子饰针与房子相连，房子将通过饰针传递并满足人们的需求。但受限于无线宽带网络、传感设备、相关硬件等一系列条件，物联网这一新兴概念并未引起太多关注。物联网与泛在网（ubiquitous network，UN）及传感网等概念紧密相关，泛在网则起源更早。所谓泛在网意指网络无处不在。传感网则起源于卡耐基梅隆大学进行的分布式传感器网络的研究项目，其由节点组成自组织网络，1999年在美国召开的移动计算和网络国际会议上提出了传感网是下一个世纪人类面临的又一个发展机遇。同年美国麻省理工学院成立Auto-Center，并在提出“电子产品码”（electronic product code）概念后，由世界六所知名大学麻省理工学院、剑桥大学、庆应大学、阿德莱德大学、圣加仑大学和复旦大学共同成立Auto-ID Labs。物联网概念由Auto-Center于1999年正式提出，当时的研究人员只想通过条码、职能卡、RFID等实现物体的识别与管理，提高工业自动化系统的自动程度，降低故障率。2005年国际电信联盟（ITU）对物联网的概念进行了进一步拓展，发布了IoT。原先的物联网概念局限于“传感网”的层面，随着新一代传感技术的发展，物联网已经成为具备对物体的全面感知能力，对信息具有可靠传递和智能处理能力的接连物体间的网络。

尽管物联网的概念提出较早，但由于技术发展、商业应用场景等方面的制约，其未能引起人们足够的重视，直到各国政府为寻求新的经济增长点，物联网才开始进入快速发展的轨道，各国政府纷纷制定产业发展规划，将物联网纳入下一代技术发展规划。

2004年日本总务省（Misnistry of Internal Affairs and Communication，MIC）提出泛在日本（U-Japan）战略，该战略终极目标是让数字信息技术融合社会生活的各个角落，它将成为转动公共部门的网络齿轮。2007年韩国正式宣布成立韩国通信委员会（Korea Communication Commission，KCC）取代韩国信息通信部，并推出泛在韩国（U-Korea）战略。U-Korea计划建立泛在社会，通过部署智能网络（包括电信网络、宽带融合网络和泛在传感器网络等），应用最先进的信息技术（如射频技术、数字多媒体广播技术、远距离通信技术、全球定位技术等），让普通韩国民众随时随地享受科技带来的生活便利。2009年，IBM公司高管提出“智慧地球”的理念，时任总统奥巴马积极回应了这一理念，并将物联网产业的发展升级为国家战略，同时划拨巨资深入研究物联网相关技术。同年，欧盟委员会提出《欧盟物联网行动计划》，希望通过该计划构建科学合理的新型物联网管理框架，进而引领全球物联网产业向前发展。

我国在物联网领域起步相对来说比较早，已掌握了核心技术。目前，我国也已经成为物联网国际标准制定国之一。目前中国物联网已经走向实际应用，进入交通物流、环境监测、安全防护等领域，初步建立了较完善的物联网产业体系。2009年8月，我国提出“感知中国”概念，把物联网领域的研究和应用推向高潮，无锡市也率先建立“感知中国”研究中心。同年，我国开发出具有自主知识产权的第一颗物联网芯片——“唐芯一号”，标志着我国已经攻克了物联网的核心技术，为我国物联网产业的发展奠定了基础。2010 年海尔集团发布了世界上首台“物联网冰箱”。2011

年，工业和信息化部（以下简称“工信部”）办公厅与财政部办公厅成立物联网产业基金，专项支持物联网产业的商业化实施和应用。2012 年2月，工信部发布《物联网“十二五”规划》。2012年3月，由我国提交的“物联网概述”标准草案经国际电信联盟审议通过，成为全球第一个物联网总体标准。2013年发布的《国务院关于推进物联网有序健康发展的指导意见》，标志着政策层面已经框定我国物联网产业的发展蓝图。2016年浙江移动联合中兴通讯开通NB-IoT智能停车业务，双方将在乌镇开通符合3GPP标准的NB-IOT蜂窝物联网停车业务，标志着我国物联网正式进入商用化阶段。

二、物联网的特点

物联网关键在于两点：物联和感知。首先，物联就是要实现物物互联，其中互联的方式很多，除了需要各类通信网络之外，终端区的物联方式还包括接触式和非接触式（如压力传感器属于典型的接触式，RFID技术为典型的非接触式）。其次，物联网的精髓在于“感知”，在物联网的基础上利用各类智能处理手段实现对人、对物、对物理世界和虚拟世界万事万物的感知和控制。因此，物联网有如下几方面的技术特点。

1. 用户、物体数字化与虚拟化

物联网是一个将人、物、互联网实现无缝互联的网络化信息系统，并向用户提供新型IT服务。而且物体的数字化、虚拟化使实体成为彼此可寻址、可识别、可交互、可协同的智能物体，利用RFID、传感器、二维码等可随时随地获取物体的信息。

2. 泛在互联

物联网以互联网为基础，将数字化、智能化的物体接入其中，实现自组织互联，将物体的信息实时准确地传递出去，是互联网的延伸与拓展。

3. 利用IT技术实现信息感知与交互

物联网是下一代互联网，它嵌入物体上的各种数字化标识、感应设备（电子标签）、传感器、响应器等，使物体具有交互识别与响应的能力，并通过与互联网的集成实现物物相连，构成一个协同的网络信息系统。在网络互连的基础上，实现信息的感知、采集以及在此基础上的响应和控制。

4. 智能信息的处理与服务

支持信息处理，为用户提供基于物物互联的新型信息化服务。物联网利用数据融合及处理、云计算、模糊识别等各种智能计算技术，对海量的数据和信息进行分析、融合和处理，对物体实施智能化的控制，并向用户提供信息服务。

5. 自动控制

利用模糊识别等智能控制技术实现对对象的自动化、智能化控制和应用，最终形成物理、数字、虚拟世界和社会共生的智能社会。

6.产业化

物联网是一个具有巨大市场潜力的信息技术产业，其产业链包含了芯片（传感器、RFID）标签制造商、设备供应商、软件企业、系统集成商、网络提供商、运营服务商、终端用户。物联网将为产业链各个环节带来巨大商机。

三、物联网的关键技术

现有物联网可分为四类：私有物联网（private IoT）、公有物联网（public IoT）、社区物联网（community IoT）和混合物联网（hybrid IoT）。私有物联网一般为单一机构内部服务，多运用于企业内网。公有物联网指基于互联网向公众或大型用户提供服务的一种物联网。社区物联网为一个关联社区或机构提供服务，如公安系统、银联系统等。混合物联网是基于上述两种及以上物联网的组合，但后台有统一运维实体。

现有物联网一般划分为三层：感知层、网络层、应用层。物联网最重要的是全面感知、可靠传递和智能处理三大特征。本质上物联网是利用实现嵌入物体中的传感器和现代化数据采集设备将客观世界中物体信息最大程度地数字化，再利用物体识别技术和通信技术将数字化的物体信息接入互联网，然后将这些信息传输到后台服务器进行数据的整理、加工、分析和处理，最后运用分析与处理结果对物理世界中的物体进行管理和相应的控制（见图10–1）。

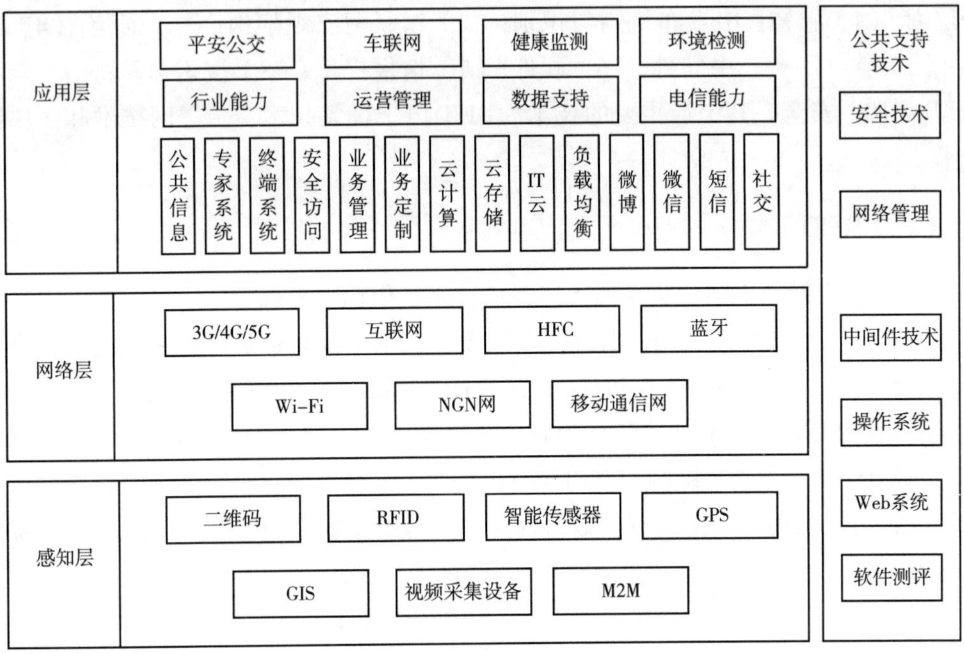

图10–1　物联网的技术架构

感知层是由遍布在我们周边的各类传感器、条形码、摄像头、RFID、传感网、视频检测识别、GPS、M2M终端等组成的传感器网络。它的作用是实现对物体的感知、识别、检测和数据采集，以及反应控制等。这些作用改变了传统信息系统内部运算能力强但对外部感知能力弱的状况，是物联网的基础，也是物联网与传统信息系统的本质区别。

网络层是由各种有线及无线节点、固定与移动网关组成的通信网络与互联网的融合体，主要作用是把认知层的数据接入网络以供上层使用。它的核心是互联网，而各种无线网络则随时随地提供网络接入。使用的技术包括互联网、移动通信网络（3G、4G、5G）、Wi-Fi等无线宽带网络和蓝牙等无线低速网络等。

应用层的作用是在高性能计算机和海量存储技术的支撑下，将大规模数据高效可靠地组织起来，为上层服务提供智能支撑平台。它包括能存储大量数据的数据中心、以搜索引擎为代表的网络信息查询技术、智能处理系统和保护信息与隐私的安全系统、数据库技术、中间件技术等。通过这些技术实现物联网的"物物互联"，实现无所不在的智能化应用。

物联网技术涵盖了信息获取、传输、存储、处理到应用的全过程，在材料、器件、软件、网络、系统各个方面均需要创新才能促进其发展。国际电信联盟报告指出物联网需要4项关键性应用技术：（1）标签的RFID技术；（2）感知物体的传感网技术（sensor technologies）；（3）思考物体的智能技术（smart technologies）；（4）微缩物体的纳米技术（nanotechnology）。欧盟《物联网研究路线图》将物联网研究划分为10个层面：（1）感知：ID发布机制与识别；（2）物联网宏观架构；（3）通信；（4）组网；（5）软件平台、中间件；（6）硬件；（7）情报提炼；（8）搜索引擎；（9）能源管理；（10）安全。其中最重要的技术为RFID电子标签技术、传感网技术和区块链技术。

（一）RFID

RFID意为射频识别，是一种无线通信技术，俗称电子标签。它可以通过无线电信号识别特定目标并读写相关数据，而无须在识别系统与特定目标间建立机械或者光学接触。RFID主要采用ISO和IEC制定的技术标准。目前可供射频卡使用的射频技术标准有ISO/IEC 10536、ISO/IEC 14443、ISO/IEC 15693和ISO/IEC 18000，目前应用最多的是ISO/IEC 14443和ISO/IEC 15693，这两个标准都由物理特性、射频功率和信号接口、初始化和反碰撞以及传输协议组成。最简单的RFID由标签（tag）、阅读器（reader）及天线（antenna）组成，实际应用是需要跟计算机及应用系统相结合。其中，阅读器是RFID中最重要的基础设施，UHF频段和RFID阅读器可分为射频电路和基带电路两部分。电子标签是RFID系统的主要核心部件，也称射频卡，用于储存物体的识别信息。其内部包含电子芯片和微型天线，每个芯片都有唯一识别码。

一般阅读器通过天线发送一定频率的射频信号，当标签进入发射天线工作区域时产生感应电流，标签被“催醒”，同时，标签获得能量将自身编码等信息通过内置天线发送出去。阅读器天线收到从标签发送来的信号，经天线调节器传输到阅读器，阅读器对接收的信号进行解调和解码后发送到后台系统进行相关处理。后台系统在此基础上根据逻辑运算判断合法性，针对不同的设定做出相应的处理和控制，发出指令信号控制执行相应的动作。射频技术运用非常广泛，如高速公路的ETC系统、手机NFC支付系统、智能门禁系统等。值得注意的是，射频标签无须处于识别器的视线之内，可以嵌入被追踪物体内，某些电子标签附着在衣服、个人财产或者人体内，由此产生的个人隐私泄露的问题也需要引起高度关注。

（二）传感网

传感网有广义和狭义之分，狭义的传感网指由传感器构成的网络，利用大量的微型传感计算节点通过自组织网络以协作的方式进行实时监测、感知和采集各类环境或监测对象的信息。目前，该技术主要以微型传感器传感模块和组网模块共同构成网络。广义的传感网指以物理世界的信息采集和信息处理为主要任务，以网络为信息传递的载体，实现T2T、T2H、H2H的信息交互，提供信息服务的智能网络系统。目前，面向物联网的传感网主要涉及传感网体系结构、协同感知技术、传感网自身的检测与自组织、ZigBee、NB-IoT等技术。

网络体系结构是网络的协议分层以及网络协议的集合，是对网络及部件应完成的定义和描述。传感网的网络体系结构不同于传统的计算机网络和通信网络，就传感网体系结构而言，可由分层网络通信协议、传感网管理及应用支撑技术三部分组成。其中，分层网络通信协议结构类似于TCP/IP协议体系结构；管理技术主要对传感器节点自身及用户对传感网的管理；在分层协议和网络管理技术的基础上，支持传感网的应用支撑技术。协同感知技术包含分布式的组织机构、协同资源管理、任务分配、信息传递等关键技术，这些需要综合运用传感器技术、嵌入式计算机技术、分布式数据处理等才能完成。由于传感网是整个物联网的底层及数据来源，网络自身的完整性、完好性和效率等至关重要，需要对传感网的运行状态及信号传输的通畅性进行检测，才能对整个网络进行有效控制。

ZigBee技术是基于底层IEEE 802.15.4标准，用于短距离范围、低数据传输速率的各种电子设备间的无线通信技术，它定义了网络的安全层和应用层。ZigBee技术经过多年发展，其技术体系已经相对成熟。在标准方面，已发布ZigBee技术的新版本V1.2；在芯片技术方面，已能够量产基于IEEE 802.15.4的网络射频芯片和新一代的ZigBee射频芯片；在应用方面，ZigBee技术已广泛应用于公园、精准农业、家庭和楼宇自动化、医学、消费和道路指示/安全驾驶等众多领域。

NB-IoT全称是基于蜂窝的窄带物联网（narrow band internet of things，NB-IoT）是

物联网的一个重要分支。NB-IoT构建于蜂窝网络，具有低功耗、广覆盖、低成本、大容量、可直接部署移动网络等特点，因而也被称为低功耗广域网（LPWA）。NB-IoT支持待机时间长，对网络连接要求较高设备的高效连接，能够提供非常全面的室内蜂窝数据连接覆盖。目前我国诸多运营商均在开展NB-IoT的研究，其标准、芯片、网络及商业场景日益成熟。

（三）区块链

区块链（block）是分布式数据存储、点对点传输、共识机制、加密算法等新型应用模式。共识机制是区块链系统中实现不同节点之间建立信任、获取权益的数学算法，本质上是一个去中心化的数据库。区块链利用块链式数据结构验证与存储数据、利用分布式节点算法生成和更新数据、利用密码学的方式保证数据传输和使用安全的一种新的分布式机构计算范式。在物联网应用中，大量的数据存在时空性、关联性、海量和非结构化的特点，因此分布式计算技术在物联网中广泛应用。分布式计算包括分布式数据存储技术、数据仓库及数据挖掘技术。

分布式数据存储与处理技术是将数据分散存储在多个终端节点上，采用可扩展的系统结构，利用多台存储服务器分担存储和处理数据的符合，利用位置服务器定位存储信息。这种存储方式不但解决了传统集中式存储系统中单存储性能不足的问题，还提高了系统的可靠性、可用性和扩展性。目前，在互联网上可访问的信息数量达秭（百万亿，10^{24}）级。分布式存储有效地解决了海量数据的存储与传输问题，为物联网应用层提供了基础支撑。

数据库和数据挖掘技术。数据库是面向主题的（subject-oriented）、集成的（integrated）、时变的（time-variant）和非易失（nonvolatile）的数据集合，用于支持管理中的决策制定过程。在数据仓库中存储着海量有用的、隐含的关系数据，需要使用数据挖掘技术从这些海量数据中提取这些信息。常见的数据挖掘包括关联规则、分类和预测、聚类分析和离群点分析等，目前数据挖掘已广泛应用于商业银行、电信、保险、交通、零售等领域，较好地解决了市场分析、客户流失和信用评级等许多典型商业问题。

第二节　物联网带来的金融变革

一、物联网金融定义及其特征

通过对物联网概念的界定及物联网关键技术的简要介绍，我们可以看到物联网技术发展迅速、应用前景广泛。物联网技术不仅可以用于生产、仓储、物流和供应链管理，还可以在“万物互联”的基础上拓展传统金融和互联网金融的边界。利用物联网技术，通过底层海量金融数据的积累，可以推动区块链金融、智慧物流、供应链金融等金融科技的发展，大大提升金融服务效率。物联网时代的到来，标志着传统金融业将迎来业务流程与模式再造。以互联网为基础、物联网为载体，强调数据传输和处理的实时化、网络化，实现更具个性化和普适性的全新智能金融模式。

物联网对传统金融的影响最早出现在个人支付和结算环节，各种小额、快捷的支付结算手段让我们摆脱了现金支付的烦扰。随着感应支付的逐渐发展，特定的消费场所只需要使用特定的“卡”或者“钥匙”在感应器上扫描即可完成支付。此类支付以储值为主，事前在协议账户中存入一定金额，之后的消费均通过感应终端完成数据处理，并在后台完成清算，最后从账户中扣划相应款项，完成支付。这类支付既有依托于广域网的形式，也有基于局域网的形式，但均离不开实现“物物联通”的物联网终端设备，比较常见的如智慧校园、公共交通、购物卡和ETC等系统。

作为以物联网为载体建立起来的全新金融体系和模式，物联网金融从诞生之初就融合了物联网的技术基因。在传统互联网阶段，由于协议简单、监管不严，网络信息真实性难以甄别，而在物联网金融体系中，由于入网协议、数字加密、区块链等安全技术的大规模应用，信息的真实性得以提升。物联网金融第一个特征即为“确认信息价值”。在传统金融活动中，绝大多数信息仍然依靠手动录入，不仅容易出错，还存在道德风险。如传统仓单质押业务中，仓单录入的人工化及单据与仓储状况难以实时查证而出现重复质押现象，导致金融机构面临巨大的风险敞口。在物联网金融体系下，仓单数据和实际仓储情况通过智能仓储管理系统实时传输数据，通过数据的对比就能了解押品的真实情况，使得质押信息有了较高的可信度和可信性，从而赋予了信息新的价值。这一价值的来源，是信息的真实性、唯一性和可靠性，这些均来源于物联网的全面感知和即时传输的特点。

物联网金融第二个特征是优化信用结构。当部分信息在物联网的改造下拥有了真实性、唯一性和可靠性之后，这些信息即由单纯的信息转化为信用，物联网的出现，优化了整个金融市场的信用结构，大量由物联网产生或验证的信息，由于其高于传统信息的真实水平而备受市场的认可和运用。而大量传感器和即时传输网络的存在，使这些信息被即时、序时地记录下来，对于市场来说，真实有效的历史信息是预测未来走势的最好样本。事实上，由于大量数理模型的开发，基于海量的信息可以由高性能计算机处理终端快速完成加工和分析。

物联网的第三个特征是提升金融效率。物联网区分了真实信息和虚假信息，并将真实信息实时传输到金融活动的各个流程，使得信息真实可辨，减少了虚假信息带来的风险。信息的实时传输也减少了融资后的监管成本，信息的智慧化处理能力，也解放了大量重复性的体力脑力劳动，降低了企业的营运成本，这些都极大地降低了投融资双方的信息不对称，提升了双方的沟通和决策效率，促进了金融业服务实体经济的能力提升。

二、物联网与其他金融技术的融合

(一) 物联网与区块链

第九章详细介绍了区块链技术及相关应用，在互联网金融时代，区块链尚未大范围的应用，只有在“物物相连”的物联网时代，区块链才能开始发挥它的作用。区块链本质上是一个去中心化的数据库，是一串使用密码学方法相关联产生的数据块，每一个数据块包含了一次虚拟货币网络交易的信息，用于验证其信息的有效性和生成下一个区块，深层次的区块链技术应该是“共享账本”，该种记账方式的核心是去中心化。由于没有中心平台识别双方身份或确认双方信息，需要引入“共享”技术保证数据安全且不被篡改。在该技术体系下，所有数据均记录在同一账簿，且不同交易主体的账簿同步所有交易信息，从而使得数据篡改变得不可能。同时使用密码学上的随机哈希算法的加密，使得数据信息在原来的准确性和可行性的基础上，安全性和效率也有较好的提升。

区块链对金融业最大的变革产物是比特币，随着各国对比特币交易的限制，这一技术在金融业的应用场景逐渐减少。然而物联网金融的发展，区块链技术也重新焕发了光彩。由于物联网金融需要大量的终端设备的支持，每个终端设备都是物联网络中的一个节点，各节点之间互联互通需要高效且安全的信息传输方式。因此，区块链技术的去中心化很好地满足了这一要求。同样，区块链也通过物联网将业务从原来的记账和特点区域的“虚拟货币”交易业务，拓展到与现实货币相关的、能够参与经济资源优化配置的“大金融系统”中来。

(二) 物联网与智慧物流

智慧物流概念最早于2009年提出，从提出初始便以物联网作为技术基础，通过物联网庞大的传感系统实现物流的自动化、网络化、可视化和实时化，可跟踪和智能控制目标。目前大多数学者认为，智慧物流指运用物联网的底层技术，诸如无线射频识别、传感器、GPS等，从各个角度改造传统物流业的运输、仓储、配送和快递等基本环节，实现物流行业的智能化和自动化。因为引入了物联网技术，智慧物流一般具有识别感知、优化决策、定位追溯等功能。

智慧物流的技术框架和物联网的三层技术构架是一致的，按照现代物流的应用要求和物联网的构建对各层进行细化，为现代物流提供有效的技术支持。其实施的过程一般分为五个步骤：第一步，对物的基本信息实现实时共享与互通；第二步，对各个物流活动的信息进行感知，将物流信息与物的信息进行融合，保证物的物流过程信息化；第三步，利用自动化技术实现物的搬运过程自动化，降低物流搬运强度，提高精准性；第四步，对各个物流活动利用信息化技术进行串联，实现整个物流过程中的信息集成一体化；第五步，对各个物流活动进行深入分析和挖掘，不断利用计算机技术和数学模型优化物流活动。整体来说，智慧物流所需要的一切信息基础，都来源于物联网的感知系统，而数据信息的传递和处理也大多通过物联网解决。

（三）物联网与供应链金融

供应链金融是指商业银行以供应链中的核心企业为中心，结合整条供应链的具体业务特点，同时向核心企业及该企业的上下游企业提供融资和其他结算、理财服务等高度集成化的系统性金融安排。一条完整的供应链包括需求信息流、货物与服务流、资金流三部分。整条供应链的根本驱动力量是最下游企业或市场的需求。需求以订单的形式经由供应链上的企业层层上传，企业根据自己接到的订单进行生产，最终以原材料、半成品和产品的形式形成整条供应链上的物流。在供应链中核心企业处于主导地位，往往采取“早收晚付”策略，而其他企业从存货状态到收到货款往往需要很长时间，由此滋生出供应链上企业的流动资金融资需求，是商业银行提供供应链金融的重点服务对象。除此之外，供应链金融业务还强调为整条供应链上的企业提供信息服务，使需求信息流、货物与服务流及资金流有序衔接，从而降低企业仓储成本和财务费用。

基于物联网技术的供应链金融具有应用环境广泛、数据搜集高效、信息传递及时等优势，利用物联网技术，可将供应链上的企业串联在一起，使企业间的信息能够共享，形成一个物联网信息系统。在供应链金融业务中，企业申请贷款的押品一般是与供应链相关的动产，通过物联网技术，可以在物联网信息系统中赋予动产以不动产的特性，使商业银行可以对企业的抵押品和业务过程实现动态跟踪，将传统的金融业务变成“智慧金融”。一方面，通过对押品和企业生产过程的全过程动态跟踪，商业银行可以了解押品的来源、质量、位置等信息，降低商业银行的押品管理成本和员工道德风险；另一方面，在物联网技术支持下，商业银行能够对链属企业的经营状况和交易细节进行充分了解，在此基础上，可以向链属中小企业开展诸如资金归集管理、应收账款管理等中间业务，从而在风险可控的前提下提高收益。

三、物联网对金融行业的影响

物联网金融的发展对传统金融产生根本性的影响，物联网技术带来的客观信息的可获得性极大地降低了各经济主体获取可靠信息的难度和成本，推动经济社会建立客观信用体系，进而极大地推动金融创新。

（一）物联网对商业银行的影响

银行作为我国金融体系中最重要的金融机构，在互联网金融崛起过程中受到不同程度的冲击，而物联网金融模式的出现使传统商业银行获得新的发展契机。物联网金融对银行发展供应链金融、破解动产融资难题、助力中小企业融资、发展普惠金融、加强实体经济支持均有重大的乃至颠覆性影响。近年来，商业银行纷纷大力发展物联网金融，创新合作形式层出不穷。2013年，平安银行以车联网为突破口开启了银行转战物联网金融实战的新纪元，随后将应用场景拓展到钢铁、有色等大宗商品。

物联网金融增强了商业银行服务实体经济的能力和主动性。改革开放40多年来，我国金融业尤其是银行体系快速发展，为经济的高速增长提供了强有力的资金支持。但金融业的快速发展也带来诸多问题，如过度金融化导致的经济虚拟化，由于金融行业远超社会其他部门的平均超额回报，金融“脱实向虚”现象尤为突出，使金融支持实体经济的初始功能退化。一方面，商业银行传统信贷流程中形成以质押为主的“强担保”风险评估模式，导致处于起步成长期的中小企业因缺乏抵押而难以获得授信；另一方面，尽管整体流动性较为充裕，但在不良余额和比率双升的背景下，商业银行存在惜贷现象，导致大量资金在金融系统沉淀和体内循环，货币政策传导不畅。

物联网技术与金融的融合，为商业银行信贷资源进入实体经济提供新的方法论。物联网与金融结合实现了实体流、信息流与资金流深度合一，使得商业银行资金流向实体经济更加可控，推动商业银行“脱虚向实”。首先，物联网金融模式在商业银行的广泛运用，可大力拓展动产质押业务，撬动动产金融、供应链金融的发展，从而降低抵押信贷业务的比重，为中小企业无抵押贷款提供信贷“闸口”，能够缓解中小企业融资难的问题，同时也缓解了商业银行信贷集中风险。其次，物联网技术在实体产业中的应用，客观上增加了企业的信用等级，通过物联网金融建立起来的客观信用体系，使得金融交易双方的交易成本大大降低，缓解了中小企业的融资贵问题。最后，利用物联网、人工智能等融合技术可降低制造业的劳动成本，提过劳动生产率，从而加快企业资金周转效率，为商业银行培育更多的高质量客户。

物联网金融为破解动产融资提供了有效手段。传统的动产融资业务中，商业银行往往委托监管方对抵押动产进行监管，商业银行处于被动地位，同时动产融资缺乏业务系统支撑，信息的录入与传递主要依赖人工，流程繁琐且效率低下，也容易诱发监管人员的操作风险和道德风险。物联网技术的出现，可以在产品的生产、流通、仓储和交易过程中，产生大量有效的客观信息。物联网感应端的信息获取使得银行不必依赖物流监管方对抵押品进行监管，通过银行自身或与物联网公司合作，即可获取实时第三方数据，对抵押物的位置、状态、权益和质量做到实时监控。基于物联网技术的应用还可以对企业的动态行为（如应收账款、库存、销售等数据）进行监测和捕捉，从而将轻资产企业的“动产”转换为“不动产”，以此作为商业银行授信的依据。

物联网金融推动了供应链金融的发展。由于商业银行对整条供应链的上下游企业同时提供金融服务，而上下游企业的很多产品是中间品，具有较强的专用性，上游企业的还款能力很大程度上依赖下游企业应付账款的支付能力，从而使得整条链上的企业贷款风险存在高度相关性。且供应链融资涉及链条环节长、参与主体多、操作程序复杂、成员关系动态变化等特点，商业银行不仅需要承担个体企业的信用风险，还需要承担产业政策变动带来的市场风险和行业风险。因此，商业银行在贷款发放和贷后管理中，不仅需要关注单个企业的经营状况，还要密切监控整个供应链的行业风险，识别各个交易环节的潜在风险和供应链所处行业的整体水平，并通过调整企业授信额度的方式控制自身风险。物联网技术的引入，使商业银行能够极大缓解信息不对称带来的道德风险，而且在业务成本和风险防控方面也会给供应链金融业务带来积极影响。在商业银行业务竞争日趋激烈的背景下，商业银行尤其是中小银行通过发展供应链金融不仅能够与大型商业银行进行错位竞争，还可以通过为供应链上的企业提供融资服务的同时，也参与链属企业日常的支付结算、流动资金管理等中间业务，改善中小银行非利息收入偏低的格局，提升自身防范经营风险的能力。

物联网金融助力中小企业提升融资能力。中小企业在我国国民经济中占据重要地位，是推动经济和社会发展的重要力量。物联网金融破解动产融资困境，为中小企业开辟融资渠道，同时，针对供应链上的中小企业提供金融服务，可进一步助力中小企业融资。物联网金融可以通过其传感器、RFID等关键技术实现对实体经济的智能监控，很大程度上解决了传统商业银行因信息不对称而导致的对中小企业信用支持不足的问题，弥补了互联网金融对实体缺乏有效控制的短板。通过物联网实时监控企业的生产过程，可以了解企业的生产经营，从而减少商业银行发放贷款时的盲目性，保证资金安全，有效缓解信用风险。此外，通过综合运用物联网、大数据、云计算及人工智能等手段，真正实现了传统银行在物联网金融领域深耕细作，将普惠金融发挥到极致。

物联网金融促进了商业银行转型升级。物联网金融的出现改变了传统金融的流程与方式，在物联网金融体系中，物联网思维贯穿于商业银行的模式、业务、风控和管理中，由抵押思维向质押思维转变。同时，通过对生产场景和生活场景的物联网化改造，商业银行主动在诸多领域与生产企业、交易平台、仓储物流企业展开合作，直接将商业银行的产品和服务融合到客户的生产、流通和消费的全过程，构建物联网金融生态圈，这将强化商业银行与客户的联系，增强客户的粘性。同时，物联网金融的主要业务优势在于动产融资，通过对动产的实时监控，由被动监管转向主动监管，大大降低银行的运营管理成本和道德风险。在精准获客方面，通过物联网和数学模型对设备留存信息进行分析预测，实现对客户的智能挖掘、精准获客和主动营销。在网点服务方面，通过物联网感知系统和历史信息分析进入网点的客户风险和产品偏好，借助智能设备为金融消费者快速提供匹配的金融产品和服务，打破传统的“问询式”“填表式”服务体验，让客户体验到智慧金融高效的服务。

（二）物联网对保险业的影响

近年来，我国保险业快速发展，规模不断扩大，结构不断优化，效益显著提高，但在快速发展的过程中，保险业还存在着管理粗放、服务体验差、保费定价精准度差等现象。2014年保险业“新国十条”颁布后，保险业的定位从自身发展上升到国家治理高度，无论从保险业助力国家治理还是从自身发展的角度上，走精细化管理、创新经营方式、转型发展的新路对保险业来说势在必行。保险作为风险管理和补偿的一种金融机制，物联网技术的应用不仅有助于真实、全面地获取投保标的物及环境、投保人行为数据，大大提升风险精算定价水平，而且对保险模式带来变革，推动保险由传统单一的损失索赔向个性化服务和全过程管理转变，变赔付为“防患于未然”。

物联网将革新健康保险的经营模式。随着可穿戴智能设备、移动互联网、健康管理和医疗技术的发展，通过物联网技术进行更为高效、便捷的健康管理和医疗服务成为可能，这将大大改变健康保险的经营模式和发展方式。通过智能眼镜、智能手环、智能手表、智能衣服等从头到脚的可穿戴设备，实时感应和监测个人身体状况，促使使用者自我管理和加强锻炼，提升自身身体素质；通过一系列体征传感采集使用者的体征数据，如心率、脉搏、血压等，并利用大数据进行分析，帮助使用者动态管理自身健康。利用移动端和App不断创新发展，实现移动健康管理，同时将移动设备监测数据传输到医疗机构，可以实现辅助诊疗、特殊监护等功能。这些智能化方案可以准确确定被保险人的健康管理目标，根据目标制定个性化的健康管理方案，增强产品差异化，在此基础上制定差异化的保费定价方案，降低健康管理的风险。一方面，物联网技术通过健康大数据设计的个性化健康保险产品，不仅促进被保险人达成健康管理目标并改善健康状况，也带来了健康保险模式的变革，推动健康保险由事后补偿向预防补偿发展，由单一医疗支付向全面健康管理转变。另一方面，保险公司和医疗机构及被保险人共享加密信息，在保证信息真实的情况下，极大地缓解了保险行业面临的逆向选择问题和道德风险问题。

物联网将促进其他类型保险的发展。伴随着物联网技术在安防方面的应用，灾害保险也进入新的发展模式。灾害保险指以存放在固定场所并处于相对静止状态的财产物资为保险标的，由保险人承担财产遭受损失的经济赔偿责任的一种财产保险。物联网技术的感知和实时监测功能显然可以实现建筑、仓库、家庭方面的财产损失预防。目前，多家保险公司积极参与到安防智能升级中，通过与物联网公司合作，为火灾保险需求方提供物联网技术改造升级标的物，制定针对性保险产品，积极构建“物联网+保险”的防控模式。通过物联网技术，可以对灾害事故进行识别、预警、定位、追踪、监测，进而对灾害事故进行预防和处置，减少灾害事故的发生或降低灾害造成的损失。不同于常规的保险定价，由于灾害保险低频高损的特点，传统的保险精算很难对灾害保险进行费率厘定。通过采用物联网技术，可对灾害事故原因和责任进行快速和准确地认定，也能对事故造成的损失进行精准评估，从而减少现场查勘定损时间，节约了理赔成本，也创新了理赔服务模式。物联网技术的引入，将灾害事故风险管理理念引入灾害事故管理中，推动了风险管理和灾害管理的有机融合，带来了相关保险产品的创新，从而极大地推动了灾害保险的发展。

（三）物联网对证券业的影响

相比银行业和保险业，物联网金融在证券行业的应用尚处于起步阶段。物联网技术与证券业的结合，目前主要表现在对证券经纪业务的影响和正在兴起的“物联网+”的投资模式，然而物联网技术与证券业结合的前景非常广阔，物联网证券将重新定义社会组织框架和经济运行模式。一方面，整个社会经济活动是证券的交易平台，物联网金融将推动“物物证券化”，从而带动证券行业的巨大变革；另一方面，证券交易高度依赖于信息技术，在新一代信息技术革命的背景下，物联网技术将越来越多地运用到证券行业的各个环节，尤其作为证券公司最基础和最核心的经纪业务。物联网技术运用于经纪业务的基础设施、平台服务系统和交易软件，使得证券交易平台具备多功能、全方位、个性化的特点，提高了经纪业务的服务质量和综合管理水平。

物联网金融助推“物物证券化”。证券是价值的直接代表，本质上是价值的直接表现形式，证券的价值归根到底是由企业的经营预期决定的。物联网让一切实体的价值都可以被感知、被量化，让一切有价值的实体都能够被发现、被交易。基于物联网的价值实现体系和价值交换体系，物联网金融可推动“物物证券化”的全新经济运行方式。物联网使得实体价值可量化，因实体价值本身是波动的，而且决定价值的因素也在变动，而物联网体系可实现对决定价值的影响因素实时、客观的管控，实现对确定时空下实体的价值量化。物联网体系使整个社会的诚信体系得以健全，万物的价值皆可量化和证券化。理论上，物联网体系将推动企业家证券化、动产证券化、创新能力证券化，使得整个企业生产设备、生产原料、生产能力、库存等都因证券化而得以价值重估。“物物证券化”使得社会组织和经济运行模式得以重塑，整个社会经济活动是证券交易平台，使得价值实现和价值交换存在于每一个角落，有助于推动新的社会关系、经济运行模式的形成和社会文明的进步。

物联网金融推动证券业经纪业务的创新。当前我国证券业主要收入来源依然是经纪业务，利用物联网技术可以实现证券业务部之间资源共享和数据交换，优化了资源配置和分工，促进了业务的发展。随着云计算的发展和在证券经纪业务上的运用，物联网技术和云计算的结合，深刻地改变着证券发行方式、交易方式、业务咨询和资产管理方式，使得证券经纪业务变得快捷轻便，服务质量和效率得以提升。物联网金融在证券行业的应用促使传统的经纪业务从单一的通道模式向提供全方位服务的财富管理模式转变，推进证券业由传统的单一服务向综合金融服务转型。物联网时代我国证券公司经纪业务创新主要体现在5个转变：（1）由同质化的营业部经营管理模式向差异化的模式转变；（2）由相对单纯的物理网点数量竞争向“物理网点虚拟化”能力的竞争模式转变；（3）由相对简单的通道服务平台向理财中心、销售平台、财务顾问等全流程综合金融服务平台转变；（4）由相对单纯的价格竞争向“价值增值服务”的竞争方式转变；（5）由相对独立的经纪业务竞争向证券公司综合实力竞争转变。

总之，物联网面向实体世界，实现实体化的“物联网+”，就是将物联网技术与传统产业相结合，即“物联网+产业”——对传统产业的技术改造、模式再造；“物联网+金融”——物联网将传统金融的主观信用体系变革成客观信用体系，是对金融模式的革命；“物联网+电商”——物联网可实现商品的全过程无遗漏环节的监管，实现买家没假货、商家可贷款等情况。物联网公司将应用场景的解决方案配套给予投资方，投资方对购入企业进行技术场景改造，实现企业转型，进而估值上市。“物联网+”是对传统行业的核心模式的深刻变革，利用物联网的创新思维、技术、模式，将金融投资和股权资本相结合，探索供给侧资本和创新的融合，其对传统行业的影响也将远超互联网。

第三节　物联网在金融行业中的应用

第二节我们介绍了物联网金融及其对传统金融行业的影响，物联网技术与金融业的深度融合将推动经济活动中资金流、信息流与实体流三流合一，将深刻改变传统金融模式。从必要性方面来说，物联网技术引入传统金融业，将企业尤其是中小企业的生产活动全流程纳入金融机构的监控范围，极大地缓解了企业与金融机构的信息不对称，防范可能存在的道德风险，同时也有利于培育企业的信用等级，从而降低企业的融资难度和融资成本。从可行性上来讲，物联网自2009年被列入国家五大战略性新兴产业之后，行业发展步入快车道，相关核心技术已经成熟，物联网技术在金融与实体经济领域的深度融合并大规模应用指日可待。在物联网金融技术方面，已有平安集团、招商银行等金融机构在动产质押、保险理赔、跨境贸易融资等领域先后落地产品，给未来更多物联网金融产品的落地和行业应用提供了宝贵经验。

一、物联网与动产质押

中小企业融资难是困扰我国金融体系多年的顽疾，如何使银行贷款的“锦上添花”变为“雪中送炭”，关键是要找到提升中小企业信用、降低融资成本的方法，物联网的出现和发展为这一问题的解决提供了新的思路。

（一）动产质押现状与问题

尽管中小企业在我国经济发展的稳定就业方面起着举足轻重的作用，但长期以来，中小企业生产资金不足，外源融资缺乏的困境一直难以协调。中小企业普遍具有规模小、固定资产少、土地房产等不动产抵押不足的问题。同时抵押贷款率普遍较低，如土地、房产抵押率一般为70%，机器设备一般为50%，动产抵押率仅为25%左右。[①]中小企业生产活动日益增长的融资需求与传统信用支撑之间的矛盾，阻碍了中小企业的发展和壮大。

与匮乏的固定资产和土地房产相反，中小企业拥有大量的原材料和库存商品，利用这些动产进行质押进而获得金融机构授信是一条思路，但动产质押的监管一直是个难题。传统动产质押业务中，银行、企业和现场监管单位（仓库）三者签订“三方协议”，由企业将动产质押给银行获得信贷融资，银行委托现场监管单位进行动产的管理，但现实中仍存在重复抵押的情况，表明这种委托监管存在较大的道德风险和信用风险，尤其当市场剧烈波动时，动产的价值将发生较大的变动，导致抵押物的失效，这将增加银行面临的信用风险。为此，将物联网技术引入动产质押贷款业务，构筑更加安全的质押动产实时监控体系变得十分必要和迫切，这为全面破解动产融资提供了新的技术解决方案。

（二）“物联网+”模式

物联网动产质押监管系统是物联网在银行质押贷款业务中的典型应用，相较于传统质押融资业务，有物联网加持的质押业务最重要的优势在于使得货物周转过程透明、安全、可信。由传统的“三方协议”转换为“四方协议”，即商业银行、借款企业、现场监管单位（仓库）和物联网技术监管单位。物联网动产质押体系能够通过物联网的感知层、网络层和应用层之间的信息准确及时地感知动产的变动情况。通过7×24小时全天候的监测质押动产，系统使用者可清楚地看到动产的位置、数量和状态，一旦动产的位置、数量和状态这些足以改变货值或质押状态的信息在未得到银行许可的情况下发生改变，则系统自动触发报警，并将警情通过互联网发送至管护客户经理的电脑或移动通信设备。拥有“物联网+”

① 沙敏，乔桂明，陈一鼎：《物联网金融发展及应用前景研究》，苏州大学出版社2019年版，第95~96页。

的银行信贷业务不仅可以有效解决动产质押的难题，也拓展了信贷投放渠道，较好地缓解了贷款过于集中的风险。对于中小企业来说，通过“物联网+”改造对自己质押货物的管理是有效获得银行信任的手段，间接地增加了中小企业的信用等级。

当企业偿还了银行的贷款后，系统对动产的报警系统解除，企业可正常出货。物联网动产质押监管系统的核心是“感知仓单”管理。质押动产的客观物理状态是仓单管理的主要内容，仓单与实物形成动态、实时的对应关系，仓单形成后即被锁定，对仓单货物不经许可的操作，系统将自动产生预警和报警信息。这种模式替代了传统质押业务中的人工监管，实现了动产全程无遗漏环节监管，有效地解决了质押动产的监管难题，此外，银行能在“感知仓单”管理平台上查询仓单是否处于质押状态，有效地避免了仓单重复抵押造成的骗贷问题。数据显示，我国目前的动产资产规模达到50万亿以上，但每年动产融资规模只占总资产规模的10%，动产融资的业务规模仍有发展的巨大潜力。①

（三）应用案例②

太仓阳鸿石化有限公司（以下简称“阳鸿石化”）位于江苏太仓港港口开发区石化园区内，拥有长江深水岸线390米，主要从事液体化工产品、成品油及各种石油制品的仓储业务。企业目前拥有3000~20000立方米大小储罐77座，总罐容60.6万立方米，年吞吐量达500万吨，是全国最大的甲醇仓储基地，也是郑州商品交易所定点期货交割库。阳鸿石化集团拥有甲醇交易平台“大宝赢”，依托阳鸿石化仓储资源，日均交易达3000万元人民币，注册会员超过1000家。作为大型仓储交易平台，旗下有着丰富的储罐和储存的石化资源。从传统信贷视角，储罐不同于固定资产或者机器设备，上万吨的石化资源也随时可能被交易，阳鸿石化很难以这些资产作为抵押申请信贷。为此，阳鸿石化引入物联网技术公司三宝集团对仓储物流系统进行改造。通过给储罐和运输车辆加装监测设备，实现实时监测甲醇的液位、料温、可燃性气体浓度、密度、质量以及运输车辆地磅等全方位的数据，并通过OPC（一种与工厂设备或控制室数据库等海量数据来源进行交互的标准机制）收集数据上传至三宝集团。随后运用企业资源计划系统（ERP）对数据进行识别分析，形成企业管理层和融资方可以利用的有效信息。

企业融资过程如图10–2所示。首先将货物入库，由仓储监管公司接收保管。根据仓库传感器发回的数据，可清晰识别某批次货物在注入前后储罐的液位、总质量对比，从而计算出该批次甲醇添加值，包括入库时间、运输方式等详细信息，所有

① 《动产融资重在破解信息不对称》，载于《经济日报》2020年12月24日。

② 沙敏等:《物联网金融发展及应用前景研究》，苏州大学出版社2019年版，第123~126页。

信息由三宝集团采集获取后进入企业管理系统。随后，阳鸿石化持货物清单向平安银行提出融资申请，由于平安银行无法仅凭企业的仓单即放款，因此将仓单交由第三方三宝集团进行认证，三宝集团在ERP系统等一系列后台管理系统对仓单的准确性进行认证后返回信息给平安银行，同时通过仓储监管公司对企业质押的甲醇予以锁定，实施必要的货物监管。平安银行在确保质押品信息无误后，组织信贷评审并发放贷款，甲醇货物的状态也由质押变为已质押状态。这个过程将流动性强、监管不易的动产通过物联网感知功能，实现了客观验证和实时监管，为平安银行的授信决策和贷后管理提供了科学依据。

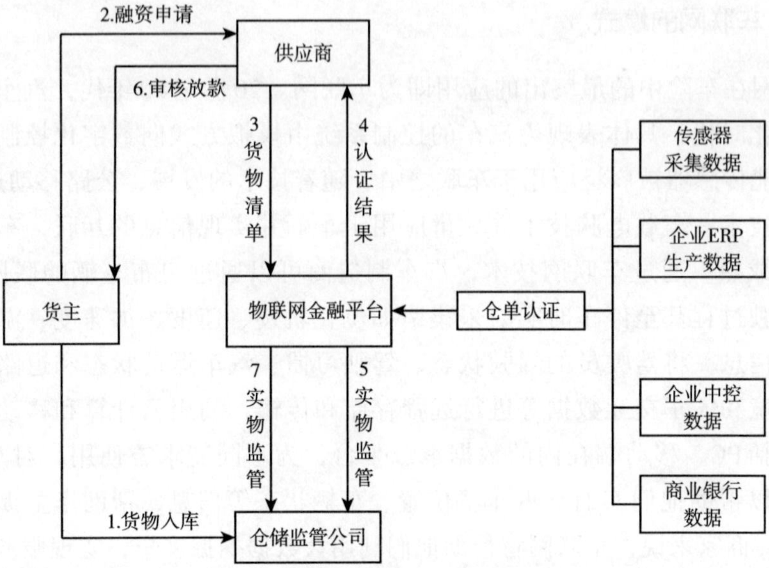

图10-2　阳鸿石化动产质押业务流程

二、物联网与车险

随着我国经济的高速发展，汽车保有量和驾驶员数量也飞速增长。截至2019年，我国汽车保有量突破2.7亿辆，车险行业也迎来黄金发展期。[①]但保险行业天然面临的投保前的逆向选择问题和投保后的道德风险问题，使得传统保险费率厘定难以科学确定，物联网技术的出现为这一难点和痛点的缓解提供了方案。

（一）车险现状与问题

传统保险行业以大数法则和概率论作为定价基础，将个别单位遭受的不确定性，通过保险保费的精算，转化为多数单位可以预测的损失赔偿数量，从而合理确

① 公安部交通管理局官网。

定保费以便最大限度地获取收益。但无论数量多么巨大，偿付风险依然存在，传统保险经营者无法对保险标的实施不间断的、绝对客观的观测和评估，对极端风险事件也无法有效预测。物联网的出现将革新保险行业的业态，它将为保险业规避风险、获得补偿的保险机制再加上一层强有力的保障。物联网技术的应用不仅将有助于真实、客观、全面地获得投保标的物及环境、投保人行为的数据，将大大降低可能出现的道德风险，同时还将提升风险精算定价水平。推动保险业由传统范性的损失赔付向个性化保费服务和全过程管理转变，变事后赔付为事前较大程度上的“防患于未然”。

（二）车联网的模式

物联网在车险中的最突出的应用即为车联网。20世纪80年代，汽车进入数字化、智能化时代，具体表现为汽车的控制系统由模拟方式向数字化控制转变，以及多种智能传感器被广泛应用于车联之中。随着技术的发展，公路移动通信技术、行车记录技术、车载电脑技术等大量应用于车辆并实现信息的互联，车联网技术也越来越成熟。通过车联网技术，汽车制造商可以通过遍布车辆的联网传感器，在车辆行驶过程甚至停车时实时采集诸如位置轨迹、速度、加速度、温度、压力等全方位信息，将驾驶员的驾驶状态、驾驶习惯、汽车运动状态和道路状况、车辆周围环境和人车交互数据等进行远程存储和传输，利用云计算和移动网络处理并发送包括PC、移动端在内的数据承载平台，为不同需求方使用。对车主来说，车联网可以帮助他们实时获取车辆位置、车辆状态等信息，帮助车主提升安全驾驶能力。对商家来说，车联网将帮助他们利用大数据挖掘客户，实现服务升级和精准营销，提升整个汽车产业链的价值，从而带来客户体验和商机的良性互动。对于保险公司来讲，车联网提供的车主驾驶方式和车辆行驶里程等关键信息是汽车保险产品定价的最重要的依据，依托这些信息进行差异化的保费定价，可以较好地缓解投保中的逆向选择问题，也有助于激励车主安全驾驶，这些精准定价有助于扩大优质低风险客户的目标市场，也是车联网保险产品最吸引保险公司管理层的地方。此外，车联网通过发挥万物互联的优势后，可以和其他领域实现互联互通，构成一个人车互联的世界，从而打通整个产业链上下游，为保险公司拓展诸如危化品运输保险等产品。

（三）应用案例

危险品是易燃易爆、有强烈腐蚀性物品的统称，危险品运输行业对安全性要求极高，任何危险品运输中发生的事故，都可能造成重大安全事故。面对危险品运输行业存在准入门槛不高、驾驶员安全应急知识欠缺、危险品运输行业事故频发的现状，2017年发布的《交通运输部办公厅关于加强危险货物道路运输安全监管系统建设工作的通知》要求到2020年运用信息化手段实施“互联监管、精准监管、专业监管、协同监管”的格局基本形成，安全监管能力要有明显提升。江苏省驭道数据科技公司于2017年开发了车辆安全主动安全智能防控系统，引入“物联网+”模式，通过为运输车辆加装安全智能防控终端设备，实现了车辆运输的安全可控的目标。①

车辆主动安全智能防控的流程如图10–3所示。可在运输车辆上安装车载视频系统等感应终端，系统通过车载终端识别驾驶员打电话、疲劳驾驶、注意力分散、跟车过近、车辆偏离等危险驾驶行为。一方面，通过车载设备及时提醒，实现对驾驶员的安全辅助驾驶；另一方面，通过大数据、云计算深度分析风险行为，通过人脸识别技术对驾驶员驾驶风险进行建档，在驾驶档案的基础上基于数学建模构建风险识别和防控模型，若触发相关的风险预警信号，则通过移动设备实时发送风险预警信息至驾驶员，同步信息到企业管理平台。同时，通过企业管理平台中的派单机制激励和约束驾驶员的驾驶行为，实现驾驶员最大程度的安全驾驶，降低道路事故率。

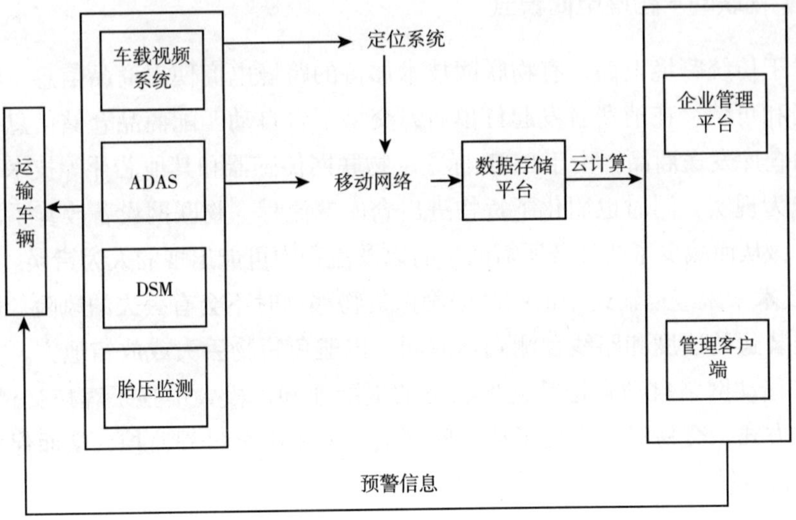

图 10–3 车辆主动安全智能防控系统

三、物联网与跨境贸易

尽管全球化和贸易自由化进程近年来出现反复和倒退，但这种趋势不可逆转，世界是一个不可分割的市场，国际电子商务的崛起为物联网技术提供了广阔的应用领域和市场机会。特别是物联网技术中的智能识别、定位、追踪、监控和管理功能，对于有效克服跨境电子商务发展中的诸多难题、助推跨境电商的深化普及与长远发

① 资料来源：江苏驭道科技有限公司官网。

展将发挥重要作用。

（一）跨境贸易现状与问题

以往的国际贸易交易是由经营与消费者面对面进行，而电子商务的出现一定程度上改变了这种传统的交易模式。但这种交易方式不能保证客户的信息安全，同时这种在线的交易方式，在商品品质、物流过程、价款给付方面均存在一定的风险。尤其在跨境电商交易中，一方面，贸易数字化使得消费者有更多的商品可以选择；另一方面，由于各国对商品质量的检测能力存在差异，其面临的交易双方的信息不对称现象尤为严重。物联网技术的引入，通过RFID技术、无线传感技术、GPS定位技术和互联网技术，实现了对商品从工厂到消费者手中的物流进行全过程追踪，参与贸易的双方能够更为简便地查询商品物流信息和价款给付信息，而不必指派专人进行询问和记录。这大大地提升了跨境电商的服务效率，增加了跨境电商市场的市场容量。

（二）物联网+跨境电商模式

相对于传统跨境电商，有物联网技术加持的跨境电商使得商品信息、物流信息变得透明和可信。在消费者发起订单后，交易平台自动匹配商品仓储信息，选择位置最近的仓库发送商品。由于RFID标签、物联网传感器和其他芯片等技术使实时库存管理成为现实，同时也简化了货物进出仓库的流程。物联网设备改善了库存的跟踪和监控，从而减少了此任务所需的工时以及流程中可能出现的人为错误。使用GPS和RFID技术来跟踪运输途中的物品，确保货物移动时不会有丢失的风险。同时，还可以根据装运的速度和路线预测到达时间，以避免货物丢失或放错地方。之后通过互联网或移动网络自动发送其包裹状态的提醒通知，极大增强了客户交付的体验。通过这种方式，交易双方实现了从仓库到消费者手中全过程监控，从而保证了商品质量和货款给付。

（三）应用案例[①]

江苏跨境电子商务服务有限公司于2013年成立，由南京海关数据分中心全资子公司江苏知贸网络科技有限公司发起组建。江苏跨境电子商务有限公司以政府采信、电商通关、企业创牌、消费者溯源为服务目标，基于“物联网”“大数据”“云计算”技术，为进出口贸易提供一站式外贸综合服务，使得跨境贸易变得更为便利。图10-4是该公司江苏跨境电商平台“贸互达”的业务流程图。“贸互达”是一款专为外贸中小微企业提供通关、外汇、退税、物流和金融等服务的一

① 沙敏，乔桂明，陈一鼎：《物联网金融发展及应用前景研究》，苏州大学出版社2019年版，第147~149页。

站式电商外贸综合服务平台，产品已经为千万家企业提供服务，交易规模达到百亿级。

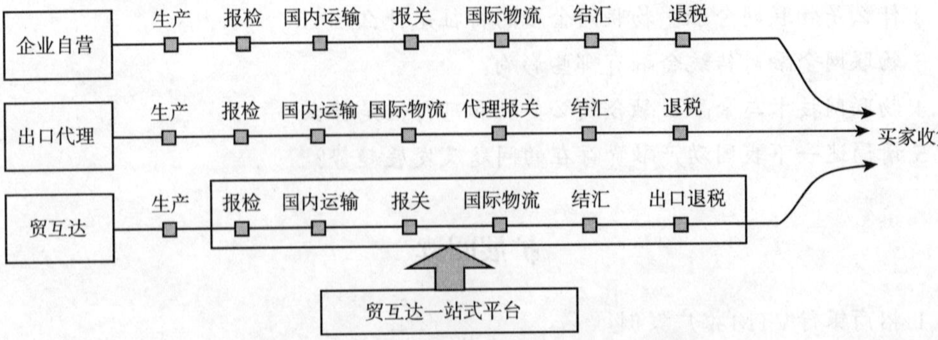

图10-4　江苏跨境电商平台“贸互达”业务流程

在物流阶段，以GPS技术和无线传输技术为基础的“贸互达”可以全程跟踪运输状态，确保货物安全到达。在通关退税阶段，基于RFID等技术在全国各个口岸为客户提供快速通关服务，电子标签中储存了集装箱中货物的各种状态信息，只需要驶过读取设备即可快速获取信息，大大提升通关效率。此外，平台还推出多项金融服务，包括信用保险、锁定汇率、赊销交易等，保证了买卖双方交易资金的安全。利用“锁汇易”功能，中小企业可委托“贸互达”与银行签订远期结汇协议，通过约定未来结售汇的外币币种、金额、汇率及交割日期，提前锁定委托方利润，减少因汇率变动带来的损失。

本章小结

1. 物联网就是物物相连的互联网。它是建立在RFID技术、传感器和数据传输基础之上，使物体具备信息交换和互联互通功能的新一代信息技术的重要组成部分。

2. 物联网一般划分为三层：感知层、网络层、应用层。主要涉及的技术为：标签的RFID技术、感知物体的传感网技术（sensor technologies）、思考物体的智能技术（smart technologies）、微缩物体的纳米技术（nanotechnology）。

3. 物联网金融是以互联网为基础、物联网为载体，强调数据传输和处理的实时化、网络化，实现更具个性化和普适性的全新智能金融模式。

4. 物联网金融主要的应用场景在供应链金融、区块链和智慧物流领域。

重要概念

物联网；传感网技术；RFID标签；物联网金融；物联网+；动产抵押；车联网

复习与思考

1. 什么是物联网？其核心技术包含哪些？
2. 什么是物联网金融？物联网金融的特征是什么？
3. 物联网金融对传统金融有哪些影响？
4. 物联网技术与金融业融合的必要性和可行性是什么？
5. 请简述一下我国动产融资存在的问题及发展趋势？

扩展阅读

1. 招商银行VTM推广案例。
2.《基于物联网（传感网）技术面向动产质押监管集成平台的系统要求》。

第十一章　法定数字货币

➡ 学习目标

1. 掌握法定数字货币和数字资产的定义，理解法定数字货币和加密数字货币的区别。
2. 理解法定数字货币的发行与主要金融机构的法定数字货币管理办法。
3. 掌握央行数字货币的运行机制。
4. 了解法定数字货币的国际形势和国际战略意义。

第一节　法定数字货币的产生与发展

货币是一个国家金融的基础，受比特币发行的影响，全球开始关注法定数字货币。在数字货币产生和发展的过程中，数字资产扮演着重要的角色。

一、数字资产

数字资产（digital assets）是指企业或个人拥有或控制的、以电子数据形式存在的，在日常活动中持有以备出售或处于生产过程中的非货币性资产，是一种可流通的加密数字权益证明，简称“通证”（token）。[①]

数字资产的产生得益于办公自动化，数字资产依托电子支付系统而发展。数字资产的构成需要具备三个要素：权益证明、加密、流通。其中，权益证明是指数字资产必须是以数字形式存在的权益凭证，它代表的是一种权利，一种内在的价值，例如身份证、学历文凭、货币、票据等都可以用作权益证明。加密是确保数字资产的真实性、防篡改性、保护隐私等方面的内容，由密码学予以保障。流通是指数字资产可以在区块链网络内流通，随时随地可验证，且在一定程度上可交易、兑换，但不能复制。

数字资产的产生是通过数字产品确权创造，该过程是将实际经济中的各种有形或无形资产进行数字标识，使资产具有权属、流通等特性，数字资产必须经过资产确权才能上链交易。资产确权是确认某一有形或无形资产的使用权和所有权的隶属关系，

① 关于数字资产，目前尚无公认的定义。

便于权益保护并提高资产的流动性。数字产品可以无限复制，互联网上传递的所有价值凭证都必须通过第三方权威机构依据法律相关规定予以认证，存在信息不对称、人为篡改记录、信任风险等内在缺陷。区块链技术资产确权，无须通过第三方权威机构认证，而是通过密码学中的私钥和地址来确立。私钥类似于银行账户密码，表示数字资产的控制权，一般情况下，私钥存储在钱包软件里，由钱包软件进行管理；地址类似于银行账号，表示数字资产的储存位置，二者同时拥有方能行使自己的数字资产权属。区块链上的每一个节点都会生成属于自己的私钥，然后这个私钥会生成一个公钥，公钥再经过一系列哈希及编码运算可得到地址，地址可以理解为公钥的摘要，其作用是标记数字资产的存储位置，每一个地址都是唯一的，所以比特币不会重复生成。

数字资产存储一般有两种方式：一是把数字资产存储在数字钱包。数字钱包是管理公钥和私钥的工具，数字钱包按照私钥存储方式分为冷钱包和热钱包。冷钱包是离线钱包，网络不能访问到用户私钥，避免了私钥被黑客盗取的风险，但是有物理安全风险（比如电脑丢失、损坏等）。热钱包是在线钱包或者联网钱包，网络能够访问到用户私钥，虽然便捷但安全性较低。二是把数字资产存储在交易所。交易所是一个基于数字资产发行、管理或交易等全套服务设计的网络交易平台，是一种在线钱包，但交易所不会提供私钥给用户，所以一旦存入，就只能依靠交易所的机制来提取，其数字资产的安全主要是交易所负责。

数字资产可以在网上进行交易与流通。自由流通是数据成为数字资产的必要条件，不能流通的数据不能成为数字资产，通过交易流通数字资产才会体现其价值，并有公允价格。根据数字资产的存储，数字资产有两种交易方式：一是数字资产交易在区块链交易体系进行，在区块链网络上，任何两人之间的交易可以不需要第三方机构来确认，如比特币交易以私钥作为数字签名，允许个人直接支付给他人，不需经过如银行、清算中心、证券商等第三方机构，任何用户只要拥有可联机接入互联网的数字装置即可使用。二是数字资产交易在交易所进行，交易所是构建起数字资产交易、流通性以及价格波动的交易平台，为交易者提供兑换法币或其他资产的便利，是连接数字资产一级市场和二级市场的桥梁，交易所拥有智能数据分析系统，为用户提供多种交易策略和成果分析，让交易更加灵活便捷。

二、数字货币

数字货币（digital currency），又称密码货币（cryptocurrency）或私人加密货币，是一种使用密码学原理来确保交易安全及控制交易单位而创造的交易媒介。数字货币不具有具体的物质形态，它是保存在区块链上的一段数据。数字货币可以用于真实的商品和服务交易，为零售支付（如电子商务、跨境交易、个人对个人支付等）提供便利，使支付速度更迅捷、成本更低廉。相比法定数字货币，数字货币发行和管理更为灵活。根据国际货币基金组织和欧洲银行的定义，数字货币分类如图11-1所示。

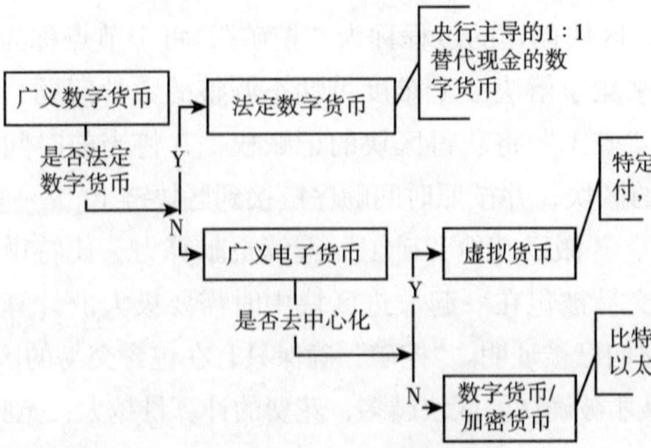

图11-1　数字货币分类

以比特币为例，数字货币的发行者不是货币当局，而是个人或企业。数字货币作为一种区块链上基于智能合约的新型通证，它不依赖于中心化货币当局的信用保证，而是采用分布式账本的区块链技术以及去中心化的共识机制。比特币是一种典型的数字资产，在一些国家可替代货币进行支付或同法定货币兑换。数字货币的价值源自区块链网络用户对它的共同认可，而非对货币当局的信任。数字货币采用加密数字签名使用户能够签署数字资产或证明该资产所有权的交易。通过适当的架构，数字签名也可用于解决伪冒与双重支付问题。比特币是第一个去中心化的数字货币，没有专门的清算机构。比特币之后有多种类似的数字货币被创造，称作代币（altcoins），如莱特币、狗狗币、瑞波币等。一些金融机构正在研究加密数字代币在金融平台交易和结算中的作用，如瑞士信贷银行的"多用途结算货币"、花旗银行的"花旗币"。作为比特币的核心技术之一，区块链技术独立后得到较快的发展并被用于更广泛的场景。

同传统货币一样，数字货币有发行、交易和流通的过程，以比特币为例，其过程如下：

（一）比特币的发行

比特币的发行依赖于区块链中区块的创建，而区块的创建则通过分布式网络节点共同参与的共识机制，通过PoW或其他共识算法获得区块的创建权限，只有所有用户达成完全一致的共识，才能成功创建区块并获得比特币奖励，因此，比特币的作用就是用来激励所有用户和开发者主动地来参与这一共识过程。比特币总量共2100万个，从创世区块起始，前4年每块送50个，之后每隔4年减半，依此类推，一直到比特币的数量稳定在上限2100万个为止。2009年1月4日，中本聪制作了比特币世界的第一个区块——创世区块（genesis block），并获得了50个比特币的奖励，该区块在新版本中设定为0号区块。2009年1月12日，中本聪将10个比特币转给了早期区块链开发者哈尔·芬尼（Hal Finney）。[①]

在比特币网络中，区块创建的过程称为“挖矿”，每个节点称为矿工。各节点须贡献自己的计算资源来竞争解决一个难度可动态调整的数学问题，通过大量计算成功解决该数学问题的“矿工”将获得区块的记账权，并将当前时间段的所有比特币交易打包记入一个新的区块，并按照时间顺序链接到区块链上，一笔新的比特币被创造出来奖励该“矿工”，并激励其他“矿工”继续贡献算力。比特币系统的信任是建立在计算基础上的。交易被包在一起放进区块中时需要极大的计算量来证明，但只需少量计算就能验证它们已被证明。“挖矿”确保只有在包含交易的区块上贡献了足够的计算量后，这些交易才被确认。区块越多，花费的计算量越大，意味着更多的信任。

（二）比特币的交易

比特币交易执行的操作是在区块链账本上“记账”，通常它由比特币客户端协助完成。根据比特币系统的设计原理，系统中除了执行交易功能之外的其他部分都是为了确保比特币交易可以被生成，且在比特币网络中得以传播和通过验证，并最终添加入全球比特币交易总账簿（比特币区块链）。

比特币交易时，用户钱包客户端会创建一个单一的数据结构，即比特币交易，然后广播到网络。网络上的比特币节点将中继和重新广播交易，每个比特币交易都是在比特币区块链上的一个公开记录，如果交易有效，节点将把它包含在“矿工”正在挖掘的块中。通常在10~20分钟内，交易将与区块链中的一个区块中的其他交易一起被包括在内。此时接收者能够看到自己钱包中的交易金额。

每一个比特币都包括了其拥有者的公钥。当比特币从用户A支付给用户B时，A将B的公钥添加到比特币中，然后这个比特币又被A用私钥来签封，证明所有权并认可该次交易，比特币会被记录在收款方B的地址上，B现在即拥有了这个比特币并且可以在将来使用，而A就不可能再次使用这个比特币。交易的资金支付来源，也就是花费，称为“输入”；资金去向，也就是收入，称为“输出”。如果有输入（“矿工”产出交易是直接生成，没有输入，只有输出，交易记录会显示新生成的比特币），输入必须大于或等于输出，输入大于输出的部分即为交易手续费，目前默认手续费是万分之一个比特币，这部分费用也会计入区块并奖励给记账者。随着未来比特币发行数量的逐步减少甚至停止发行，手续费将逐渐成为驱动节点共识和记账的主要动力。同时，手续费还可以防止大量微额交易对比特币网络发起的“粉尘”攻击，起到保障安全的作用。

① 2008-2018丨区块链十年大事纪，https：//www.jinse.com/bitcoin/270957.html.

一个输入没有成为另一笔交易的输出时，它是“未花费的交易输出”（UTXO），相当于银行的“账户余额”。收录此交易的区块被广播后，此交易就有了“1个确认”。“矿工们”平均每10分钟产生一个区块，每一个新区块的诞生都会使此交易的确认数加1。当确认数达到6时，通常这笔交易被认为比较安全、难以逆转。比特币交易不可逆或回转，每一笔交易都无法撤销，商家不会因遭到诈骗式的拒付而遭受损失，唯一可以获得退款的方法，就是请对方再做一笔反向交易，但需要对方的配合。

用户钱包已经“收到”比特币，是指钱包已经检测到了可用的UTXO，这些UTXO可以通过钱包所控制的密钥进行支付，此时，用户的比特币“余额”是用户钱包中的可用UTXO总和。比特币“余额”可能分散在数百个交易和区块中，比特币钱包通过扫描区块链并聚集所有属于该用户的UTXO来计算该用户的余额。大多数钱包通过使用数据库服务来存储所有UTXO的快速参考集，由用户的密钥控制UTXO的使用。

UTXO可以是任意值，但一旦被创造出来便不可分割，只能在一次交易中作为一个整体被消耗。如果一个UTXO比一笔交易所需量大，存在找零，此时，一个输入产生两个输出，一个输出给接收人，另一个输出找零到自己的钱包。由于UTXO（或交易输出）的不可分割特性，大部分比特币交易都会产生找零。

一笔交易会消耗此前已被记录（存在）的UTXO，并创建新的UTXO以备未来的交易消耗。通过这种方式，一定数量的比特币价值在不同所有者之间转移，并在交易链中消耗和创建UTXO。一笔比特币交易通过使用所有者的签名来解锁UTXO，并通过使用新的所有者的比特币地址来锁定并创建UTXO。

（三）比特币的流通与接受

比特币可以全球流通，在网络上可以进行挖掘、购买和出售。在一些国家可以通过数字交易所、比特币提款机、服务商和个人等渠道，和现金进行双向兑换。挖掘时，可以在电脑上安装比特币客户端，当一个“矿工”（一般需要专业电脑），安装比特币客户端后，可以直接获得一个比特币地址，交易的时候，只需要自己把地址信息传输，对方就能通过同样的客户端进行收付款。在安装好比特币客户端后，系统将会分配一个私有密钥和一个公开密钥，需要备份包含私有密钥的钱包数据，才能保证财产不丢失。付款时，在客户端的钱包应用程序中，输入收款人的比特币地址和付款金额，按发送键即可完成付款，为了更方便地输入收款人地址，很多钱包可以通过二维码扫描或者NFC技术触碰两部手机获得地址。比特币的流通过程依靠密码学方法保障安全。每一次比特币交易都会经过特殊算法处理和全体“矿工”验证后记入区块链，同时可以附带具有一定灵活性的脚本代码（智能合约）以实现可编程的自动化货币流通。

三、法定数字货币的演变

（一）法定数字货币的产生

货币是商品交换发展的必然产物。在法定数字货币产生前，货币经历了从实物货币、金属货币、纸质货币、电子货币到私人加密数字货币等多个形态，随着金融科技的快速发展，数字货币应用成为未来的趋势，各国从国家层面研究数字货币，称为法定数字货币（CBDC），中国人民银行发行的法定数字货币称为央行数字货币（DCEP），以保护中国的货币主权和法币地位，降低制作纸币、硬币的成本，满足公众匿名支付的需求。

法定数字货币也称央行数字货币，是由中央银行发行，通过商业和其他金融机构批发，最终通过现有移动支付以及其他新型电子支付系统提供给大众、商家、企业及政府等客户流通使用的高科技数字安全产品。我国的DCEP属于现金（M0）范畴，具有法偿性，任何机构和个人均不能拒绝DCEP。

法定数字货币从不同的角度理解，具有不同的含义。具体为：（1）法定数字货币在价值维度上是信用货币，由中央银行发行，采用特定数字密码技术实现的货币形态；（2）法定数字货币在技术维度上是加密货币，其技术本质是加密货币，确保货币安全；（3）法定数字货币在实现维度上是算法货币，不仅在设计上采用各种加密算法来保障数字货币安全，如哈希算法、数字签名等；而且在货币发行环节使用预设可靠的算法规则来进行发行，此外，还可以运用大数据，对货币的发行、流通、储藏等进行深度分析；（4）法定数字货币在应用维度上是智能货币，它不仅是简单地将货币进行数字化和网络化，更重要的是可以让货币变得更加智能化。

（二）法定数字货币的发展

中国人民银行从2014年开始研究DCEP，在2019年DCEP进入内测环节，先行在深圳、苏州、雄安、成都及未来的冬奥会场景进行内部封闭试点测试，落地使用，具体发展过程如表11-1所示。

表11-1　　　　我国法定数字货币的发展

年度	具体时间	重要的事件
2014年前	—	准备工作
2014	—	央行成立发行法定数字货币的专门研究小组，论证央行发行法定数字货币的可行性，探讨所需的监管框架或国家数字货币
2015	—	发布中国人民银行发行数字货币的系列研究报告，央行发行数字货币的原型方案完成两轮修订，进一步对数字货币发行和运算框架、数字货币关键技术、数字货币发行流通环境、数字货币面临的法律问题、数字货币对经济金融体系的影响、法定数字货币与私人数字货币的关系、国外数字货币的发行经验等进行了深入研究

续表

年度	具体时间	重要的事件
2016	2016 年 1 月	在央行召开的数字货币研讨会上，进一步明确了央行发行数字货币的战略目标，指出数字货币的关键技术，研究数字货币的多场景应用，争取早日推出央行发行的数字货币
	2016 年 2 月	周小川接受采访，发表对央行数字货币的观点：实体货币被取代是自然选择、大势所趋；实体货币和数字货币有可能会长期共存；数字货币的防伪技术是重要的国家秘密，将运用包括密码算法在内的多种手段来保障不可伪造性
	2016 年 7 月	央行启动了基于区块链和数字货币的数字票据交易平台验证区块链技术
	2016 年 9 月	央行票据交易平台筹备组会同数字货币研究所筹备组启动了数字票据交易平台的封闭开发工作
2017	2017 年 1 月	央行推出的数字票据交易平台开始进行测试，这个平台采用区块链技术搭建，并测试运行法定数字货币
	2017 年 5 月	央行数字货币研究所正式挂牌，研究方向包括数字货币、金融科技等
	2017 年 11 月	时任中国人民银行数字货币研究所所长姚前出席第二届“数字金融的中国时代”会议并表示，法定数字货币是数字经济发展的基石，将从四大方面助推数字经济发展：一是有助于数字经济提质增效；二是有助于数字经济普惠共享；三是有助于数字经济宏观调控；四是有助于数字经济风险防范
2018	2018 年 1 月	数字票据交易平台实验性生产系统成功上线试运行，结合区块链技术前沿和票据业务实际情况对前期数字票据交易平台原型系统进行了全方位的改造和完善
	2018 年 3 月	中国人民银行召开 2018 年全国货币金银工作电视电话会议，会议指出要稳步推进央行数字货币研发
	2018 年 9 月	数字货币研究所在深圳成立“深圳金融科技有限公司”，并参与金融区块链等项目的开发
2019	2019 年 2 月	央行召开 2019 年全国货币金银工作会议，提到“稳步、深入地推进央行数字研发”
	2019 年 3 月	央行在苏州设立长三角金融科技有限公司，持股 55%，该公司由央行数字货币研究所联合苏州市有关单位所共同设立，承接法定数字货币基础设施的建设和稳定运行，承担法定数字货币关键技术攻关和试点场景支持、配套研发与测试
	2019 年 8 月	中国人民银行支付结算司副司长穆长春在第三届中国金融四十人论坛上表示，央行数字货币（DC/EP）的研究已进行五年，现在已经“呼之欲出”
	2019 年 8 月	央行召开 2019 年下半年工作电视会议，指出下半年要加快推进我国法定数字货币（DC/EP）研发步伐，跟踪研究国内外虚拟货币发展
	2019 年 9 月	中国人民银行数字货币研究所所长穆长春发布网络课程《金融科技前沿：Libra 与数字货币展望》，最后两节课程重点介绍了中国法定数字货币 DCEP
	2019 年 9 月	央行数字货币闭环测试已经开始，测试中会模拟某些支付方案并涉及一些商业和非政府机构，或将涉及四大国有商业银行以及金融科技巨头阿里巴巴、腾讯、银联等机构
	2019 年 10 月	黄奇帆在外滩金融峰会表示：DCEP 的研究已经有五六年，已趋于成熟，中国人民银行很可能是全球第一个推出数字货币的央行

续表

年度	具体时间	重要的事件
2020	2020 年 2 月	在数字货币方面，央行数字货币研究所申请了 65 个专利，央行印制科学技术研究所申请了 22 个，最新一条对外公示的专利名称为“一种数字货币的生成方法及系统”，至此，央行有关数字货币的发行全流程专利都已经申请完毕，包括生成、流通和回收
	2020 年 3 月	《环球时报》英文版刊文称，中国人民银行距离发行央行数字货币更近了一步。业内人士称，人民银行似乎已经（与私人公司合作）完成了主权数字货币基本功能的开发，并正在起草相关法律，为其流通铺平道路
	2020 年 4 月	中国人民银行召开一季度金融统计数据发布会，在被问及央行数字货币目前的进展时，央行办公厅主任周学东表示，央行数字货币正在按原定计划有序推进
	2020 年 4 月	互联网上出现农业银行 App 内部测试 DCEP 数字货币的界面，包括扫码支付、碰一碰、DC 兑换查询、钱包管理挂靠
	2020 年 8 月	相继公布 DCEP 的第一批、第二批试点城市，DCEP 逐步落地使用

表11-1描述了我国法定数字货币在研发过程中的重要事件，在2020年8月后，DCEP逐步在社会各领域进行推广使用。

（三）法定数字货币的特征

2019年，中国人民银行数字货币研究所所长穆长春将DCEP定义为“功能属性与纸钞完全一样，只不过是数字化形态”“是具有价值特征的数字支付工具”。因此，DCEP具有以下特征：

1. DCEP属于法币，具有法偿性，功能及属性与纸币或硬币完全一样，用户不能拒绝DCEP的使用，但是DCEP是数字化的形态，需要手机下载安装数字钱包才能使用。

2. 相比存款货币，DCEP只需要用户有数字钱包，不需要到商业银行创建账户。

3. 可以实现“双离线支付”，即在交易双方设备都处于离线、没有网络的状态下，也可以进行支付和交易。换言之，只要有了DCEP钱包，就能够实现无网、跨行、跨支付机构支付。

4. 未来第三方支付，如支付宝、微信支付和手机银行支付将成为DCEP支付链条的一个节点，可以实现互通。

（四）法定数字货币与其他数字货币的比较

法定数字货币不同于其他数字货币，如表11-2所示。

表 11-2　法定数字货币与其他数字货币比较

主要特征	法定数字货币	电子货币	虚拟货币	加密货币
性质	法币 M0	法币 M1	企业发行（如 Q 币）	加密算法创建（如比特币）
发行主体	中央银行	中央银行	企业	分布式账本上的（个人或企业）节点
流通范围	整个市场	整个市场	小部分人群	小部分人群

续表

主要特征	法定数字货币	电子货币	虚拟货币	加密货币
匿名性	可控匿名	匿名	匿名	账户匿名，交易
与法币的关系	法币的数字化	法币的电子化	非法币的电子化	非法币的电子化
流通方向	双向流通	双向流通	单向流通	部分国家双向流通
信用保障	政府信用	政府信用	企业信用	个人或企业信用
安全性	非常高	较高	较低	较低
交易方式	电子钱包	二维码、账号	账户	点对点支付

法定数字货币与电子货币不同，尽管都同为法定货币，但法定数字货币是钱包管理，资金属于M0，而电子货币属于账户管理，资金属于M1或M2；法定数字货币和虚拟货币不同，法定货币具有国家信用，可任意流通，而虚拟货币以企业信用支撑，与法定货币单向流通；法定数字货币不同于私人加密数字货币，法定数字货币发行数量由国家根据经济运行情况发行，而私人加密数字货币由加密算法产生。

综上所述，数字资产是法定数字货币重要的理论基础，私人加密数字货币是法定数字货币的重要技术支持。由于法定数字货币的法偿性，法定数字货币发展经历了漫长的过程，目前仍处于试点阶段。

第二节　法定数字货币的发行与管理

比特币等私人加密货币尽管研究比较早，相比法定数字货币，货币通过计算机“挖矿”产生，而作为法定数字货币，生产力决定了一个国家的货币发行量。货币发行过多则引起货币贬值、物价上涨；反之，则会导致通货紧缩，市面上的可用货币量不足，事实上，影响市场需要的货币总量由货币发行量和流动速度决定。

一、法定数字货币的运行框架

法定数字货币是由中央银行发行，采用特定数字密码技术实现的货币形态。在运行框架上，法定数字货币有两种模式：一种是发行基于账户的央行数字货币的一元架构，即中央银行的账户向全社会公众开放，允许社会公众像商业银行一样在中央银行开户，由中央银行直接向全社会提供法定数字货币的发行和流通服务；另一种是发行基于代币的法定数字货币的“中央银行—商业机构”二元模式，即中央银行采用现行纸币发行流通模式，由中央银行将法定数字货币发行至商业银行的业务库，再由商业银行向公众提供法定数字货币存取、兑换等服务，并与中央银行一起维护法定数字货币的发行和流通服务。

我国DCEP采用第二种模式，原因有两个：一是更容易在现有货币运行框架下让法定数字货币逐步取代纸币，而不颠覆现有货币发行流通体系；二是可以复用现有的成熟的金融基础设施，充分调动商业银行积极性，共同参与法定数字货币发行流通，更好地服务社会。在二元模式下，中央银行负责数字货币的发行与验证监测，商业银行从中央银行申请到数字货币后，负责面向社会提供数字货币流通服务与应用生态体系构建服务，如图11-2所示。

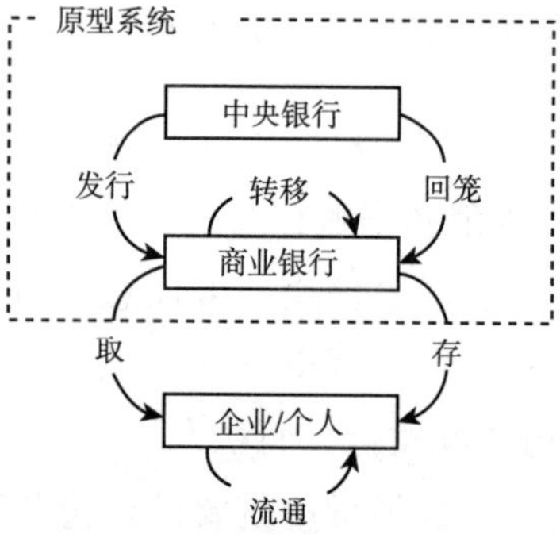

图11-2　法定数字货币“中央银行—商业机构”二元模式运行框架

如图11-2所示，法定数字货币的运行分为三层体系：第一层参与主体包括中央银行和商业银行，涉及法定数字货币发行、回笼以及在商业银行之间转移；第二层是商业银行到个人或企业用户的法定数字货币存取，法定数字货币在商业银行库和个人或企业的数字货币钱包中转移；第三层是个人或企业用户之间法定数字货币流通，法定数字货币在个人或企业的数字货币钱包之间转移。

原型系统完成了第一层体系的搭建与测试；对于第二层体系，中国人民银行不干预商业银行的技术路线选择，商业银行需要达到央行对并发量的要求、客户体验的要求，以及对于技术规范的要求；对于第三层体系，中国人民银行法定数字货币的定位是M0替代物，只要双方有法定数字货币钱包，个人或企业能够实现无网、跨行、跨支付机构支付和交易。

原型系统中法定数字货币体系采用“一币、两库、三中心”管理。“一币”是指法定数字货币，即由中央银行担保并签名发行的代表具体金额的加密数字串。“两库”是指中央银行发行库和商业银行的银行库，以及在流通市场上个人或单位用户使用法定数字货币的数字货币钱包，“两库”的设计可以更好地保护法定数字货币安全和承载一些特殊的应用逻辑。“三中心”是指认证中心、登记中心和大数据分析中心。其中，认证中心是中央银行用来对法定数字货币机构及用户身份信息进行集中管理的中心；登记中心用来记录法定数字货币及对应用户的身份的权属关系，记录法定数字货币交易过程；大数据分析中心，即中央银行运用大数据分析，为货币政策制定、金融监管等提供数据支持。

二、法定数字货币的运行机制

（一）法定数字货币的表达

法定数字货币在形式上就是一串经过加密的字符串。法定数字货币表达式本质上是对货币制度主要构成要素及权属的加密处理，是法定数字货币系统安全运转的基础。理想的法定数字货币以合适的数学模型为基础，模型中包含了发行方、发行金额、流通要求时间约束甚至智能合约等信息，以满足数字货币按照既定的要求能安全地发行、流通和回笼。

数字货币简单表达最典型的是比特币采用的方式，仅表达特定地址的缺省单位下的数字货币数量。中国人民银行原型系统探索了支持可扩展特性的加密形态法定数字货币表达式，其形式化模型可以表达为：

$$\begin{gathered} EXP_{CBDC}\text{–}Sign\,(\,Crypto\,(\,ATTR\,)\,) \\ ATTR \in \{id,\ value,\ owner,\ issuer,\ ExtSet\} \end{gathered} \tag{11-1}$$

式（11–1）中，EXP_{CBDC}代表法定数字货币的表达式；ATTR代表表达式包含的属性集合；Crypto代表对属性集合元素进行加密运算；Sign代表对表达式进行签名运算；该属性集合包括最基本的用户标识（id）、金额（value）、所有者信息（owner）、发行方信息（issuer）和可扩展属性集合（ExtSet）。

原型系统根据法定数字货币的目标，围绕商业银行从发行、转移到回笼的闭环应用出发，充分考虑到稳定性和扩展性的要求，对法定数字货币表达式进行了设计，其一般性的结构如图11–3所示。

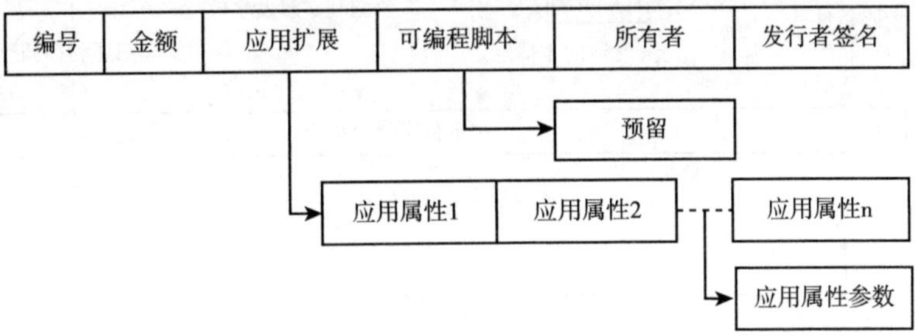

图11–3　法定数字货币的表达式结构

在基本构成上，法定数字货币应包含最基本的编号、金额、所有者和发行者签名。编号代表了法定数字货币的唯一标识，且不重复。金额代表了法定数字货币的面额，金额可以被拆分，其最小粒度为0.01元，最大面额未设定上限。所有者代表法定数字货币的拥有者，发行者签名则代表法定数字货币发行方。法定数字货币基本字段相对稳定，同时，通过应用扩展字段和可编程脚本字段将法定数字货币的应用扩展功能和可编程功能纳入其中。应用扩展字段通过可变长数据表达格式实现多个应用属性扩展存储。同时，在应用属性下一层还可以通过参数字段对应用属性提供进一步可配置的能力。可编程脚本通过预留的可变长数据表达格式可以在将来进行扩展。可扩展字段结构的设计能够使得法定数字货币灵活适应广泛的应用场景需求。

（二）法定数字货币的发行与回笼机制

法定数字货币发行是指中央银行生产，所有者为商业银行的法定数字货币，并发送至商业银行的过程。法定数字货币回笼是指商业银行缴存法定数字货币，中央银行将法定数字货币作废的过程。

1. 法定数字货币发行

法定数字货币发行时，央行预先设定好4个前瞻条件（包括法定数字货币生效的3个前瞻条件）：时点条件、流向部门条件、信贷利率条件以及未来调整商业银行对央行的归还利率的经济状态条件。这些条件在货币发行时设定但在货币投放之后才会触发，因此称之为前瞻条件，如图11-4所示。

央行设计好前瞻条件后，通过信贷拍卖机制向商业银行发行法定数字货币。相应地，央行设定的前瞻条件以及拍卖后确定的政策利率、未来商业银行信贷利率与基准利率的基差等信息，由数字货币系统编程和存储。

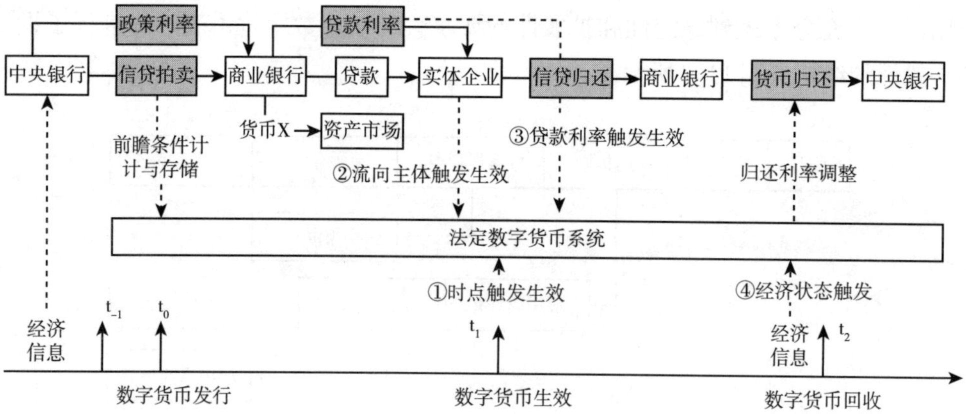

图11-4 法定数字货币的发行和回收流程

2. 法定数字货币生效

法定数字货币发行后，商业银行在t_1时点向外贷款。商业银行将贷款信息发送法定数字货币系统，请求数字货币生效。根据贷款信息，数字货币系统判断“时点条件”“流向部门条件”“信贷利率条件”是否触发（哪几个条件需要触发以及条件的内容，由央行根据政策目标在发行时灵活设定），若前瞻条件触发，法定数字货币生效，否则不生效。这意味着数字货币发行的当下，货币并不一定生效，而只有当未来央行设定的条件触发时，货币才会生效。通过这一设计，央行的货币政策操作不再局限于当下，而是能掌控货币的后续流通，不仅减少货币政策传导的时滞，实现货币政策的有效传导，同时又可达到货币精准投放的目的。

货币生效的具体前瞻条件设计如下：

①时点触发生效。贷款发生时，数字货币生效，否则不生效。也可由央行在货币发行时预先设定生效时点，比如不晚于t_1时点，否则不生效，从而激励商业银行在t_1时点之前放出信贷。此条件设定可减少货币传导时滞，并避免货币空转。

②流向主体触发生效。贷款流向主体符合央行规定时，数字货币生效，否则不生效，比如流向资产市场，则不生效，此条件设定可实现货币精准投放，实施结构性调控，避免货币空转，脱虚向实。

③贷款利率触发生效：在货币发行时预先规定，商业银行对企业的信贷利率须等于“在贷款发生时点t_1的基准利率”加减“在货币发行时点t_0拍卖确定的信贷基差”。当银行实际信贷利率符合这一规定时，货币生效，否则不生效。通过这一条件设定，基准利率可实时有效传导至信贷利率。

3.法定数字货币收回

当商业银行收回信贷后（图11–4中的t_2时点），将法定数字货币归还给中央银行。此时，可有两种模式，一种是归还利率不调整模式，即商业银行根据在货币发行时点t_0拍卖确定的政策利率归还央行。另一种是归还利率调整模式，由法定数字货币系统根据t_2时点的经济信息自动判定“经济状态条件”是否触发，如果触发（图11–4中的④经济状态触发），则调整归还利率，否则，不调整归还利率，归还利率仍为在货币发行时点t_0拍卖确定的政策利率。

归还利率调整的前瞻条件设定如下：

（1）若归还时的经济状态正常，不调整归还利率；若经济状态非正常，则调整归还利率。所谓的经济状态非正常，是指宏观经济变量超出阈值范围，具体阈值范围由中央银行根据政策目标预先设定，比如通货膨胀率超出2%通货膨胀目标上下某个区间，则代表经济状态非正常，否则正常。

（2）可将归还利率的调整幅度设定为关于经济状态的逆周期函数，经济过热，则调增归还利率某一幅度；反之，经济衰退，则调降归还利率某一幅度，在极端情况下，甚至可将归还利率降至负利率。

（3）以上设计降低了商业银行面临的宏观经济风险，经济好时，提高商业银行的贷款资金成本；经济不好时，降低商业银行的贷款资金成本，甚至给予补贴，从而减少了商业银行的顺周期性行为，并给予商业银行一个稳定的利润预期，即使在经济萧条时，商业银行也愿意放贷，从而有效解决因商业银行规避风险而引致的“流动性陷阱”难题。

4. 法定数字货币发行量的前瞻式决定

前文提到法定数字货币在发行时即设定了多种前瞻生效条件，如生效时间、信贷利率、投向部门，由于这些条件均是前瞻的，这意味着在货币发行时点t_0法定数字货币的发行量其实是未来生效时点t_1的发行量。也就是说，中央银行须在发行当下，即前瞻式地决定未来货币发行量，其计算模型和方法有很多，目前主要采用人工智能的深度学习算法预测未来法定数字货币发行量，由于篇幅，此处以多元线性回归模型预测。具体模型为：

（1）定义模型的输入与输出变量如表11–3所示。

表 11–3　预测货币发行量的输入与输出变量

法定数字货币量	经济变量 1	经济变量 2	经济变量 3	……	经济变量 n
Y	X_1	X_2	X_3	……	X_n

（2）假设多元线性回归方程为：

$$h_\theta\left(x^{(i)}\right)=\theta_0+\theta_1 x_1{}^{(i)}+\theta_2 x_2{}^{(i)}+\theta_3 x_3{}^{(i)}+\cdots+\theta_n x_n{}^{(i)} \quad (11\text{–}2)$$

其中，θ表示参数，$x_j{}^{(i)}$表示第i个样本的第j个输入参数。

（3）目标函数为：

$$J\left(\theta_0,\ \theta_1,\ \theta_2,\ \theta_3\right)=\frac{1}{2+m}\sum_{i=1}^{m}\left(h_\theta\left(x^{(i)}-y^{(i)}\right)\right)^2 \quad (11\text{–}3)$$

其中，m为输入参数的数目。

（4）相应的梯度下降算法为：

$$\mathrm{Re}\,peat\left\{\theta_j=\theta_j-\alpha\frac{\partial J(\theta)}{\partial\theta_j}\right\}=\theta_j-\alpha\frac{1}{m}\sum_{i=1}^{m}\left(h_\theta\left(x^{(i)}-y^{(i)}\right)\right)x_j{}^{(i)} \quad (11\text{–}4)$$

其中，θ_j同时更新。

对原始数据进行归一化处理之后，基于上述算法进行模型训练，以此预测出未来某一时点法定数字货币的合理投放量，随后，根据前文设计的思路，确定法定数字货币的生效时点、投向部门以及归还利率调整的前瞻条件，并通过信贷拍卖机制市场化确定信贷利差，从而构建可实现货币政策实时传导、避免货币空转、货币精准定向投放、逆周期调控并兼具前瞻指引功能的法定数字货币发行框架，为宏观经济调控提供新的工具。

5. 法定数字货币流通

法定数字货币的流通也称为法定数字货币转移，它涉及加密字符串的转换，分为来源币和去向币：来源币是流通之前的法定数字货币；去向币是经过流通将来源币作废之后，新生成的法定数字货币。

法定数字货币字串转移是指将代表法定数字货币的加密字符串以数据包的形式在发送方和接收方保管法定数字货币的系统之间进行传输。法定数字货币的转移主要有三种模式：直接转移、合并转移和拆分转移，如图11-5所示。

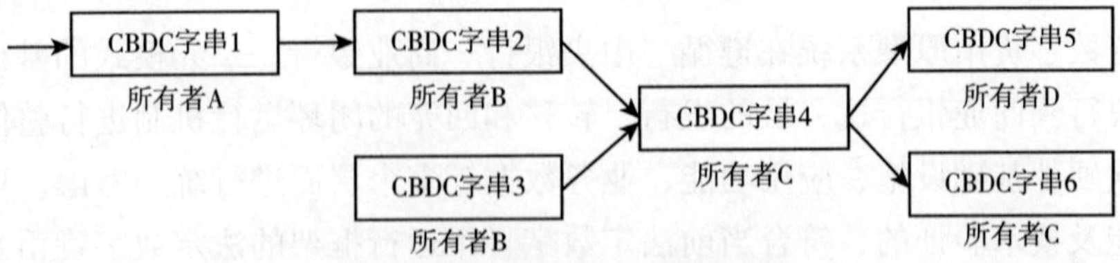

图11-5　法定数字货币转移机制

（1）直接转移。用户A将法定数字货币字串1转移给用户B。来源币所有者为A的法定数字货币字串1，在转移发生后生成新的法定数字货币字串2，后者的所有者标识对应用户B。法定数字货币字串1和法定数字货币字串2的金额相同。

（2）合并转移。用户B将两个法定数字货币字串一起转移给用户C。法定数字货币字串2和法定数字货币字串3，在转移发生后生成新的法定数字货币字串4，法定数字货币字串4的金额等于两个来源币金额之和，法定数字货币字串4的所有者标识对应用户C。合并转移的来源币可以是任意多个。

（3）拆分转移。用户C将法定数字货币字串4部分金额转移给用户D。来源币是所有者为C的法定数字货币字串4，在转移发生后生成新的法定数字货币字串5，其所有者标识对应用户D，其金额为转移金额。同时，生成新的法定数字货币字串6，其所有者标识对应用户C，其金额为转移后的余额。

根据法定数字货币转移机制，原型系统中商业银行之间转移法定数字货币，表现为法定数字货币字串通过中央银行数字货币系统进行转换并传递的过程，如图11-6所示。

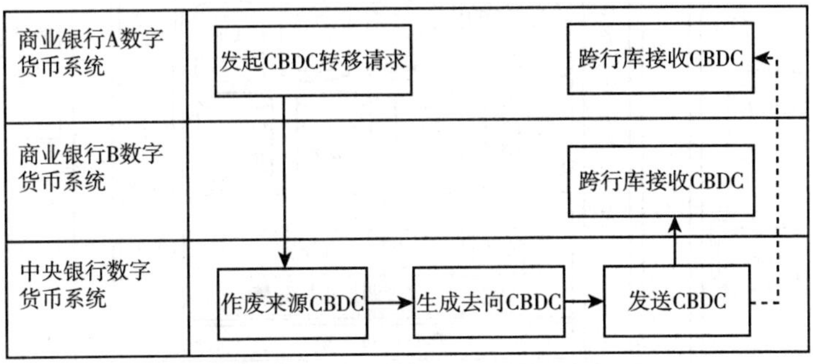

图11-6　法定数字货币转移过程

商业银行A数字货币系统将待转移的法定数字货币发送至中央银行数字货币系

统。先将来源币作废，然后按转移金额生成所有者为商业银行B的去向币，如果转移后还有余额，则还要生成所有者为商业银行A的去向币，并将去向币发送给对应的A商业银行。

三、法定数字货币的系统结构

法定数字货币原型系统在遵循“中央银行—商业银行”二元模式的基础上，针对中央银行到商业银行这一层的发行、转移和回笼的闭环运行机制进行整体规划设计，对软硬件基础设施、应用功能、业务数据等多个层面进行统一考虑，形成一个支撑功能及技术验证的、符合当前法定数字货币运行框架的法定数字货币系统，其系统结构如图11–7所示。

整个体系分为三部分：与中央银行相关的中央银行数字货币原型系统和中央银行会计核算测试系统；参与原型实验的商业银行行内系统；作为法定数字货币转移实验场景的数字票据交易平台。其中，中央银行数字货币原型系统包括以下几部分。

1.登记中心

登记中心记录法定数字货币的发行情况、法定数字货币权属信息，完成法定数字货币发行、转移、回笼全过程登记。其主要功能组件分为发行登记、确权发布、确权查询网站和分布式账本服务4个部分。发行登记进行法定数字货币的发行、回笼过程及权属记录；确权发布将发行登记的权属信息进行脱敏后发布到法定数字货币确权分布式账本中；确权查询网站为商业银行提供在线权属查询服务；分布式账本服务保证中央银行与商业银行法定数字货币权属信息的一致。

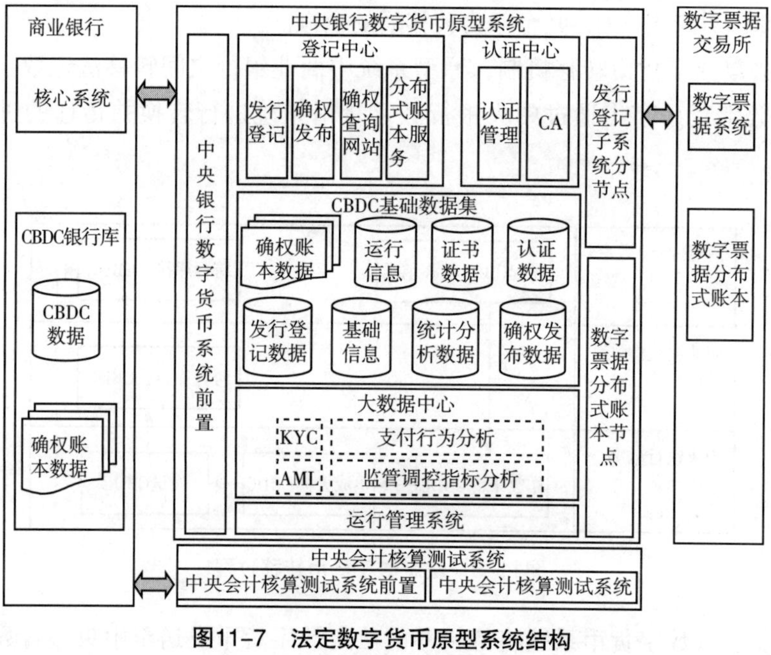

图11–7　法定数字货币原型系统结构

2. 认证中心

认证中心对法定数字货币用户身份信息进行集中管理，是系统安全的基础组件，也是可控匿名设计的重要环节。其主要功能包括认证管理和CA管理两部分，提供机构验证和证书管理功能，未来可构建对终端用户的认证支持。

3. 大数据中心

大数据中心包括充分了解客户（know your customer，KYC），反洗钱（anti money laundering，AML）、支付行为分析、监管调控指标分析等功能，是法定数字货币风险控制及业务管控的基础。

4. 法定数字货币基础数据集

法定数字货币基础数据集维护中央银行数字货币系统最完整的数据资源，既包括法定数字货币发行、回笼等业务过程产生的数据，也包括转移过程中产生的数据。

5. 运行管理系统

运行管理系统提供整个中央银行数字货币原型系统运营过程中的配置、管理、监控等。

6. 中央银行数字货币系统前置

中央银行数字货币系统前置是商业银行接入中央银行数字货币原型系统入口，提供商业银行核心业务系统与中央银行数字货币原型系统之间的信息转发服务。主要功能包括报文的接收、转发、签名、验签等功能。

7. 发行登记子系统分节点

发行登记子系统分节点是数字票据交易所与中央银行数字货币原型系统对接的入口，主要功能包括法定数字货币交易确认、与数字票据系统分布式账本的央行节点进行通信等操作。

8. 数字票据分布式账本央行节点

数字票据分布式账本央行节点是中央银行数字货币原型系统在数字票据分布式账本的前置节点，发布法定数字货币智能合约，实现数字票据交易——券款对付（delivery versus payment，DVP）。

中央银行数字货币原型系统通过与中央银行会计核算测试系统对接，实现法定数字货币发行和回笼机制。商业银行与数字票据交易所是原型系统实验的重要参与方。其中，商业银行需要对核心系统进行改造，建立其银行库和保存法定数字货币，并与中央银行共同组建分布式账本登记法定数字货币权属信息。数字票据交易所的数字票据分布式账本中加入央行节点，从而实现法定数字货币与数字票据基于分布式账本的DVP交易。

第三节 法定数字货币的应用及趋势

在区块链等多种信息技术支持下，法定数字货币不仅交易安全，而且流通过程可以追溯。

一、法定数字货币应用

法定数字货币在很多领域中都有应用，在普惠金融中，法定数字货币可以帮助金融精准投放和定向帮扶。

有效监控资金流向、提高资金使用效率一直是扶贫工作中的难点，而扶贫工作中较有代表性的是医疗救助场景，可以尝试利用法定数字货币可编程特点，制定支付合约限定资金用途，实施定向支付；利用法定数字货币的可追踪性，通过央行授权方式，将扶贫资金流向追踪功能开放给扶贫主管部门，保障扶贫资金的合规使用。可以预见的是，通过授权后的组织机构可以在其业务权限之内追踪数字货币的流转信息，实现资金的精准可控使用。

（一）扶贫医疗救助概述

1. 医疗救助基本内容

医疗救助场景是指当符合条件的救助对象，在“一站式”即时结算的定点医疗卫生服务机构就诊时，其自费部分按比例得到扶贫补贴。当地民政部门定期申请医疗救助资金，并与当地医疗机构签订协议，由医疗机构先垫付医疗救助资金，所发生资金经民政部门审核后，由民政部门与医疗机构进行结算。

2. 医疗救助资金使用流程

在明确医疗救助对象后，实施救助时的资金使用主要包括两个阶段：第一阶段为医疗救助费用核算和垫款，如图11–8所示；第二阶段为医疗救助扶贫资金结算，如图11–9所示。

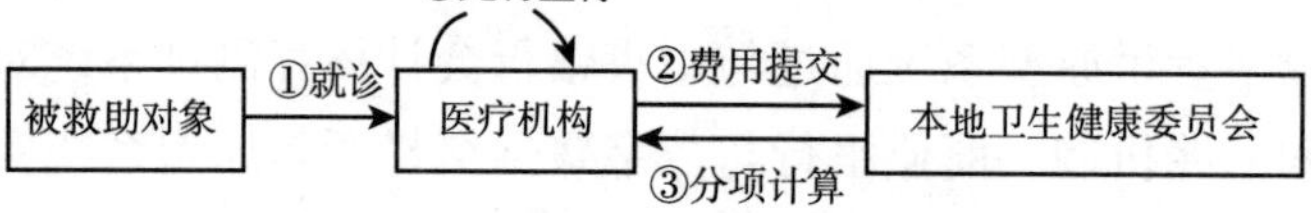

图11–8　医疗救助费用核算和垫款流程

被救助对象在医疗机构就诊后进行费用核算，并通过本地医疗保障局计算需要垫付的费用，告知被救助对象经过扶贫补贴后需要支付的款项。当地民政部门从上级民政部门定期申请扶贫资金拨款，并存放在商业银行，医疗机构定期将医疗救助垫款明细发送当地民政部门申请结算，民政部门经过审核后，提交至商业银行以扶贫资金进行结算。

（二）医疗救助扶贫资金管理存在的问题

一是不易控制资金流向。扶贫资金拨款后，上级民政部门难以有效控制资金流向，造成扶贫资金被挤占挪用。传统扶贫资金管理一般采用“专户运行、专账核算、专户管理”，但执行中存在落实不到位、以拨列支等现象。二是不便追踪资金去向。在资金逐级划拨过程中，上级民政部门无法便捷追踪资金流向，难以跨越多个主体进行层层追踪。

（三）利用数字货币提高对扶贫资金的管理能力

法定数字货币具有可编程和可追踪的特点，通过设计针对扶贫资金管理环节的定向支付功能和资金追踪服务，为扶贫主管部门提供信息数据支持，进而提高对扶贫资金的控制和追踪能力。

1.通过数字货币可编程性实现扶贫资金精准控制

上级民政部门使用数字货币进行扶贫资金拨款，根据扶贫资金使用的要求来设定支付合约，合约由数字货币系统自动程序化执行，数字货币按照指定资金路径使用。该定向支付功能保证上级民政部门可以自主控制后续扶贫资金的用途，达到扶贫资金专款专用和精准控制，如图11-9所示。

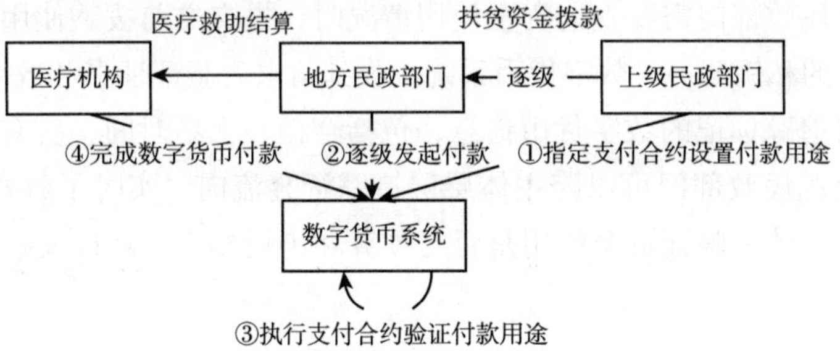

图11-9 数字货币支付合约实现扶贫资金定向使用

上级民政部门使用数字货币进行医疗救助专项资金拨款（实际拨款过程可以是多级），向数字货币系统发送付款指令并同时设定支付合约，该合约设置数字货币的后续付款操作必须满足指定用途。地方民政部门作为接收方收到该数字货币后，只能按支付合约指定的用途发起付款操作，如付款给定点医疗机构。数字货币系统验证通过后，将数字货币付款给医疗机构。上级民政部门可以定制更为复杂的支付合约，实现更加精准的资金用途，如验证付款结算清单符合医疗救助条件等。

2.通过数字货币可追踪性实现扶贫资金精准追踪

数字货币的流转信息可通过央行授权方式，将扶贫资金流向追踪功能开放给扶贫主管部门，实现扶贫资金精准追踪。开通数字货币的追踪功能，主要包括以下三个基本操作：（1）开通，需要启用追踪的数字货币所有者，在支付时开通数字货币追踪功能，数字货币系统将该数字货币标记为可追踪；（2）授权，后续收到数字货币的所有者，对有追踪标记的数字货币可进行追踪授权。在数字货币连续支付过程中，每个环节的所有者都进行追踪授权，就会形成一条可追踪的数字货币支付链条，链条上的数字货币所有者可以向下追踪数字货币的流向；（3）关闭，数字货币的所有者在支付时可以关闭追踪标记，使追踪断裂保证后续交易的隐私性，如图11-10所示。

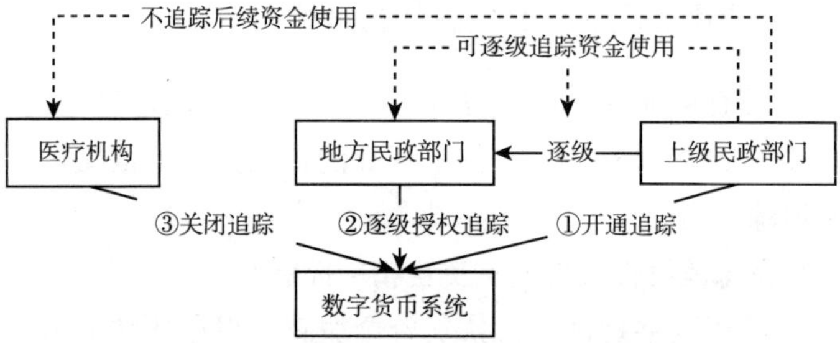

图11-10 数字货币下的扶贫资金追踪问题

在医疗救助场景中，上级民政部门使用数字货币进行医疗救助专项资金拨款，并开通数字货币追踪功能。后续逐级民政部门按上级要求在使用数字货币时进行追踪授权。上级民政部门需要查询资金使用情况时，提交之前拨款使用的数字货币以及代表所有者的私钥证书，数字货币系统接收到请求后验证证书和数字货币的关系，返回后续带有追踪标记的数字货币信息，包括金额、交易时间、所有者等，通过该追踪链条，上级民政部门可以跨主体层层追踪资金流向，实时了解资金使用情况。配合扶贫管理系统，验证资金使用是否与预算和申请相符，从而使扶贫资金监控更加精准和高效。

二、法定数字货币发展趋势

央行数字货币CBDC是法币的数字化形式，是基于国家信用且通常由一国央行直接发行的数字货币，以代表具体金额的加密数字串为表现形式。在比特币和天平币（Libra）的冲击和挑战下，越来越多的央行开始加入法定数字货币CBDC的研究中。

（一）全球法定数字货币发展情况

2019年，国际清算银行和支付与市场基础设施委员会对各个国家央行数字货币的研究现状进行了调查，共有66个国家、覆盖了全球75%的人口、90%的经济产出对数字货币的研究进行了答复。其中80%的国家正在积极研究主权数字货币问题，其中约50%同时研究零售模式和批发模式，35%只研究零售模式，15%只研究批发模式。[①]目前，所涉及的研究大部分是概念性的，主要集中在主权数字货币的投放、重塑支付体系对国家的潜在影响等。

周小川在十三届全国人大一次会议上就“金融改革与发展”明确表示：“我国研究数字货币本质上是要追求零售支付系统的方便性、快捷性和低成本，同时也必须考虑安全性和保护隐私”。中国人民银行副行长范一飞表示央行数字货币并没有预设的技术路线，会调动商业银行等市场力量，共同开发运行。

2020年1月，加拿大、英国、日本、欧盟、瑞典和瑞士组建了一个小组合作研究央行数字货币，主要研究央行数字货币在各自辖区内潜在的应用场景，并与其他小组成员分享经验。2020年2月，加拿大央行副行长表示目前已发布零售数字货币应急计划，以应对可能需要推出自己的数字货币的情况；英国、日本与合作国家共同评估 CBDC潜在情况；欧盟在2020年初利用Corda平台开发了一个概念证明（PoC），作为法定数字货币，支持小额匿名交易；瑞典明确提出计划在中短期内发行CBDC，于2020 年 2 月启动了电子克朗（e–krona）测试；瑞士央行2020年初与该国的证券交易所合作，研究数字货币在交易中的可能用途。

2018年，泰国在泰国金融科技博览会（Thai FinTech Fair）发布了区块链技术部署规划，已经推出了一个概念证明PoC项目“茵他侬”（Inthanon），旨在使用区块链开发一个批发银行数字货币，改善银行间泰铢清算管理；委内瑞拉于2018年正式开始预售该国自行开发的加密数字货币“石油币”，其价值与石油挂钩，该“石油币”具有法定数字货币的部分性质。美国、俄罗斯和印度等国家，尽管无短期计划发行法定数字货币，但均成立了相关小组保持对法定数字货币的研究。

（二）法定数字货币发展趋势

随着全球参与法定数字货币的发行或保持对法定数字货币的高度关注，未来全球及我国法定数字货币的发展趋势主要有以下几个方面。

1.国际去美元化趋势越来越明显

早在2018年，委内瑞拉政府就发行了数字货币“石油币”，以自己国家在世界最有优势的石油资源为锚定物，按一桶一个石油币计价，发行了1亿个石油币，是用数字货币突破美元霸权的一种尝试。我国法定数字货币以国家信用为背书，包含了强大的经济实力、军事实力、科技实力和国际影响力等。我国是世界贸易大国，是许多大宗商品的最大购买者，是世界127个国家和地区的最大贸易合作伙伴，现在世界上有60多个国家将人民币作为外汇货币储备，我国的法定数字货币在世界的流通和交易有强大的应用基础，将推动我国法定数字货币在世界各地推广，并减少美元

① 巴曙松等：《数字货币的发展现状和趋势》，载于《金融发展研究》2020年第11期，第3~9页。

的支付。

2. 我国法定数字货币将向全球覆盖

我国法定数字货币具备双离线交易的技术，即使在没有网络的地方，也可以用手机之间的对碰完成交易。我国微信及支付宝等电子支付在全国已普及，在世界有些发达国家的商场，也支持支付宝支付。因此，我国的数字货币具备强大的网络基础和移动支付的实际应用经验。当支付宝、微信提供电子钱包支持法定数字货币流通时，将加速我国法定数字货币的推广。未来我国在国际上购买的商品，特别是一些大宗商品，我国议价能力强的，将尽量用我国的法定数字货币结算。如我国现在用人民币与俄罗斯、叙利亚、卡塔尔、委内瑞拉及伊朗等石油生产大国进行人民币石油结算，将很快转为我国的法定数字货币结算，然后逐步推广到所有贸易领域。我国在国际上出售的商品，特别是部分有明显优势的商品尽量要求用法定数字货币结算。如我国的稀土、高铁、其他附带合同投资输出的基础设施产品等，以此为基础，加强贸易国对我国法定数字货币的体验和推广。将数字货币在与我国有良好合作基础的国家和组织间推广，例如与我国有货币互换协议的国家、“一带一路”沿线国家、金砖五国、东盟十国组织、上海合作组织等。

3. 我国将进一步挖掘法定数字货币的应用价值并加强其风险管理

法定数字货币具有资产数字化管理、流通等方面的优势，将推动更多的金融创新、惠及更多与金融相关的场景，如支付金融的精准化管理和风险控制等。但是，法定数字货币作为金融工具创新，将进一步通过技术和制度创新，加强其风险管理。

本章小结

1. 数字资产是指企业或个人拥有或控制的，以电子数据形式存在的，在日常活动中持有以备出售或处于生产过程中的非货币性资产，是一种可流通的加密数字权益证明，简称“通证”。

2. 数字资产的产生是通过数字产品确权创造的，该过程是将实际经济中的各种有形或无形资产进行数字标识，使资产具有权属、流通等特性，数字资产必须经过资产确权才能上链交易。

3. 数字货币是一种使用密码学原理来确保交易安全及控制交易单位而创造的交易媒介。数字货币是一种特殊的数字资产。

4. 法定数字货币也称央行数字货币，是由中央银行发行，通过商业和其他金融机构批发，最终通过现有移动支付以及其他新型电子支付系统提供给大众、商家、企业及政府等客户流通使用的高科技数字安全产品。我国称法定数字货币为DCEP，属于现金（M0）范畴，具有法偿性，任何机构和个人均不能拒绝DCEP。

5. 法定数字货币采用央行发行，生产力决定了一个国家的货币发行量。我国法定数字货币的发行采用“中央银行—商业银行”二元模式管理货币发行和流通。

6. 法定数字货币的应用可以帮助金融精准投放、定向帮扶，如法定数字货币在扶贫医疗救助中，可以确保资金按既定目标投放，还可以溯源进行货币应用监管。

7. 全球都在积极关注或研发法定数字货币，通过法定数字货币实现去美元化趋势明显。我国法定数字货币将在国际上应用到各场景进行支付结算，其离线手机对碰支付将推动法定数字货币线上或线下支付，可以渗透到非洲等没有网络的偏远地区，也通过各种渠道在国内向更多应用场景渗透。

重要概念

数字资产；数字货币；私人加密货币；法定数字货币；前瞻条件；资金发行；资金回笼

复习与思考

1. 什么是数字资产？数字资产的两种存储方式是什么？

2. 什么是数字货币？以比特币为例简述数字货币的交易过程。

3. 什么是法定数字货币？法定数字货币的职能有哪些？

4. 简述法定数字货币的发行、流通和资金回笼过程。

扩展阅读

1. 王腾鹤，辛泓睿，黄永彬：《一本书读懂数字货币》，机械工业出版社2021年版。

2. 姚前：《数字货币研究前沿》，中国金融出版社2018年版。

第十二章　数字普惠金融

➡ 学习目标

1. 掌握普惠金融的定义，掌握普惠金融的四要素；理解数字金融发展对普惠金融的影响。

2. 掌握金融科技公司的定义与分类，掌握金融科技公司的资本来源。

3. 掌握金融科技公司的类型；掌握金融科技公司成长周期与融资方式的选择；掌握金融科技公司的组织结构。

4. 掌握数字普惠金融的定义，了解中国数字普惠金融的经验；了解目前我国数字普惠金融存在的问题。

5. 掌握数字普惠金融高级原则。

第一节　数字金融与普惠金融

一、普惠金融的定义及特点

2005 年，联合国正式提出了“普惠金融”这一概念，随即“普惠金融”迅速成为世界各国尤其是发展中国家政策关注的热点，在过去十几年里，普惠金融的概念已有了很大发展。在概念提出之初，它关注的是小额信贷及微型金融等产品和机构层面的活动。如今，普惠金融被视为国家和全球层面涵盖广泛的一个政策目标，这个政策目标是综合性的，包括了一系列产品、消费者群体、金融服务提供者、交付渠道、政府机构，以及其他利益相关方。而关于什么是普惠金融，不同利益相关方给出了不同定义。

中国《推进普惠金融发展规划（2016—2020 年）》开宗明义，对普惠金融给出了定义：“普惠金融是指立足机会平等要求和商业可持续原则，以可负担的成本为有金融服务需求的社会各阶层和群体提供适当、有效的金融服务。”小微企业、农民、城镇低收入人群、贫困人群和残疾人、老年人等特殊群体是当前我国普惠金融重点服务对象。这个定义是全面性的，与一些仅仅局限于特定金融产品或消费者群体的普惠金融概念相比，其涵盖更为广泛。而且在这个定义中，凸显了普惠金融的四要素：

（一）可得性

消费者能否便捷地获得金融产品和服务是普惠金融的关键驱动因素。可得性意味着消费者在物理上能够充分接近各类服务设施，包括分支机构、代理点、自动取款机（ATM机）或其他网点及设备，这样他们就可以便捷地挑选使用一系列金融产品和服务。远程服务渠道例如手机、计算机等，对于获取和使用金融产品也越来越重要。物理可得性的缺乏会对金融服务不足群体带来高额的交易成本（如交通费用等直接成本、时间花费等间接成本），因此金融产品难以充分发挥其作为满足消费者日常金融需求工具的全部价值。在选择是否或如何参与正规金融体系时，消费者确实非常看重金融服务的可得性。根据2013 年中国家庭金融调查（CHFS）的结果，拥有账户的家庭中有45%选择金融服务提供者的主要原因是“位置便利”，这也是排在首位的原因。可得性不足导致正规金融产品和服务的获得和使用水平较低。研究证明，改善金融服务的可得性能增加消费者对金融产品的使用，同时也能带来诸如增加收入、促进生产投资和就业等很多普惠金融产生的收益。

（二）多样性

发展普惠金融，必须合理设计一系列金融产品和服务，使之能够满足消费者的需求，特别是满足那些无法获得金融服务和获得服务不足群体的需求。合适的金融产品设计要求识别特定消费者群体的需求，并选择能够以合理的成本满足消费者需求的产品特性。金融产品的合适性或质量涉及很多方面。普惠金融中心对“质量”的定义包括：可负担、便捷、产品匹配、安全、维护客户尊严以及保护客户权益。其他的一些定义还包括适当、透明和客户价值。这些要素往往相互关联或有所交叉。通常而言，传统的金融产品和服务难以很好地满足低收入消费者的需求，这些群体往往只需要简单、低成本的产品，无须多余的功能，基础性银行账户就是具有这种特性的金融产品。基础性银行账户通常是活期账户，不用每月支付费用或费用很低，无最低存款要求或要求很低，对每月的交易笔数有限制，具有活期账户的基本功能，而且没有诸如透支等额外功能。针对小微企业的微型信贷，是产品设计符合低收入消费者需求的另一个传统范例。微型信贷利用如商誉、集团担保等，作为传统抵押品的替代，来提供短周期信贷，更能满足非正规小微企业的融资需求。数字金融，部分基于其运用先进数据分析方法对现有和潜在客户进行分析的能力，设计出合适的产品和服务，在满足个人消费者更加个性化的需求方面将释放巨大潜力。

（三）商业可行性和可持续性

从消费者角度来看，可得性、多样性和适当的产品是普惠金融的关键要素，但这里还面临一个关键挑战：如何构建和维持一个良好的金融生态系统，使得金融服务提供者能以成本节约的方式、长期可持续地提供产品和服务。如果一个金融体系不能以可持续的方式，为原本金融服务不足群体提供服务，那么普惠金融的长远目标最终也难以实现。一个多元、竞争和创新的市场对于普惠金融可持续发展至关重要。尽管消费者需要一系列金融产品和服务，但在大多数市场上，仅靠商业银行自身难以向所有服务不足群体提供全方位的金融产品和服务。在一个公平的环境中面向不同客户群体或细分市场而采取不同商业模式的各类金融服务提供者，可以共同推动产品设计或交付模式的创新，以及促进金融生态体系在长期内多元化可持续发展。商业银行、农村地区的银行、金融合作社、微型金融机构、邮政银行、支付服务提供者、移动网络运营商以及金融科技公司等，都能在普惠金融方面发挥各自的作用。

实现金融服务可持续供给的另外一个重要因素是，具有强大的金融基础设施，能够支持信息和交易在广泛的市场参与者间有效传输。金融基础设施主要包括信用基础设施（征信体系、担保交易体系、抵押登记以及破产制度）和全国性支付体系。征信体系可在所有信贷服务提供者中收集和发布相关重要数据（包括分期偿还数据），有助于可靠地对消费者个人信用进行评价，从而降低信息不对称性和交易成本，信息不对称和交易成本往往导致贷款机构不愿意向低收入者和小微企业提供贷款。

（四）安全和责任

实现普惠金融的长期发展目标需要负责任地向消费者提供金融产品和服务，同时普惠金融政策目标应当与金融稳定和市场诚信的政策目标相一致。总而言之，金融管理部门应当持续评估风险，在不同金融政策目标之间做好权衡取舍。金融消费者权益保护的核心要素包括产品和服务条款的清晰披露、公开透明，公平对待消费者，以及建立便捷合理的纠纷解决机制等，这对于确保消费者获得最符合其需要的产品和服务，以及在使用产品和服务的过程中权益不受到侵害是必不可少的。金融消费者权益保护对增强消费者（特别是新进入正规金融体系的消费者）对金融体系的信任至关重要。在法律和监管环境中应确保存在一个完备的金融消费者权益保护框架，该框架对金融服务提供者的行为设定了明确的规则。

实现普惠金融的长期发展离不开整个金融体系的安全和稳健。例如，金融管理部门为了实现普惠金融目标，在通过放松监管要求鼓励某几类提供者或交付渠道时，必须确保有强大的监管框架，使金融能长期稳定发展，并使消费者受到保护。尤其是在金融科技领域，注重平衡好风险和创新的关系，可为接下来的创新提供持续增长空间。

二、数字金融的定义及特点

在金融前面加了“数字”，很符合时代特点，因为当下金融的发展必须借助数字化的手段来提升。更进一步说，数字就像是金融的动力和翅膀，能够推动金融飞速发展。“数字金融”还处于不断发展阶段，并没有统一的定义。本书采用2016年G20普惠金融全球合作伙伴（GPFI）报告《全球标准制定机构与普惠金融——演变中的格局》中数字金融的概念，数字金融泛指通过互联网及信息技术手段与传统金融服务业态相结合的新一代金融服务。它既包括适用于数字载体的金融产品和服务创新（如移动货币、网络借贷），数字技术驱动的商业模式创新（例如利用大数据进行信用评分、代理模式等），也包括通过数字技术渠道获取传统的金融产品和服务。

三、数字金融对普惠金融的影响

金融作为数据沉淀最充分的行业之一，数字金融架起物理世界与数字世界的桥梁，打通线上与线下边界，数字科技企业与金融机构依照各自不同的禀赋和能力，共同建立了新的行业生态。鉴于数字金融的重要性日益凸显，本部分将从普惠金融的四要素的视角梳理数字金融对普惠金融的发展和未来趋势的影响。

第一，数字金融的出现使消费者对物理网点的依赖减少，消费者能够使用手机、电脑和其他个人设备来获取和使用一系列金融产品和服务。通过这种方式，提高金融的可得性，可弥补金融服务的不足，为以前传统金融服务机构所忽视的群体提供金融服务，如农民、小微企业、低收入者、生活在偏远地区的人群等。

第二，数字金融有助于提高便利性、提升可负担性以及为金融服务不足群体设计更好的产品。中国支付的数字化展示了技术驱动的产品创新是如何促进普惠金融发展的。随着可靠而高效的数字支付产品大量涌现，消费者现在可以享受到随时随地支付的便利。移动支付为购物、缴纳公用服务费用、银行账户查询、支付交通费、转账、购买理财产品和其他交易提供了一种新的方法。数字支付改变了人们的金融交易行为，对许多消费者而言，数字支付已经取代了现金交易。此外，由于使用数字支付，大量交易被记录下来，金融科技公司从而可利用大数据和云计算等信息技术收集并分析这些海量数据，以更精准地为消费者设计和提供一系列成本低、可获得性高的金融产品与服务。

第三，金融科技公司的兴起对中国传统金融机构造成了冲击，促使其加强创新，采用数字金融的方法，并开始在此前服务供给不足的市场领域开展竞争。因此，中国的数字金融并非只局限于数字金融提供商为消费者提供产品和服务，传统金融机构也以更高效、数字化的方式，创新更多的产品，为新的客户群体提供服务。此外，其他类型的金融科技公司在中国大量涌现，利用上文提到的先进的信息通信技术提供信用评分、风险管理和其他对传统金融机构有价值的服务，对传统金融机构产生了积极影响。金融科技公司和传统金融机构的合作能够使双方发挥各自的比较优势，因为双方既在技术、分析效率方面互补，又在信誉、风险管理、金融产品知识等方面相互助益，双方的合作具有良好的前景。

第四，与传统金融相比，数字金融领域存在很多潜在风险，而且更具隐蔽性、传染性和广泛性。要求在消费者权益保护和教育方面采用新的方法。应建立行之有效的消费者权益保护框架来消除数字金融交易对消费者构成的潜在威胁。同时，亟须加强消费者教育，提高消费者了解和使用数字技术的金融技能，以便获取合适的产品与服务。此外，还需进一步健全监管数字金融提供者的法律法规、制度和监管实践。中国金融管理部门也日益认识到为新兴商业模式建立全面、适度的法律框架，并确立明晰的标准是非常必要的。现阶段，中国金融管理部门已经自觉地从“包容并观察”的监管方式转向更积极的监管并取得了进展，但是金融科技的监管规则仍有待完善，还有许多空白需要填补。

总体而言，数字金融为促进中国普惠金融发展发挥了重要作用，同时也丰富了全球数字普惠金融的实践。中国金融科技公司利用信息技术快速发展带来的机遇，服务于被传统金融机构所忽视的群体或无法获得金融服务的群体，通过提高金融服务可获得性，提供创新性和低成本的金融产品与服务，以及丰富金融生态系统的多样性，对促进中国金融的“普惠化”发挥了多重作用。

第二节　金融科技公司

一、金融科技公司的基本概念

（一）金融科技公司的定义

以大数据、云计算、人工智能、区块链以及移动互联为引领的新的工业革命与科技革命，不断打破和重构金融学科的边界、研究范式，深刻地改变了金融业态，并开始成为未来金融发展的制高点。随着平台经济的崛起，交易金融时代的到来，整个商业模式较传统模式发生了重大改变，在新一轮的变革浪潮中，金融科技公司应运而生。

关于金融科技公司的基本含义，国际金融稳定理事会（FSB）认为，所谓金融科技公司是指商业模式专注于金融科技创新的公司。可以理解为核心商业模式主要建立在大数据、区块链、云计算、人工智能等创新性数字金融上的公司组织。根据定义，金融科技公司的属性有三点：第一，金融科技公司是科技公司；第二，金融科技公司所从事的科技是与金融服务创新直接相关的科技；第三，金融科技公司具有高风险性。

为准确理解金融科技公司的概念，需要明确金融科技公司与金融公司的联系和区别。金融科技公司与金融公司有着密切的技术供应链关系，但在性质上却是截然不同的两类公司。

一是金融科技公司与金融机构之间有着密不可分的内在联系。金融科技公司不同于传统的科技服务公司，它们与金融机构的关系不是简单的技术买卖关系，而是利益共同体关系，通过与金融机构进行价值分享，共同创造增量业务。大型金融科技公司拥有大数据资源，借助持续创新的科技手段可为金融机构创造增量服务，甚至开拓新市场。

二是金融科技公司不是金融机构，也不是介于科技与金融者之间的跨界企业。金融机构，是充当债权债务媒介，经营货币信贷、证券发行与承销、保险承销与买卖的中介机构。金融机构执行业务需要取得金融监管部门授予的金融业务许可证。而金融科技公司无论自身业务是否与金融服务相关联，其本身不属于金融机构。①

金融科技以数据为基础，是一场金融和技术的盛大联姻，以数据为基础，利用信息科技手段，创新金融产品，改造金融服务方式，促进资金高效融通，从而整体提升金融行业效率，降低金融行业运行成本，具有低利润率、轻资产、高创新、快增长等特性。它与传统银行的关系不是颠覆，而是互补。金融科技公司通过引入机器学习乃至人工智能技术，使得金融活动更具科学属性和智能化，银行等金融机构通过使用交易金融平台的大数据挖掘和信用评价技术，可以拓展其业务，同时给客户提供全新的技术体验。总之，金融科技公司通过他们掌握着数据和资源的节点可以助力金融机构满足需求多变、交易互联网化的客户要求，赋能客户并提高客户参与金融的积极性，从而提升客户体验，为打造交易金融生态奠定了技术和服务基础。

（二）金融科技公司的应用领域范围

在金融科技公司所覆盖的范围与领域方面，巴塞尔银行监管委员会区分出四个核心应用领域，即“存贷款与融资服务”“支付与清结算服务”“投资管理服务”以及“市场基础设施服务”。其中，“存贷款与融资服务”领域包括网贷、征信、众筹等产品；“支付与清结算服务”包括移动支付、P2P汇款等内容；“投资管理服务”典型代表是智能投顾与智能投研等；“市场基础设施服务”的内容则最为广泛，意指人工智能、区块链、云计算、大数据、安全等技术所带来的金融产品的创新（见图12-1）。

① 管同伟：《金融科技概论》，中国金融出版社2020年版。

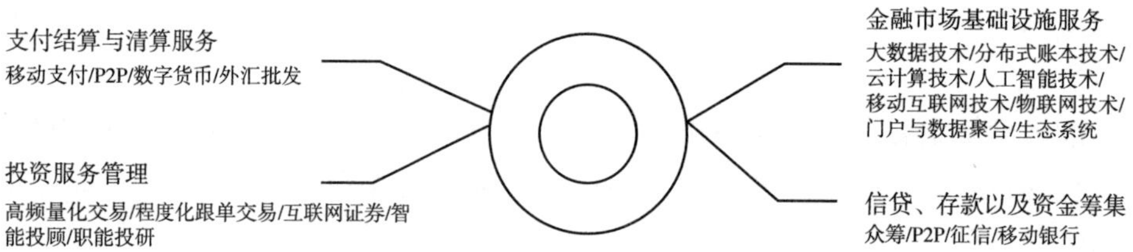

图12-1　金融科技公司的应用领域范围

资料来源：巴塞尔监管和实施委员会组建的金融科技课题组于2017年8月31日发布的《金融科技发展对银行及其监管机构的影响》报告。

（三）我国金融科技的生态体系

目前，我国金融科技的生态体系也在逐渐成熟。从参与主体角度，金融科技生态体系中不仅包括了通过技术手段提供创新金融服务的金融科技公司和提供金融合规应对方案的监管科技公司，还包括了传统金融机构和为金融业提供技术服务的科技公司，并涵盖金融科技投资机构、商业模式孵化器、金融监管机构、科技监管机构和金融科技监管机构等。

二、金融科技公司的类型

（一）按照不同资本来源划分金融科技公司的类型

按资本来源，金融科技公司可划分为产业资本与金融资本两种不同的类型，前者大多由信息技术公司转型而来，后者主要由传统金融机构发起设立。

1.来自产业资本的金融科技公司

在我国，这一类金融科技公司大都由互联网电商企业转型而来，被称为“平台系”，不同于其他金融科技企业，这类金融科技公司独具特色的互联网属性，大多是互联网电商企业转型而来，让其在C端全产业布局业内领先。

2.传统金融机构设立的金融科技公司

这类公司被称为“银行系”金融科技公司，一般由原机构内设的IT部门改制而来，主要功能是为集团内部提供科技服务。包括通过基础设施建设、应用系统搭建、技术内部孵化提升集团信息化水平；推动集团金融服务场景化、平台生态化、风险管理智能化，赋能集团金融科技转型；同时，促进集团创新体制朝着数字化、市场化方向发展。目前，市场内最正统的是“银行系”金融科技子公司，数量已达到10家，被业界作为标杆提及频率最高的以建信金科、民生科技、兴业数金为先。建信金科是中国建设银行旗下从事金融科技行业的全资子公司，是业界共识发展最成功的“银行系”金融科技企业。

此外，也有金融机构同科技企业之间的各种业务合作形式。被称为“原生系”

金融科技公司，是最早一批布局金融科技市场的金融科技公司，具备“科技+B端场景+金融”融合的能力。包括利用金融科技公司开发的产品或平台组建合作网络、开发并测试新技术与解决方案、推荐与其风险偏好不符的小微企业采用P2P网贷公司的产品或服务、合营企业或合创服务等。据2018年互联网数据中心（IDC）《中国银行业IT解决方案市场份额》和赛迪《2018中国银行业IT解决方案市场年报》显示，目前文思海辉、宇信科技、神州信息为中国银行业IT解决方案市场前三名。

（二）按照从事的业务划分金融科技公司的类型

1.非银行支付机构

随着电子商务和社交网络的迅猛发展，非银行网络支付应运而生。非银行网络支付是指付款人通过非银行支付平台进行资金转移的行为，例如阿里巴巴旗下蚂蚁金服的支付宝，运营社交平台微信和QQ、腾讯旗下的财付通等非银行支付平台。

2. P2P 网络借贷

个体网络借贷（即P2P 网络借贷，简称“P2P 网贷”）是指个体和个体之间通过互联网平台实现的直接借贷。根据有关规定，P2P 网贷平台本质是信息中介而非信用中介，因为它们是为借款人和出借人实现直接借贷提供信息搜集、信息公布、资信评估、信息交互、借贷撮合等服务的机构。因此，P2P 网贷平台不得吸收公众存款、不得归集资金设立资金池、不得自身为出借人提供任何形式的担保。

3.网络小额贷款

网络小额贷款是指互联网企业通过其控制的小额贷款公司，利用互联网向客户提供的小额贷款。网络小额贷款大致可以分为以下几种类型：（1）为网店经营者提供融资服务，如蚂蚁金服在2010 年试运行对淘宝店主提供贷款；（2）为网购者提供小额贷款，如“蚂蚁花呗”，这是一个服务网购消费者的金融产品；（3）为农户提供小额贷款，利用互联网和移动平台发放的小额贷款可以帮助农户解决生产中的融资问题，例如两家互联网企业蚂蚁金服通过蚂蚁小贷、京东通过京东小贷向农村地区提供服务。

4.互联网银行

互联网银行背靠实力雄厚的互联网服务提供商，具有处理海量信息流量和线上交易的能力，使得交易成本最小化，同时运用大数据分析消费者信用状况和消费行为。互联网银行与传统银行存在明显区别：（1）经营理念不同。传统银行主要依赖自有资源开展业务，而互联网银行则是通过整合和运用母公司的资源进行经营，包括从电子商务平台获取的数据和信息，以及在物流、工商业活动等运营环节中产生的数据和信息。（2）客户群体不同。互联网银行目标客户群体主要是熟悉互联网，在电子商务市场中活跃度较高的小微企业、创业者和个人消费者。（3）经营渠道不同。传统银行较为依赖物理网点，现有电子银行业务是传统产品的附加服务，主要实现将传统产品在互联网上交易。互联网银行从一开始就采取互联网模式，例如可实现借贷全流程数字化。（4）客户识别和评价方法不同。传统银行主要通过企业提供的财务报表和面对面接触等方式识别客户身份、评价客户资信情况。而互联网银行则主要通过互联网技术和从母公司抓取数据的方式，运用数据模型自动评估技术以及视频或电话资信调查相结合的方式完成客户识别和评价。（5）风险管理手段和技术不同。传统银行在一定程度上依靠人工从事风险管理工作，而互联网银行则依赖大数据和数据模型进行风险管理。

但由于受到资金约束（比如缺乏存款），因此互联网银行往往与传统银行进行合作。通过合作，互联网银行将潜在借款者与传统银行连接起来，为传统银行提供这些消费者的个人基本信息、授信和借款等基本情况。在上述合作中，发放贷款产生的客户资源及收益也由互联网银行和传统银行共享。目前，中国成立了三家互联网银行——微众银行、网商银行和新网银行。纯互联网银行没有网点和柜台服务，主要利用技术和数据，而非线下资源，重点向个人和小微企业提供信贷产品。

5. 互联网保险

互联网保险公司运用数字技术进行交易处理和数据存储。相比于传统保险公司，互联网保险分析速度更快、处理规模更大。这类公司可利用大数据研发出丰富多样的保险产品，并运用在线处理和数字化渠道更高效、便捷地服务消费者。互联网保险公司的产品以低价值、短期化、标准化为主，合同条款简单，操作流程简便。2013年11月，中国首家专业互联网保险公司——众安在线财产保险公司（简称“众安保险”）成立。

6. 互联网理财

互联网理财产品是指根据原中国银监会的定义，互联网企业与基金公司合作或基金公司借助互联网推出的以余额宝、现金宝、理财通、活期通、百度百发等为代表的基金产品，不含通过传统渠道和银行网站等代销的基金产品，也是第三方支付平台提供的余额增值服务。区别于传统基金理财模式，互联网基金依靠大数据、社交网络、移动支付等现代信息技术，实现了交易场所的虚拟化。首先，相比于传统基金理财模式，不但便捷了基金的业务操作，降低了运营成本，而且大大提高了业务效率。其次，可以实现基金产品和客户投资需求的高效匹配。在互联网基金理财模式下，投资者可以通过网络平台掌握更多有利于自身投资的信息并能轻松完成对各种基金产品的比对，从而筛选出适合自己的优质投资标的。更为重要的是，互联网基金理财作为互联网金融模式的重要内容，使绝大多数人（尤其是低收入阶层）都能够参与到这种金融创新活动中来，有效地缓解了金融排斥，很好地诠释了普惠金融的内涵。而且余额宝的成功促使整个理财行业重新审视其产品、服务和目标市场，开始思考如何吸引以前被排除在外的中低收入群体，如何通过使用类似的数字商业模式、技术和渠道，在可持续发展和可盈利的基础上更好地为其提供服务。

7.互联网股权众筹

小微企业通过股权众筹融资中介机构平台（互联网网站或类似的电子媒介）进行的公开小额股权融资活动。中国互联网股权众筹最初的特征是面向公众、投资金额小、投资人数多。创业者和小微企业通过股权众筹融资中介机构的数字平台向投资者披露业务形式、经营管理模式、财务状况和资金用途等真实信息。股权众筹融资通常包括高风险、高收益的创新型科技项目，这些项目处于发展早期，正寻求种子和天使投资。互联网股权众筹在中国有着较大的增长潜力，有助于解决小微企业的融资需求。

总体而言，金融科技正在推动着整个金融价值链的重塑。加速布局、抢夺话语权成为金融科技公司的头等大事，在这过程中，逐步形成了以百度、阿里巴巴、腾讯（以下简称“BAT”）为风向标的行业格局，“开放”“技术实力”“布局”成了BAT口中的高频词汇。近几年，BAT等行业巨头继续在金融科技之路上狂奔突进。表12–1整理了BAT三巨头开展金融科技业务的行业布局。

表12–1　BAT三巨头开展金融科技业务的行业布局

行业	阿里巴巴	腾讯	百度
支付	支付宝	微信支付、财付通	百度钱包
贷款	蚂蚁小贷、蚂蚁花呗	投资人人贷、微粒贷	百度小贷
理财	余额宝、招财宝	理财通	百发、百赚
保险	众安保险	众安保险	百安保险
证券	控股德邦证券	投资富途证券	N/A
银行	网商银行	微众银行	N/A
征信	芝麻信用	腾讯征信	N/A
基金	天弘基金、淘宝100指数	投资好买基金	大数据基金
众筹	淘宝众筹、蚂蚁达客	腾讯乐捐	N/A

三、金融科技公司的资本来源

金融科技领域近年来掀起了投资热潮，吸引了从华尔街顶级投行到全球顶尖高科技公司的巨额资本。花旗集团报告显示，近5年来金融科技领域吸引的投资额增长逾10倍，风险资本对金融科技的青睐度随着行业发展不断升温。中国更是成了全球金融科技投资第一目的地，金融科技投资额增长迅猛。花旗集团全球银行业研究团队主管罗尼特·高斯表示，中国的金融科技不仅在国内突飞猛进，在国际上也开始崭露头角。目前全球超过50%的金融科技投资都是投在中国，金融科技投资的第二大目的地是美国，所占比例大约为40%。[①]中国对个人金融科技的推广应用方面远远领先于其他国家。

（一）金融科技公司的资金来源

金融科技公司融资渠道与一般公司并无太大差别，主要分为内源融资和外源融资两种。内源融资是指公司经营活动结果产生的资金，即公司内部融通的资金，转化为投资的过程；外源融资是指企业通过一定方式向企业之外的其他经济主体筹集资金以转化为自己投资的过程。具体而言，金融科技公司的资金来源主要可以通过以下途径获得：

1. 自有资金

自有资金主要是创业者为进行生产经营活动所经常持有、能自行支配而不需偿还的资金。

2. 股权融资

股权融资是指创业者或中小公司企业的股东愿意让出部分企业所有权，通过企业增资的方式引进新的股东，同时使总股本增加的融资方式。股权融资所获得的资金，企业无须还本付息，但新股东将与老股东同样分享企业的盈利与增长。这是投融资双方利益共享、风险共担的融资方式。对于很难从传统正规金融渠道获取资金的中小公司而言，这种融资方式不仅便捷，而且可操作性强，是创业者与中小公司的现实融资渠道。

3. 债权融资

债权融资是指创业者或中小企业采用向银行等金融机构贷款或者向非金融机构（民间借贷）借款的形式进行融资，在一定期满后当事人必须偿还本金并支付利息。向金融机构贷款需要具备抵押、信用、质押担保等某一条件，民间借贷更多的是依靠信用和第三方担保的形式。由于初创公司具有规模小、实力弱、有形抵押物不足、市场前景不确定、专业信息不对称等问题，银行贷款获取比较困难。创业公司往往倾向于向亲友借款的民间借贷方式。

4. 天使投资

天使投资是指富有个人或者家庭以自己名义直接投资于创业企业的资本，是一种典型的“非组织化的创业投资资本”。或者说是自由投资者或非正式风险投资机构出资协助具有专门技术或独特概念而缺少自有资金的创业家进行创业，并承担创业中的高风险和享受创业成功后的高收益。实际上天使资本是权益资本的一种形式，是一种用资本换取创业企业股份所有权的行为，同时它也是风险投资的一种特殊形式，是对于高风险、高收益的初创企业的第一笔投资。一般来说，一个公司从初创

① 毕马威（KPMG）《金融科技的波动》，2017年2月。

期到稳定成长期，需要三轮投资，第一轮投资大多是来自个人的天使投资作为公司的启动资金；第二轮投资往往会有风险投资机构进入，为产品的市场化注入资金；而最后一轮则基本是上市前的融资，来自大型风险投资机构或私募基金。

5. 风险投资

风险投资又称“创业投资”，是指由职业金融家投入到新兴的、迅速发展的、有巨大竞争力的企业中的一种权益资本，是以高科技与知识为基础，生产与经营技术密集的创新产品或服务的投资。风险投资在创业企业发展初期投入风险资本，待其发育相对成熟后，通过市场退出机制将所投入的资本由股权形态转化为资金形态，以收回投资。风险投资的运作过程分为融资过程、投资过程、退出过程。风险资本市场是一个培育创新型企业的市场，是创新型企业的孵化器和成长摇篮。风险投资是优化现有企业生产要素组合，把科学技术转化为生产力的催化剂。风险投资不同于传统的投资方式，它集金融服务、管理服务、市场营销服务于一体。风险投资机构为企业从孵化、发育到成长的全过程提供融资服务。风险投资不仅为种子期和扩展期的企业带来了发展资金，还带来了国外先进的创业理念和企业管理模式，手把手地帮助企业解决各类创业难题，使很多中小企业得以跨越式发展。

6. 私募股权投资

私募股权投资（private equity，PE）是通过私募形式对非上市企业进行的权益性投资，在交易实施过程中附带考虑了将来的退出机制，即通过上市、并购或管理层回购等方式，出售持股获利。广义上的PE对处于种子期、初创期、发展期、扩展期、成熟期等各个时期的企业进行投资。狭义的PE主要指对已经形成一定规模的，并产生稳定现金流的成熟企业的私募股权投资，主要是指创业投资后期的私募股权投资。狭义PE与风险投资（venture capital，VC）虽然都是对上市前企业的投资，但是两者在投资阶段、投资规模、投资理念和投资特点等方面有很大的不同。区分VC与PE的简单方式：VC主要投资企业的前期，狭义PE主要投资企业的后期，而广义PE对处于种子期、初创期、发展期、扩展期、成熟期和pre-IPO各个时期企业进行投资，故广义上的PE包含VC。私募股权投资基金是推动资本市场可持续发展的力量，也为解决民营小企业的金融困境提供有效的途径，打通了产业需求和金融资本获利的需求。

7. 政策性贷款

政策性贷款是指政府部门为了支持某一群体创业出台的小额贷款政策（如下岗失业人员小额贷款政策），同时也包括支持中小企业的发展建立的许多基金，如中小企业发展基金、创新基金等。这些政策性贷款的特点是利息低，微利行业政策贴息甚至免利息、偿还的期限长甚至不用偿还，但是要获得这些贷款必须符合一定的政策条件。

（二）公司成长周期与融资方式的选择

资金是维持企业生存的第一要素，如何获得资金是每个企业必须解决的核心问题。考虑到企业在不同时期具有不同特征，生命周期理论认为企业的成长周期应涵盖初创期、成长期、成熟期和衰退期这四个阶段。金融科技企业也不例外，具有典型生命周期特征，在不同的成长阶段融资策略差异性亦较大。因此在融资过程中，金融科技公司必须以自身周期特征为落脚点，全面考虑现实发展需求以及企业融资的便利资源做出恰当的融资决策。

1. 初创期

在初创时期，由于企业还处于萌芽状态，企业一般会从内源性融资开始，通过自有资金的融资渠道来维持企业经营。直到产品成型接触市场时，自有资金不足以支撑企业的宣传推广以及新产品的继续研究与更新，则企业会选择股权融资中的风险投资、天使投资以及政策性资金投入填补重大的资金缺口。处于此阶段的企业通常不会选择负债融资，因为其本身对资金需求量大，且收益不稳定，根本无力再去承担较高的利息费用，同时也是为避免加剧财务危机。

2. 成长期

金融科技公司在风险中逐步进入成长期，企业的组织结构初具规模，技术相对成熟、市场风险相对较低、产业化生产逐步实现，企业为了把握高速成长的机会，会大力巩固新技术并加快产品的优化与更新，以获取更丰厚的回报，同时会加大资金投入。这一阶段，由于企业整体具备了抵抗风险的能力，一般会选择适当增加长期借款、风险投资、国际组织贷款、政策性贷款等夹层资本。

3. 成熟期

当金融科技公司迈入成熟期，产品拥有稳定的客户群，经营业绩稳中有升，资产规模日益扩张，企业步入格局化发展轨道。此时，资源、设备、新技术等需要不断补充与完善，同时，为了寻找新的发展机会推出新产品，企业需要注入更雄厚的资金。可以说，在这个阶段公司的技术风险和市场风险明显下降，盈利能力完全显现，现金流量稳定，所以企业一般会选择融资成本较低的债权融资、留存收益、发行股票上市（IPO）或被其他投资人收购等方式。

4. 衰退期

当高新技术企业进入衰退期，意味着开始走向没落，又或者进行产业转型和组织结构变革，此时，企业的技术与产品可能被其他更新更优化的产品技术所取代，也可能逐渐被市场淘汰，利润开始下滑，可以选择的融资方式也受到了很大限制。此时企业会首要选择前期积累的留存收益来融通资金，同时，为了可以保存企业原有资产，企业还可以选择债权融资中的资产证券化模式来将固定资产证券化，待清算完企业的退役生产设备等资产时，企业可以利用资金积极进行二次创业，避免企业走向消亡。

（三）金融科技公司的组织结构

决定一个企业是否优秀，能否长久，不是看企业领导人的个人能力，最重要的是看企业的组织结构是否能让平凡的员工通过努力创造出不平凡的业绩；反之则会让优秀的员工仅仅做出平凡的业绩。那么，是什么导致了这两种截然不同的组合效果呢？其根本的原因就在于组织结构不同。组织架构不合理的企业将是一盘散沙，会严重阻碍企业的正常运作，甚至导致企业经营的彻底失败。相反，适宜、高效的组织架构能够最大限度地释放企业的能量，使组织更好发挥协同效应，达到“1+1>2”的合理运营状态。近年来，也有研究机构提出企业竞争优势来源于组织内部结构，构成要素相互依赖、协调一致，形成了企业特殊的、难以完全模仿的能力，形成了组织竞争优势的来源。接下来将介绍一下常见金融科技公司的组织结构形式：

1. 中央集权金字塔形结构

金字塔结构与“扁平结构”相对，是一种传统的组织结构设计。主要指在组织规模已定的情况下，通过比较狭窄的管理幅度和较多的管理层次设计而使得职能严格划分和层级严格确定的组织结构形态。金字塔结构是一种形象的说法，就是多层级、多链条的集团控制结构。其优点是：较小的管理幅度可以使每位主管仔细地研究从每个下属得到的有限信息，并对每个下属进行详尽的指导。但过多的管理层次必然要导致机构臃肿、人员膨胀、管理成本上升和管理效率低下，影响信息从基层传递到高层的速度，而且信息在多层级的传递过程中容易失真，并使得计划的控制工作复杂化。

2. 分权结构

分权化组织结构包括联邦分权化结构与模拟分权化结构两种组织结构形式。联邦分权化组织是在公司之下有一群独立的经营单位，每一单位都自行负责本身的绩效、成果以及对公司的贡献；每一单位具有自身的管理层，联邦分权化组织的业务虽然是独立的，但公司的行政管理却是集权化的。模拟分权化组织，所谓模拟，就是要模拟事业部制的独立经营、单独核算，而不是真正的事业部，而组织在管理上却将其视之为一个独立的事业部，实际上是一个个“生产单位”。这些生产单位有自己的职能机构，享有尽可能大的自主权，负有“模拟性”的盈亏责任，它是针对企业规模过大，而产品品种或生产过程根本无法分解成几个独立的事业部门而采取的一种分权结构的组织形式。目的是要调动他们的生产经营积极性，达到改善企业生产经营管理的目的。分权化组织的优点在于：（1）可以降低集权化程度，弱化直线制组织结构的不利影响；（2）提高下属部门管理者的责任心，促进权责的结合，提高组织的绩效；（3）减少高层管理者的管理决策工作，提高高层管理者的管理效率。缺点在于需要雇员的高度自律。

3. 矩阵式结构

矩阵式组织结构是指在一个机构之机能式组织形态下，为完成某种特别任务，另外成立专案小组负责，此专案小组与原组织配合，在形态上有行列交叉之式，可以理解为既有按职能划分的垂直领导系统，又有按产品（项目）划分的横向领导关系的结构。矩阵制组织是为了改进直线职能制缺乏弹性的缺点而形成的一种组织形式。它的特点在于为了完成某项专门任务而成立跨职能部门的专门机构。这种组织结构形式是固定的，人员却是变动的，项目小组和负责人也是临时组织和委任的。任务完成后就解散，有关人员返回原单位工作。因此，这种组织结构非常适用于横向协作和攻关项目。矩阵结构的优点是：同时具备事业部式与职能式组织结构的优点，机动、灵活，加强横向联系，促进各种专业人员互相协调，实现了人力资源的弹性共享；矩阵结构的缺点是：人员上的双重管理是矩阵结构的先天缺陷，由于参加项目的人员都来自不同部门，隶属关系仍在原单位，项目负责人的责任大于权力，没有足够的激励手段与惩治手段，容易产生临时观念，对工作有一定影响。

矩阵式组织结构是一种十分常见的组织结构，一般比较适用于协作性和复杂性强的大型组织。国际商用机器（IBM）、福特（Ford）汽车等公司都曾成功地运用过这种组织结构形式。矩阵式组织结构的高级形态是全球性矩阵式组织结构。一般认为，这种组织结构方式可以使公司因提高效率而降低成本，同时，也因较好创新与顾客回应，而使其经营具有差异化特征。这种组织结构除了具有高度的弹性外，同时在各地区的全球主管可以接触到有关各地的大量资讯。它为全球主管提供了许多面对面沟通的机会，有助于公司的规范与价值转移，因而可以促进全球企业文化的建设。

4. 扁平式结构

扁平化组织结构的扁平化，就是通过减少管理层次、裁减冗余人员来建立一种紧凑的扁平组织结构，使组织变得灵活、敏捷，提高组织效率和效能。扁平化组织结构的优势主要体现在以下几个方面：（1）信息流通畅，使决策周期缩短；（2）创造性、灵活性加强；（3）降低成本；（4）有助于增强组织的反应能力和协调能力。扁平化组织结构的缺点是中层管理人员稳定性不足。

第三节　中国数字普惠金融的经验

一、中国近些年的数字普惠金融经验

数字普惠金融泛指一切通过使用数字金融服务以促进普惠金融的行动。它包括运用数字技术为无法获得金融服务或缺乏金融服务的群体提供一系列正规金融服务，其所提供的金融服务能够满足他们的需求，并且是以负责任的、成本可负担的方式提供，同时对服务提供商而言是可持续的。数字普惠金融涵盖各类金融产品和服务（如支付、转账、储蓄、信贷、保险、证券、财务规划和银行对账单服务等），通过数字化或电子化技术进行交易，如电子货币（通过线上或者移动电话发起）、支付卡和常规银行账户。

21世纪初，中国金融管理部门开始注重改善银行体系的盈利能力，并引导金融业服务于促进中国社会和谐及可持续发展。为实现后一个目标，普惠金融的政策目标主要集中在三个领域：（1）普及银行业基础金融服务（即银行账户和支付服务）；（2）向农户提供生产经营性贷款；（3）向小微企业提供信贷支持。在致力于实现这些目标的十几年间，从顶层设计到移动支付，中国数字普惠金融领域的发展成就有目共睹。数字普惠金融在中国的快速发展不是一个偶然现象，这种爆发式增长是诸多因素综合作用的结果。虽然中国的数字普惠金融经验与其他国家有一些相通之处，但也包含中国一些特有的经验，本节将从政策、经济、技术三个层面来对中国近些年的数字普惠金融经验进行总结。

（一）政策层面

国家开始重视数字普惠金融的整个生态布局，为数字普惠金融发展提供资金和创新政策鼓励与支持。2015年，中国制定了首个国家级普惠金融发展五年规划，通过持续改革建立起多元化、广覆盖的普惠金融机构体系。基于普惠金融等需求，在《“十三五”国家科技创新规划》中，国家对金融提出了数字金融的发展要求，推动科技与金融融合，为智能金融的发展创造了优越的政策环境。2017年推出的《关于促进移动互联网健康有序发展的意见》中，明确了加紧人工智能、虚拟现实等新兴移动互联网关键技术布局的重要性，为人工智能发展提供了强有力的政策支持，部署构筑我国人工智能发展的先发优势。与此同时，中国政府在重视经济发展、促进科技进步的同时，也兼顾了农村贫困地区的经济发展和金融需求，对这些地区实施优惠的金融政策。长期以来，政府通过对信用合作社的改革和政策支持维持了信用社的运行，通过信用社和后来成立的邮储银行对农村地区实现基础金融服务的全覆盖。并在此基础上改善基础设施，特别是通过以工代赈、扶贫、老区建设等专项支出的方式，对落后地区进行了大量的基础设施投资，大幅度改善了基础教育、医疗卫生、乡村道路、水电供应、电视和通信网络等基础设施。在村村通电、通互联网光缆等工程顺利实施的基础上，村村通电子支付、村村有电商等数字经济活动变得顺理成章。

（二）经济层面

2012年开始，我国人工智能和金融科技项目投资热度高涨，深受资本市场青睐。不论是风险投资、互联网巨头还是传统银行等机构都加大了对金融科技领域的布局。其中传统金融服务提供者对推动普惠金融发展发挥着关键性作用。根据政府的政策指引，传统金融服务提供者在拓展物理服务网络、推动中国支付基础设施现代化，以及推动产品创新等方面取得了显著成效，其中也包括加强与金融科技公司合作。结果是，金融产品尤其是银行账户和银行卡的获取和使用有了显著增长。

（三）技术层面

金融监管对数字普惠金融给予厚望，在最初时期采取了鼓励的政策，催生了大量的数字金融服务企业，加速了数据技术的应用和金融科技的创新。传统银行业大力发展网络银行、手机银行等服务，大幅度提高了金融服务的触达能力，使业务能更多地覆盖不同的人群，更方便客户进行查询、转账、支付、理财等一系列的金融服务。此外，基于数字化技术开展普惠金融服务的互联网金融机构（第三方支付平台、P2P 网贷平台、众筹平台征信机构）也发展迅速，机构平台数量增长快速，降低了服务成本，提高了金融服务满足小微企业和个人小额分散的金融需求的能力，数字普惠金融的优势日益显现。再者，数字技术和金融服务的结合催生了多种形式的创新金融服务模式，将物联网、云计算、区块链、人工智能等新技术和新方法应用于金融领域，大幅度提高了数字金融服务的商业可持续性、易得性，大大推动了数字普惠金融的发展。

（四）案例：数字科技催生农业蝶变[①]

以“数字农贷”项目为代表的数字普惠金融新模式，降低了农业的生产成本和资金成本，提升了农户获得金融服务的能力，正在改变农业产业的发展生态。

1.数字农贷项目的概况

数字农贷是全新的微供应链金融模式。数字农贷以农业生产过程的数据化模型和农民的历史生产数据为基础，对未来生产结果作出预测，再以预测的统计学结果产生信用，进而对生产过程进行全程、高频、多方位的监管，以资金管理和风险管理辅助农业生产管理。数字农贷项目上线近两年来，已在山东、河北、河南等省与100多家合作社合作，累计放款约10亿元，逾期率和坏账率均为0。

2.数字农贷项目的实施过程

数字农贷项目从贷前、贷中和贷后各个环节运用数字化技术进行风险管理和生产管理。图12-2展示了数字农贷项目的贷款和还款流程。

① 京东金融，中国社会科学院中小企业研究中心：《普惠金融数字化转型的行业实践》，2019年版。

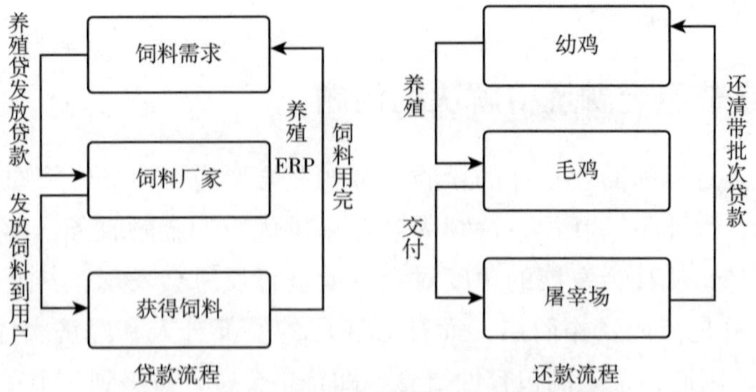

图12-2　数字农贷项目贷、还款项目流程

在贷前阶段，通过深入学习农业养殖技术，采集农户历史生产数据，建立量化模型并对产出结果进行预测，基于概率对农户进行授信。

在贷中阶段，数字农贷通过利用云管理系统，基于养殖数据进行高频、实时、循环的放贷。数字农贷的贷款并不会一次性发放，而是为获得授信的主体（农村专业合作社）匹配专业定制化的养殖管理系统，进而对生产过程进行全程、高频次、多方面的跟踪，并根据实际生产需求，定时、定量地匹配资金。以养鸡行业为例，肉鸡的养殖周期大约为42天，需要12元的饲料款，数字农贷按照养鸡户在各养殖环节的实际需求，分批将资金支付给上游饲料供应商，饲料供应商收到资金后为农民提供饲料。这种放贷方式使得养鸡户在一只鸡的养殖周期中，仅需为饲料款付6分钱的利息，避免了对闲置资金付息，比传统贷款成本低了将近一半，而且农民也省去了自己购买饲料的麻烦，可以专心进行养殖管理。

在贷后阶段，数字农贷应用数字化的技术手段将风险管理和生产管理有效结合。数字农贷并不局限于对农户授信贷款，而是以此为起点，继续帮助农户做养殖管理，对生产过程进行全程数字化监测，并将资金管理和风险管理融入其中，包括为养殖户提供免费的养殖管理系统、监控系统、物流管理系统等，帮助其建立一套集物流管理、信息流管理和资金流管理于一体的现代化农业养殖管理体系。

数字农贷模式的可复制性和可移植性相对较强，不仅仅局限于养殖行业，也可拓展复制到种植、农产品加工等行业；不仅可应用于国内农业结构优化调整，也可推广至海外国家的农业发展。当然，数字农贷模式应用领域也存在一定的共性，比如行业竞争相对充分等。综合来看，农村金融服务覆盖率不高、信贷困难以及非正式金融缺乏保护等问题，使得普惠金融在农村的道路越走越艰难，其根源在于传统农村金融始终未能突破“对人不对事”（即依靠抵押物和征信信息）的信贷逻辑，而数字农贷模式“对事不对人”（即依靠农业生产经营的数据和概率）的信贷逻辑，不仅降低了农村信贷的成本，更促进农业生产关系和生产力的改造提升。因此，数字农贷模式不仅是解决传统农村普惠金融困局的重要突破口，也将成为促进农业产业转型升级的重要“活水”。[1]

二、数字普惠金融亟待解决的问题

第一，社会目标和商业目标的矛盾。金融业需要遵循市场经济原则，追求利润最大化的目标，因此不断壮大，持续为产业提供优质的金融服务，具有很强的商业可持续性。但是，从社会发展的角度对金融业进行反思会发现，其追求利润的市场原则导致资本总是流向富裕阶层，而社会底层的一部分人和经济实体被排斥在外，两极分化严重。因此，金融的包容性概念，即普惠金融，被提到一个重要的位置。

第二，数字普惠金融的风险。数字技术的应用所产生的金融风险，主要涉及系统安全、信息安全。（1）系统安全。由于大多数新兴互联网机构运营时间短、投资规模小，导致系统稳定性与传统金融机构相比尚有较大提升空间。（2）信息安全。一方面，在大数据时代，海量数据是企业和用户的核心资产，因而易成为网络攻击的目标；另一方面，信息安全在整个互联网版图中具有“洼地效应”，大量用户甚至在多个网站使用同一账户名和密码，只要其中一家机构（即使是非金融领域）的客户信息泄露，势必将引发金融领域信息安全问题。

第三，不恰当的商业模式。一是数字化带来的创新大多数表现为商业模式的创新。新的模式可能给商业带来某些不可预期的变化。选择不同的金融模式，对普惠金融和商业可持续性发展将产生不同的影响，不恰当的战略选择将导致负面的结果。二是数字化的商业运作也可能带来一定的风险。数字化金融服务改变了产品设计、商业流程、经销行为、管理模式等，不恰当的商业运作模式可能导致经济上的损失。三是金融机构的数字化能力风险。传统的金融商业模式依赖人员的经验和技巧，而数字化金融模式更依赖技术，因此能否掌握可靠的智能金融技术变得至关重要。不可靠的金融技术可能造成重大的经济损失。商业运作的不确定性可能会引发流动性、信用、利率和合规性等方面的风险。若商业模式选择不当，一方面，将导致资本融资的利率增加，长期贷款利率被锁定；另一方面，又不能提高向客户收取的利率，收支不平衡而造成重大经济损失。

第四，数据安全。金融体系的数据安全包括以下几种：一是技术开发过程中由于系统本身的各种潜在问题如系统漏洞、系统架构以及系统各部分性能兼容性问题导致的风险；二是系统运行过程中由于操作应用导致的风险；三是外部网络攻击导致的数据泄露风险。

第五，数字鸿沟。数字金融依赖于网络技术和大数据等，个人信息比较难以获取的群体有可能被排斥在外，特别是那些不用或是少用互联网、手机等数字终端的人群，很可能由于没有数据信息而无法获得金融服务，而且这部分人往往也是传统

---

① 京东金融，中国社会科学院中小企业研究中心：《普惠金融数字化转型的行业实践》，2019年版。

金融服务不到的人群。

三、数字普惠金融展望

第一，以客户为中心。"以客户为中心"将成为数字普惠金融发展的重要理念，也是数字普惠金融商业模式成功的关键。数字普惠金融的客群是一个复杂多样的群体，具有多样的需求。需要围绕客户的特点和需求，设计出低收入客户既可以获得又能使用的金融产品和服务。如此客户才能受益，供方也才有利润以维持商业活动。金融机构采纳"以客户为中心"的理念，可以提高客户的采纳率和使用率、改善市场地位，降低成本以满足特定细分客户群体的需要、满足客户保护和监管的要求并履行社会责任。

第二，分层次的金融服务。数字普惠金融强调为所有阶层提供金融服务的机会，但不是要求每一个金融机构都要提供"全菜谱"式服务，而是根据自身能力对金融需求进行市场细分，提供符合自身专长的专业服务。就整个市场来说，必须允许鼓励不同层次的数字金融服务存在。

第三，渗透各个领域。数字普惠金融将和各领域的服务密切结合、互相促进、互相依赖。共享单车就是一个生动案例，共享单车因为与手机支付结合，迅速成长为一种非常普及的服务；手机支付也因为共享单车的使用使人们对它产生依赖。目前手机支付大有向交通、购物等各种服务渗透的趋势，也许不久的将来，会渗透到所有的服务领域。

第四，融入人们生活。随着金融科技的进步，线上支付、手机支付与网购结合等金融服务使用频率不断提高。随着新技术的发明、应用以及新产品的开发，数字普惠金融服务将成为人们生活的一部分。

第五，实现穿透式监管。随着监管科技的不断发展，监管可以穿透金融服务的每一个环节，金融监管原则能得到逐步落实，数字金融服务市场的发展将更加规范化、合理化。

第六，在宏观经济中扮演重要角色。在生产方面，普惠金融提高金融服务的可得性、使用率和质量，有利于扩大生产规模、提高生产效率，因此会增加全社会的生产总量。在消费方面，数字普惠金融提供小额便捷的服务能够刺激消费需求，拉动宏观经济增长。

第七，成为和谐发展的重要手段。数字普惠金融最主要的目的是将金融服务送达低收入人群以及解决中小微经济实体的融资问题，助力形成一个发展相对平衡的、收入差距缩小的社会。[①]

① 世界银行，中国人民银行：《全球视野下的中国普惠金融：实践、经验与挑战》，中国金融出版社2019年版。

第四节　数字普惠金融高级原则

数字普惠金融在商业可持续的基础上，把传统上“静态、被动、高门槛”的信贷体系，改造为“动态、赋能、多场景”的新模式，打通普惠金融支持“三农”和小微企业发展的“最后一公里”。普惠理念和数字技术都不会改变金融的本质，不管是互联网企业涉足普惠金融业务，还是传统金融利用“互联网+”扩大服务半径，金融行业传统的信用风险、流动性风险、操作风险等依然存在。并且，数字技术的引入使金融风险更具隐蔽性，传播速度更快，传播范围更广，产生了诸如系统安全、信息泄露、投资欺诈等众多与技术及传播范围有关的风险，增加了金融系统性风险。从当前来看，数字普惠金融为社会经济发展带来更多福利，但大量普通金融消费者的自我保护能力和安全意识还比较薄弱，监管存在空白或薄弱环节。这就要求普惠金融的推动者、监管者、消费者和提供者加倍关注，引导数字普惠金融健康发展。2010年发布的《G20创新性普惠金融原则》奠定和推动了政策的实施。而2016年9月，二十国集团（G20）领导人杭州峰会正式核准的《G20数字普惠金融高级原则》（以下简称《原则》）是数字普惠金融领域首个国际高级别指引性文件，包含了覆盖8条原则的66项行动，以指引和帮助各国政府及相关各方发展数字普惠金融。这些原则分别是：

一、原则1：倡导利用数字技术推动普惠金融发展

促进数字金融服务成为推动包容性金融体系发展的重点，它包括采用协调一致、可监测和可评估的国家战略和行动计划。促进数字普惠金融的关键行动包括但不限于：

1.根据具体国情，确保相关国家战略和行动计划能够反映实现数字普惠金融政策目标的新型数字商业模式，能够推广使用这些战略和行动计划，能够以证据为基础，目标具体、结果可测和责任明确。

2.有效加强政策制定者、中央银行、金融监管者、相关监管机构、金融纠纷处理专员和其他负有数字金融服务方面职责的机构（如通信、竞争和消费者保护等管理机构）的合作。

3.积极促进所有重要利益相关者（包括政府、私人部门和民间团体）之间有关数字普惠金融方面的对话和合作，确保他们对数字普惠金融目标和市场行为预期的理解一致。在可行条件下，政府机构向消费者和小型企业做出的大额经常性支付应数字化，进一步促进和激励以非现金数字方式（如以更低的手续费为激励）与政府进行款项收付。

4.鼓励和加强私人部门营利组织或非营利组织大额经常性支出的非现金化和数字化（如与薪金、转移支付和人道主义援助以及汇款等方面有关的大额经常性支出）。

5.倡导金融行业：（1）接受以客户为中心的产品设计理念，该理念关注客户的需求、偏好、行为并且促进无法获得和缺乏金融服务的群体获取和使用数字金融服务；（2）为无法获得金融服务的群体提供低成本的基础性交易账户，此账户能够用于数字支付并提供安全存储。这种倡导应当包括为缺乏金融服务的群体（如年轻人）提供针对此类账户所具有的法律灵活性和可适用性方面的清晰指引。

6.消除数字金融服务发展与数字金融服务获取的障碍，包括：让无法获得金融服务的群体（尤其是贫困人口、女性和年轻人）易于获得和使用移动电话和网络装置；改革阻碍广泛获取新技术的税收制度和进口限制。

7.为促进数字普惠金融，与其他国家监管机构合作消除跨境金融服务障碍，促进跨境金融服务顺利提供。

二、原则2：平衡好数字普惠金融发展中的创新与风险

在实现数字普惠金融的过程中，平衡好鼓励创新与识别、评估、监测和管理新风险之间的关系。平衡好数字普惠金融中的创新与风险的关键行动包括但不限于：

1.通过以市场为导向的激励和公私部门的合作，鼓励数字创新，特别是以此惠及无法获得正规金融服务和缺乏金融服务的群体。

2.鼓励金融行业为数字金融服务研发安全简单的使用界面，使其更易于使用降低错误交易和冒用的风险，特别是要考虑到弱势群体的需求。

3.与行业和风险管理专家合作，研究、识别和评估在使用新数字技术过程中出现的风险，并且确保有效地监测和管理这些风险。

4.在监管者和服务提供商之间建立常规的信息分享机制以及畅通的交流渠道。鼓励监管者与行业制定风险管理战略，该战略需反映不同的司法辖区的特定条件和法律框架，如符合当地情况的“了解你的客户”规则，通过该手段可有效管理和减轻已经识别的风险，而不是规避此类消费者与账户。监管指引也应强调普惠金融作为反洗钱和反恐融资监管中有利因素的重要性，并包含对相关监管规则灵活性的明确建议，包括以运用风险导向监管方法为目的的建议。

5.鼓励服务提供商更好地使用数字数据中的多种资源，在适当的安全保障下评估消费者和中小企业信用状况，同时促进完善此类数据并且公平、非歧视地使用此类数据。这些可供选择的数据资源包括移动电话的使用、公用事业缴费、企业注册数据信息和其他能够对传统贷款偿还数据或者保险相关数据进行补充的数据。

6.与金融行业合作，探索发行数字法定货币对普惠金融的益处。

7.探索识别新兴技术风险的新方法，如针对潜在网络犯罪的压力测试。

三、原则3：构建恰当的数字普惠金融法律和监管框架

针对数字普惠金融，充分参考G20和国际标准制定机构的相关标准和指引，构建恰当的数字普惠金融法律和监管框架。如果数字普惠金融市场能够持续地发展和扩大，那么服务提供商和其他市场参与主体就需要一个可预测的、以风险为导向的、公平的法律监管框架，它允许有新进入者，却不过度增加非风险导向的合规成本。特别是该框架应能够从市场、服务提供商和消费者的角度反映出对相关风险的认真评估；能够提供明确的市场参与规则；能够为市场参与主体建立一个公平、公开、平衡的竞争环境；并确保在基本的监管能力和资源范围内受到有效监管。如果没有这种恰当的法律和监管框架，创新和投资的意愿将被削弱，无法获得金融服务或缺乏金融服务的群体获取金融服务的潜在机会也将被剥夺。整体政策环境和监管框架应该反映适当的、可行的监管方法。这对各国充分实现各自的数字普惠金融目标，及相关的经济增长是必要的。构建恰当的法律和监管框架的关键行动包括但不限于：

1.构建一个数字普惠金融法律框架，规定市场参与门槛（包括准入要求）、合适的审慎性条件（如资本和流动性）、市场行为和诚信、消费者保护、反洗钱和反恐融资保障机制和破产机制等。该框架应该是技术中性并且足够灵活，能够覆盖新的和现有的服务提供商和产品创新。此框架应该允许尝试创新性的服务提供渠道、产品、服务和商业模式，在试验性项目开展早期不需完全遵守所有的监管要求，但必须确保公平、均衡的监督机制和与国际标准接轨的反洗钱和反恐融资的义务要求，并确保没有参与者在试点中获得不当的优势。此框架还应平衡好数字普惠金融风险和监管合规成本。

2.确保不论何种机构使用何种技术，同样类型的数字金融服务供应商应拥有同等的权利和义务；对于市场参与门槛（包括新准入机构和外国准入机构）和特定类型数字金融服务的提供都有明确一致的标准；并且确保对同类风险采用相同的监管方法；完善以风险为导向的适当的监管方法，以此促进竞争并促成公平、开放、平衡的竞争环境，实现普惠金融。

3.评估国际国内法律中有关数字普惠金融的所有内容，辨别和处理重叠或矛盾的部分以及准入过程中的差距、阻碍或其他障碍。这些部分可能包括：金融服务；支付系统、通信、竞争、歧视、身份、无法获得正规金融服务的群体获取数字金融服务的障碍、代理商和雇员的义务等。

4.确保在有关数字金融服务和总体的数字普惠金融的法律和监管框架中，对监管者的职责有清晰描述。

5.提升数字普惠金融法律和监管框架中的监管者能力，使其能更好地理解数字技术，并且鼓励根据需要利用数字技术改进他们的监管流程和能力。

6.制定简单易懂的数字普惠金融法律、法规和指引，同时使金融行业和消费者易于获得这些法律法规。

7.在G20成员之间建立可持续的关于数字普惠金融法律和监管框架、监管方法的定期交流和信息交换机制，包括与风险管理策略和经验相关的内容。

四、原则4：扩展数字金融服务基础设施生态系统

扩展数字金融服务生态系统，包括加快金融和信息通信基础设施建设，用安全、可信和低成本的方法为所有相关地域提供数字金融服务，尤其是农村和缺乏金融服务的地区。

政策制定者应当与私营部门合作，将优先发展数字基础设施作为经济与社会发展计划的一项基础性工作。建立数字金融服务生态系统的重点在于：加快稳健、安全、高效且广泛可得的零售支付和信息通信基础设施建设，为所有用户提供便捷、可靠的服务网点，使用户可以在服务网点内收支款项并获得其他数字金融服务。这些基础设施应在最大程度上打通农村地区金融服务的“最后一公里”，并服务主要城市地区和重要的交通走廊。扩展国家数字金融服务生态系统的关键行动包括但不限于：

1.在有需要的地方，各政府机构通力合作，保障支持数字普惠金融的基础设施，包括电信和电力设施。

2.通过政策机制，如创新性公私伙伴关系、共享基础设施项目的激励机制和有针对性的采购政策，使宽带网络和数据覆盖延伸到金融服务匮乏的地区。

3.推动零售支付系统基础设施的现代化，并扩展该基础设施，建立开放的支付平台。该平台与国家支付清算系统相连接，并向银行、非银行金融机构和新兴支付服务提供商开放，通过采取适当的风险管理和保障措施，使上述主体能够安全、高效地进行访问。

4.鼓励服务提供商推动服务网点及渠道的互通性，并进一步扩大消费者服务网点的覆盖范围、提高使用交易账户的整体便利性。

5.利用广泛的政府渠道（如在合适情况下可通过邮局）协助提供数字金融服务。

6.在充分考虑适当的风险缓释措施和安全保障的前提下，与行业合作探索分布式账本技术在提高批发和零售金融基础设施透明度、有效性、安全性和可得性方面的潜力。

7.在考虑多种抵押物类型的基础上推动完善动产抵押登记系统，更好地反映用户的日常生活，更好地拓宽稳健的中小企业融资部门的基础。

8.根据国际信用记录报告委员会（ICCR）提出的最佳方案，推动建立和负责任的使用灵活的、动态的信用记录报告机制模型，模型应包括相关的、准确的、及时的和丰富的数据，采用系统性的方法从所有可靠、正当、可获得的资源中搜集数据，

并且长时间地保存这些数据。针对信用记录报告的整个法律和监管框架应该是清楚的、可预测的、非歧视性的、适当的，并支持消费者数据保护和隐私规则。

9. 支持消费者数据保护和隐私规则，鼓励在信用记录报告机制中使用创新性数据来源，如公用事业缴费、手机话费充值，以及电子钱包或者电子货币账户和电子商务交易数据等。

五、原则5：采取负责任的数字金融措施保护消费者

创立一种综合性的消费者和数据保护方法，重点关注与数字金融服务相关的具体问题。为实现数字普惠金融的目标和价值，消费者保护框架必须充分考虑个人数据使用和处理的数量、种类和速度，其中包括身份识别、交易、账户、手机话费充值和互联网社交平台数据。这些数据能够提高金融可得性并改善产品和消费者服务，同时也能够提供有关普惠金融水平的公共信息，但使用这些数据也可能对消费者造成损害（包括将消费者排斥在金融体系之外）。采取负责任的数字金融措施保护消费者并解决相关监管和行业自律问题的关键行动包括但不限于：

1. 设计数字金融服务消费者保护框架。该框架可以解决数字环境的特定风险，并可以反映统计和行为证据以及直接的消费者信息。

2. 构建稳定的法律框架以保障不受审慎监管的服务提供商所持有的客户资金的安全（如通过信托账户、引入存款保险机制和追加保险要求）。同时，结合针对弱势群体的项目，进一步严格执行反数字金融服务欺诈行为的有关规则并建立合理的追索机制。确保投诉解决机制便于消费者使用。该机制应易于理解、高效、免费且能远程访问和操作（如通过呼叫中心、网站或互联网社交平台），并由服务提供商和专门处理纠纷的第三方（如金融纠纷处理专员）负责提供。

3. 针对数字金融服务，对服务提供商提出适当的要求。例如：（1）披露条款、费用和佣金等信息，且表述明晰、简洁，内容具有可比性；（2）定期提交反映交易和费用明细的账户报表；（3）开通免费客服热线；（4）明确未经授权交易、错误交易和系统中断的处理流程和责任；（5）规范贷款和债务催收行为；（6）引导消费者正确使用数字金融服务，有效防止个人数据被滥用、泄露、篡改和损毁；（7）提供用于消费者咨询的官方联系方式（如电话号码和网站）。所有消费者信息都能以数字方式提供（包括通过移动电话）并被保存。

4. 要求数字金融服务提供商对其代理商及雇员进行培训，培训内容应涉及产品特征、监管职责、公平对待缺乏金融服务的群体和弱势群体、追索流程及应客户要求或在语言障碍情形下对信息披露文件进行解释。

5. 鼓励服务提供商定期提交有关数字金融服务投诉数据的报告，数据应按主要目标群体划分。

6.鼓励数字金融服务提供商采用高于通行法律要求的自律标准（如通过可执行的行业行为准则）。

7.明确“个人数据”的定义，该定义需对综合各类信息以进行个体识别的能力加以考虑。

8.确保数字金融服务消费者能够对个人数据进行有意识的选择和控制，包括通过基于相应语言文本的明晰、简洁、全面、与年龄相符且简短的隐私政策披露的知情同意权，对于透明、可负担、便利的访问权和更正权，可通过远程和互联网访问实施，如移动电话、网站或24小时呼叫中心。

9.禁止以不公平歧视性方式使用数字金融服务相关数据，例如：在通过数字服务提供信贷或保险时歧视女性。

10.制定指引以保障数据的准确性和安全性，其中，数据涉及账户和交易、销售中的数字金融服务及针对无法获得金融服务或缺乏金融服务的消费者开展的信用评分。该指引应包括传统数据形式和创新性数据形式，如公用事业缴费、手机话费充值、数字钱包或电子账户使用及互联网社交平台或电子商务交易数据。

六、原则6：重视消费者数字技术基础知识和金融知识的普及

根据数字金融服务和渠道的特性、优势及风险，鼓励开展提升消费者数字技术基础知识和金融素养的项目并对项目开展评估。对政策制定者和服务提供商而言，金融素养方面的缺陷依然是他们向无法获得金融服务或缺乏金融服务的群体推广金融服务的重大挑战。金融服务供给的数字化变革给那些没接触过或极少使用数字工具（无论是移动的还是在线）的新用户增加了新一层的复杂性。政策制定者、监管机构及服务提供商必须通力合作，确保用户能够拥有并充分认识数字金融工具，确保有简易指引告知用户如何操作，确保用户明晰如何获取更多信息，以及用户在即时、非面对面的新交易环境中对任意错误享有的追索权。更加广泛和深入的金融知识可以补充和加强对如何使用特定金融工具的理解。否则，数字技术可能在金融服务可得性和使用度方面导致更广泛的不公平现象。提升消费者数字技术基础知识和金融素养的关键行动包括但不限于：

1.明确因金融服务数字化和多元化所带来的金融素养方面的新要求（例如小额信贷和小额保险能通过移动电话获取，使用创新数据源进行信用评分以及将保险和信贷产品加以组合）。

2.鼓励开发、评估实用度高、可得性强并着重于数字化的金融素养和金融意识项目，尤其是针对无法获得金融服务或缺乏金融服务群体的项目，需要帮助消费者理解数字金融服务的特征、好处、风险和成本，以及保护个人账户和信息安全的必要性。此外，鼓励业界将这些项目的详情、结果及适用数据分享给监管者。

3.利用新兴的高质量数字工具开发数字技术基础知识和金融知识普及项目，为消费者提供使用数字金融服务所需的知识，使消费者能够理解数字金融服务并对其产生信心。

4.促使小企业充分意识到通过数字方式进行支付和转账的好处以及当前可获得的数字金融服务的特性。

5.推进由雇主和服务提供商赞助的公正的数字金融能力评估。该评估针对当前无法获得金融服务或缺乏金融服务的群体。随着数字化的推进，这些群体可能成为金融服务的首次使用者。

6.鼓励通过支持开发相关工具（例如价格比对网站），使消费者能够对比相似的数字金融产品和服务，从而做出明智选择。

七、原则7：促进数字金融服务的客户身份识别

通过开发客户身份识别系统，提高数字金融服务的可得性，该系统应可访问、可负担、可验证，并能适应以基于风险的方法开展客户尽职调查的各种需求和各种风险等级。获取可靠的身份数据对于实现普惠金融目标至关重要。更简易的客户身份验证促使监管机构和服务提供商在满足反洗钱和反恐融资要求的同时，采取措施提高客户登记效率。鉴于可以在线获取身份信息并对其进行验证，服务提供商可以简化获取客户的流程并降低相应成本。数字技术（包括生物识别技术和其他方式）为构建稳定、高效的身份识别系统带来了特有的机会，与传统纸质身份识别方式相比，该系统是一个巨大的进步，覆盖面之广前所未有。当然，这种数字身份识别系统的安全性和保密性也十分重要。促进数字金融服务的客户身份识别的关键行动包括但不限于：

1.确保出生登记以及其他基础身份系统的普适性和可负担性。同时，对禁止或阻碍金融服务不足群体（例如已婚妇女）进行数字身份识别登记的法律法规进行修订。

2.确保政府身份数据库（例如出生登记和税务登记号码）在经过客户同意的前提下（如果数据保护法有相关要求）能够被政府其他部门合理、安全地访问。

3.在必要且可行的情形下，建立一个互通的、技术中性的国家数据库系统，与相关民事登记和身份系统关联，并在经客户同意的前提下（例如数据保护法有相关要求）向被授权方开放，被授权方（例如金融服务提供商）可以合理、安全地进行访问。

4.必要时，开发和推进新的身份登记和验证方式（例如数字生物身份识别产品和在线身份验证服务），尤其针对那些目前还无法通过任何方式进行身份识别的人。同时，设立可被接受的开放性标准以管理身份、交易和账户风险。

5.执行基于风险的客户身份识别和验证要求，促进低风险数字金融服务的获取以

实现普惠金融目标。例如通过客户尽职调查分层框架，授权从一个或多个状态验证源进行身份识别；同时，清楚地说明可以用于身份验证的数据来源，并满足反洗钱金融行动特别工作组（FATF）对“可靠、独立的源文件、数据或信息”的相关要求。

6.构建保护身份数据隐私和安全的法律框架，明确只有在知情同意的前提下才能使用、披露该数据。同时，建立稳定的追索机制，使个体在知情权等权利或隐私被侵犯时能够获得救济。

7.加强与非政府利益相关者，例如人道主义机构和其他相关非政府组织的合作，推进针对被金融排斥群体的身份识别项目及有关普惠金融和其他目标的身份识别项目。

8.针对公共机构和私人机构在身份管理中担任的角色和承担的责任，建立明确的问责机制并保障其透明度。

9.鼓励开发安全可靠的数字签名系统，它有利于推进身份验证，尤其是针对缺乏金融服务的群体的身份验证。

八、原则8：监测数字普惠金融进展

通过全面、可靠的数据测量评估系统来监测数字普惠金融的进展。该系统应利用新的数字数据来源，使利益相关者能够分析和监测数字金融服务的供给和需求，并能够评估核心项目和改革的影响。有效利用数字技术实现普惠金融目标需要一个全面的监测评估系统来追踪进展、识别障碍（包括短板）和展示国家层面及项目层面的成果。国家监测评估系统应与新兴数字模式相适应，具有如下三个核心要素：（1）具有核心指标和相应目标的成果评估框架；（2）采集供需方数据所需的数据基础设施；（3）针对核心项目和变革的评估行动。这些要素可用于量化和衡量数字普惠金融重点议题的进展情况，深入分析普惠金融的发展趋势和障碍，以及提供有关改革和项目效率、效力及影响的可靠见解。监测数字普惠金融进展的关键行动包括但不限于：

1.与关键利益相关者（包括私营部门）进行磋商，设立国家核心绩效指标，并在适当情况下设立获取、使用数字金融产品和服务的目标。

2.建立健全普惠金融数据采集系统以覆盖新的数字金融提供商和产品。例如可以使用个人和公司金融服务需求方调查，金融服务供应方报告（例如通过非现场监管报告模板）及新的数字化数据源。

3.与数字金融服务提供商通力合作，使数据采集系统适于提供按人口统计主要标准进行分解的数据，如按性别、收入、年龄和地域进行分类。

4.在收集数字金融服务提供商数据的各监管当局之间建立谅解备忘录，以确保高效、开放的信息交换。

5.建立在线数据门户和（或）发布定期报告，提供有关获取和使用数字金融服务的公开数据，以及进一步向国际机构提供有关获取和使用数字金融服务的报告，在合理可行范围内监测普惠金融数据。

6.资助有关数字普惠金融的核心项目和改革，并鼓励对其影响力进行评估。

7.监测《原则》各方面的实施进展情况。

本章小结

1.普惠金融是指立足机会平等要求和商业可持续原则，以可负担的成本为有金融服务需求的社会各阶层和群体提供适当、有效的金融服务。

2.普惠金融的四要素：（1）可得性；（2）多样性；（3）商业可行性和可持续性；（4）安全和责任。

3.数字金融泛指通过互联网及信息技术手段与传统金融服务业态相结合的新一代金融服务。它既包括适用于数字载体的金融产品和服务创新，数字技术驱动的商业模式创新，也包括通过数字技术渠道获取传统的金融产品和服务。

4.金融科技公司的属性有三点：第一，金融科技公司是科技公司；第二，金融科技公司所从事的科技是与金融服务创新直接相关的科技；第三，高风险是金融科技公司的本质特征。

5.金融科技公司无论自身业务是否与金融服务相关联，其本身不属于金融公司而是非金融公司。

6.初创金融科技公司创业资金的获得一般有以下几个途径：自有资金、股权融资、债权融资、天使投资、风险投资。

7.数字普惠金融是指一切通过使用数字金融服务以促进普惠金融的行动。它包括运用数字技术为无法获得金融服务或缺乏金融服务的群体提供一系列正规金融服务，其所提供的金融服务能够满足他们的需求，并且是以负责任的、成本可负担的方式提供，同时对服务提供商而言是可持续的。

重要概念

普惠金融；数字金融；数字普惠金融；金融科技公司；数字普惠金融高级原则；天使投资；股权融资；债券融资；信用中介

复习与思考

1.什么是普惠金融？四要素有哪些？

2.什么是金融科技公司？它的资本来源有哪些？

3. 什么是数字普惠金融高级原则?

4. 请简述金融科技公司成长周期与融资方式的选择。

5. 请简述金融科技公司的组织结构。

6. 请简述中国数字普惠金融的经验。

7. 谈谈数字金融发展对普惠金融的影响。

扩展阅读

1. 普惠金融全球合作伙伴:《G20数字普惠金融高级原则》,2018年。

2. 京东金融,中国社会科学院中小企业研究中心:《普惠金融数字化转型的行业实践》,2019年版。

第十三章　金融科技风险与监管科技

➡ 学习目标

1. 认识金融科技的风险特征及其主要类型。

2. 了解金融科技风险控制的基本方法。

3. 明确金融科技风险带来的影响。

4. 能够运用金融科技的风险理论对现实中的金融科技活动的风险进行识别和分析。

5. 明晰金融科技监管的基本概念。

6. 了解金融科技监管的国内外发展概况。

7. 理解金融科技监管的基本类型。

8. 掌握金融科技监管的原则和方法，认识金融科技监管与金融创新的关系。

9. 了解监管科技的基本含义。

第一节　金融科技风险

一、金融科技风险的成因

金融科技风险，既是传统金融风险在互联网金融中的体现，也是在互联网、新技术环境下的新风险。鉴于此，要想实现金融科技的健康发展，就要分析甄别金融科技存在的风险，在金融科技领域，把握好创新与安全的平衡。同时，要坚持完善法治保障、优化监管与政策、培育专业人才、夯实重大基础设施以及重视对金融消费者的保护与教育等重点原则。

当前，金融科技已经成为金融发展中的新“热词”，监管部门、地方政府、业界、学界、媒体与公众都对金融科技表现出极大热情。比较而言，这与被称为“互联网金融元年”的2013年有相似之处，鉴于后来互联网金融在发展中出现了一系列问题，风险频发，给金融稳定和金融消费者带来巨大损害。因此，有必要首先分析金融科技风险的成因。

（一）法律法规缺失

金融科技法律的缺失主要体现在以下两个方面：一方面是没有明确且细化的条文约束行为，另一方面是对用户的权益没有进行及时的保护和维护。例如一些互联网金融企业故意隐瞒风险、夸大收益、提供虚假信息或非法擅自修改信息、变相收费或协议中没有的基本扣费，如手续费、人工费、后台服务费，有的甚至买卖客户隐私信息，侵害了互联网金融用户的知情权、自主选择权、公平交易权、隐私权等。我国目前在金融立法方面缺乏金融用户权益保护的细化规定，相关规定只是零零散散的见于民事基本法以及金融类法律法规当中，缺乏互联网金融类的基本立法，难以为互联网金融用户提供权益保障，也无法在用户权益受损时及时、有效追回财产和弥补损失。尽管近年中央有关部委已经出台了多项关于互联网金融的规定，但根据法律位阶原则，这些规定的法律效力均要远远低于现有的《中华人民共和国刑法》（以下简称《刑法》）《商业银行法》等基本法律。网络金融诈骗在《刑法》及司法解释中相对较少，司法定罪量刑存在一定难度。

（二）有效监管覆盖面不全

金融科技创新集中在扩大营销增加客户群、扩大收益产生现金流等领域，但在加强后台风险控制、合规经营等方面仍比较薄弱。从监管机构角度来看，金融监管领域的科技创新水平要低于金融支持和金融服务领域，监管创新能力亟待提升。“一行两会”的分业监管体制中，不同监管机构对相似业务的界定不同，以至于监管力度也不同。在这种监管漏洞下，极易衍生出一些跨市场交易模式，并游离于监管体系外，从而形成套利风险。此外，监管部门的合作程度也影响着监管整体效力的发挥。国务院金融稳定发展委员会尚未设置分支机构，没有中国证券监督管理委员会派驻机构的地方，监管合作、协调对象不全，监管中缺少明确的标准及政策依据，操作性不强，使得“依法监管、适度监管、分类监管、协同监管、创新监管”的监管原则难以准确落实，更易引发监管真空和监管重叠等问题。

（三）科学技术仍有待提升

科学技术是金融科技发展的先行条件，网站受到黑客攻击、电子系统软硬件故障或识别性错误、通信终端错误、电力中断或计算机重要内容中毒等情况都有可能丢失互联网金融机构信息并造成一定的损失。同时，一个成熟或是普及的技术会在一定程度上促进产品的推广与营销，以谷歌钱包为例，其使用的NFC 技术在智能手机市场上支持使用率极低，致使谷歌钱包推广失败。

（四）金融科技平台“透明度”有限

金融科技具有开放性和虚拟性的特点，互联网金融系统可以虚拟增加分支机构或营业网点，在虚拟网络中开展交易、支付、投资、借贷等金融活动，但这样难以准确确认交易对手信息，更不能准确了解对方信用情况，无形中增加了风险。由于金融科技公司目前没有统一完善的征信系统，交易双方很可能虚夸资金储备量或需求量进行诈骗活动。此外，由于资金在交易前存放在互联网金融平台，如果内部人员出现信用问题恶意泄露信息或伙同黑客入侵系统，窃取云端信息，将会使互联网的安全性受到威胁。

（五）复合型专业人才紧缺

作为集金融和信息技术于一体的新金融业形态，金融科技是一个人才和技术密集结合型的产业，然而目前大多数金融科技机构成立时间短，公司经营、资金运营、风险管理、信息科技、审计稽核、人力资源等方面急需专业性强的人才。对于分支机构或者中介代理而言，他们将更多的人力资源投入到营销，缺乏科技与应用相结合的复合型金融专业人才和风险分析防控的管理型人才，由营销员兼职担任金融平台的风险管理、基础保障和维护相关工作，这些人员专业技能有限且人员流动性大，不利于金融科技机构长远发展。

二、金融科技风险的类型

（一）技术风险

具体而言，目前金融科技的技术风险主要有以下几个方面。

一是计算机系统、认证系统或者金融科技软件存在漏洞。很多金融科技公司平台软件的基本框架来源于第三方，并且由于本公司的技术能力不足和重视程度不足，原有框架内的原生系统漏洞无法被修复，使得该平台极易受到黑客的攻击，一旦后台数据被黑客破解，将直接造成用户数据的泄露，危及投资人资金安全。

二是冒替交易客户身份。即该平台无法在技术上确认实际操作者是否为账号的真实拥有者，可能存在攻击者盗用合法账户的信息进行不法金融行为的情况。

三是系统设计缺陷导致潜在操作性风险。即内部员工在进行业务操作时，系统无法识别错误操作所导致的损失。

四是数据安全风险。随着数据的爆炸式增长，海量数据集中存储，能够方便数据的分析和处理，但若安全管理不当，易造成信息的泄露、丢失、损坏。互联网和信息技术日益发达，对信息的窃取已不再需要物理地、强制性地侵入系统，因此对大数据的安全管理能力也提出了更高的要求。

五是系统传染风险。计算机病毒可通过互联网快速扩散与传染。与传统商业银行有着独立性很强的通信网络不同，金融科技企业处于开放式的网络通信系统中，TCP/IP协议自身的安全性面临较大非议，而当前的密钥管理与加密技术也不完善，这就导致金融科技体系很容易遭受计算机病毒以及网络黑客的攻击。一旦某个程序被病毒感染，则整台计算机甚至整个交易互联网都会受到该病毒的威胁。在传统金融业务中，电脑技术风险只会带来局部的影响和损失，而在金融科技业务中，技术风险可能导致整个体系的崩溃。

另外，金融科技平台因技术缺陷在某些特殊时刻无法及时应对短时间内突发的大规模交易，也会产生不良后果。该风险主要存在于节假日等传统电商打折促销日。由于巨量网上交易集中在一天甚至某个时点，数据量远超于日常基准数量，极易出现系统不稳定、服务器故障等问题，发生页面崩溃、下单系统无法打开、银行支付系统拥堵等情况。

（二）信息不对称风险

第一，金融信息需要成本。金融科技企业不会为用户提供免费的午餐，因为金融科技企业需要为有用的信息付出成本代价，因而会直接或间接地向客户收费，客户因付费不同会产生信息消费和传输的差异，由此造成信息不对称。

第二，信息认知与利用能力。金融作为一种直接与行为人经济利益和损失相关联的特殊的复杂信息产品，需要用户对产品所包含的风险和收益信息有充分的认知能力。在此方面，金融科技机构无疑有着比普通投融资客户优越得多的信息优势。在金融领域，委托代理问题是始终存在的，也很难通过技术手段去解决。技术能够解决获取数据和处理数据的问题，但不能解决投资者获取和处理数据能力不同的问题，也不能解决拥有数据垄断力量的人滥用权利的问题。

第三，噪声过滤能力。金融市场上有着成千上万个决策变量，每日每时都在产生无穷尽的海量信息，由此带来大量交易噪声，这就需要市场参与者具有强大的噪声过滤能力，显然，普通投资者与金融科技机构在交易信息噪声过滤能力上不在一个能级。金融科技的虚拟性会加重信息不对称，主要体现在身份确定、资金流向、信用评价等方面，甚至会影响大数据分析，导致严重的信息噪声。

第四，信息被滥用或失信的风险。一是客户信用信息容易被滥用。金融科技企业通过数据挖掘与数据分析，获得个人与企业的信用信息，并将之用作信用评级的主要依据，倘若此类信息管理不当，将造成信息泄密，给客户带来潜在损失或实际损失。二是信息真伪与信息透明度问题。在金融科技行业监管不到位不及时的状态下，还会产生由谁来验证最终借款人提供资料的真实性、有无独立第三方能够对此进行风险管控以及如何防范金融科技企业自身的监守自盗行为等风险问题。事实上，我国金融科技理财产品销售过程中存在夸大收益、违规保证收益、风险提示不足等问题。

（三）信用风险与流动性风险

在信用风险方面，金融科技的本质也是信用，既然是信用就有信用风险。无论是第三方支付、网络借贷、股权众筹融资等以互联网企业向金融领域渗透而来的新型业务形态，还是网络银行、互联网基金销售等由传统金融互联网改造而来的业务形态，在其业务开展过程中都会因交易对手违约而可能产生损失，即信用风险。网络交易由于交易信息的传递、支付结算等业务活动在虚拟世界进行，交易双方互不见面，只通过互联网联系，交易者之间在身份确认、信用评价方面就会存在严重的信息不对称问题，信用风险极大。

在流动性风险方面，金融机构的一大功能就是将短期资金转化为长期资金，因此金融机构都会面临不同程度的期限错配，而其中的关键是错配的程度。金融科技也是如此。互联网理财产品投资资产期限较长，而负债期限很短，一旦负债到期不能按时滚动展期，就可能发生流动性风险。例如，货币市场基金集中、大量提取协议存款，会直接对银行造成流动性冲击。此外，金融机构在遭遇流动性危机时，一般会通过出售资产来回收现金以提高流动性，然而短时间内大规模出售资产会降低资产价格，极端情况下甚至会引发抛售，进而进一步拉低资产价格，形成恶性循环。

面对信用风险与流动性风险，更需警惕的是，虽然商业银行的理财产品也面临信用违约风险与流动性风险，但商业银行最终能够获得中央银行的最后贷款人支持；相比之下，网络借贷等虽然运营成本较低，但由于缺乏最后贷款人保护，一旦金融产品违约，风险将会无人来最终承担。

（四）市场风险

市场风险可以分为利率风险、汇率风险、股票价格风险和商品价格风险，分别是指利率、汇率、股票价格和商品价格的不利变动所带来的风险。市场风险存在于金融科技的交易业务和非交易业务中，无论表内表外资产负债都避免不了市场资产负债价格变动影响。例如，无论是网络借贷还是众筹融资都会因金融资产的市场价格波动而遭受发生损失的风险。

两相比较，传统金融在市场风险的应对上已经积累了相当的经验，市场风险识别、计量、监测和控制都有章可循，但金融科技企业对市场风险的认知和管控不仅缺乏经验，也缺乏金融监管部门具体的章程指引，面临与传统金融相同的市场风险敞口，金融科技造成的潜在损失可能更大。

（五）操作风险

操作风险是指由于某些操作失误而导致的直接或间接损失的风险。操作风险主要存在于对借款人进行信用评估以及人工操作不准确或信息系统故障等。造成这种风险的原因是多方面的，管理团队、业务人员以及市场竞争任何一个环节出现变数都可能使公司运行出现问题。金融机构只要进行营业，就会面临各种由于人员、流程、系统以及外部环境冲击所带来的风险。例如，客户带来欺诈、伪造、纠纷等风险，内部人员发生越权、勾结、差错、盗窃的可能性，以及系统宕机、产品瑕疵、管理不当的风险。操作风险导致的损失甚至可能大于市场风险和信用风险。由于金融科技发展迅速，大多数企业处于初创期，各种业务模式尚处于摸索阶段，企业与员工也缺乏管理上的磨合，部分企业大部分员工甚至缺乏适当培训，从而隐含大量操作风险。

（六）特殊风险

除上述与传统金融相类似的风险外，金融科技还面临一系列独特风险。

一是颠覆性技术创新风险。人工智能、区块链等是已经获得世界范围内广泛认同的颠覆性技术。颠覆性技术具有双重性，既可能产生正面结果，也可能带来负面影响。我国金融科技发展具有发展速度快、创新活跃度高、规模体量巨大、创新参与主体多元等突出的特征，受颠覆性技术风险的影响就更大。事实上，我国以互联网金融为代表阶段的P2P风险爆发“跑路”事件等，究其实质，就是颠覆性技术创新带来的副产品。与颠覆性技术密切相关的另一项风险是技术不成熟风险。一方面，大数据、人工智能等都还处于初级阶段，技术本身发展尚未成熟；另一方面，金融科技还未经过实践的大范围应用与检测，这会带来技术不成熟风险。比如大数据，在数据是否充分，以及数据质量是否得到保证都不确定的情况下，据以得出的结论也未必准确。在实践中，抢先推出新产品是金融科技企业实现网络效应临界点的重要手段。部分机构在未经过严密测试和风险评估的情况下，依靠试错性创新将一些不够成熟的产品推向市场，由于网络效应容易放大较小风险，造成大规模的资金损失。特别是一些尚处于发展初期的新兴技术，通过舆论和资本的过度炒作，可能会令它们沦为市场操纵、投机、诈骗的工具。

二是政策合规风险。政策法规总是滞后于新兴行业的发展，以至于出现监管真空。如有关金融科技的市场准入标准、运作方式的合法性、交易者的身份认证等方面，目前尚无严谨系统的法律规范。这种状况会导致金融科技企业游走于法律盲区和监管漏洞之间，进行监管套利、违规经营，甚至出现非法吸收公众存款、非法集资等违法行为。尤其是那些以新科技作为“外衣”的另类金融业务，如P2P贷款、众筹、数字资产等多个业务模式很容易涉及非法集资，存在政策风险。有的“金融创新”号称由技术和数据驱动，实则是在利用相对滞后的制度规则逃避监管。

三是系统风险。金融科技由于其巨大的网络效应，参与个体的广泛性，拥有更加广泛的社会化平台和更大的负外部性，对风险识别、风险管控、风险事件处理等问题的要求更高。随着金融科技的迅速发展，越来越多的金融工具、金融机构和金融市场之间的业务边界被打破，它们之间的关系不再是简单的数量加总，而是相互之间有机地结合在一起，因此，一旦某一环节产生风险，如果没有必要的风险隔离与保险制度安排，风险很容易传导到其他金融科技业务中，甚至放大到整个金融体系，形成系统性风险。

四是开放性风险。随着世界各国金融市场开放性和金融基础设施联通性不断增强，金融机构之间的联系越来越复杂化，金融科技可能带来业务风险、技术风险、网络风险的叠加效应，使得金融风险传染得更快、波及面更广。特别是，全球经济的超级互联可以通过去中心化通道使得跨境货币投机活动与洗钱活动等避开正规金融监管而大行其道，对国际资本的非正常流动带来严峻的监管挑战。

综上所述，金融科技并未消除金融本身的固有风险，新兴信息技术对金融领域的广泛介入和渗透，只是使得传统金融风险获得了新的内容和形式，并由此产生了新的风险类别，形成了新的风险特征。尽管大数据、云计算、人工智能、区块链等新信息科技的应用有可能在某些方面提高金融处理不确定性与风险的能力，但在其他一些新的方面又扩大或提升了不确定性风险的维度和量级。在一个不完善的世界里，构建于互联网基础上的金融科技正在形成新型的复杂动态金融系统，不可避免地意味着新的风险和挑战。

三、金融科技风险的特征

金融科技在技术、业务、模式等方面具有较多的创新属性，相比于传统金融风险，金融科技风险具有复杂性、内生性、独特性、不平衡性、难控性的特点。

一是复杂性。尽管金融科技的应用在很大程度上提高了传统金融的运营效率、降低了交易成本，但是交易线上化、实时化、远程化等优势打破了跨界壁垒，突破了风险传导限制，增加了风险的复杂性，加快了风险外溢的速度。

二是内生性。风险是金融市场与生俱来的特征，金融科技只是改变了风险的传导路径和扩散速度，并没有改变金融风险的本质。金融科技在传统金融机构中的应用，降低了金融机构的交易成本，但是并没有改变金融机构的功能和本质，市场风险、信用风险、流动性风险等传统金融风险仍然存在，金融市场中各类风险主体并没有改变。

三是独特性。金融科技的应用能够帮助金融机构从多渠道获取信息，数据成为金融机构新的核心竞争力。然而数据滥用、无障碍共享以及因系统缺陷导致的数据泄露时有发生。由于信息的高度集中，基于新一代信息技术的金融系统难以应对外部攻击，受损的单个节点可能会造成整个系统数据的安全问题。

四是不平衡性。科技创新与金融创新步调不一致，导致监管滞后，在此背景下，不同市场参与者的差异，加剧了市场的竞争，导致了行业发展的两极分化，形成了垄断性的金融科技寡头，影响了金融市场的效率与公平。

五是难控性。科技创新凸显了传统监管模式的缺陷。金融科技的发展速度远远快于监管措施的改革，金融市场中各类主体的边界不断模糊，各类产品的关联度不断提高，滞后的金融监管难以对数据流进行准确检测，难以准确识别风险实质，因而传统监管模式面临着严峻考验。

金融科技在提高金融机构效率和金融服务可得性的同时，也深刻地改变了金融机构业务模式，进而影响了金融风险的产生、传播和暴露。金融科技快速发展带来的外溢性风险与传统金融风险存在显著差别。

第一，金融科技风险更加具有隐蔽性和传染性。金融科技的发展促使金融机构更广泛地开展混业经营，金融科技创新产品交易结构愈加复杂，层层嵌套、基础资产难以穿透。产品和业务模式的风险隐藏在复杂的交易结构之下难以被发现、确认和评估，也就更加难以被有效地监管。金融科技快速便捷地串联起全世界众多不同领域的金融机构，广泛参与产品销售、风险控制和风险处置等金融服务全环节。与此同时，金融风险也跨越地理、时空限制，在不同金融领域、不同金融服务环节快速传播。因此，金融科技时代下金融风险的传染性比传统模式更强。随着科学技术的发展，信息的流通将更加顺畅，金融风险的扩散与蔓延也会更加迅速，资本运作方式的复杂链条将影响全世界范围内相关的金融机构。金融科技所依托技术的开放性、扩散性和隐蔽性放大了金融外部传染性风险，增加了金融市场的脆弱性，使得传统的金融风险更为隐蔽，而黑客攻击、操作失误等所引发的负面影响会更加迅速地扩散至整个金融体系。对于监管者而言，金融科技带来的新挑战是如何准确认定一项金融产品或业务背后多个合作主体者的法律责任和风险责任，并使责任主体能够受到相应的监管约束，从而使其自始至终对自身行为承担足够的责任。

第二，金融安全问题更加突出。金融科技紧紧依托互联网技术，搜集和利用海量数据，这对数据保护、网络安全和个人信息保护都提出了更高的要求。金融科技依赖于数据，而且金融科技巨头产生和积累了巨量数据，形成了数据垄断，这样会导致数据资源滥用，例如窃取、篡改、非法贩卖等。另外，一旦数据中混杂了虚假的信息，可能导致错误的风控措施、决策判断，进而引发金融市场风险。互联网是金融科技赖以生存的基础设施，数据和信息的传递需要依赖互联网。而绝大多数金融科技创新都不属于金融基础设施，自身风险防控和网络安全建设等级不高。金融科技领域网络安全问题愈发严峻。金融科技在运作的过程中，需要搜集和利用用户大量个人信息，用户个人信息保护的需求相较于传统金融机构更加突出。如何在兼顾安全和效益的基础上，妥善保护用户个人信息是众多研究者关注的焦点。

第三，金融科技的结构性风险。由于诸多原因，传统金融机构提供的金融服务难以有效满足全部需求。在普惠金融视角下，金融科技企业借助新兴科技向长尾人群精确供给金融服务。但是因为目标人群自身风险较高，金融科技行业风险也显著高于传统金融机构。同时，由于监管滞后，许多不具备资质的企业一拥而上，导致行业泥沙俱下。金融科技在降低门槛、放大金融市场功能的同时，容易引起“劣币驱逐良币”效应，使金融系统的抗风险能力降低，从而放大金融的顺周期性。此外，金融科技创新高度依赖技术。而相关技术的发展成熟可能尚需时日，过度依赖技术创新可能加剧行业潜在风险。

四、金融科技风险的影响

（一）对货币政策的影响

传统金融市场中的广义货币主要是由银行存款派生形成，但在金融科技大发展的背景下，一些非银行的科技企业可能会进入广义货币派生渠道，导致货币层次边界变得模糊。伴随着电子化货币规模的快速扩张，货币乘数、流通速度以及需求函数的估算，将面临更多不确定性，降低了传统货币政策的有效性。在货币政策传导路径上，银行负债和资产端的影响主导性将降低，部分影响货币创造和派生的金融科技公司进入货币政策传导路径，加深了金融科技风险对货币政策传导路径的影响。

（二）对金融服务的影响

为抢占市场份额，部分金融科技公司可能通过简化开户流程、减少审核环节，甚至降低客户门槛等方式提升用户体验，带来经营和违规风险隐患；部分金融科技公司风险控制水平较低，消费者权益保护工作力度欠缺，甚至存在非法倒卖消费者敏感信息或历史数据等现象。此外，很多金融科技创新业务模式未经历市场周期考验，缺少历史数据和国际实践支撑，难以制定合适的防控政策，存在金融科技风险管控滞后的问题。

（三）对金融信息基础设施的影响

金融科技最突出的问题是数据安全风险，安全防护技术达不到传统金融机构的安全防护水平，数据日常维护中存在操作风险；部分金融科技公司使用非标准化网络设备，没有采用国密算法等安全技术对硬件设施进行加密，存在诸多安全隐患，在网络攻击防御方面，存在“木桶短板”风险；部分金融科技公司为节约资金选择一定的外包服务，当第三方服务提供商出现运营或技术问题而导致服务中断时，将引发一系列风险；新技术的应用，如生物识别技术被冒用、人工智能系统应用环境脱离可控范围、区块链去中心化的特征增大了市场主体风险。

（四）对金融稳定的影响

金融科技公司在一定程度上挤占了风险低、流动性强的市场资金，增加了流动性风险。在投资环节，金融科技公司通常基于各种模型对金融应用场景进行评估，可能会比传统的投资模式具有更强的“羊群”效应，增加金融服务的顺周期性风险。同时，金融科技的应用加强了产业之间的联系，提高了金融交易的复杂性，影响了金融业的稳定性。

五、金融科技的风险控制

金融科技企业与机构的风险控制大致可分为以下两大类。

（一）技术风险控制方法

1.加大投入，提高网络安全系数。这需要从硬件和网络运行两个方面进行改进，加大对硬件安全措施的投入，提高计算机系统的防病毒能力和防攻击能力，保证金融科技的硬件环境安全。网络运行方面，应用分级授权和身份认证登录来访对非法的用户登录进行限制，通过利用数字证书为交易主体提供安全保障，大力开发数字签名技术、密钥管理技术和互联网加密技术，降低技术选择风险。

2.加强人才队伍建设。金融科技风险控制离不开复合型人才。金融科技作为新兴行业，专业风险控制人才缺失是普遍现象，当前我国这方面人才培养滞后，企业需要加大在职培训投入，建设自己的风险控制人才库。因此我们必须看到，风险控制是金融科技赖以生存与发展的根本所在。不管是传统金融机构还是金融科技企业，能否掌握风险控制是能否形成良性金融科技业态的关键。风险控制是金融科技界最值得投入财力、人力和物力的环节。

3.蒙特卡罗方法。蒙特卡罗方法是一种随机模拟数学方法。该方法用来分析评估风险发生的可能性、风险的成因、风险造成的损失或带来的机会等变量在未来变化中的概率分布。具体操作步骤如下：

（1）量化风险。将需要分析评估的风险进行量化，明确其度量单位，得到风险变量，并收集历史相关数据。

（2）根据对历史数据的分析，借鉴常用建模方法，建立能描述该风险变量在未来变化的概率模型。建立概率模型的方法很多，如差分和微分方程方法、插值和拟合方法等。这些方法大致分为两类：一类是对风险变量之间的关系及其未来的情况做出假设，直接描述该风险变量在未来的分布类型（如正态分布），并确定其分布参数；另一类是对风险变量的变化过程做出假设，描述该风险变量在未来的分布类型。

（3）计算概率分布初步结果。利用随机数字发生器，将生成的随机数字代入上述概率模型，生成风险变量的概率分布初步结果。

（4）修正完善概率模型。通过对生成的概率分布初步结果进行分析，用实验数据验证模型的正确性，并在实践中不断修正和完善模型。

（5）利用该模型分析评估风险情况。蒙特卡罗方法的特点是用数学方法在计算机上模拟实际概率过程，然后加以统计处理。这类方法的特点是，可以在随机采样上计算得到近似结果，随着采样的增多，得到的结果是正确的概率逐渐加大，但在采样不全时，通常不能保证找到最优解。

4.关键风险指标管理。一项风险事件发生可能有多种成因，但关键成因往往只有几种。关键风险指标管理是对引起风险事件发生的关键成因指标进行管理的方法。具体操作步骤如下：

（1）分析风险成因，从中找出关键成因。

（2）将关键成因量化，确定其度量，分析确定导致风险事件发生（或极有可能发生）时该成因的具体数值。

（3）以该具体数值为基础，以发出风险预警信息为目的，加上或减去一定数值后形成新的数值，该数值即为关键风险指标。

（4）建立风险预警系统，即当关键成因数值达到关键风险指标时，发出风险预警信息。

（5）制定出现风险预警信息时应采取的风险控制措施。

（6）跟踪监测关键成因数值的变化，一旦出现预警，即实施风险控制措施。

该方法既可以管理单项风险的多个关键成因指标，也可以管理影响企业主要目标的多个主要风险。使用该方法，要求风险关键成因分析准确，且易量化、易统计、易跟踪监测。

5.压力测试。压力测试是指在极端情景下，分析评估风险管理模型或内控流程的有效性，发现问题，制定改进措施的方法，目的是防止出现重大损失事件。具体操作步骤如下：

（1）针对某一风险管理模型或内控流程，假设可能会发生哪些极端情景。极端情景是指在非正常情况下发生概率很小，而一旦发生，后果十分严重的事情。假设极端情景时，不仅要考虑本企业或与本企业类似的其他企业出现过的历史教训，还要考虑历史上不曾出现，但将来可能会出现的事情。

（2）评估极端情景发生时，该风险管理模型或内控流程是否有效，并分析对目标可能造成的损失。

（3）制定相应措施，进一步修改和完善风险管理模型或内控流程。以信用风险管理为例。例如，一个企业已有一个信用很好的交易伙伴，该交易伙伴除发生极端情景，一般不会违约。因此，在日常交易中，该企业只需“常规的风险管理策略和内控流程”即可。采用压力测试方法时，是假设该交易伙伴将来发生极端情景（如企业发生重大生命财产事故等）被迫违约，对该企业造成重大损失。而该企业“常规的风险管理策略和内控流程”在极端情景下不能有效防止重大损失事件，为此，该企业采取了购买保险或相应衍生产品、开发多个交易伙伴等措施。

（二）经济风险控制方法

1.防火墙建设。对于金融科技引起的金融混业经营应当建立必要的风险隔离与保险制度。对于投资者和消费者而言，资金安全是否能够得到保障，是其首要关心的问题。对于金融科技来说，安全是行业可持续发展的生命线。而要守护这条生命线，以科学合理的监管建立起牢固的“防火墙”至关重要。构筑这道金融科技的“防火墙”需要政府、行业的深度探讨，针对金融科技的新业态，制定科学合理的监管方案，建立可靠的覆盖全行业的风险防控体系。

2.金融消费权益保护。加强金融消费者权益保护是防范金融科技系统风险的关键环节。有关部门除了及时修订专门的消费金融权益保护法律法规，严格执法力度之外，还应当紧紧围绕提高消费者金融素养，持续开展金融消费者教育，不断拓宽投诉渠道和增强纠纷调解处理能力，加大重点领域金融消费监管力度，着力保障金融消费者的消费安全权利，对金融机构金融消费权益保护工作进行整体评估，引导金融机构改进和完善自身工作薄弱环节。

3.信用体系建设。社会信用体系的建设可从建立电子商务身份认证体系、个人和企业信用评估体系着手，避免信息不对称造成的选择性风险。国务院发布的《社会信用体系建设规划纲要（2014—2020年）》提出了政务信息公开、农村信用体系建设、小微企业信用体系建设三个专项工程，具有很强的针对性和现实意义。其中直接与金融科技相关的是后两条，主要是针对“三农”领域和小微企业的融资难问题。农户和小微企业的可抵押资产较少，凭借自身信用进行融资是一条可行的办法。但要开展信用融资，就必须要有信用记录，让金融机构充分掌握信用信息，识别信用风险并且进行合理定价，这些都需要有健全的信用体系作为基础。

4.法制体系建设。加强金融科技风险法制体系建设包括加大立法力度、完善现行法规、制定网络公平交易规则。加紧关于计算机犯罪、电子商务安全性和电子交易等方面的立法建设。明确电子凭证和数字签名的有效性，对各交易主体的权利义务进行明确的解析；对现行的不适合金融科技的法律法规进行完善，适时调整量刑尺度；对交易主体的责任、保护消费者个人信息、保持电子交易凭证、识别数字签名等做出详细的规定，保证能够有序开展金融科技业务。

5.完善金融科技监管体系。在此方面，应对市场准入管理进行加强并完善监管体制，确定准入条件并对金融科技创新加大扶持力度。金融科技对分业监管模式提出挑战，故应协调混业和分业监管模式，实行综合监管。利用新的技术手段，增加科技监管维度，并注意及时协调可能出现的国际司法管辖权问题。

此外，国家宏观经济管理部门还应加强产业政策、财政政策、货币政策、投资政策、汇率政策等政策调整对金融科技活动的影响研判，对金融科技可能出现的风险进行提前预警，备好预案，以防调整过激产生系统风险。

六、金融科技风险防控的基本原则

（一）完善金融科技的法律制度保障

法律法规是金融科技健康发展的重要保障和安全网，面对金融科技的挑战，各国都试图在法律层面予以调整和适应。例如，在支付清算领域，我国现有规则大多停留在部门规章层面，缺乏上位法的支撑，难以适应支付科技快速发展的需要。再如，各类融资、投资和各类金融活动，都需考虑现有法规的不足和新技术的冲击，除了立法之外，在司法、执法层面，也需要深入分析如何为健康的金融科技创新“保驾护航”。

（二）优化金融科技监管与政策

在金融创新快速发展的背景下，技术运用带来的效益与风险并存，以传统手段开展合规与监管工作，不足以应对行业快速发展转型和风险传播的变化。金融监管者的监管资源、知识结构和监管能力亦需与时俱进，监管框架也可能随着金融科技发展发生改变，需要监管者在熟悉业务模式和技术特点的基础上设计出更加符合政策导向、切合金融发展实际需要的监管框架，实现创新与风险的平衡。

（三）着力培育金融科技专业人才

金融科技发展并不能完全摆脱人力，反而在创新中更加依赖高端专业人才的知识与智慧。对此，应该大力鼓励一线城市给予金融科技专业人才更多的支持与保障政策，并且在国家层面统筹推动金融科技人才的教育、培养、培训及国际交流机制建设。同时，依托科技专业人才，从金融应用场景的需求入手，全面推动新一代技术创新。重点支持以企业和研究机构为主体，加强底层关键技术和前沿技术的研发，在新技术领域尽快形成一批知识产权和专利。促进科技成果转化和产业化，统筹加强创新设施建设和研发投入。

（四）夯实金融科技的重大基础设施

从全球来看，金融科技的冲击都逐渐向各类金融基础设施下沉。金融基础设施拥抱新技术，不仅作为金融科技发展的支撑，也是整个金融体系变革的重要载体。在金融国际化与开放的大环境下，更需推动技术助力金融基础设施国际化布局。如支付清算等金融市场基础设施、关键信息基础设施、征信与信用基础设施，还有适应金融科技多样需求的会计、税收、律师、反洗钱、经济鉴证类中介服务体系。

（五）重视对金融消费者的保护与教育

要明确“保护谁”，因为不同金融科技产品与服务，面对的消费者偏好与风险容忍度截然不同，还需辨别弱势、普通和高端金融消费者，以及“正常”与“恶意”金融消费者，进一步明确“保护什么”“由谁保护”以及“怎样保护”的三个重要问题。而且，理性的金融消费与投资文化、专业知识的普及教育，都是实现金融科技服务健康发展的“土壤”。除此之外，还要通过加强理论研究，改善信息数据治理与价值发掘模式，引领金融科技场景与功能创新，进一步促进金融科技的标准化建设，进而实现促进金融科技健康发展的目的。

第二节　金融科技监管

一、金融科技监管的概念

（一）金融科技监管的基本含义与基本原则

金融科技监管是指对金融科技涉及的法律风险、操作风险、流动性风险、信用风险和市场风险等制定并完善法律规则，采取有针对性的监管措施，加强和改善监管，保护金融科技消费者、投资者的利益，维护市场秩序，促进金融稳定与金融科技的可持续发展。金融科技监管应当坚持开放性、一致性、穿透性、审慎性、前瞻性等适应金融科技发展特点的监管规则。

一是开放性原则。开放性原则又称容错式原则，是一个允许试错、包容犯错和控制风险平衡的原则。金融科技是一个高度动态发展的领域，而法律法规不可能随时更改更新，监管不可能涵盖金融科技活动的所有方面，同时为鼓励健康的金融创新也应当给金融科技业务发展留有适当的弹性空间，因此金融科技监管应当坚持开放性原则，在立法思考上和监管对策上应当坚持法禁不许、列负面清单的办法。

坚持开放性原则要处理好保护创新与监管的关系，既不扼杀创新又要防范管控风险。对于如何平衡监管与创新的关系，可以考虑借鉴监管“沙箱”、监管科技等新理念和新工具，建立一套能够试错、容错、查错、纠错的包容性创新管理体系，使从业机构在风险可控和范围可控的前提下探索开展应用试点、产品测验、技术验证，从而给真正有社会经济价值的创新留有适当的容错观察期。

二是一致性原则。针对面向不同类型的金融服务要遵循一致性监管原则。只要从事相同的金融业务，无论是金融科技企业还是传统金融机构都应一视同仁，依法依规实施相同的监管。同时要放宽市场准入，比如要给符合条件的金融科技企业发放金融业务许可证，这不仅有利于杜绝监管套利，还能形成一个良好的竞争生态。

三是穿透性原则。穿透性原则是指要透过金融科技产品的表面形态看清业务实质，将资金来源、中间环节与最终投向穿透连接起来，按照“实质重于形式”的原则甄别业务性质，根据业务功能和法律属性明确监管规则。对跨市场、交叉性的金融科技业务，实施一致性穿透性监管。这就要求不能够因为监管分工而对金融风险事件视而不见，而是应该实行“穿透性”原则，对整个行业进行多方协调统一监管。

要充分考虑金融科技风险的复杂性、多样性和交叉性，从宏观到微观的各个层次对各类传统风险和新生风险进行准确预测，有针对性地设定行业准入以及投资者管理等措施。应严格区分专门提供科技服务的金融科技企业与涉足金融服务本身的金融科技企业。对所有从事金融服务活动本身的企业，无论是否具有金融机构名称都要对其活动按照风险实质来监管，例如，具有社会化集资性质的业务就要有更为严格的管理，存在流动性转化和期限错配的业务就要接受流动性规则的管理。

四是审慎性原则。为防范金融科技特别是狭义金融科技的资产负债错配风险和流动性风险，应当强调对金融科技企业平台的资产配置行为的审慎性监管，针对重点企业和平台，监管部门应当对企业资产负债管理和压力测试情况进行审慎性评估，并视情况采取监管措施。应从系统重要性维度，把握创新和风险管理的平衡，小机构可以适当给予更高的创新空间和适当的监管容忍度，但金融机构一旦达到一定规模就应当接受更严格的监管。鉴于金融科技的风险特征，应该推行审慎监管。只有推行宏观和微观的审慎监管，才会有助于金融科技行业长期、平稳、健康地发展。

五是前瞻性原则。监管立法既要反映现阶段的特点和实际需要，又应当具有前瞻性，既要为推动金融科技的持续发展留有余地，又要便于金融监管向新的业务领域和监管对象延伸和拓展。

随着金融科技的发展，在金融机构逐渐变成数字化机构的同时，监管也要朝着科技化的方向发展。金融监管部门应当转变为数据化的管理机构，进入交易层面了解数据信息，作为大数据中心实施数据化监管。此外，除了行业协会，引入第三方机构（如独立的信用评估机构、会计师事务所、律师事务所）参与监督也很重要。在监管的方式上，金融科技监管应当针对不同的监管对象分别实行公告监管、准则监管、实体监管或者是三者并用，因事制宜。

（二）金融科技给传统金融监管带来的挑战

金融创新是一把“双刃剑”。一方面，金融创新有助于提升金融服务的效率，提高金融的普惠性；另一方面，金融创新亦会产生诸多负面效应，催生金融风险。而且，金融创新也会加剧信息不对称，导致市场定价错配、资产泡沫和市场不稳定。因此，金融创新的“福利”是不确定的，而监管对金融创新的介入总是处于相对被动和追赶状态。金融科技作为一种突破性创新，也具有两面性。一方面，金融科技并未消除传统的金融风险，期限错配、流动性错配、高杠杆等微观金融风险依然存在，宏观金融风险的传染性、顺周期性、系统重要性更是不容忽视；另一方面，金融科技更是滋生了网络风险、技术风险、数据安全风险、法律与监管风险，并且其风险更具隐蔽性和传染性。

金融科技的“数据化”“技术化”对传统金融监管的理念和模式构成了重大挑战。第一，金融业“数据化”对金融监管带来挑战。目前监管机构的数据建设远远滞后于金融创新，导致监管者无法及时识别风险积累，无法评估风险的性质，无法制定危机解决方案。数据安全治理也存在不足，偷盗数据的事件屡有发生。第二，相对于金融业自动化、智能化和信息化的快速发展，监管机构尚没有形成科学、合理、有效的监管法律制度。第三，金融科技并未消除金融风险，相反还滋生了新的信息科技风险。技术的参与令风险更加分散，也更具有系统性和传染性，会出现监管空白和监管套利。

因此，技术创新不是免除监管的“尚方宝剑”，金融科技也绝非监管的“法外之地”，关键在于构建一个既有灵活性、前瞻性又有科学性、稳健性，既能促进金融创新又能确保市场稳定和维护消费者权益的技术驱动型金融监管模式。

1. 金融科技监管需要转变监管理念

监管理念的变革是深化我国金融监管体制改革、推进监管法治化现代化的“根”与“魂”。较之于传统金融社会，金融科技推动了金融中介、金融产品、金融市场的创新，金融业呈现出技术化、数据化、智能化的特点。与此相适应，监管理念不应墨守成规。金字塔式、条块分割、静态的监管理念已不再适应金融科技和大数据快速发展的时代需要。在监管理念上，监管者既要坚信技术是提升金融服务效率、提升监管智能化水平的核心手段，又要时刻防范技术带来的风险，树立动态的、具有大数据思维的监管理念。

具体而言，一是坚守“适应性”监管理念。监管者应关注金融科技对金融业带来的变化、潜力、结构性影响，以便及时调整监管政策和监管制度，从“命令—控制型监管”转向“适应性监管”，从静态监管转向动态监管。二是奉行“功能性”监管理念。注重金融产品的功能特征和功能变化，从机构监管转向功能监管。三是秉持“包容性”监管理念。鼓励金融创新，给予金融创新容错的空间，同时建立严格的责任制度。四是倡导“实验性”监管理念。通过监管实验，监管者及时了解金融创新的收益与风险，为制定科学的监管制度提供借鉴。五是强化“协调性”监管理念。实现监管机构之间信息共享、信息沟通，构建监管机构与被监管机构及其相关利益方之间的平等对话、沟通交流机制。

2. 金融科技监管需要调整监管模式

传统金融监管模式有如下特点：金字塔式的层级监管，即它是一种单向度的、强制性监管，欠缺常态化、平等对话沟通交流机制；以“人工监管”为本位；金融监管总是滞后于金融创新，监管范围、监管尺度难以把握，始终在“放松监管—金融自由化—金融创新—金融危机—严监管—抑制金融创新”之间游走。传统的监管模式已滞后于金融科技的快速发展，监管科技将有助于构建一个以风险为基础、更为合理的监管框架，使数据的获取和管理更为细密、更为精准，从而令监管决策更具合理性、针对性和有效性。

监管科技是一种全新的监管范式，主要特征包括：其一，监管科技是以“技术”为本位的监管模式。随着大数据、人工智能、区块链、云计算等新兴技术的成熟及其在监管中的运用，金融监管智能化已然可期。技术是监管科技的第一要素。其二，监管科技是一种动态化的、适应性的监管模式。监管科技利用大数据、人工智能、机器学习、区块链、应用程序接口（application programming interface，API）等技术，不仅可实现金融监管的精准化，更能实现金融监管的实时动态调整。其三，监管科技通过数据标准化、技术标准化建设，可以避免监管歧义，真正实现“法律面前人人平等”。其四，监管科技将诱发金融监管范式的转换，强调树立大数据思维和适应性监管理念，注重监管主体与被监管机构之间的信息沟通、平等对话，注重构建有利于监管协调和信息共享的监管组织架构，注重实现监管法规的机器可读化，扩充了算法监管、数据监管、人工智能监管等监管内容。

监管科技的应用需要一系列法律制度的构建作为支撑，包括但不限于金融数据标准化法律制度、数据共享法律制度、数据管理法律制度、技术标准化体系、技术风险管控制度、监管科技协同合作制度等。监管模式的调整应注重以下方面：提升数据共享能力，实现非个人数据的自由流动；提高数据质量，通过标准化、精细化规则，统一数据定义和数据格式；监管法规必须反映技术和风险的变化，从而使金融监管更具适应性、实时性和穿透性。

二、金融科技监管的基本类型

金融科技监管的基本类型可以分为两大类：技术风险监管与经济风险监管。

（一）技术风险监管

技术风险监管是金融科技监管的重要组成部分。从监管角度看，作为金融业务与信息技术结合的产物，金融科技风险不但兼具两者的专业性特点，而且由于技术交叉，又衍生出了新的特点，技术上监管难度相当大，对监管机构构成了新挑战。因此，在监管理念上应高度重视，监管机制需要更加强化技术环节，提升信息化协同。

1. 监管目标

金融科技技术风险监管目标是要降低金融科技活动中涉及的信息技术风险，大致包括如下五方面内容：（1）完整性风险。即数据未经授权使用或不完整或不准确而造成的风险。（2）存取风险。即系统、数据或信息存取不当而导致的风险。（3）获得性风险。即影响数据或信息的可获得性的风险，主要与数据处理过程中的动态监控、数据恢复技术、备份和应急计划等有关。（4）体系结构风险。即信息技术体系结构规划不合理或未能与业务结构实现调配所带来的风险，主要与信息技术组织的健全、信息安全文化的培育、信息技术资源配置、信息安全系统的设计和运行、计算机和网络操作环境、数据管理的内在统一性等有关。（5）其他相关风险。即其他影响金融科技企业、机构业务活动的技术性风险。

2. 技术风险监管程序

根据巴塞尔银行监管委员会的要求，信息技术风险的监管程序包括风险评估、管理和控制风险、监控风险三个基本要素。

3. 技术风险监管的组织实施

（1）信息科技风险监管组织建设。应建立专门的信息科技风险监管部门，制定信息科技风险监管政策、法规、指引和工作流程，协调开展信息科技非现场监管和现场检查；监管部门在开展非现场监管和现场检查时，必须把信息科技风险作为关注重点，把信息科技风险防控纳入金融科技企业、机构评级体系；实施针对信息科技及业务操作风险的现场检查与专题审查，评估被监管机构线上交易的安全管控，以及对信息科技问题及变更管理程序实行管控措施。

监管部门要定期对金融科技企业与金融机构科技治理情况进行审查，督促企业、机构建立职责明确、功能互补、相互监督、相互制约的信息科技风险防范整体架构；监管部门应督促金融科技企业、机构加大软硬件基础设施投入力度，完善备灾应急能力；加强对金融科技企业、机构外包服务的监督检查，指导金融科技企业、机构科学制定外包管理策略，合理规划外包服务规模，加强对外包服务风险的防控。

（2）建立信息科技风险评估体系。监管部门应在积累历史数据、汇总分析的基础上，建立健全信息科技风险评估体系，识别机构在信息科技方面面临的固有风险，系统性地分析金融机构在IT治理、信息安全、业务连续性计划、内外部审计以及IT外包管理等领域采取的风险防控措施的有效性，客观地评价金融机构信息科技风险管理水平。在此基础上，认真研究制定金融机构信息科技风险评级方法和标准，逐步开展信息科技风险评级，根据评级结果确定监管的频度和范围，制定差别化的监管对策。

（3）建立信息共享机制。各监管部门要相互协作、形成合力，充分发挥金融监管协调部门间联席会议的作用，密切关注金融科技业务发展及相关风险，建立和完善信息共享机制和相互协调的金融科技数据统计监测体系。

（4）加强信息科技风险监管的国际合作。监管部门应当加强信息科技风险监管的国际合作，包括加强与国外监管机构的交流合作，学习、借鉴并逐步消化转换，形成独立的监管体系，以及尝试与国外监管机构之外的机构合作，如参加国际信息系统审计协会（ISACA）等国际专业性组织的活动等，掌握信息科技风险前沿动态，不断提升信息科技风险监管水平。

（二）经济风险监管

1. 强化监管意识，加强风险防范

要坚持防患于未然的理念，把风险防控贯穿于产品实际；要建立健全风险跟踪、监测和处置机制，提升风险研判能力；要防止单一品种、单一机构的风险外溢；紧跟市场发展步伐，填补监管空白，提高监管的有效性，促进各类市场主体归位尽责；引导机构主动加强风险控制，认识自身风险承受能力，克服盲目扩张倾向，完善现代企业治理制度，在稳健经营上下功夫，合理有序开展业务活动。

2. 健全信息披露，加强市场约束

金融科技企业、机构对公众进行及时和经常的相关信息披露，可以加强市场约束，减轻金融科技企业的信息不对称，也有利于监管机构对金融科技企业进行有效监管。增强金融科技行业透明度的重要环节是实现财务数据和风险信息的公开透明，信息披露应与金融机构经营的规模、风险状况和复杂性相适应。监管部门应当要求从业机构按相关法规对客户进行充分的信息披露，及时向投资者公布其经营活动和财务状况的相关信息，进行充分的风险提示，以便投资者充分了解从业机构运作状况，促使从业机构稳健经营和控制风险。信息披露应以行业自律为依托，建立金融科技企业各细分行业的数据统计分析系统，并就信息披露的指标定义、内容、频率、范围等达成共识；应通过合格投资者制度强化消费者权益保护，保证投资者的知情权、参与权、监督权等各项权利；加强投资者风险警示，引导投资者理性参与交易；持续做好新闻发布工作，营造良好的市场环境，加强消费者教育、建立合同条款、确定纠纷解决机制，切实保护好金融科技投资者、消费者的合法权益。

3. 加强行业自律

监管部门应当引导金融科技建立行业自律组织，充分发挥行业自律机制在规范从业机构市场行为和保护行业合法权益等方面的积极作用。行业自律组织应当制定经营管理规则和行业标准，推动从业机构之间的业务交流和信息共享，明确自律惩戒机制，树立诚信规范、服务实体经济发展的正面形象。

4. 信用风险监管

金融机构信用风险管理可以借助信用风险对冲技术，但是信用风险对冲技术是一种对宏观环境、金融机构素质、监管机构水平要求很高的风险管理手段。一般而言，金融机构采用信用风险对冲方式能降低自己暴露在所持基础资产下的信用风险，

这样金融机构会减少针对此项资产配备的资本金，以提高资本报酬率。但是在具体监管过程中，监管当局为防止银行和其他金融机构利用信用衍生产品进行过度投机，会对资本金冲抵做种种限制。对于存在资产错配、货币错配和期限错配的信用风险对冲交易有不能完全用来冲抵对资本金的要求。

监管技术比较高的国家会针对这些问题做详细的规定，尽量将保值性和投机性信用风险对冲行为区分开来，在合理基础上降低对银行的资本金要求。但监管技术较低的国家，则没有能力去识别和细分这些问题，出于防范风险的考虑一般会采取较为粗略和保守的标准。银行运用对冲手段得到的资本金豁免好处相对于监管技术高的国家的银行要少得多，这样会抑制和降低银行使用风险对冲手段的积极性。

5.流动性风险监管

监管部门应当根据适当的流动性风险监管指标对金融科技企业与机构进行流动性风险评估与监管；督促金融机构对流动性风险进行识别和计量，在考核收益时纳入流动性风险的成本，审慎承担风险；要求金融机构流动性风险管理反映并适应业务模式和风险状况的发展变化。

在我国，流动性风险监管主要由原银监会负责。2014年2月，原银监会发布《商业银行流动性风险管理办法（试行）》（以下简称《办法》），《办法》引入流动性覆盖率这一新指标，并对现行流动性风险指标进行梳理，将其区分为合规性监管指标和用于分析、评估流动性风险的监测工具。其中，合规性监管指标包括流动性覆盖率、存贷比、流动性比例。《办法》引入流动性覆盖率作为监管指标，旨在确保商业银行具有充足的合格优质流动性资产，满足流动性压力情景下，通过变现这些资产满足未来至少30天的流动性需求。

6.市场风险监管

市场风险监管是识别、计量、监测和控制行业市场风险的全过程。它的目标是通过将市场风险控制在金融机构可以承受的合理范围内，实现经风险调整的收益率最大化。

监管部门依法对金融机构的市场风险水平和市场风险管理体系实施监督管理；督促金融机构有效识别、准确计量、持续监测和适当控制所有交易业务和非交易业务中的市场风险，确保在合理的市场风险水平下安全、稳健经营；鼓励业务复杂程度和市场风险水平较高的金融机构逐步开发和使用内部模型计量风险价值，对所承担的市场风险水平进行量化估计。

三、各国金融科技监管的发展现状与未来趋势

随着金融科技的蓬勃发展，各国监管机构在监管理念上达成了初步共识，但从全球金融科技的监管现状看，国际监管框架尚在构建初期，目前各国监管措施各异，

缺乏统一标准和框架，在实践层面普遍实行的是前端产业监管。我国金融科技企业的监管定位也还未明确。从未来发展看，监管科技将成为金融科技监管发展的重点领域。

（一）金融科技国际监管现状

1. 监管理念

世界各国在金融科技监管理念上达成了一些初步共识。基本理念是：金融科技可以促进金融发展和金融普惠，提高金融效率，从而推动经济增长和减贫，但它也会给消费者、投资者以及广泛的金融稳定与健全带来风险。监管原则是要在促进金融科技创新的同时合理控制其可能引发的潜在风险。

具体来说，一是坚守“适应性”监管理念。监管部门需要与市场主体一样，时刻关注市场的变化，拥抱金融科技，用技术武装监管基础设施，监管思维须从“命令—控制型监管”转向“调适性监管”，应将监管的重点置于调适性监管，同时，应根据企业的风险水平实施多方法、分层式监管。二是奉行“功能性”监管理念。注重金融产品的功能特征和功能变化，从机构监管转向功能监管。三是秉持“包容性”监管理念。鼓励金融创新，给予金融创新容错的空间，同时建立严格的责任制度。四是倡导“实验性”监管理念。通过“监管沙盒”（详见下文）实验方式，使监管者及时了解金融创新的收益与风险，为制定科学的监管制度提供借鉴。五是强化“协调性”监管理念。实现监管机构之间信息共享、信息沟通，构建监管机构与被监管机构及其相关利益方之间的平等对话、沟通交流机制。

此外，各国监管机构也越来越多地意识到，嵌入式监管并使之成为创新过程的一个组成部分是至关重要的；加强组织内部的技术能力，从而能够利用工具、产品和服务，完善监管、合规、汇报职能，有效地实现监管目标和责任，同样也是至关重要的。

2. 各国（地区）的监管实践与最新进展

一是按照金融业务属性，根据业务实质适用相应的监管规则。以网络平台为例，各国（地区）监管机构均根据其业务实质为信息中介或信用中介、从事债务融资或股权融资，决定适用的具体监管规则。

例如，在美国，对直接利用自有资金发放网络贷款（类似于网络小额贷款公司）或提供信贷信息撮合服务的网络平台，统一界定为“放贷机构”，要求其事先获得注册地所在州发放的贷款业务许可证，并接受金融消费者保护局（CFPB）的监管；且将已发放贷款作为基础资产。

在法国和德国，网络平台在业务流程中涉及贷款发放，则被认定属于信贷业务范畴，须向监管部门申领信贷机构牌照并遵守现行监管规则。其中，许多在德国运营的网络平台通过与之合作的持牌机构（如银行）发放贷款，再将相关债权向投资者推介销售。该模式被认定为证券经纪业务，须向监管部门申请证券经纪牌照（纯信息中介且全流程不涉及客户资产和资金的模式除外）。

在英国，网络平台主要通过拆分融资项目份额，以债权或股权形式向投资者发售，因此被认定为网络众筹。英国金融行为监管局在现行监管框架下进一步细化了监管要求，于2014 年发布了《关于网络众筹和通过其他方式推介不易变现证券的监管规则》，规定借贷型众筹（网络借贷）平台需经监管机构批准设立，并在最低资本、信息披露义务、消费者保护等方面提出了相关监管要求。此外，各国普遍将股权众筹纳入公开发行股票的证券监管框架。一方面，根据网络平台股权众筹单笔金额小的特点，适当简化监管程序，如美国允许符合条件的众筹中介机构不需获得证券经纪牌照；另一方面，则进一步强化其他方面的监管约束和限制，如规定严格的合格投资者标准，对融资和投资规模实施限额控制，要求进行持续的风险揭示、信息披露和投资者教育等。

二是建立内部机制，加强跟踪研究和风险评估。根据相关调查统计，目前超过30% 的参与调研的国家或地区已发布了金融科技创新发展报告，进行风险分析、研判发展趋势并提出政策建议；超过40%的国家或地区正在组织评估金融科技对银行业的潜在影响；接近70%的国家或地区成立了金融科技协调工作组，主要负责风险监测分析和政策完善等工作。同时，不少国家或地区指定相关金融监管机构承担金融科技的监管协调职能，加强对金融科技发展与风险的研究和监管协作，如英国的金融行为监管局、澳大利亚的证券投资监管委员会、瑞士金融市场监管局、韩国金融监督院、日本金融厅、新加坡金融管理局及中国香港金融管理局和香港证券及期货事务监察委员会等（见表13–1）。

表13–1　　部分国家关于监管的具体举措

国家	部门	具体措施
美国	财政部	发布“网贷市场借贷的机会与挑战”研究报告
美国	货币监理署	发布指导、评估金融创新产品和服务的若干原则
美国	联邦储备委员会	设立跨行业工作组，研究分析金融科技监管问题
美国	金融行为监管局	启动“创新工程项目”，针对金融科技建立机制安排
法国	金融市场监管局	建立“金融科技与创新部门”
荷兰	中央银行	发布“科技创新与荷兰金融行业”政策建议书
印度	中央银行	设立跨部门监管协调工作组，共同研究金融科技监管问题
日本	金融厅	设立金融科技咨询支持小组和专家小组

三是探索完善监管方式。虽然大多数国家或地区尚未考虑（也认为暂不需要）针对金融科技建立专门的监管安排，但已有部分国家或地区开始探索在现行法律框架下，根据金融科技的特点，适度调整完善监管方式，如建立监管沙盒、创新指导窗口和创新加速器，主要目的是加强监管当局与金融科技企业的沟通交流，提早介

入了解金融科技业务模式并进行政策辅导。

在监管模式上，大致可分为功能型、主动型及被动型三类，如表13–2所示。

表13–2　各国金融科技监管模式比较

监管模式	代表性国家	采用不同监管模式的主要原因与特点
功能型	美国	美国具有人才与资本优势，以技术驱动金融科技创新
		不论创新属何种形式，依其产品及服务的性质，判断所涉及的金融业务，按功能纳入现有监管体系
		如P2P网络借贷，因涉及资产证券化，归属于美国证券交易委员会（SEC）监管
主动型	英国、新加坡	英国、新加坡金融体系成熟，信息基础设施完善，政府成为鼓励金融科技发展的主导力量
		成立监管沙盒，经筛选产品、服务和商业模型，在隔离环境下进行检测、评估，最终商转
被动型	中国	中国金融科技兴起于互联网金融，以商业模式驱动金融创新，由于巨大的市场需求及金融服务体系未臻完善，为金融科技提供了广阔的应用领域
		实践中采取了先发展再规范的监管立场，在行业达到相当规模后，主管部门出台相关措施或法规，针对前端产业加强监管

（二）国内对金融科技的监管

国内金融科技从互联网起步，2015年下半年以来，政府管理部门推出了一系列政策法规并采取了相应措施加强对互联网金融的监管。目前，尚未形成对金融科技的综合监管框架，金融科技公司的法律地位与监管定位也还未明确。

2015年7月18日，中国人民银行等十部委联合发布《关于促进互联网金融健康发展的指导意见》。以此为标志，中国互联网金融监管结束“发展观察期”，国家行业主管与金融监管部门将各司其职，承担起应有职责，对互联网金融实施系统外部监管。

2016年4月12日，国务院印发《互联网金融风险专项整治工作实施方案》，启动互联网金融风险专项治理。与此同时，监管部门相继出台了一系列监管文件，逐步完善互联网金融法律法规框架。目前《非金融机构支付管理办法》《网络借贷信息中介机构业务活动管理暂行办法》《互联网保险业务监管暂行办法》等监管规则已发布。2017年1月13日，中央银行发布《关于实施支付机构客户备付金集中存管有关事项的通知》，要求自2017年4月17日起，支付机构将一定比例的客户备付金集中存管至指定机构，并于2018年1月实现全额集中存管，集中存管的备付金不再计付利息。

2017年，针对国内互联网金融转型升级向金融科技的发展，中国人民银行成立金融科技委员会，提出将强化监管科技应用实践，积极利用大数据、人工智能、云计算等技术丰富金融监管手段，提升跨行业、跨市场交叉性金融风险的甄别、防范和化解能力。

2018年8月,《中国证监会监管科技总体建设方案》正式印发，方案提出，在加强电子化、网络化监管的基础上，通过金融科技手段，为证券监管提供全面、精准的数据和分析服务。2018年7月，中国人民银行明确互联网金融风险是金融风险的重要方面，将再用一至两年时间完成互联网金融风险专项整治，推进互联网金融监管长效机制建设，建立适应互联网金融特点的监管制度体系。

总体上，受互联网金融发展的影响，我国金融科技监管主要是以互联网金融监管为核心。经过出台一系列政策法规与近两年的监管整治，我国互联网金融存量风险业务有序化解，风险案件高发频发势头得到遏制，行业规范发展态势逐步形成。在对互联网金融治理整顿的同时，一直以来，中国人民银行、银保监会等金融监管机构也在积极推进健全金融与科技融合下互联网金融和金融科技的长效监管机制建设，但截至目前，对金融科技的监管也侧重于前端产业，尽管P2P网贷、第三方支付平台得到了明确定位，但对金融科技公司仍未进行严格法律监管，一些对金融稳定具有重要影响的系统性科技企业也未纳入现有监管体系，监管和风险防范长效机制建设还任重道远。

（三）金融科技监管的未来趋势

从未来发展看，金融科技监管框架将逐步建立，监管科技将成为金融科技监管发展的重点领域。

监管科技目前主要应用在英国、美国和澳大利亚等发达国家。据数据公司CBInsights预测，全球金融行业对监管科技的市场需求在2020年将达1187亿美元。在强大需求的驱动下，全球市场上现有数百家创新型公司提供监管科技服务，每年监管科技行业新获融资达10亿美元。然而，至今金融行业还没有出现一个受公众认可并能够广泛使用的监管科技解决方案。另外，国际监管改革还在不断推进，金融监管改革的具体内容仍存在较大不确定性，使得金融机构很难下决心推动技术变革。但是，未来随着监管科技与人工智能的融合，不仅合规操作将实现进一步自动化，机器咨询的潜力也将被激发，连接隐性市场因素和显性市场因素的“神经网络”式监管科技也许会在不久的将来成为现实。

在我国，随着金融科技的迅速发展，以及监管力度不断提升，金融科技企业与金融机构有动力利用先进技术来满足监管部门日益提高的合规要求。经过一段时间的整治，在多方监管主体的努力下，国内互联网金融风险已经得到有效控制。但是目前的金融监管框架可能难以应对金融科技高速发展带来的风险，因此，监管机构需要考虑同时在监管制度和技术架构的层面上进行变革，进一步完善金融科技监管，以科技加强监管。

第三节 金融监管科技

一、监管沙盒的概念

监管沙盒（regulatory sandbox）的概念由英国政府于2015年3月率先提出。按照英国金融行为监管局（FCA）的定义，“监管沙盒”是一个“安全空间”，在这个安全空间内，金融科技企业可以测试其创新的金融产品、服务、商业模式和营销方式，而不用在相关活动碰到问题时立即受到监管规则的约束。即监管者在保护消费者或投资者权益、严防风险外溢的前提下，通过主动合理地放宽监管规定，减少金融科技创新的规则障碍，鼓励更多的创新方案积极主动地由想法变成现实，在此过程中，能够实现金融科技创新与有效管控风险的双赢局面。

“虚拟沙盒”其实是一个虚拟空间，是创新企业在不进入真正市场的情况下与其他各方（比如学术界）来探讨和测试其解决方案的虚拟空间，所有创新者都可以使用虚拟沙盒，不需要FCA的授权。笔者认为，其实FCA不需要设置“虚拟沙盒”，因为新兴行业中的创新公司自身为了更好地发展也会与其他感兴趣的各方加强协作，共同探讨企业乃至整个行业的未来发展。当然，设立“虚拟沙盒”的目的是好的，它可以促进行业内的交流沟通、资源共享，一些小型企业也许不够资格进入沙盒，而可以进入沙盒的够格企业自身的测试数据又是单一且彼此独立的，那么他们之间通过虚拟沙盒可以共享公共数据集或利用其他公司提供的数据运行测试，这对于不能构建自己的沙盒的小型初创企业来说可能是最有用的，同时也更有利于获得授权的够格企业提出新的解决方案，所以设立“虚拟沙盒”的出发点是非常好的。

（一）监管沙盒对申请测试主体的要求

为了鼓励和促进金融科技创新，大部分国家和地区对于申请测试主体的要求都较为宽松，不仅允许金融机构、科技公司和专业为这些企业提供技术支持或相关服务的企业进行申请，而且不对申请企业的规模做出限制，希望通过放宽测试主体要求，充分激发包括初创企业在内的金融机构和金融科技企业等多种市场主体的创新热情。

（二）监管沙盒对测试项目的要求

各国家和地区对进行测试的项目分别从充分性、必要性两方面进行要求，以免通过测试进行监管套利。进行测试的充分条件是项目需要满足具有实践意义的创新突破和完善的消费者权益保护。一方面，要求测试的产品或服务必须是真实的突破性创新或者与现有产品或服务相比有显著改善；另一方面，要求测试期间有效保护消费者的知情权、自由选择权、财产安全权和依法求偿权等权益。进行测试的必要条件是项目难以通过“监管沙盒”以外的途径进行测试，包括企业无法通过其他途径对新产品或服务进行有效测试，以及通过其他途径测试将使得企业付出很高的金钱和时间成本等情况。

（三）监管沙盒进入测试的流程

在申请阶段，申请机构对照监管部门公布“监管沙盒”的目标和基本条件，提出书面申请，监管部门依据特定流程和标准对项目进行审核，通过审核后，监管部门会与申请机构联系并共同确定项目的测试方案。在测试阶段，监管部门将全程进行监测，如有损害金融消费者权益或影响金融稳定的情况有权随时终止测试。在测试结束后，申请机构向监管部门提交总结报告，监管部门根据测试结果予以正式评估，通过正式评估项目的申请企业可以决定是否在更大范围内推广。监管沙盒测试流程和项目明细如图13-1和表13-3所示。

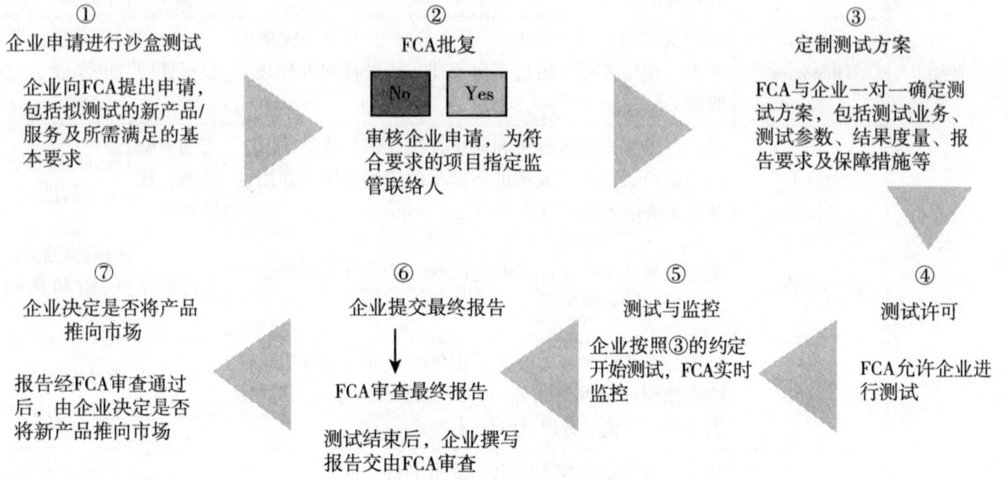

图13-1 监管沙盒测试流程

表13-3 监管沙盒测试项目明细

国家	测试主体	项目简介	应用领域	技术
英国	Billon	基于分布式分类技术的电子货币平台，便于客户通过手机应用程序进行转账和持有资金	支付清算	分布式账本、网络支付
	BitX	由数字货币及区块链技术进行跨境汇款服务	支付清算	区块链
	Blink Innovation Limited	一种带有自动理赔流程的保险产品，允许旅客在航班取消时立即在移动设备上预订新的机票	投资管理	人工智能
	Bud	让客户在一个界面办理多种金融业务（包括管理所有银行账户和信用卡账户、账户间资金调拨和支付）的在线平台和移动终端应用程序，并提供个性化理财建议	市场基础设施、投资管理	人工智能、账户聚合
	Citizens Advice	允许债务顾问和客户比较各种可用债务解决方案为主要特征的半自动咨询工具	投资管理	人工智能

续表

国家	测试主体	项目简介	应用领域	技术
英国	DISC Holdings Limited	运用区块链技术，通过与就业及退休保障部（DWP）合作探索提供非现金紧急支付的可行性	支付清算	区块链
	Epiphyte	使用区块链技术进行跨境支付	支付清算	区块链
	HSBC	与初创公司 Pariti Technologies 合作，共同开发一个帮助客户更好地管理财务的应用程序	投资管理	人工智能
	Issufy	基于网络的软件平台，可以为投资者、发行公司及其顾问简化首次公开发行（IPO）	投资管理	电子交易、人工智能
	Lloyds Banking Group	旨在改善分支机构客户体验的方案，与在线和电话体验相一致	投资管理	人工智能
	Nextday Property Limited	一家以互联网为基础的物业公司，如果该公司不能在90天内出售客户的房屋，将为其提供无担保贷款	融资	大数据
	Nivaura	采用自动化和区块链技术对私募证券发行和存续期进行管理的平台	投资管理	区块链、人工智能
	Otonomos	运用区块链技术，以电子方式管理私人公司股票的平台，使用者可以通过平台便捷在线进行询价和交易股权	投资管理	区块链、人工智能、电子交易
	Oval	可以链接客户的银行卡和账户，统计账户收支情况，帮助客户通过积少成多进行储蓄的应用程序，并用这些储蓄来偿还现有贷款	市场基础设施、投资管理	账户聚合、人工智能
	SETL	基于开放式 csd 分布式账本技术，提供可读取智能卡的零售支付系统	支付清算	分布式账本、网络和移动支付
	Tradle	基于分布式分类账本技术，提供个人和商业身份认证的应用程序和网络服务，并与合作伙伴 Aviva 共同提供一个自动化的客户身份认证系统	市场基础设施	分布式账本、数字身份识别
	Tramonex	基于分布式账本技术的电子货币平台，推动运用“智能合同”捐款给慈善机构	支付清算	分布式账本、电子货币
	Swave	可以提供跨账户视图的小额储蓄应用程序，并根据用户的消费行为计算出可负担得起的储蓄额	市场基础设施、投资管理	账户聚合、人工智能
新加坡	PolicyPal	与 NTUC Income、Etiqa Insurance 两家保险公司合作，提供能显示客户现有保险、支付和更新日期等信息的应用程序，并用人工智能为进一步提高保障率提供投资建议	投资管理	人工智能
澳大利亚	Goodments	提供股票交易应用程序，能根据其可持续发展能力推荐符合散户投资者的投资建议	投资管理	人工智能

二、金融监管科技的概念

2008年金融危机以来，各国监管层对金融机构的监管都日趋严厉，金融机构因此不得不在合规领域投入前所未有的人力和物力，监管科技（RegTech）应运而生。监管科技是什么？它如何能力挽狂澜，构筑出现代金融新生态？监管科技的英文为“RegTech”，由监管（regulatory）和科技（technology）组成，是科技与金融监管全方位融合的产物，同时也是金融科技（FinTech）的一个分支。

监管科技诞生于英国。英国政府在受到金融危机带来的系统性冲击后，下决心调整金融监管体系，专门设置了监管金融行为的FCA。FCA在监管科技方面积极开展一系列探索，推动英国成为全球监管科技创新的源头。

目前，由于全球监管科技仍处于初期发展阶段，各国发展情况差异显著，对于监管科技这一概念的内涵尚无统一规范的定义。FCA认为，监管科技指金融科技公司为金融机构提供的自动化解决方案，利用新技术更有效地解决监管合规问题，减少不断上升的合规费用。国际金融协会（Institute of International Finance，IIF）则认为，监管科技是更加有效和高效地解决监管与合规要求而使用的新技术。受到全球各个主要国家越来越多的重视，美国、加拿大、澳大利亚、新加坡等国相继发布促进监管科技发展的相关政策。例如，2017年1月，美国国家经济委员会发布《金融科技监管白皮书》，专门提出了在应用科技提升金融监管方面的目标和原则。

三、各主要国家的监管科技发展特点

从监管科技在全球主要国家的发展情况来看，由于不同地区的金融行业发展水平和监管需求存在差异，所以监管科技发展的侧重点也各具特点。

美国的监管科技技术创新能力突出，更为侧重于研究和跟踪科技底层技术架构，并着重强调趋势前沿追踪。英国侧重于“监管沙盒”的实践应用，鼓励并大力指引金融科技公司在监管科技领域创新，侧重建设“创新中心”和“监管沙盒”。加拿大利用监管科技推动监管框架变革修订，成立专属科技实验室进行研究，侧重监管业务流程改造、监管框架修订和“监管沙盒”应用。澳大利亚大力发展和推动监管科技应用实验，监管部门、独立的创新中心及监管科技创业公司联合组建行业协会，培育监管科技，开展监管科技应用实验。新加坡成立了专业组织推动监管科技应用合作，新加坡金融管理局成立金融科技与创新组织（FTIG）来负责金融科技的政策、发展和监管。

相比于欧美国家，中国监管科技起步相对较晚，与之差距仍比较明显。目前，还没有中国企业能够跻身于全球监管科技领域的主要公司名单。但是，中国监管科技的发展积极性高，应用需求非常广阔，而且国家对监管科技的发展给予大力支持。2017年5月，中国人民银行成立金融科技委员会，提出强化监管科技应用实践作为丰富金融监管的重要手段。2017年6月，《中国金融业信息技术“十三五”发展规划》中提出，要加强金融科技和监管科技研究与应用。

同时，中国金融监管机构也在实践中不断探索监管科技的应用：中国人民银行反洗钱监测中心，正在建设反洗钱监测分析二代系统大数据综合分析平台；中国银行保险监督管理委员会将分布式架构运用于EAST数据仓库，将现场检查方案与大数据相结合；证监会运用大数据分析打击内幕交易，使得线索分析处理精准度大幅提升，线索来源大幅拓宽。

四、监管科技的核心技术与应用

（一）监管科技核心技术

监管科技的核心技术主要包括云计算、大数据、人工智能、区块链和API等五大领域。云计算为监管科技提供廉价的计算和存储资源，通过数据集中汇聚提供大规模的数据资源，提升监管工具的共享程度。大数据实现大规模数据的挖掘分析能力、高效实时的处理能力。人工智能进一步提升数据的智能分析能力，提升客户交互能力。区块链保证获取的基础信息的真实性和效率，保证业务合规性，同时提高业务办理的效率。API有助于监管政策及合规准则的有效落实，提高监管的规范性，以最小扰动的方式进行监管。

（二）监管科技的应用场景

监管科技的应用场景主要包括用户身份识别、市场交易行为监测、合规数据报送、法律法规跟踪、风险数据融合分析、金融机构压力测试六大方向，每个场景都需要多种技术共同支撑，都会在金融监管机构和金融从业机构中进行广泛应用（见表13–4）。

表13–4　　监管科技的应用场景

应用场景	应用机构		核心技术				
	金融机构	监管机构	云计算	大数据	人工智能	区块链	API
用户身份识别	√	√	√	√	√		
市场交易行为监测	√	√		√	√		
合规数据报送	√	√		√			√
法律法规跟踪	√		√	√	√		
风险数据融合分析	√	√	√	√	√	√	√
金融机构压力测试		√	√	√	√		√

五、监管科技发展趋势分析

（一）监管科技应用带来金融行业监管新特征

监管科技应用给金融行业监管带来了新的特征：一是更加敏捷化，能够充分利用云计算技术，实现相关应用的快速部署，对错综复杂的数据组进行快速解耦和组合。二是更加实时化，能够实时监控各种指标数据，及时生成报告和解决方案；提高风险识别和处置能力，及时处理风险事件，提高事中监管的效率。三是更加智能化，能够高效快速地识别风险，并对监管数据进行挖掘，释放数据潜力；智能掌握监管尺度，制定合规要求。四是更加标准化，能够实现监管数据的共享性和数据结构的统一性；对监管合规数据形成统一的标准，实现宏观监管和机构内部监管的统一。五是更加数字化，新技术的应用实现了报告数字化和合规流程的自动化，能够快速收集和分析处理复杂的数据，实现由了解客户（know your customer，KYC）到了解数据（know your data，KYD）的转变。

（二）监管科技将在金融监管领域的作用不断增强

监管科技的应用对于维护金融体系的安全与稳定，保护公众的利益和提高金融体系效率具有十分重要的作用：一是提升监管能力，实时对监管数据收集、处理和共享，提前防范和感知金融风险，有效监测金融违规操作和潜在风险。二是持续监管创新，监管科技应用场景和解决方案更加丰富，能够有力推动监管规则、监管框架、监管方向的不断创新。三是增进监管合作，增强监管部门之间的有效合作，实现从机构监管向功能监管的过渡；金融机构、监管部门和科技公司之间监管目标的统一。四是降低监管成本，实现监管流程的自动化和智能化，减少繁重工作带来的成本和人力的投入；金融机构减少合规成本。五是防范监管套利，监测监管漏洞和不合规业务，有效防范金融机构规避监管、牟取超额利益的行为。

（三）监管科技发展仍面临多方面的挑战，需要引起重视

一是认知层面，监管机构和金融机构的行为驱动力存在显著的差异，甚至存在一定的矛盾性。二是政策层面，监管政策的一致性和连续性有待提高，金融监管机构之间的合作需要加强，监管制度框架的衔接需要强化，监管适度弹性有待提高。三是产品层面，产品应用效果和数据安全能力还有待验证，需要关注数据高度集中后的泄露风险，以及技术与传统监管框架的融合问题。四是成本层面，金融机构和监管机构都面临系统更新的成本压力，金融机构系统和技术改造难度大、成本高。五是生态层面，国内监管科技专业公司的发展相对滞后，制约了监管科技的快速发展；相关企业热炒概念，扰乱了市场秩序。

本章小结

1. 金融科技除了具有传统金融风险的一般共性之外，还具有自身所特有的风险。

2. 金融科技风险控制包括金融科技企业或机构的风险控制与宏观风险控制或系统

性风险控制两大类型。

3. 金融科技风险控制的方法主要包括技术风险控制与经济风险控制。

4. 金融科技监管是指对金融科技进行法律规范，以防范金融科技潜在风险，促进其可持续发展。

5. 金融科技监管应当坚持开放性、公平性、诚实性、审慎性、前瞻性等适应金融科技发展特点的监管规则。

6. 金融科技监管的基本类型可以分为两类：技术风险监管与经济风险监管。

7. 监管科技与“监管沙盒”是针对金融科技的创新特点而提倡的创新监管方式。

8. 从未来发展看，监管科技将成为金融科技监管发展的重点领域。

重要概念

金融科技风险；金融监管；金融监管科技；信用风险；流动性风险；市场风险；

操作风险；支付风险；系统风险；政策法律风险；内控机制建设；合规性建设；市场准入；

风险评价；风险处置；审慎性原则；前瞻性原则；行为监管；技术风险；监管程序；监管沙盒

复习与思考

1. 金融科技的信息不对称风险有哪些表现形式？试分别说明。

2. 什么是金融科技的合规性建设？简要说明其内容。

3. 简述金融科技的特殊风险及其特征。

4. 金融科技企业与机构的风险控制有哪些主要内容？试分述之。

5. 金融科技监管应遵循哪些基本原则？

6. 监管部门独立评估操作风险包含哪些基本内容？

7. 简述金融科技监管的基本原则与监管方式。

8. 简述监管沙盒与监管科技的基本内容。

扩展阅读

1. 网贷之家，https：//www.wdzj.com/

2. 中国互联网金融协会，http：//www.nifa.org.cn/

3. 中国人民银行，http：//www.pbc.gov.cn/

4. 英国金融行为监管局（Financial Conduct Authority，FCA），https：//www.fca.org.uk/

主要参考文献

［1］巴曙松等:《数字货币的发展现状和趋势》，载于《金融发展研究》2020年第11期。

［2］宝山，文武:《法定数字货币》，中国金融出版社2018年版。

［3］陈进，项洁雯:《网络金融服务》，清华大学出版社2011年版。

［4］崔宝敏，董长瑞:《马克思消费理论：本质、异化及体制转型》，载于《经济社会体制比较》2018年第5期。

［5］邓辛:《金融科技概论》，高等教育出版社2020年版。

［6］范一飞:《关于央行数字货币的几点考虑》，载于《第一财经日报》2018年1月25日。

［7］冯良顺:《关于对于应对离行自助银行效益下滑的几点思考》，载于《农村金融研究》2019年第6期。

［8］高航，俞学劢，王毛路:《区块链与人工智能》，电子工业出版社2018年版。

［9］管同伟:《金融科技概论》，中国金融出版社2020年版。

［10］郭勤贵:《互联网金融商业模式与架构》，机械工业出版社2015年版。

［11］韩克勇:《互联网金融发展的长尾驱动与风险生成机理》，载于《亚太经济》2018年第1期。

［12］韩维蜜:《中国证券业信息化发展之路》，载于《金融电子化》2019年第12期。

［13］何大安:《金融大数据与大数据金融》，载于《学术月刊》2019年第12期。

［14］侯建林:《对金融云计算在金融行业应用前瞻性的探析》，载于《内蒙古金融研究》2012年第12期。

［15］胡娟:《第三方支付技术与监管》，北京邮电大学出版社2016年版。

［16］黄可鸣:《专家系统导论》，东南大学出版社1988年版。

［17］监管科技（RegTech）前沿技术与应用研究［EB/OL］，https：//www.sohu.com/a/308843496_117965。

［18］姜睿:《我国金融科技演进逻辑、阶段特征与提升路径》，载于《经济体制改革》2020年第6期。

[19] 京东金融，中国社会科学院中小企业研究中心：《普惠金融数字化转型的行业实践》2019年版。

[20] 克里斯·斯金纳著，张建敏译：《互联网银行：数字化新金融时代》：中信出版社2015年版。

[21] 李苍舒：《金融危机后国际监管理论及实践的变化与思考》，载于《国外社会科学》2014年第6期。

[22] 李东：《电子汇兑系统运行维护初探》，载于《邮政研究》2006年第6期。

[23] 李赫，何广锋：《区块链技术金融应用实践》，北京航空航天大学出版社2017年版。

[24] 李建军，彭俞超：《金融科技学》，高等教育出版社2021年版。

[25] 李文红，蒋则沈：《金融科技（FinTech）发展与监管：一个监管者的视角》，载于《金融监管研究》2017年第31期。

[26] 林尧瑞，马少平：《人工智能导论》，清华大学出版社2010年版。

[27] 刘国刚：《互联网金融背景下我国个人征信行业发展实践及展望》，载于《金融理论探索》2018年第2期。

[28] 刘海涛：《物联网金融的未来》，载于《金融电子化》2019年第6期。

[29] 刘权：《区块链与人工智能：构建智能化数字经济世界》，人民邮电出版社2019年版。

[30] 刘振友：《区块链金融》，文化发展出版社2020年版。

[31] 刘智慧，张泉灵：《大数据技术研究综述》，载于《浙江大学学报（工学版）》2014年第6期。

[32] 罗明雄，唐颖，刘勇：《互联网金融》，中国财政经济出版社2013年版。

[33] 马永仁：《区块链技术原理及应用》，中国铁道出版社出版2019年版。

[34] 毛翔昊：《中国农业发展银行SWIFT系统升级实录》，载于《中国金融电脑》2012年第8期。

[35] 普惠金融全球合作伙伴（GPEI）等著，中国人民银行金融消费权益保护局译：《数字普惠金融的原则、方法与政策指引》，东北财经大学出版社2018年版。

[36] 乔文，高洁：《浅谈金融科技风险成因及防范》，载于《北方金融》2019年第9期。

[37] 秦鹏，黄学彬：《消费者主权质疑：一种环境伦理下的人文思考》，载于《社会科学研究》2006年第1期。

[38] 阮一峰：《区块链入门教程》，在线教程：http：//www.360doc.com/content/19/0414/ 11/27552199_828684709.shtml。

[39] 沙敏，乔桂明，陈一鼎：《物联网金融发展及应用前景研究》，苏州大学出版社2019年版。

［40］沈国华:《SWIFT在我国商业银行的应用及其前景》，载于《电脑与电信》2007年第2期。

［41］世界银行，中国人民银行:《全球视野下的中国普惠金融：实践、经验与挑战》，中国金融出版社2019年版。

［42］帅青红:《电子支付》，重庆大学出版社2016年版。

［43］宋梅:《金融科技演化发展与未来趋势》，载于《贵州社会科学》2019年第10期。

［44］孙荃:《人民币电子汇兑系统的运用现状及其思考》，载于《湖北农村金融研究》1996年第12期。

［45］唐士奇，王洪波:《我国互联网金融升级2.0版构想：金融复合云平台》，载于《西南金融》2016年第5期。

［46］唐松，赖晓冰，黄锐:《金融科技创新如何影响全要素生产率：促进还是抑制？——理论分析框架与区域实践》，载于《中国软科学》2019年第7期。

［47］唐元懋，李一鸣:《网银环境下银行创新和消费者参与对银行效率的影响研究》，载于《金融经济学研究》2019年第4期。

［48］王琪，鄂海红，宋美娜等:《论大数据技术对保险行业的影响》，载于《软件》2017年第5期。

［49］王天宇，申学清，范大路:《中国商贸物流银行研究暨行业发展报告》，中国经济出版社2017年版。

［50］王万森:《人工智能原理及其应用（第3版）》，电子工业出版社2012年版。

［51］王伟:《人工神经网络原理：入门与应用》，北京航空航天大学出版社1995年版。

［52］王永庆:《人工智能原理与方法》，西安交通大学出版社1998年版。

［53］维克托　迈尔·舍恩伯格，肯尼思·库克耶著，周涛等译:《大数据时代——生活、工作与思维的大变革》，浙江人民出版社2013年版。

［54］蔚赵春，凌鸿:《商业银行大数据应用的理论、实践与影响》，载于《上海金融》2013年第9期。

［55］吴吉义，平玲娣，潘雪增，李卓:《云计算：从概念到平台》，载于《电信科学》2009年第12期。

［56］吴敬花:《金融科技应用对农村普惠金融发展的影响研究——以四川省为例》，西南财经大学出版社2021年版。

［57］肖四如，肖可砾:《云计算时代的金融创新》，载于《银行家》2013年第3期。

［58］谢世清:《论云计算及其在金融领域中的应用》，载于《金融与经济》2010年第11期。

［59］谢宜斌:《电子汇兑数据押数系统的安全有效性》，载于《中国金融电脑》2000年第3期。

［60］邢传鼎:《人工智能原理与应用》，中国纺织大学出版社2000年版。

［61］徐保民，倪旭光:《云计算发展态势与关键技术进展》，载于《中国科学院院刊》2015年第2期。

［62］徐学锋:《电子支付与互联网银行》，上海财经大学出版社2014年版。

［63］杨东:《监管科技：金融科技的监管挑战与维度建构》，载于《中国社会科学》2018年第5期。

［64］姚前，陈华著:《数字货币经济分析》，中国金融出版社2018年版。

［65］姚前:《数字货币初探》，中国金融出版社2018年版。

［66］姚翔:《法定数字货币研究全球在行动》，载于《金融博览》2018年第12期。

［67］叶中行:《互联网金融中的大数据应用》，载于《科研信息化技术与应用》2015年第2期。

［68］於勇成，赵阳:《金融科技风险防范路径研究》，载于《金融经济》2019年第16期。

［69］张德钢，朱旭森:《中国九大城市群数字普惠金融发展的时空差异及动态演进》，载于《当代经济管理》2020年第7期。

［70］张敏敏:《云计算在金融领域的应用前景分析》，载于《现代商业》2019年第5期。

［71］张卓其:《电子金融》，高等教育出版社2005年版。

［72］张卓其:《电子银行》，高等教育出版社2002年版。

［73］张卓其:《国际环球同业财务电信系统SWIFT》，载于《信息系统工程》1997年第9期。

［74］张卓其:《世界性的资金调拨系统——CHIPS》，载于《信息系统工程》1997年第3期。

［75］张卓其:《完善金融电子化体系，提高防范金融风险能力》，载于《中国金融电脑》1999年第5期。

［76］张卓其:《中国的银行电子化应该如何走》，载于《金融电子化》1998年第9期。

［77］郑丽敏:《人工智能与专家系统原理及其应用》，中国农业大学出版社2004年版。

［78］中国人民银行金融稳定分析小组:《中国金融稳定报告2020》，中国金融出版社2020年版。

［79］中国通信学会组:《对话云计算》，人民邮电出版社2012年版。

［80］周伟，张建，梁国忠:《金融科技：重构未来金融生态》，中信出版集团

2017年版。

［81］周永章，张良均，张奥多，王俊：《地球科学大数据挖掘与机器学习》，中山大学出版社2018年版。

［82］朱娟：《我国区块链金融的法律规制——基于智慧监管的视角》，载于《法学》2018年第11期。

［83］朱晔：《金融中介的博弈均衡分析》，载于《经济问题》2013年第5期。

［84］GPFI：《G20数字普惠金融高级原则》，2018年版。

［85］LeCun，Y.，Bottou，L.，Bengio，Y.，Haffner，P.，et al.（1998）. Gradient-Based Learning Applied to Document Recognition. Proceedings of the IEEE，86，2278-2324.

［86］Nakamoto，Satoshi. "Bitcoin：A Peer-to-Peer Electronic Cash System." https://courses.cs.washington.edu/courses/csep552/18wi/papers/nakamoto-bitcoin.pdf.

［87］Nielsen，Michael. Deep Learning in Neural Networks：An Overview［EB/OL］. http：//neuralnetworksanddeeple-aming.com/chapl.html.

［88］Thomas Bocek. Digital Marketplaces Unleashed. Springer-Verlag GmbH，2017.